UNA ISLA, DOS MUNDOS

Sidestone Press

UNA ISLA, DOS MUNDOS

Estudio arqueológico sobre el paisaje indígena de Haytí y su

transformación al paisaje colonial de La Española (1200-1550)

© 2018 E.N. Herrera Malatesta
Published by Sidestone Press, Leiden
  www.sidestone.com

Imprint: Sidestone Press Dissertations

Printed and bound in Great Britain by Marston Book Services Ltd, Oxfordshire

Lay-out & cover design: Sidestone Press
Photograph cover: Vista del Morro de Montecristi desde el manglar, foto de
  Eduardo Herrera Malatesta. Imágenes históricas editadas de: 1) Indígenas:
  Thomas Salmon "The Indians Marching on a Visit or to a Feast", 1736. 2)
  Españoles: Pieter van der Aa, "Columbus departs for the New World", 1704.
  Ambas imágenes cortesia de la colección digital de John Carter Brown Library
  at Brown University.

ISBN 978-90-8890-571-1 (softcover)
ISBN 978-90-8890-572-8 (hardcover)
ISBN 978-90-8890-573-5 (PDF e-book)

This research has received funding from the European Research Council under the
European Union's Seventh Framework Programme (FP7/2007-2013) / ERC grant
agreement n° 319209.

This dissertation followed the Nexus Ethics Code and the Code of Conduct/Ethics
of Leiden University/Esta investigación siguió el Código de Ética de Nexus y el
Código de Conducta/Ética de la Universidad de Leiden.

A Sahirine y Sarah,

ellas guardan el secreto del amor y la felicidad…

De aquí a unos cientos de años, en este mismo lugar, otro viajero tan desesperado como yo, llorará la desaparición de lo que yo hubiera podido ver y no he visto. Víctima de una doble invalidez, todo lo que percibo me hiere, y me reprocho sin cesar por no haber sabido mirar lo suficiente.

Claude Lévi-Strauss, Tristes Trópicos, 1970

Tabla de Contenido

1

INTRODUCCIÓN

1.1. CONTEXTO DE INVESTIGACIÓN

Esta investigación forma parte del proyecto *NEXUS 1492: New World Encounters In A Globalising World*[1] que busca "investigar los impactos de los encuentros coloniales en el Caribe, [y] el nexo de las primeras interacciones entre el Nuevo y el Viejo Mundo" (Hofman *et al.* 2013: 1). Para alcanzar un objetivo tan ambicioso, el proyecto NEXUS 1492 consta de una serie de proyectos y sub-proyectos enfocados en diversos aspectos de las transformaciones ocurridas en las poblaciones indígenas del Caribe como consecuencia de la llegada de los europeos. A partir de esto, el proyecto está investigando las "dinámicas interculturales entre los amerindios-europeos-africanos a múltiples escalas temporales y espaciales a través de la división histórica de 1492." (Hofman *et al.* 2013: 1, traducción del autor). De los investigadores relacionados con NEXUS 1492 y sus sub-proyectos, un grupo enfocó sus esfuerzos en la región del primer contacto continuo entre españoles e indígenas, es decir en el Norte de la isla conocida por los indígenas como *Haytí*, por los españoles como *La Española*, y hoy compartida por la Republica Dominicana y la Republica de Haití (*cf.* Ulloa Hung 2014; Ulloa Hung y Herrera Malatesta 2015; Hofman *et al.* 2016; Hofman *et al.* en prensa).

Esta investigación se enfocó en estudiar el paisaje indígena del norte de la isla de *Haytí* y su transformación al paisaje colonial de *La Española* (1200-1550). Para esto se seleccionó el área de la costa de la provincia de Montecristi, en el Noroeste de República Dominicana. Es importante destacar que el topónimo Montecristi ha tenido diversas connotaciones históricas y geográficas desde su primera mención en las fuentes documentales. El 4 de enero de 1493, habiendo dejado un grupo de hombres en el recién fundado fuerte de La Navidad, en el Noreste de la actual Haití, Colón llegó a la boca del río Yaque y desde allí divisó un Morro que destacaba en la topografía del área dadas las llanadas circundantes. Colón lo llamó "Monte-Cristi" dada su similitud con la loma donde fue crucificado Jesús de Nazaret. Posteriormente, durante el periodo en que Nicolás de Ovando fue gobernador de La Española (1502-1509), se cree que éste ordenó la fundación de una villa en las zonas cercanas al Morro de Montecristi

1   Esta investigación ha recibido financiación del Consejo Europeo de Investigación bajo el Séptimo Programa Marco de la Unión Europea (FP7/2007-2013)/Convenio de subvención n° 319209 del CEI, bajo la Dirección Principal de Prof. Dr. Corinne Hofman (Universidad de Leiden), así como de Prof. Dr. Gareth Davies (Universidad Libre de Ámsterdam), Prof. Dr. Ulrik Brandes (Universidad de Constanza) y Prof. Dr. Willem Willems (†) (Universidad de Leiden). Ver: https://www.universiteit-leiden.nl/nexus1492.

y al río Yaque, aunque no hay registros documentales de dicha fundación (Ortega 1987: 39). En el mapa realizado por el cartógrafo Andrés de Morales de la isla, el cual fue encomendado por el propio Ovando no hay referencia a ninguna villa en la zona cercana al morro o al río Yaque. La primera referencia explícita proviene de Oviedo (1851[1535]: 156) quien reportó que en 1533 un grupo de sesenta labradores llegó a la ciudad de Santo Domingo con el objetivo de habitar en Puerto Real y funda la villa de Montecristi. Aunque esta fecha es aceptada, la primera mención oficial de la villa es en 1545 en las Capitulaciones de Valladolid, donde cinco cedulas reales se refieren a su fundación (Ortega 1987: 40). En esos documentos, fechados para 1545, se reporta la fundación de la villa de San Fernando de Montecristi, la cual es conocida en la actualidad simplemente como Montecristi. Durante las devastaciones de Osorio en 1605 y 1606 la ciudad fue despoblada y fue en el año de 1879 cuando es retomada e identificada como Distrito Marino. Para finalmente en 1907 obtener la categoría de Provincia de la República Dominicana (Ortega 1987; Cruz Méndez 1999). A lo largo de este trabajo cada mención del término Montecristi se refiere exclusivamente a la actual provincia de la República Dominicana, con excepción de algunas referencias a la ciudad histórica en el capítulo contextual donde será explícitamente señalado.

La decisión de explorar la costa de la provincia respondió a aspectos relacionados con su ubicación geográfica, la carencia de investigaciones regionales y su relevancia como caso de estudio para la transformación del paisaje indígena en el norte de la isla. En cuanto al primero punto, el área *geográfica* que abarca la actual provincia está situada entre las zonas donde se fundaron las primeras villas y fortalezas españolas al inicio del proceso de conquista y colonización. Estos asentamientos europeos tempranos fueron, al Oeste: 1) el fuerte La Navidad construido con los materiales del naufragio de la Santa María en 1492, en la costa Norte de la actual Haití; 2) la villa de Puerto Real construida durante el periodo Ovandino en las cercanías de La Navidad en 1503; 3) Al Este, estaba la primera villa europea en la isla y el continente, llamada por Colón *La Isabela* y fundada en 1493; y finalmente, 4) el área conocida como La Ruta de Colón que abarcaba desde La Isabela hasta el fuerte Santo Tomás a orillas del río Jánico construido en 1494. A lo largo de esta ruta que atraviesa la Cordillera Septentrional y parte de los valles del Cibao se construyeron diferentes fortalezas y villas como La Magdalena, La Esperanza, Santiago de los Caballeros, Concepción de la Vega y, por supuesto, el fuerte Santo Tomás de Jánico (fig. 1).

Considerando que el objetivo principal se basa en estudiar las transformaciones del paisaje indígena al inicio de la conquista española de la isla, el marco temporal de la investigación abarca desde el periodo Prehispánico Tardío (aproximadamente 1200 d.C.) hasta el inicio del periodo Colonial Temprano (aproximadamente 1550 d.C.). Un aspecto que tuvo un fuerte impacto en la configuración de la investigación fue la reducida presencia de materiales europeos registrados desde el primer trabajo de campo y las sucesivas exploraciones. Los pocos materiales europeos registrados se encontraban en contextos de o cercanos a sitios indígenas, pero con asociaciones dudosas a los materiales prehispánicos. En añadidura, todos estos materiales están cronológicamente ubicados en el siglo XVII o posterior, muy por fuera del alcance de esta investigación. Por esta razón, y para mantener la idea de estudiar la transformación del paisaje indígena, se decidió comparar los patrones indígenas prehispánicos con evidencias provenientes de las crónicas y de mapas coloniales basados en los reportes de los primeros cronistas

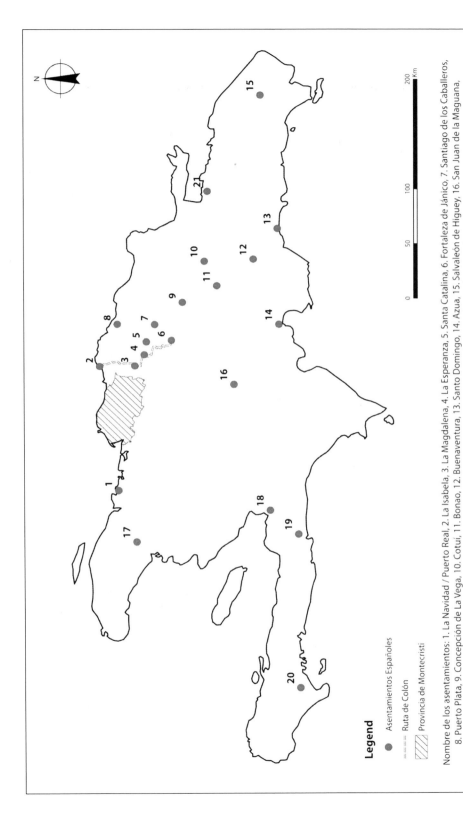

Figura 1. *Fuertes y villas Españolas fundados antes de 1510, resaltando la ubicación de la actual Provincia de Montecristi. Este mapa está basado en el realizado por Andrés de Morales (c. 1516) y otros cartógrafos, así como en los reportes de Las Casas y Oviedo. Por esto, la ubicación de villas y fuertes es aproximada.*

Nombre de los asentamientos: 1. La Navidad / Puerto Real, 2. La Isabela, 3. La Magdalena, 4. La Esperanza, 5. Santa Catalina, 6. Fortaleza de Jánico, 7. Santiago de los Caballeros, 8. Puerto Plata, 9. Concepción de La Vega, 10. Cotuí, 11. Bonao, 12. Buenaventura, 13. Santo Domingo, 14. Azua, 15. Salvaleón de Higuey, 16. San Juan de la Maguana, 17. Lares de Guahaba, 18. Verapaz, 19. Villanueva de Yaquimo, 20. Salvatierra de la Sabana, 21. Santa Cruz

Legend
- ● Asentamientos Españoles
- = = = Ruta de Colón
- ▨ Provincia de Montecristi

antes de 1510. La transformación del paisaje indígena al colonial en el norte de la isla se tratará en el último capítulo de esta disertación y consiste en una comparación del modelo arqueológico del paisaje indígena con patrones espaciales españoles discernibles en las crónicas y mapas tempranos. Dado que esta es una investigación principalmente arqueológica, estas evidencias documentales fueron tomadas de manera secundaria.

En cuanto al segundo punto, no existen *investigaciones arqueológicas regionales* en esta provincia, habiéndose enfocado los trabajos previos en reportes de sitios aislados (ver capítulo contextual). En base a los objetivos de la investigación, se consideró que una perspectiva regional que considerara análisis espaciales para entender patrones de distribución de cultura material, sitios arqueológicos y su relación con determinados aspectos ambientales era la más acertada. Para esto se diseñó y aplicó una metodología regional que incluyó diversos métodos arqueológicos de prospección de superficie. Aunque esto redujo la posibilidad de realizar excavaciones en los sitios registrados, esta estrategia proporcionó las evidencias necesarias para cumplir los objetivos. Sin embargo, ya que existen pocos fechados absolutos para la región Norte, se decidió realizar algunos pozos de sondeo en sitios de particular interés de manera de explorar la estratigrafía y recolectar muestras para la datación de C^{14}. Esto permitió obtener una visión general de la cronología del área de estudio y colaborar en la construcción de esquemas temporales más sólidos para la región.

En cuanto al último punto, *la relevancia como caso de estudio*, muy posiblemente las poblaciones indígenas que habitaron en el área costera de la actual provincia de Montecristi (y el Norte en general) experimentaron el primer choque de la conquista y colonización europea; por lo que esta área es un excelente objeto de estudio para la *transformación del paisaje indígena*. A pesar de que en el área de la actual provincia no se fundaron villas o fuertes durante este periodo inicial, los acontecimientos históricos que ocurrieron en las zonas cercanas debieron impactar a los grupos indígenas de esta área. En términos metodológicos, dado el tamaño de la provincia y el reducido tiempo para las investigaciones de campo, se decidió enfocar los esfuerzos en la zona costera de la actual provincia (ver capítulo metodológico).

Dentro de esta línea de ideas y siguiendo las investigaciones previas en áreas vecinas (*cf.* Koski-Karell 2002; De Ruiter 2012; Ulloa Hung 2014; Hofman 2015; Hofman *et al.* 2016), un objetivo metodológico de esta investigación fue construir y estructurar un estudio de múltiples escalas espaciales. Esto se hizo al registrar y analizar las evidencias materiales particulares de cada sitio, y combinarla con la muestra total para el área. Además, los análisis fueron configurados de manera de estudiar la relación entre diferentes líneas de evidencia, tales como la cultura material presente en los sitios, el entorno ambiental y sus conexiones espaciales.

Esta investigación trató de seguir el ejemplo de Ulloa Hung (2014) y superar los estudios pasados que se enfocaron exclusivamente en explorar ideas de jerarquía social y cacicazgos a través de análisis cerámicos y registro de sitios desde resoluciones locales. Con esta perspectiva, la investigación se enfocó en la exploración del significado de las distribuciones de la cultura material y los sitios dentro del contexto de la construcción del paisaje y del mundo por parte de los grupos indígenas. Para esto fue esencial mantener siempre presente que la producción de información generada por los españoles y/o europeos después de la llegada de Colón al "Nuevo Mundo" estuvo influenciada por su cosmovisión. Su registro de lo que observaron estaba sesgado por su propia percepción, comprensión y clasificación del mundo cultural y natural. Por lo tanto, la interpretación que hicieron del mundo indígena estuvo influenciada por estos elementos. Para operacionalizar esta perspectiva se realizó una evaluación de las referencias espaciales sobre los grupos indígenas presentes en las crónicas y los mapas tempranos. Con esto, se pudo discutir cómo los españoles comenzaron a considerar "su" territorio, la presencia indígena en el terreno y, finalmente, cómo se comenzó a implantar el paisaje colonial sobre las actividades cotidianas de la isla.

Dentro de este contexto de evidencias arqueológicas y documentales, para abordar el estudio de la transformación del paisaje indígena, se consideró desarrollar un marco teórico y metodológico basado en la arqueología del paisaje. Ya que el uso y noción de *paisaje* en la disciplina ha sido complejo, se decidió revisar la historia del debate a través de las distintas tendencias teóricas en arqueología y buscar alternativas conceptuales que permitieran articular e integrar estas propuestas con los objetivos de esta investigación. Para esto se utilizaron principalmente, los conceptos de *paisaje*, *taskscape*[2] y *lugar* de Tim Ingold, así como la propuesta de Bárbara Bender de los *paisajes en conflicto*. En términos metodológicos, de forma de articular la teoría con las evidencias y crear un marco conceptual estructurado internamente, se decidió revisar el concepto de *sitio* en arqueología, ya que éste es la unidad básica de análisis espacial. Para esto, tanto en el capítulo teórico como en el metodológico, se planteó una discusión y revisión del concepto que permitió crear una definición de sitio, llamada aquí *sitios como tendencias*. Aunque esta definición está ajustada y moldeada dentro de las preguntas de investigación de la disertación, podría ser utilizada en otras áreas y regiones del Caribe. Esta estructura se integró dentro de una perspectiva de Sistemas de Información Geográfica y análisis de estadística espacial con el fin de proporcionar explicaciones y argumentos para las preguntas y objetivos de investigación desde una alternativa analítica enfocada en la arqueología espacial y del paisaje.

1.1.1. Nota sobre Ciertos Términos Importantes

El proyecto NEXUS 1492 tiene la gran ambición de colaborar en la reescritura de la historia indígena y colonial del Caribe. Desde la perspectiva de este trabajo, se consideró que un paso para acercarse a este interés podría estar en utilizar en el vocabulario arqueológico categorías que no reflejen el colonialismo europeo. Es decir, promover la eliminación de términos que fueron creados en la colonia y que todavía hoy se siguen utilizando sin una revisión crítica. De los más importantes considerados en esta investigación se encuentran los topónimos para referirse a las tierras colonizadas como el nombre de la isla objeto de este estudio, e incluso el propio continente americano. Otro aspecto importante es la diversidad de términos para referirse a las poblaciones que habitaban las tierras conquistadas, como Amerindios, poblaciones originarias o indígenas.

La isla objeto de este estudio posee diversos nombres. Los indígenas la llamaron *Bohío*, *Haytí* o *Quisqueya*, Colón la bautizó como *La Española*, y actualmente es com-

---

2   Si bien el termino *taskscape* puede ser traducido como "paisaje de tareas" se prefirió utilizarlo en inglés para poder tener una diferenciación más radical con el concepto de paisaje. Por otro lado, este y otras (por ejemplo off-site, non-site y siteless) definiciones técnicas a ser utilizadas en la disertación fueron dejadas en inglés para reafirmar sus contextos de uso y creación. Esto siguiendo el ejemplo planteado por Pagán Jimenez (2002) sobre la traducción del concepto de *landscape* a paisaje.

partida por la República de Haití y la República Dominicana. La primera referencia escrita sobre el topónimo indígena de la isla proviene del diario de Colón, el día domingo 4 de Noviembre, 1492, cuando identificó que los indígenas la denominaban *Bohío* (Arranz 2006: 124). Posteriormente tanto Pané (Arrom 2003: 9) como Las Casas (1821 [1552]: 34, 1875 [1552-1561]: 315) mencionaron que el nombre dado a la isla por los indígenas era *Haytí*. Más tarde Mártir de Anglería (1964 [1493-1525]) introdujo el termino *Quisqueia*, al escribir que "los nombres que los primitivos habitantes pusieron a La Española fueron primero Quizqueia y luego Haití." (Mártir de Anglería (1964 [1493-1525]: 351). Sin embargo, como ya fue establecido por Tejera (1976: 61), el término *Quisqueya* fue una creación de Mártir de Anglería no siendo ni siquiera una palabra de origen indígena. Aunque en la literatura especializada no existe consenso sobre el nombre que los indígenas dieron a la isla, la mayor parte de los historiadores dominicanos opinan que el nombre *Haytí*[3] es el correcto (Tejera 1976; Moya Pons 1977, 2010; Cassá 2003). En este trabajo se decidió utilizar este nombre para referirse al mundo indígena.

En cuanto a los términos para referirse a las poblaciones indígenas, es necesario primero abordar el tema de la construcción de América. Actualmente y gracias a la gran cantidad de estudios sociales e históricos, es factible afirmar que *América* es una construcción, y fue resultado de los procesos coloniales iniciados a finales del siglo XV en la isla de *Haytí*. Diversos autores han enfatizado que el estudio de la historia de América, debería hacerse no desde la aceptación de su "descubrimiento", sino más bien desde la "idea de que América había sido descubierta" (O'Gorman 1995 [1958]: 10; Padrón 2004; Hauser y Hicks 2007; Ulloa Hung 2016: 203). Dentro de esta perspectiva *América* es una construcción colonial europea, y aunque aparece en su imaginario desde la llegada de Colón, se consolida como unidad al ser reconocida por Américo Vespucio como un nuevo continente. Padrón (2004: 18-19) señaló que América, como el Oriente descrito por Said (2002), no puede ser entendida como un objeto natural observable y susceptible de ser descrito. A pesar de que, América es un ente físico, ya que en términos generales es una masa de tierra definida como un continente. Su conceptualización ha sido gestada históricamente por grupos con intereses políticos y económicos específicos (Padrón 2004).

Para O'Gorman (1995 [1958]) la invención de América culminó con la publicación en 1507 de la Cosmographiae Introductio de Martin Waldseemüller (*cf.* Fisher y Von Wieser 1907; Padrón 2004). Aunque Américo Vespucio fue quien por primera vez reconoció que esas tierras eran un nuevo continente, fue Waldseemüller el que la nombró como América en honor al explorador florentino (Fisher y Von Wieser 1907: 10). Luego de que los nuevos descubrimientos fueron finalmente definidos, igualmente se estableció el carácter propietario y evidentemente europeo del continente. A partir de este momento, el planeta, sus tierras y mares, comienza a ser conocido globalmente por la civilización europea, y por ende dominado y socializado (O'Gorman 1995 [1958]). Parafraseando a Quijano y Wallerstein (1992), América no fue insertada en el sistema mundo, en cambio el sistema mundo fue dado gracias a la inclusión/creación de América.

---

3   Este nombre fue posteriormente utilizado para la naciente nación de Haití por las poblaciones Afrodescendientes que ganaron su independencia del imperio Francés en 1804 (Geguss 1997: 43).

El resultado de esta apropiación de la tierra va de la mano con nuevas designaciones y divisiones del territorio, que no necesariamente responden a las distribuciones o topónimos indígenas. Este proceso ocurrió con más fuerza en otras partes del continente, aunque en el caso de la isla de *Haytí* esto se ejemplifica con el uso del nombre impuesto por Colón "La Española", y en el caso del continente con el nombre de "América". Para Harley (2001b: 179) el cambio de topónimos es un ejemplo de la imposición de los discursos coloniales donde la topografía se re-describe en el lenguaje de la sociedad dominante. En lugares como *Haytí*, el nombre de la isla cambió a pesar de conocerse el posible nombre anterior, pero muchas regiones en su interior, los ríos y las montañas mantuvieron sus nombres indígenas. Un caso opuesto es el de Cuba, la cual fue llamada por Colón "Juana" sin que tuviera ningún efecto, pues se terminó utilizando una variación del topónimo indígena *Cubanacan*. Finalmente, es conocido que uno de los efectos del proceso de la creación de los territorios se aprecia en la construcción de nuevas etnicidades e identidades a través del tiempo. Quijano y Wallerstein plantearon que:

> *"... todas las grandes categorías por medio de las cuales dividimos hoy en día a América y el mundo (americanos nativos o «indios», «negros», «blancos» o «criollos» / europeos, «mestizos» u otro nombre otorgado a las supuestas categorías «mixtas»), eran inexistentes antes del moderno sistema mundial. Son parte de lo que conformó la americanidad."* (Quijano y Wallerstein 1992: 584)

Y profundizan el tema al sugerir que:

> *"La etnicidad fue la consecuencia cultural inevitable de la colonialidad. Delineó las fronteras sociales correspondientes a la división del trabajo. Y justificó las múltiples formas de control del trabajo inventadas como parte de la americanidad: esclavitud para los «negros» africanos; diversas formas de trabajo forzado (repartimiento, mita, peonaje) para los indígenas americanos; enganches, para la clase trabajadora europea."* (Quijano y Wallerstein 1992: 585)

El proceso histórico de la conquista y colonización del Caribe, y de la isla de *Haytí* concretamente, no sólo despojó a las poblaciones originarias de sus tierras y, en muchos casos sus tradiciones. Además impactó las identidades étnicas locales, pues en diversas áreas de América pasaron a ser "nativos americanos" (native americans), en el caso de los países angloparlantes; o simplemente indios, indígenas o aborígenes, para el caso de los países hispanoparlantes. Sin importar la diversidad cultural prevaleciente antes de la irrupción europea o el gentilicio con el que se autodefinieron los distintos grupos. Se considera en este trabajo que ya que las raíces de estas poblaciones estuvieron en el periodo anterior a la colonización, sería importante, de ser posible, utilizar los topónimos o gentilicios indígenas. Ya que existe poco consenso sobre la etnicidad (Taíno?, Macorís?) de los grupos indígenas, a los que pertenecieron los conjuntos de cultura material recolectados y registrados en la actual costa de la Provincia de Montecristi, se mantendrá el termino genérico *indígena*[4], pues cualquier categoría relacionada con el termino América mantendrá la carga colonial.

---

4   Según la Real Academia Española: adj. Originario del país de que se trata.

1.2. OBJETIVOS Y PREGUNTAS DE INVESTIGACIÓN

El Objetivo General de esta investigación fue *estudiar la transformación del paisaje indígena al colonial en la isla de Haytí/La Española en el contexto de los conflictos suscitados después de 1492.* Para esto se consideraron cuatro objetivos secundarios: 1) *Estudiar las distribuciones de sitios y cultura material indígena prehispánica en la costa de la actual provincia de Montecristi* (a ser desarrollado en el capítulo de análisis); 2) *Evaluar las relaciones entre variables ambientales, distribución de sitios y la cultura material indígena en el área de estudio* (a ser desarrollado en el capítulo de análisis); 3) *Explorar una muestra de mapas y crónicas tempranas del Norte de La Española como evidencia de la representación de las primeras ideas y construcciones españolas del paisaje y del "Nuevo Mundo"* (a ser desarrollado en el capítulo contextual y en la discusión); 4) *Comparar los patrones indígenas con los Españoles en términos regionales para evaluar la transformación del paisaje.*

Una serie de preguntas de investigación, permitieron concretar actividades específicas para operacionalizar estos objetivos. Estas fueron:

- ¿Cuál es la distribución de sitios arqueológicos indígenas en la costa de la actual Provincia de Montecristi? (ver capítulo descriptivo)
- ¿Cuál es la diversidad de la cultura material indígena en la costa de la actual Provincia de Montecristi? (ver capítulo descriptivo)
- ¿En qué medida se relacionan la distribución de sitios y los tipos específicos de cultura material indígena? (ver capítulo de análisis)
- ¿En qué medida la distribución de sitios y cultura material indígena se relacionan con características ambientales? (ver capítulo de análisis)
- ¿Cómo representaron las primeras cartografías y crónicas las concepciones españolas sobre el territorio y la distribución espacial de las poblaciones indígenas? (ver capítulo de discusión)
- A partir de las evidencias trabajadas, ¿cómo se puede definir la transformación del paisaje indígena al colonial en la región de estudio? (ver capítulo de conclusiones)

1.3. ESQUEMA DE LA DISERTACIÓN

Por razones metodológicas esta disertación se estructuró de una manera poco ortodoxa. Tradicionalmente, el capítulo que le sigue a la introducción es el capítulo donde se presenta el contexto de investigación. Sin embargo, el desarrollo del capítulo contextual está íntimamente relacionado con categorías espaciales definidas en el capítulo metodológico, el cual a su vez posee categorías analíticas definidas en el capítulo teórico. Por esta razón, el orden de los capítulos es el siguiente: teórico, metodológico, contextual, descriptivo, análisis y resultados, discusión y conclusiones.

El capítulo dos trata el *Marco Teórico y Conceptual.* Con el fin de proporcionar un modelo teórico para desarrollar el tema de las transformaciones del paisaje desde las poblaciones indígenas a las españolas, este capítulo se centró en debatir dos conceptos problemáticos pero esenciales en la arqueología: la noción de *sitio arqueológico* y el concepto de *paisaje.* El capítulo comienza con un marco general sobre el uso humano del espacio y la idea de *formas de construcción de mundos* (Goodman 1978), para luego revisar el concepto de sitio y paisaje de manera historiográfica, desde sus orígenes hasta sus usos actuales dentro de la disciplina. Finalmente, se propone desde una perspectiva contextual soluciones pragmáticas a las problemáticas suscitadas por ambos conceptos en la forma de: *sitios como tendencias y taskscapes en conflicto*.

En el tercer capítulo aborda el *Marco Metodológico*. Este capítulo se dividió en cinco secciones. En la primera sección, se presenta una discusión sobre las escalas espacio-temporales de la investigación. En este apartado se argumenta la definición de las áreas, las regiones y la macro-región, así como otros elementos espaciales y temporales relevantes. En la segunda sección, se tratan los métodos para la descripción y clasificación de los datos espaciales, donde se presenta, sobre la base de investigaciones anteriores y diversas propuestas teóricas, la perspectiva metodológica para la definición y clasificación de sitio arqueológico. En la tercera sección, se explica y contextualiza la perspectiva arqueológica regional de la investigación, así como se desarrollan los tres métodos de trabajo de campo empleados: *prospección sistemática, prospección oportunista y modelos predictivos*. En la cuarta sección, se explican los métodos de documentación y procesamiento de evidencias, que se relacionan con el registro y manejo de datos desde el trabajo de campo hasta el laboratorio. En esta sección se incluyen el procesamiento de los datos de campo, el registro de los conjuntos de datos espaciales, y las evidencias históricas y cartográficas. En la quinta sección, se discuten los métodos de análisis que consistieron en análisis estadísticos y estadísticos espaciales tales como: *Análisis de Correspondencia Múltiple, Análisis de Componentes Principales, Regresión logística, Modelos de procesos puntuales y Regresión Geográfica Ponderada*.

El capítulo cuatro de esta disertación versa sobre el *Contexto Histórico: Revisión de evidencias ambientales, documentales y arqueológicas*. Este capítulo presentará los contextos macro-regionales, regionales y de las tres áreas de interés en esta investigación, a partir de las evidencias ambientales, históricas y arqueológicas utilizadas para el análisis y las reconstrucciones del pasado. El hilo conductor para articular estas líneas fue la perspectiva espacial. Esto significa que los datos de investigaciones arqueológicas y los reportes de las crónicas se consideraron más desde su información espacial que desde otras líneas de evidencias. Esto proporcionó el contexto adecuado para el análisis espacial y la perspectiva del paisaje en la investigación.

El quinto capítulo es la *Descripción, Exploración y Clasificación de Datos*. En este capítulo se expone la descripción de las evidencias de cultura material y espaciales consideradas para esta investigación. Así como las clasificaciones e identificaciones que se hicieron sobre cada una de estas líneas de evidencias. Además, las variables ambientales también son exploradas y clasificadas para ser preparadas para su uso en los análisis estadísticos. El capítulo también explica los diferentes tipos de sitios y sus categorías, así como las excavaciones y las muestras C^{14} obtenidas.

El sexto capítulo versa sobre los *Análisis y Resultados*. Aquí se presentan los distintos análisis estadísticos y estadístico-espaciales realizados en la disertación y sus resultados. Luego se presentan las asociaciones y combinaciones de la cultura material, los sitios y las variables ambientales resultantes de los diferentes análisis. Finalmente, se discuten las combinaciones de los grupos ambientales y culturales que fueron utilizados para desarrollar las interpretaciones y conclusiones finales.

El séptimo capítulo trata sobre la D*iscusión: de patrones espaciales a lugares, taskscapes y paisajes*. Este capítulo primero se discuten los resultados de los análisis, de manera de generar modelos que permitan hacer conclusiones a nivel teórico. Igualmente, se realizan comparaciones entre los resultados de la investigación en Montecristi con aquellos publicados por Ulloa Hung (2014) para el área de Puerto Plata y por Koski-Karell (2002) y Moore (Moore y Tremmel 1997) para el área de Fort Liberté. Luego se debate sobre los conceptos de lugar, taskscape y paisaje para los grupos indígenas y españoles. Finalmente, se exponen los comentarios finales sobre la idea de los mundos en conflicto presentes en esta isla como consecuencia de la llegada de Colón en 1492.

El octavo y último capítulo presenta las *Conclusiones: una isla, dos mundos: sobre la transformación del paisaje indígena al momento de contacto*. Este capítulo desarrollará el modelo final sobre la transformación del mundo indígena de *Haytí* al colonial de La Española. Se plantea como hipótesis central que esta transformación se dio en dos niveles: el cotidiano y del imaginario. Finalmente, se da una reflexión de los aportes de esta investigación a la arqueología del paisaje en el Caribe, la colaboración de este trabajo al proyecto NEXUS 1492, y las nuevas líneas de investigación que se podrían desarrollar como resultado de este trabajo.

2

MARCO TEÓRICO Y CONCEPTUAL

2.1. INTRODUCCIÓN

El foco principal de esta investigación es el análisis de patrones espaciales que evidencien las relaciones entre los seres humanos y el ambiente, y cómo esto colabora para (re)construir paisajes en el pasado, particularmente en contextos de cambio cultural. El marco conceptual se enmarcó, en términos generales, en trabajar la idea de "modos de creación-de-mundo" (*ways of worldmaking*) propuesta por Nelson Goodman (1978) a través de una perspectiva de paisaje. Según esta noción, cada cultura posee y genera estrategias particulares para relacionarse tanto con seres humanos como seres naturales, en un proceso activo que moldea y define patrones culturales. Estos patrones, a su vez, están regidos por el entendimiento del mundo de cada grupo, que eventualmente se manifiestan en, y construyen, lo que entendemos como paisaje. La idea base del razonamiento de Goodman está presente en diversos trabajos claves para el estudio y reconstrucción del paisaje tales como en las ideas de Descola sobre las relaciones entre naturaleza y cultura o en el énfasis de Ingold en que el paisaje no es exclusivamente visual sino que es percibido por todos los sentidos. Sobre la base de diversos autores que serán discutidos más adelante, en esta investigación se entiende que el paisaje es una conceptualización particular a cada cultura, y que es a la vez, la representación física y abstracta del mundo, por lo que entender los modos de creación del mundo lleva a entender el paisaje. Por otro lado, siguiendo la línea demarcada por Ingold (1993, 2017) y Descola (1996, 2013), se entiende aquí que sí el paisaje es el resultado de la relación entre seres humanos y seres naturales, no puede existir conceptualmente un paisaje natural, o cultural, o social, pues la propia definición de paisaje posee una carga explícita de estos aspectos.

Para diseñar un marco teórico coherente tanto con las preguntas de investigación como con la metodología escogida para el trabajo, se identificó la necesidad de reevaluar dos conceptos esenciales para los análisis espaciales en arqueología, uno es la noción de *sitio* arqueológico y el otro es la propia noción de *paisaje*. Dados los diversos cambios de paradigmas dentro de la disciplina, ambos conceptos han estado sometidos a fuertes debates y redefiniciones que los han dejado como conceptos problemáticos pero constantemente en uso.

Por otro lado, esta investigación se ocupa de la (re)construcción de las *construcciones de mundo* de dos grupos culturalmente distintos, y particularmente de cómo sus perspectivas disímiles de la naturaleza se reflejaron en su uso del espacio. Particularmente en su uso del ambiente y su preferencia para localizar asentamientos de diversos tipos en locaciones particulares que indican decisiones y conocimientos culturalmente guiados para apropiarse e interactuar con el mundo. Con el fin de abordar esto en primer lugar, fue necesario configurar la recuperación de evidencias en el campo desde esta perspectiva y procesar los materiales y patrones dentro del contexto de estas teorías. Además, dado que la investigación apunta a una visión regional de las actividades y conexiones pasadas, se consideró incluir en el análisis un amplio conjunto de evidencias arqueológicas disponibles, sin crear una jerarquía interna (ver capítulo metodológico). El marco teórico fue creado utilizando conceptos que permitieron la interpretación y argumentación de los modos de creación de mundo, y para esto fueron utilizados las ideas de Ingold sobre *taskscape*, líneas y lugares, así como las ideas de Descola sobre la naturaleza y la cultura. Sin embargo, ambos conjuntos de conceptos necesitaban de un contexto explícito que articulara la metodología y la teoría para una investigación arqueológica aplicada.

Este capítulo está organizado en dos secciones, en la primera parte se desarrolla la discusión sobre sitio y sus diversas definiciones, para culminar con la perspectiva pragmática a tomar en cuenta en esta investigación que es tomar los sitios como tendencias del uso y experiencia humana del espacio y no como un símil de asentamiento. Con la base teórica y metodológica para el concepto de sitio, es posible considerarlo para ser utilizado como unidad analítica de conceptos más complejos como el de *taskscape*. La segunda parte se centrará en la contextualización del uso del paisaje en la arqueología a través del debate de los conceptos de cultura, naturaleza, patrón de asentamiento y paisaje. Para finalizar con la explicación del concepto de *taskscape*, que es el termino pragmático a ser utilizado en la investigación. Este marco teórico busca ahondar en el debate de dos conceptos problemáticos en arqueología (*sitio* y *paisaje*), y trascender el problema a través del uso de dos conceptos pragmáticos (*sitio como tendencias* y *taskscapes en conflicto*) para lograr una construcción de los paisajes indígenas y españoles coherente tanto con las evidencias como con los modelos teóricos y metodológicos. Como se verá más adelante, el concepto de asentamiento es discutido pero sólo por ser una parte de la historia del uso de paisaje en arqueología. Esta no es una disertación sobre patrón de asentamiento, en cambio es un trabajo sobre el uso humano del espacio y los patrones de distribución de sitios y cultura material que resultan de este proceso. En este sentido, la lógica de categorías espaciales sigue el siguiente esquema: sitio es la unidad básica espacial de registro y análisis (local); un grupo de sitios representan la unidad espacial para la interpretación arqueológica de tendencias (local y regional); el asentamiento puede estar compuesto por un conjunto de sitios, y es la unidad espacial para la interpretación arqueológica (local y regional); finalmente, el paisaje es la unidad de síntesis e integración espacial (regional).

2.2. REGISTRANDO MUNDOS: SITIOS COMO TENDENCIAS

Una perspectiva basada en el concepto de *taskscape* en la arqueología no debe ser aplicada de manera directa y sin una revisión de conceptos claves sobre los cuales esta categoría será implantada. En primer lugar, porque originalmente su conceptualización fue concebida para explicar la vida y los patrones de los grupos a través del uso de la etnografía y/o fuentes históricas escritas o visuales. En segundo lugar, ya que la evidencia arqueológica proviene principalmente de la cultura material y su distribución en la topografía, es necesario tomar en cuenta una coherencia teórica y metodológica. Estos son puntos que resumen uno de los problemas básicos de la arqueología, el espacio, y particularmente las categorías que se han definido para explicarlo, *sitio, asentamiento* y *paisaje*. Para comenzar la conceptualización del uso del concepto de *taskscape* en arqueología, primero se revisará el concepto de *sitio* y sus diversas definiciones.

El principal problema del concepto de *sitio* es que el concepto como categoría analítica, tiene múltiples definiciones. En los últimos años no ha habido un desarrollo de los debates precedentes sobre el concepto, principalmente debido a que la arqueología post-procesual lo dejó de lado con el objetivo de utilizar definiciones "significativas" como el concepto de *lugar* (ver por ejemplo: Tilley 1994; Thomas 1996; Bender 1998). Sin embargo, la idea de *sitio* está implícita en todos los trabajos arqueológicos ya que está relacionado con la estructura básica de la arqueología tanto teórica como metodológicamente. A continuación se presentará una discusión sobre las definiciones y conceptos alternativos, sin embargo en este punto es suficiente decir que no se abogará aquí por una definición universal de sitio, pues el uso del concepto debería ser contextual y específico a cada caso. El reto a resolver es ¿cómo se puede utilizar una definición de sitio que sea general (de manera de poder utilizarla en distintos casos de estudio y tener una comunicación clara entre investigadores) *pero al mismo tiempo flexible para adaptarse a diversos contextos y casos de estudio?* Con la discusión siguiente se tratará de desarrollar una respuesta a esta pregunta.

2.2.1. La noción de Sitio en arqueología

El primer aspecto a destacar es que, como muchos investigadores ya han señalado, el sitio no está escondido afuera en el mundo esperando a ser encontrado (Dunnell y Dancy 1983, Dunnell 1992). Esta idea se basa en la predisposición a considerar que los sitios son una unidad empírica que existe independientemente de los investigadores (Dunnell 1992: 25). Dentro de esta perspectiva ingenua sobre los registros arqueológicos los sitios se pueden encontrar, registrar e interpretar en función de los objetivos de cada arqueólogo. Aunque Dunnell (Dunnell y Dancy 1983; Dunnell 1992) ya había destacado este problema hace más de treinta años, hoy en día todavía este concepto sigue siendo problemático, particularmente en la arqueología del Caribe donde no ha habido una reflexión sobre su uso y definición. El *sitio* no está "allá afuera" esperando a ser descubierto, y tampoco es una categoría arqueológica que se autodefine, *sitio* es una definición arbitraria creada por el arqueólogo para responder preguntas de investigación particulares y establecidas para determinados contextos históricos y/o geográficos. Y su definición se da, o debería darse, en el laboratorio.

Al estudiar cómo el concepto ha sido trabajado en la arqueología desde una perspectiva histórica, se puede observar que sus aplicaciones han sido versátiles y, a veces, contradictorias. Como Dunnell (1992) explicó, antes de la década de los noventa el concepto no había sido tan relevante y debatido; hecho que cambió con el auge del procesualismo en Estados Unidos. Durante el siglo XIX, y como consecuencia de la herencia del 'anticuarismo' (Trigger 1989), los términos comunes en la arqueología se relacionaban con las grandes evidencias como el *monumento*. El concepto de *sitio* comenzó su aparición más formal a mediados del siglo XX, teniendo su aplicación más clara en el trabajo de Willey y Phillips (1958). Para ellos:

"El sitio es la unidad más pequeña de espacio con la que el arqueólogo trabaja y la más difícil de definir. Sus límites físicos, que pueden variar desde unas pocas yardas cuadradas a la mayor cantidad de millas cuadradas, son frecuentemente imposibles de definir. Sobre uno de los pocos requisitos exigidos normalmente para la definición de sitio este continuamente cubierto por los restos de una antigua ocupación, y la idea general es que estos [materiales] *pertenezcan a una unidad individual de asentamiento, que puede ser desde un pequeño campamento a una gran ciudad."* (Willey y Phillips 1958: 18, traducción del autor)

Para Willey y Phillips la característica más importante del sitio era la presencia de artefactos, sin importar el tamaño de la distribución, siempre y cuando esta fuese continua. Por lo que un nuevo sitio se dará por una ruptura en la dispersión y la re-aparición de materiales. Años después Dunnell (1992: 24) señaló que, aunque la definición de estos autores es útil, falla al no considerar los objetos aislados, ya que sólo se utilizan para la definición el grupo y su proximidad. Por otro lado, se puede añadir que esta definición al considerar que los "límites físicos (…) son imposibles de definir", deja de lado la propia esencia espacial del sitio. Las distancias de separación que deben tener los grupos para ser considerados diferentes es esencial para entender las distribuciones locales y regionales, ya que dos concentraciones a 10 m de distancia no serán lo mismo que a 100 m. Otro aspecto importante es que esta definición sólo toma en consideración los objetos, ya sean superficiales o en contextos estratigráficos.

Años después, con una perspectiva teórica diferente, Binford (1964) propuso una conceptualización alternativa:

"Sitio es una agrupación espacial de características culturales o artículos, o ambos. Las características formales de un sitio se definen por su contenido formal y la estructura espacial y asociativa de las poblaciones de artículos culturales y características presentes." (Binford 1964: 431, traducción del autor)

Binford continua su descripción al definir tres variantes del concepto de sitio, al establecer que los sitios varían: 1) en su contexto deposicional, 2) su historia deposicional, y 3) su historia cultural. Ya que, además, en ese trabajo Binford (1964) estaba proponiendo un nuevo diseño para la investigación en arqueología, su definición del sitio incluía una perspectiva más amplia que la de Willey y Phillips. Para Binford el sitio era más que la distribución de artefactos, y estaba abierto a incluir otros tipos de características culturales tanto por encima como por debajo del suelo, *proporcionando valor a la relación espacial de las características.* Otro aspecto importante es que identificó que el sitio no era una unidad de análisis estático sino dinámico a través del tiempo. El dinamismo en el sitio podía darse dependiendo de muchos aspectos diferentes a veces relacionados con las actividades en el pasado y otros con la acción de los procesos de sedimentación y los procesos de formación, llamados tafonómicos (Foley 1981; Schiffer 1987; Rossignol 1992). Otro aspecto relevante de esta definición es que considera la variación material y funcional interna al sitio, ya que el registro actual de materiales no necesariamente responde a unidades homogéneas, sino que varían funcionalmente y desde aquí la idea de estudiar áreas de actividad (Binford 1964; *cf.* Dunnell 1992).

Posteriormente, Binford (1982) señaló que los análisis deberían comenzar dentro de los sitios. Y con esta idea introduce la noción de que "los sitios producen conjuntos. Los conjuntos son grupos de artefactos (tanto elementos como características) que se encuentran agrupados en asociación (normalmente definida estratigráficamente) en o dentro de los sitios arqueológicos." (Binford 1982: 5). Según esta propuesta, los conjuntos proveen una idea de las actividades humanas en áreas específicas (sitios), y al combinar los datos de sitios relacionados, un patrón de sitios se puede definir. Para Binford (1982) el patrón de sitios representa patrones repetitivos a largo plazo relacionados con el continuo interés de los grupos en mantener un cierto tipo de actividades en su espacio geográfico, lo que es, además, una representación de su sistema adaptativo (Binford 1982: 6). Finalmente, es relevante destacar que para Binford el concepto de sitio fue concebido como parte de un enfoque regional, por lo que el sitio no era el objetivo, sino el patrón de sitios en toda la región (Dunnell y Dancy 1983; Rossignol 1992). Estas definiciones tempranas sentaron las bases teóricas para otro tipo de conceptos, tales como *off-site* y *non-site*/siteless que serán discutidos a continuación.

2.2.1.1. El concepto de *Off-Site*

Las discusiones sobre el uso y definición del concepto de *sitio arqueológico* fue el resultado de los trabajos de diversos arqueólogos en los Estados Unidos en las décadas de 1970 y 1980. Sin embargo, cuando este debate se internacionalizó, aunado a la discusión de otros conceptos tales como "patrones de asentamiento" o "arqueología regional", se hizo evidente que estos conceptos no podían ser aplicados sin considerar los contextos arqueológicos particulares de cada región (Cherry 2003). Esto sentó las bases para definiciones alternativas, y una de las que ha tenido mayor aceptación fue el concepto de Foley de *off-site* (fuera de sitio) (Cherry 2003: 148). El objetivo de Foley (1981: 157) era estudiar los procesos que subyacen a la formación de registro arqueológico. Este autor afirmó que la distribución de los materiales arqueológicos es espacialmente continua y, por lo tanto, el sitio no necesariamente constituye la referencia más adecuada para el análisis regional. La idea de que los materiales se encuentran dispersos y continuos a través de la topografía es el resultado de muchos contextos arqueológicos en el mundo. Es común encontrar patrones donde los materiales aparecen con mayor intensidad en algunas zonas y su densidad va reduciéndose hasta que la densidad aumenta nuevamente (Foley 1981: 159). El modelo de Foley se basó en primer lugar en el descarte de artefactos y las tendencias de su dispersión. En segundo lugar, la naturaleza acumulativa de estos procesos a través del tiempo. Finalmente, en la estructura de estos procesos como eventos repetitivos a pequeña escala (Foley 1981: 162). Con esta base Foley destacó la advertencia de que el registro arqueológico en superficie es una distorsión de como los objetos fueron dejados en el pasado. Y además opinó que con el tiempo el papel de la arqueología no ha de relacionar lo que está en la superficie con los asentamientos, *sino más bien estudiar las tendencias.* En este sentido, la idea del *off-site* reconoce que en el pasado se realizaron diversas actividades fuera de la zona principal de vivienda, y que éstas están representadas por los *residuos*, que son los materiales dispersos alrededor de una zona de alta densidad. Foley (1981) propuso que el estudio de los *residuos* o de los datos del *off-site* pueden proveer informaciones sobre aspectos diferentes de la sociedad. Esto implica que diversos lugares contienen cultura material relacionada con actividades diferentes, y por ende a actividades relacionadas con lugares ceremoniales, zonas de caza, zonas de producción, se encontraran fuera de las zonas de alta densidad de materiales, generalmente relacionados con el habitar. Foley, declaró que el potencial completo de su enfoque sólo podría realizarse "a través del análisis cuidadoso y explícito de los procesos post-deposicionales y un reconocimiento de la naturaleza independiente de la información espacial" (Foley 1981: 178).

Con el concepto de *off-site*, Foley, así como Binford lo hizo antes, incorpora la idea de *sitio* o en este caso de *off-site* dentro de un programa de registro de datos regional que se separa del tradicional enfoque de arqueología de sitio común durante el período de la arqueología Histórico Cultural (Dunnell 1992: 26; Rossignol 1992: 7). Un aspecto interesante de la idea del *off-site* es que en los últimos años algunos arqueólogo han usado su definición para relacionarla con la arqueología del paisaje, ya que está mejor conectada con los patrones y distribuciones más allá de los sitios (Gosden y Head 1994: 114; Erickson 2010: 621).

Aunque Foley desarrolló este concepto en base a sus experiencias en África, este enfoque se utilizó y es ampliamente aplicado en la arqueología mediterránea (Cherry 2003). Por ejemplo, Bintliff y Snodgrass (1988) aplicaron este concepto para interpretar materiales espacialmente dispersos fuera de las zonas urbanas en los períodos Griego Clásico y Romano Tardío (Bintliff y Snodgrass, 1988: 506). Para ellos estos "paisajes de *off-site*" no eran el resultado de la explicación popular sobre "el mítico burro fuera de la ciudad cuyas ollas se supone se cayeron de su carga, dejando rastros de tiestos en áreas que de otra manera son consideradas sin importancia en el paisaje." (Bintliff y Snodgrass 1988: 507, traducción del autor). Aunque otros modelos han sugerido que esta evidencia podría ser el resultado de "áreas de actividad utilizadas con menos intensidad de lo "normal" para sitios de ocupación permanente." (Haas 2012: 61). Desde su propio contexto arqueológico estos autores propusieron que estos patrones fueron creados por "el papel del transporte natural y perturbación post-deposicional" (Bintliff y Snodgrass, 1988: 507-508, traducción del autor).

Sin embargo, aunque este concepto ha sido útil para muchos arqueólogos y ha sido aplicado ampliamente (Wilkinson 1989; Jones y Beck 1992; Bintliff 1997; Bintliff y Kostas Sbonias 1999; García-Sanchez y Cisneros 2013), no ha estado exento de una fuerte crítica. Dunnell (1992: 26) señaló que el concepto de *off-site* no cuestiona realmente la existencia del sitio, sólo señala la importancia de centrar la atención en un sector diferente de la distribución de material. Esto sigue su idea ya mencionada y que se ampliará más adelante, de que los sitios pueden ser considerados como eventos sensibles a ser *observados*, en lugar de ser *definidos*. Otra crítica importante a este concepto la realizó Blanton (2001), quien planteó que el aumento en la atención de los investigadores a favor del enfoque de las *prospecciones intensivas*[5], podría conducir a menospreciar la importancia de patrones de interacción a mayor escala. Más recientemente, Haas (2012) y Waagen (2014) han seguido la idea de que aunque las *prospecciones de intensidad* registran una buena muestra de materiales de los *off-sites*, éstas no pueden ser realmente representativas de la región. Estos autores recomiendan que los estudios de

---

5   El concepto de *off-site* fue acompañado por una metodología de campo basada en las prospecciones intensivas, que son básicamente una prospección sistemática de cobertura total en pequeñas regiones (Foley 1981; Bintliff y Snodgrass 1988; Cherry 2003). La crítica de Blanton (2001) se enfocó en que este tipo de prospecciones no considera regiones mayores, como es el caso de, por ejemplo, las prospecciones de cobertura total regional planteadas por Kowalewski (1990, 2008).

off-site deberían concentrar su atención en un enfoque de múltiples escalas y considerar nuevas metodologías para la comprensión de los ajuares de cultura material y no sólo las densidades de los materiales (Haas 2012: 77; Waagen 2014: 417).

2.2.1.2. El concepto de *non-site*

Originalmente definido por Hurst Thomas (1979: 62) el concepto se refiere al estudio de entidades discretas que se extienden a lo largo de la topografía. El objetivo de aplicar este concepto es enfocar el registro en el campo en elementos individuales tales como artefactos y/o características en lugar de los conjuntos cerrados donde aparecen agrupamientos densos. Basándose en esta conceptualización, Dunnell y Dancey (1983) propusieron centrar las observaciones y los registros de campo en las distribuciones de artefactos y no en los sitios u *off-sites*. Sugirieron, siguiendo el diseño de la investigación arqueológica de Binford, que:

> *"El cambio desde un resumen cualitativo de los conjuntos [de cultura material] a la explicación de la variabilidad en el registro arqueológico dicta que los datos incorporen un elemento espacial controlado y que provean una base adecuada para la cuantificación. Las distribuciones de artefactos en el espacio, y no simplemente la localización de algún conjunto de artefactos, son requisito para el tipo de intereses."* (Dunnell y Dancy en 1983: 267, traducción del autor)

Dunnell y Dancy (1983) promovieron, en conjunto con los investigadores ya mencionados y la tendencia procesual en general, la idea de que el estudio de las regiones proporciona perspectivas para la comprensión de los patrones culturales a escalas mayores que ayudan a comprender la sociedad y su adaptación a diferentes ambientes. Para lograr esto, es necesaria la ejecución de un método de prospección regional. Y especialmente, una prospección regional sistemática como la propuesta posteriormente por Kowalewski (1990, 2008). Este punto será ampliado en la siguiente sección al tratar los estudios de patrones de asentamiento. En el caso de *non-site*, Dunnell y Dancy (1983) explicaron que un método mejor y menos sesgado para el registro de la distribución arqueológica es centrarse en el registro de artefactos. Ellos comentaron que al "adoptar este punto de vista, *el registro arqueológico se concibe de forma más útil como una distribución más o menos continua de artefactos en la superficie de la tierra con características de densidad muy variables*." (Dunnell y Dancy en 1983: 272, cursiva en el original, traducción del autor). Con esta perspectiva, el sitio es sólo una parte del registro total y del patrón, y puede ser explícitamente definido por el investigador. Esta idea del *non-site* permite evitar el uso del concepto de sitio sin crítica, y permitir la identificación de la variabilidad a lo largo de la topografía, sin centrarse únicamente en las zonas de alta densidad de materiales. En conclusión, "Si el artefacto es tomado como la unidad básica de observación, entonces el registro arqueológico se convierte en una distribución más o menos continua de artefactos en o cerca de la superficie del planeta (Dunnell y Dancey 1983: 272), no una colección de sitios a la espera de ser encontrados." (Dunnel 1992: 34).

Sin embargo, la definición del *non-site*, o *siteless* como ha sido llamada también (Dunnell 1992; Anschuetz *et al.* 2001), podría ser un concepto problemático al comparar los datos de diferentes regiones dentro de un enfoque de *patrón de asentamiento* (Fish 1999). Esta crítica, además, se fundamenta en la idea de que este concepto podría dificultar la comunicación de resultados, particularmente, al comparar bases de datos específicas de regiones distintas (Fish 1999: 204). Para los investigadores que defienden la idea de patrones de asentamiento, no utilizar el concepto de sitio sería un problema metodológico.

2.2.2. Sitios como Tendencias

Después de revisar la historia y definiciones sobre el concepto de *sitio arqueológico*, fue posible observar como cada concepto tiene sus pros y contras. Por ejemplo, en el caso del non-site, Dunnell y Dancy (1983) resaltaron que para desarrollar un método mejor y menos sesgado para el registro de distribuciones arqueológicas sería preferible centrarse en el registro de artefactos. Sin embargo, esta perspectiva es viable siempre y cuando se pueda plantear una prospección sistemática de área total, y como Harrower (2013) ya ha puntualizado este método de prospección no es la mejor opción para todos los casos.

Sobre la base de este debate, se puede afirmar que el problema general es la falta de definiciones explícitas tanto para los sitios como para el significado de las distribuciones de materiales. Así mismo, otro problema radica en cómo se representan las diferencias en tamaño de la agrupación, la función del material y la cronología, en particular cuando los datos son puestos de forma cartográfica. Como lo argumentó Haas (2012), en este aspecto todo se reduce a puntos en un mapa. De esto se destaca que las distribuciones espaciales de los materiales y las características en la topografía se pueden dividir como áreas de alta concentración de material llamados *sitios* y áreas de "residuos" denominados como *non-site*. Idealmente, el registro en campo debería incluir ambos conjuntos de información, sobre todo si el objetivo es reconstruir los patrones generales de la acción humana. Sin embargo, este esquema depende de la visibilidad y las condiciones de acceso en el terreno.

De esta manera la propuesta que se plantea para esta investigación toma la idea de Willey y Phillips (1958) de considerar el sitio como unidad básica de análisis. Considerando que un sitio es el conjunto de materiales y características arqueológicas en asociación espacial y/o estratigráfica (Hurst Thomas 1979; Binford 1982). Pero manteniendo la consideración de que sitio no es una categoría auto-definible (Dunnel 1992), sino que los registros en el campo deben hacerse sobre *las distribuciones de artefactos* y no en una idea de sitio tomada sin una revisión del contexto regional de la distribución de artefactos y características en sí misma. Con esto presente, el sitio puede ser considerado como una *tendencia* (Foley 1981) de las actividades de los seres humanos en el mundo. Las acciones humanas en el mundo dejan un rastro de sus intenciones y actividades particulares, que además de su recurrencia espacial tienden a ser recurrentes en el tiempo. Considerar a los sitios como tendencias de las acciones humanas y de las tareas (*tasks*) llevadas a cabo en contextos ambientales particulares, puede permitir la identificación de lo que Ingold definió como *taskscapes* (Ingold 1993, 2017).

2.3. CONCEPTUALIZANDO MUNDOS: LUGARES, TASKSCAPES Y PAISAJES EN CONFLICTO

En el apartado anterior se presentó la perspectiva teórica para registrar e interpretar los sitios arqueológicos. La descripción de la metodología en sí será explicada en el próxima capitulo. En esta sección, se desarrollará los fundamentos teóricos que serán utilizados para interpretar los patrones arqueológicos resultantes de los análisis. Los conceptos claves para esta investigación son los de *lugar* y *taskscape*, y como a través de estas definiciones se puede definir el *paisaje* de dos grupos humanos distintos, y particularmente, dos grupos en conflicto. Al inicio del capítulo se mencionó que dados los desarrollos teóricos en la disciplina arqueológica, los conceptos de *sitio* y *paisaje* son problemáticos. Ya se revisó la noción de sitio y se definió una solución pragmática (*sitios como tendencias*) que fue desarrollada en esta investigación. En cuanto al paisaje, las definiciones pragmáticas que fueron aplicadas para el campo, los análisis y la discusión, fueron las de *lugares/líneas y taskscapes en conflicto*. Sin embargo, con el caso del concepto de paisaje, el escenario es más complejo, ya que esta noción conlleva implícita muchos otros conceptos que, a su vez, han sido largamente debatidos. Para lograr una definición teórica sólida, es necesario primero presentar una revisión de conceptos como cultura, naturaleza, patrones de asentamiento, paisaje, lugares y *taskscape*.

2.3.1. Bases conceptuales del concepto de Paisaje

2.3.1.1. Sobre la Clasificación del Mundo Natural

En su libro sobre el género *Conus* del Sureste de los Estados Unidos y el Caribe, Kohn (2014: 32, traducción del autor) afirma que "cualquier clasificación biológica es una hipótesis". Esta honestidad científica no es común, aunque investigadores han estado señalando esto por muchos años. Por ejemplo, Pálsson (1996) llamó este fenómeno el "orientalismo ambiental", refiriéndose a la idea de que en la cultura occidental los seres humanos realizan una separación (cultural) entre las nociones de naturaleza y la cultura, y se posicionan como los dueños de la naturaleza. Esto quedó bien establecido cuando Carl von Linné afirmó que "mientras Dios creó la naturaleza, él la puso en orden" (Pálsson 1996: 68, traducción del autor). Es evidente que la percepción de Linné sobre el mundo natural era de una entidad no relacionada con los seres humanos y que su contenido y estructura podrían ser clasificados científicamente como una verdad universal y transcultural. Sin embargo, como muchos antropólogos ya han establecido, ésta no es la única clasificación posible del mundo natural, y en realidad las concepciones de la naturaleza varían cultural e históricamente. Por lo tanto, siguiendo las afirmaciones de Kohn y Pálsson, no sólo la clasificación biológica es una hipótesis, sino que nuestra propia conceptualización de la naturaleza es una hipótesis cultural (Descola 1996; Pálsson 1996; Zent 2014).

De la investigación antropológica e histórica se pueden delinear dos perspectivas de interpretación del mundo natural. La primera llamada *dualista*, donde se separa la naturaleza y la cultura como reinos independientes. La segunda denominada *monista*, y se basa en la idea de que no hay separación entre los seres humanos, los animales y las plantas. La primera tendencia se identifica con las culturas occidentales y la segunda con las poblaciones indígenas de diversas regiones del mundo (Descola & Pálsson 1996; Descola 2013; Zent 2014). Esta separación entre cultura y naturaleza puede ser tanto cultural como histórica. Tal es el caso de las perspectivas sobre la naturaleza en Europa[6] antes del siglo XV. En la Edad Media y en los períodos precedentes, las

---

6   Se refiere aquí a los principales imperios de Europa del Oeste que realizaron incursiones en los territorios indígenas después de la llegada de Colón, es decir: España, Francia, Portugal, Inglaterra y Holanda.

nociones europeas de la naturaleza se basaban todavía en la idea de que los seres humanos eran parte de la naturaleza y del mundo (Pálsson 1996). Es a partir de la Era del Renacimiento cuando la percepción del reino natural cambió a ser una entidad aparte de los seres humanos, especialmente de los humanos civilizados, y la naturaleza fue renovada al reino donde se extraen los recursos y donde viven los salvajes (Zent 2014). Como ha señalado Zent, en relación con el contacto con los grupos del "mundo nuevo" y los bestiarios como género literario:

> *"El contacto con el continente americano jugó un rol para diversificar las nociones de naturaleza. América hizo explotar la imaginación de los inverosímiles bestiarios ya repletos de seres insólitos como las antípodas (...), aves fénix, hombres sin cabeza, con colas, plantas e incluso piedras de formas y aspectos inusuales. Los bestiarios son quizás el género literario más prominente de la Edad Media."* (Zent 2014: 6)

Los bestiarios son un ejemplo de la relación horizontal entre animales, plantas, lo celestial y los seres humanos en la Europa de la Edad Media (Zent 2014). Después del siglo XV con el advenimiento del Renacimiento y la revolución científica comenzó el cuestionamiento de la unificación entre la alquimia y la ciencia. Durante este período se separó la naturaleza de la cultura (Pálsson 1996: 65), cuando las percepciones del medio ambiente y el conocimiento sobre ésta cambiaron radicalmente. Este proceso de transformación de la percepción de la naturaleza en la sociedad europea se basa principalmente en:

> *"La ansiedad cartesiana de alejamiento e incertidumbre, sin embargo, la separación del mundo-madre de la Edad Media y de la tierra lactante, fue compensada por el ego racional, la obsesión por la objetividad y una teoría "masculina" del conocimiento natural: "Ella" [la naturaleza] se convierte en "esa" – y "esa" puede ser comprendida y controlada."* (Pálsson 1996: 66, traducción del autor)

La percepción que los españoles tuvieron de la población indígena del Caribe y el resto de las Américas estuvo basada en estos conflictos culturales que atravesaba Europa occidental a finales del siglo XV. Los indígenas no civilizados, salvajes, desnudos y adoradores de elementos naturales y no de Dios, no poseían cultura como la europea y por lo tanto estaban más cerca del mundo natural que del cultural (Todorov 2003). Dentro de este marco, la clasificación de la población indígena como parte de la naturaleza y posterior esclavitud y control estaba más que justificada (Todorov 2003; Hauser y Hicks 2007; Zent 2014). Sin embargo, el corte entre la percepción monista y la dualista en Europa no se dio de manera tajante y radical, sino que respondió a procesos históricos que se fueron gestando poco a poco. Evidencia de esto, es el uso de bestiarios desde los inicios de la conquista, así como las representaciones de animales y seres "humanos" fantásticos que decoran los mapas del periodo temprano de conquista.

2.3.1.2. Patrones de Asentamiento

Ya que se han publicado diversas y completas historiografías de los estudios de patrones de asentamiento en la arqueología (Parsons 1972; Billmam 1999; Anschuetz *et al.* 2001; Kowalewsky 2008), esta sección se centra principalmente en discutir definiciones que son relevantes para el argumento de este capítulo. En primer lugar se presentará una breve historia de los primeros usos del concepto. A continuación, un debate sobre la aplicación de los conceptos como patrones de asentamiento y sistemas de asentamiento.

Los estudios de patrones de asentamiento tienen su origen a finales del siglo XIX y principios del siglo XX con los trabajos e ideas de Morgan y Steward (Parsons 1972: 127). Las observaciones de Morgan sobre las casas y la vida dentro de éstas en grupos indígenas de los Estados Unidos crearon las bases para que Steward propusiera su modelo de organización social de los grupos indígenas del Suroeste de Estados Unidos. Steward utilizó "patrones de asentamiento prehistóricos regionales y comunitarios para inferir procesos de desarrollo general." (Parsons 1972: 128). Las ideas de Steward sobre los patrones de asentamiento impactaron fuertemente la investigación de otros arqueólogos estadounidenses de inicios del siglo XX. A él le siguieron las investigaciones de Phillips, Ford y Griffin (1951) en la parte baja del río Mississippi en los Estados Unidos, y Willey (1953) en el valle de Virú en Perú; los cuales sentaron las bases para futuros estudios de patrones de asentamiento en la arqueología. Tanto por su énfasis en las prospecciones sistemáticas, el tamaño de la región investigada como por la continuación e influencia que tuvo en otros investigadores, el trabajo de Willey ha tenido más reconocimiento en la historiografía del tema (Parsons 1972: 129; Anschuetz *et al.* 2001: 168). En particular, la publicación de *Prehistoric Settlement Patterns in the New World* (Willey 1956), donde reunió a un gran número de arqueólogos para presentar sus casos de estudio dentro de la perspectiva de los 'patrones de asentamiento' en una amplia gama de áreas de Norte y Sur América y el Caribe, estableció el potencial de este enfoque para las futuras generaciones de arqueólogos (Parsons 1972; Billman 1999).

Sin embargo, como Parsons (1972: 129) ya ha señalado, la falta de un método estandarizado para el estudio del patrón de asentamiento en ese momento era evidente en los documentos de la compilación de Willey. De hecho, la cuestión de método ha sido el principal problema en la arqueología de patrón de asentamiento ya que, como quedó claro con esa publicación, los datos arqueológicos recogidos en cada caso de estudio, tuvieron métodos y preguntas de investigación distintas, lo que se reflejó en los resultados. No obstante, como consecuencia de estos intentos iniciales en la década de 1960 la necesidad de mejorar los métodos fue un impulso, y con la implementación de la arqueología regional como una condición necesaria para los estudios de patrones de asentamiento (Parsons 1972; Billman 1999; Fish 1999; Stanish 2003; Kowalewsky 2008; Bevan y Conolly 2009).

Una de las preocupaciones metodológicas y teóricas centrales para ese momento, fue la diferencia entre patrones de asentamiento y sistemas de asentamiento. Probablemente el primero en utilizar el término fue Winters (Winters 1969 en Parsons, 1972: 132; *cf.* Anschuetz *et al.* 2001: 174) al aplicarlo al Valle de Wabash en los Estados Unidos. Parsons comenta que se entiende por:

> "*patrón de asentamiento (…)* "*las relaciones geográficas y fisiográficas de un grupo de sitios contemporáneos dentro de una misma cultura*" *(Winter 1969, p. 110).*
> *Sistema de asentamiento* [implica] "*las relaciones funcionales entre los sitios contenidos en un patrón de asentamiento… la relación funcional entre un grupo contemporáneo de sitios dentro de una sola cultura.*" (Parsons 1972: 132)

Durante y después de la década de los años 1960 las investigaciones sobre *patrones de asentamiento* y *sistemas de asentamiento* tuvieron un importante impacto en el continente americano (Binford 1964, 1980; Chang 1968; Trigger 1968; Flannery 1976; Billman y Feinman 1999; Kowalewsky 2008). Fuera de América, se desarrollaron especialmente en áreas como el Mediterráneo, donde las condiciones topográficas y la vegetación son óptimas para la arqueología regional y las prospecciones intensivas (Clark 1955; Bintliff 1982; Cherry *et al.* 1988; Bintliff y Snodgrass 1988; Blanton 2001; Stanish 2003; Cherry 2003; Bevan y Conolly 2006, 2009, para mencionar algunos casos ampliamente conocidos).

Sin embargo, fue con el significativo aporte de Binford (1964) con su *nuevo diseño de investigación arqueológica* y, en general, su *arqueología procesual*, cuando se establecen los estándares básicos para los estudios de patrones de asentamiento y arqueología regional. Específicamente, para el estudio de sistemas culturales y su adaptación a diferentes ambientes. La propuesta de la arqueología de patrón de asentamiento contiene una serie de conceptos que la operacionalizan, estos son: *región, cobertura* e *intensidad*. El concepto de la *región* proviene de la geografía y puede hacer referencia a una región fisiográfica o una región de comportamiento. Existe acuerdo sobre que el término implica un espacio de muchos kilómetros y es más grande que el área (Kowalewsky 2008: 226). El término *cobertura* se refiere a los límites espaciales de la recolección de materiales o características dentro del área o región de estudio. La cobertura está relacionada con los límites de observación, y puede ser continua o fragmentada, ya que "se pueden hacer observaciones dentro de unidades múltiples y dispersas (bloques, transectas, etc.) o designar el área de estudio como una sola unidad (prospección de área total)." (Fish y Kowalewski 1990: 2). Por último, la *intensidad* está relacionada con el número de materiales registrados o el tiempo dedicado para hacer las observaciones dentro del área de cobertura (Kowalewski 2008: 227). El uso de estos conceptos para los estudios de patrón de asentamiento ofreció un marco metodológico para los trabajos de registro que se deben llevar a cabo durante las actividades sobre en el campo. Bevan y Conolly (2006: 226) comentaron que las prospecciones regionales intensivas y sistemáticas producen mejores resultados en primer lugar porque se enfocan en articular datos recolectados de manera más precisa. Además, si las condiciones geomorfológicas y ambientales son adecuadas, es posible obtener un registro más amplio de las actividades del asentamiento en el pasado. Estas condiciones óptimas se dan, principalmente en ambientes semiáridos y templados del mundo, donde las distribuciones materiales en superficie son abundantes (Bevan & Conolly 2009: 956). Sin embargo, como ya han señalado Harrower (2013) y Bevan y Wilson (2013), los contextos arqueológicos son muy diversos en distintas regiones del mundo, y en muchos casos estas condiciones óptimas no están presentes. Por lo que este enfoque de prospecciones sistemáticas de área total en muchos casos es impráctico o imposible.

Ahora bien, al tratar de definir patrones de asentamiento una idea básica es evidente a lo largo del tiempo, pero con pequeñas diferencias que se ajustan principalmente a los nuevos desarrollos metodológicos y técnicos. La definición original de Willey establece que el concepto se refiere a:

"la forma en que el hombre se dispuso sobre el paisaje en el que vivía. Se refiere a las viviendas, a su distribución, y a la naturaleza y disposición de otros edificios pertenecientes a la vida comunitaria. Estos asentamientos reflejan el entorno natural (…). Debido a que los patrones de asentamiento están, en gran medida, directamente moldeados por las necesidades culturales ampliamente conservadas, ofrecen un punto de partida estratégico para la interpretación funcional de las culturas arqueológicas." (Willey 1953: 1, traducción del autor)

Esta definición, y otras posteriores, se refieren a la comprensión de los patrones regionales y a la relación *entre las estructuras culturales y el medio ambiente.* Sin embargo, esta perspectiva fue posteriormente criticada por algunos procesualistas, quienes afirmaron que este método sólo consideraba los lugares donde se encontraron los materiales arqueológicos, es decir, los *sitios* arqueológicos (Wandsnider 1992: 286). Como ya se discutió, esto finalmente condujo al debate sobre las diferentes definiciones de *sitio* y, a la consideración de conceptos que consideraran los datos de alrededor y fuera de los sitios. Bilman (1999: 2) destacó que aspectos tales como las prospecciones intensivas y el desarrollo de los Sistemas de Información Geográficos cambiaron fundamentalmente la arqueología del patrón de asentamiento, particularmente en la calidad de la recopilación de datos, la creación de bases de datos macro-regionales y la consideración de nuevas preguntas de investigación relacionadas con las relaciones a gran escala y los patrones a través de diferentes períodos de tiempo. Esos nuevos desarrollos trajeron una percepción del patrón de asentamiento más relacionada con el análisis espacial que con los análisis de cultura material. Sobre esta base Fish (1999: 203, traducción del autor) propuso que los patrones de asentamiento son "matrices espaciales que marcan la intersección de las actividades humanas en el entorno natural" y simultáneamente "marcan la intersección con su ambiente cultural". Más adelante, Kowalewsky (2008) actualizó esta definición como:

"Las regularidades formadas por las distribuciones de múltiples lugares donde las personas vivían o realizaban actividades, incluyendo regularidades en las relaciones de estos lugares y actividades entre sí y con otras características del entorno. Estos lugares, a menudo pero no siempre llamados sitios, podrían ser lugares de habitación temporal o permanente y también lugares de otras funciones (arte rupestre, campos, fuertes)." (Kowalewski 2008: 226-227, traducción del autor)

Al mismo tiempo que se desarrolló el concepto del patrón de asentamiento, Winter definió el concepto de sistema de asentamiento para referirse a las relaciones funcionales de los sitios dentro de un patrón de asentamiento (Winters 1969: 110 en Parsons 1972: 132). Esta definición fue refinada más tarde por Flannery (1976), quien argumentó que si los patrones de asentamiento se refieren a los modelos de distribución espacial de los asentamientos, entonces el sistema de asentamiento se refiere a las reglas culturales que generan ese patrón. Con esto, Flannery (1976) cambió el papel del concepto de un aspecto funcional a uno relacionado con los patrones básicos de la estructura y cultura de una sociedad (*cf.* Binford 1980; Roberts 1996; Anschuetz *et al.* 2001; Bevan y Conolly 2006). El acuerdo general dentro de este método de patrones/sistemas de asentamiento es proporcionar una perspectiva dinámica sobre los patrones estáticos observables en la distribución espacial arqueológica de la cultura material u otras características culturales como distribuciones de montículos artificiales (Binford 1980: 4; Bevan y Conolly 2006: 218; Sonnemann *et al.* 2016b).

2.3.2. El concepto de Paisaje en Arqueología

En esta sección se revisará el desarrollo del concepto de paisaje en arqueología, y sus bases conceptuales. Así mismo, esta revisión historiográfica del concepto de paisaje servirá para presentar el argumento sobre el uso del concepto de *taskscape*. El concepto de *taskscape* no está separado del de paisaje (Ingold 1993), de hecho fue una estrategia teórico-metodológica de Ingold para temporalizar el paisaje. Para Ingold, el paisaje es al terreno lo que el *taskscape* es a la temporalidad (Ingold 2017). Sin embargo, el paisaje es un término amplio que abarca todas las relaciones humanas con el ambiente, desde la cultura material distribuida en la topografía hasta los complejos sistemas simbólicos o las experiencias y percepciones personales. Esta complejidad en su contenido en parte proviene del uso que le dieron distintos paradigmas en arqueología. No es sin sentido que Gosden y Head (1994) se refieran al concepto como útilmente ambiguo. Y tampoco lo es que esta referencia se diera justamente en el momento histórico del cambio de paradigma entre la tendencia procesual que conceptualizó el paisaje como el escenario para las acciones humanas, y la post-procesual que lo conceptualizó como el resultado de las experiencias humanas en el mundo.

Con su larga trayectoria como herramienta explicativa de las acciones humanas en el mundo, otros autores apoyan que es precisamente en la diversidad de perspectivas donde el concepto de paisaje encuentra su utilidad como perspectiva concreta de la disciplina (Hicks *et al.* 2007). Por muy optimistas o diversas que sean estas perspectivas, la noción de paisaje posee una importante carga de territorialidad, de representaciones visuales, de relación entre naturaleza y cultura y de sociedad, que no es necesariamente aplicable a cada caso en cada escenario temporal (Kolen *et al.* 2016). Como resultado de este contexto, ha habido muchos intentos de utilizar la idea básica del concepto -es decir, como las sociedades humanas se relacionan con su entorno y cómo en este proceso crean su mundo- pero enfocándose en aspectos particulares. Para mencionar algunos casos en arqueología, conceptos como *paisajes visuales* (Paliou 2013), *paisajes sonoros* (Feld 1996, Díaz-Andreu y Mattioli 2015), *paisajes marinos* (Gosden y Pavlides 1994, McKinnon *et al.* 2014), *paisajes genéticos* (Pardoe 1994), *paisajes insulares* (Frieman 2008*)*, *paisajes espirituales* (McNiven 2003) y cualquier otro término que se pueda adaptar al *Xscape* (Criado Boado 2015)[7], han sido comunes desde los años noventa. Sin embargo, cabe preguntarse ¿cuál es el aporte analítico de estos conceptos? Ingold propuso que "el poder del concepto prototípico del paisaje [land*scape*] radica precisamente en el hecho de que no está ligado a ningún registro sensorial específico, ya sea de la visión, el oído, el tacto, el gusto o el olfato" (Ingold 2011: 136, traducción del autor). Claro está que Ingold colaboró con la proliferación de los "-scapes" al definir el concepto *taskscape*. A pesar de esto, Ingold (2017) aclaró que su crítica se dirige a las defi-

---

7   Esta crítica se da principalmente en la lengua inglesa, ya que allí el uso de la terminación "-scape" de landscape, se ha combinado con otras palabras para crear un juego de palabras, por ejemplo: viewscape, seascape, bioscapes, entre tantos otros. Para una crítica similar desde la arqueología del Caribe, incluyendo los aspectos de traducción del concepto de *landscape* a paisaje ver Pagán Jimenez (2002).

niciones innecesarias e injustificadas que, como Kolen *et al.* (2016) han argumentado, en algunos casos se crean con el fin de ajustarse a la idea de paisaje en contextos donde su aplicación es compleja. La crítica no se orienta a no utilizar categorías/conceptos alternativos al de paisaje (por ejemplo: *seascapes* [paisajes marinos]), pero sí a considerar que todos estos "paisajes" ("-scapes") son herramientas heurísticas para eventualmente realizar interpretaciones sobre el paisaje (*landscape*) del pasado.

Teniendo en cuenta las características de esta investigación, el tipo de datos analizados, la información disponible y no disponible y la carencia de un marco cronológico amplio, se consideró que el concepto de *taskscape* podría explicar mejor la relación entre los patrones de distribución de sitios, la cultura material de los grupos humanos y el entorno ambiental de la región, tanto para la población indígena como la española. Esta sección se dividirá como sigue: en primer lugar, se delinearán los orígenes del concepto de paisaje. Luego se explicarán los usos del paisaje dentro de la arqueología procesual. En último lugar, se presenta una discusión sobre el paisaje desde la arqueología post-procesual.

2.3.2.1. El origen del paisaje: Landschaft

A finales de la década de los noventa la idea generalizada era de que el concepto o idea de paisaje tuvo su origen en el siglo XVI asociado a la tendencia paisajista en pintura desarrollada en los Países Bajos. Este estilo tenía como objetivo representar visualmente un "pedazo de tierra" desde un punto alejado de la escena (Shanks 1992, Lemaire 1997a, 1997b; Thomas 2001). Sin embargo, fue con el trabajo del geógrafo Kenneth Olwig que el verdadero origen se localizó en la edad media y con un significado más profundo que el género artístico posterior. Olwig (1996; *cf.* Pagán Jimenez 2002) sostuvo que a lo largo de la Edad Media, las palabras *landschap*, *landskab* and *landschaft* eran comúnmente usadas por la gente para referirse a una noción combinada de "tierra, gente y territorio". Olwig explicó que:

> *"La significación del concepto del paisaje en ese momento, y por lo tanto, su importancia a la aparición de esta forma de arte, sigue siendo confusa. Las discusiones de la lengua alemana de Landschaft son a menudo oscurecidas por la tendencia a confundir y combinar viejos y nuevos significados del término (Hard 1970). Esta situación confusa ha llevado a algunos escritores a simplemente ignorar el contenido histórico de la palabra y aceptar como axiomático que: "Es bien sabido que en Europa el concepto de paisaje y las palabras para él tanto en lenguas románicas y germánicas surgió alrededor del siglo XVI para denotar una pintura cuyo objeto primario era el paisaje natural." (Punter 1982, Cosgrove 1993: 9)."* (Olwig 1996: 631, traducción del autor)

Sin lugar a dudas, la aparición de la pintura paisajística durante el siglo XVI popularizó el término en el contexto europeo y particularmente ayudó desarrollar "el significado doble y estratificado que todavía reconocemos hoy" (Kolen y Renes 2015: 29). Por su parte, Olwig (1996) intentó ir más allá de la investigación sobre los orígenes del paisaje, y además recuperó lo que definió como la "profundidad sustantiva del significado del paisaje y sus implicaciones para nuestra comprensión de las relaciones entre la sociedad y la naturaleza" (Olwig 1996: 630). Este significado se asocia a la noción trinitaria de *tierra, gente y territorio* que engloba el término con una idea muy específica de lo que es percibido por la gente cuando observa su tierra. En los tiempos de la Edad Media la idea de comunidad no podía separarse de la idea de tierra, y a esto se le llamaba *Landschaft*, y conjuntamente tenía una connotación legal. La tierra era propiedad de una comunidad que desarrollaba actividades y tenía obligaciones morales y legales entre sí y con el territorio; pero al mismo tiempo que se definía por su propia tierra y las connotaciones legales para la relación con ella (Olwig 1996). Olwig propuso que el paisaje no sólo debe ser entendido como territorio o escenario, sino como un nexo entre "comunidad, justicia, naturaleza y equidad ambiental…" (Olwig 1996: 631).

Olwig (1996) desarrolló una idea para el estudio del paisaje basada en la geografía cultural americana tradicional de Sauer. La propuesta de Sauer radicó en la idea de que el paisaje debe combinar las ideas del ambiente, la economía, el derecho y la cultura (Sauer 1931, 1960). Olwig (2002) desarrolló su enfoque para centrarse principalmente en cuestiones de representación política y artística. En el contexto de sus estudios de los paisajes europeos ha declarado que "el paisaje como escenario natural proporcionaba un medio para incorporar una imagen del país, como lugar de la comunidad, dentro del espacio jerárquicamente organizado de un estado emergente" (Olwig 2002: xxxi). En este sentido, para el caso de la monarquía, el *paisajismo* europeo era un medio para entrenar la mente de las personas del país en términos escénicos y espaciales particulares. Como él afirmó, esta conceptualización "puede *configurar la mente*[8] de la gente, o al menos de algunas personas, para que piensen en su patria como Gran Bretaña, en lugar de Inglaterra, Escocia, Irlanda o Gales." (Olwig 2002: xxxi).

Para Olwig (2005) esta idea de *paisajismo* explica también la construcción de lugares en el periodo temprano de los Estados Unidos coloniales. En ese contexto, Olwig explica que los mapas creados por los primeros exploradores de la topografía de la región del Mississippi muestran como "los colonos blancos, (…) hicieron sus casas en lugares demarcados en un espacio indiferenciado del mapa. Lo que comenzó como un espacio indiferenciado, parafraseando a Tuan, se convirtió en lugar cuando los colonos llegaron a conocerlo mejor y lo dotaron de valor" (Olwig 2005: 267). Un caso peculiar fue expuesto por Fernández-Christlieb (2015) para la conquista de los nahuas del centro de México. Luego de la conquista los españoles implementaron en las comunidades indígenas de esta región una encuesta para conocer a la población y su distribución, y ellos se identificaron y a sus tierras con el termino *Altepetl*. Fernández-Christlieb (2015) planteó que la definición indígena de *altepetl* es conceptualmente similar a la definición de *Landschaft*. Y explica que ya que España estaba gobernada en aquel entonces por la Casa de Habsburgo, esta idea estuvo presente en la estructura de la encuesta realizada por la corona. Fernández-Christlieb (2015) apoya la idea de que las similitudes en las concepciones de tierra, comunidad y ley entre estas conceptualizaciones del paisaje de los indígenas y aquella de los españoles le permitieron a estos últimos cartografiar y gestionar los nuevos territorios de una manera eficiente y rápida. Por lo tanto, concluyó que "la noción de *altepetl* fue un aceptable sinónimo de *Landschaft*, al menos después de la conquista" (Fernández-Christlieb 2015: 353). Este caso demuestra que en algunos contextos el concepto de paisaje e incluso su conceptualización original de *Landschaft*

---

8   En la cita original Olwig usa la palabra "mindscaping", la cual no tiene una traducción literal por lo cual, y para mantener el sentido, se utilizó "configurar la mente".

podría ayudar a explicar ciertas particularidades históricas. Recientemente, Ingold retomó la discusión sobre el concepto de *taskscape* y su relación con el paisaje. Sobre la base del planteamiento de Olwig y su explicación del *Landschaft*, Ingold explica que el sufijo "-scape" dentro de la palabra inglesa *landscape* no proviene del Griego *skopein* que significa "mirar". En cambio, proviene del Ingles Antiguo *sceppan* o *skyppan* que significa "modelar" o "dar forma". Así, el significado de la palabra no implica "la tierra que se ve", sino "la tierra que se moldea" (Ingold 2017: 24). Esta noción de tierra o terreno siendo construido, trabajado y modelado por los trabajadores en sus tareas diarias, está íntimamente relacionado con la noción de *taskscape*. Sin embargo, el concepto de paisaje (*landscape*) sigue siendo el principal y la última noción a ser conceptualizada, ya que el *taskscape* es una herramienta para la definición temporo-espacial del paisaje, es decir, de *la tierra que es modelada por las tareas humanas*.

2.3.2.2. El Paisaje en la Arqueología Procesual

En la arqueología procesual, el paisaje se percibió más como un enfoque o una aproximación que como un concepto para las explicaciones sobre las dinámicas del pasado. El enfoque del paisaje se centró principalmente en el estudio arqueológico del uso pasado del suelo a través de la aplicación de estudios regionales de geomorfología, geología, ecología y lo que se definió en ese momento como estudios actualistas, es decir, tafonomía, procesos de formación de suelos y etnoarqueología (Rossignol 1992: 4). La idea general con este enfoque era abordar las preguntas arqueológicas desde una perspectiva regional y estaba en la línea de pensamiento de otros marcos teóricos y metodológicos de la época tales como el ya explicado *off-site* (Foley 1981) y el enfoque ecológico humano (Butzer 1982) (*cf.* Rossignol 1992, Wandsnider 1992). La aparición de estos métodos en la arqueología no fue una coincidencia, sino más bien un resultado del cambio paradigmático de la Historia de la Cultura al procesualismo. Este cambio en la disciplina estaba estrechamente relacionado con el interés de investigar "métodos de inferencia que en última instancia llevaran a conocer el pasado, en lugar de especular sobre él" (Rossignol 1992: 5). El paradigma procesual o sistemático trajo un intenso uso de ciertas perspectivas a la arqueología basada en la creencia de que los sistemas conductuales y 'formacionales' eran factores subyacentes en la organización del registro arqueológico (Willey y Sabloff 1980). Basados en la investigación de Binford (1964, 1978), el objetivo era centrarse en estrategias adaptativas, ya que éstas tienen propiedades sistémicas que poseen un efecto directo para las organizaciones sociales del pasado que eventualmente crean el registro arqueológico. Por lo tanto, la comprensión de los procesos de formación del registro arqueológico permitirá entender a las sociedades responsables de dejar atrás esos restos materiales, y al estudiar estos patrones en una perspectiva regional, se logra un entendimiento global de la sociedad a través de lo que denominaron *Paisaje* (Binford 1982, Rossignol 1992, Wandsnider 1992). En términos de teoría social, la arqueología procesual prestó gran atención a los estudios etnoarqueológicos (Binford 1978), ya que la observación directa de los sistemas de cazadores-recolectores era una fuente de información que no se había considerado sistemáticamente en investigaciones previas y que sirvió de base para sustentar las teorías arqueológicas de la época.

Dado que el paisaje era considerado un "medio para un fin", el foco siempre estuvo en otros conceptos tales como el ya mencionado *off-site* o patrón de asentamiento, los cuales constituían las categorías que realmente proporcionan la información. Wandsnider explica:

"Los enfoques del estudio del paisaje orientados a la variación arqueológica regional en la búsqueda de sistema de estados en el pasado, reflejan una estrategia diferente de ésa perseguida por los estudios del patrón del establecimiento. En primer lugar, en lugar de comenzar con sólo los loci que manifiestan restos arqueológicos, comienzan con todo el paisaje. (…) La investigación de rango medio sobre el uso del paisaje por cazadores-recolectores y hortícolas, así como sobre los impactos de los procesos superficiales en los yacimientos arqueológicos, permite identificar las dimensiones del paisaje que son sensibles a un análisis procesual." (Wandsnider 1992: 288, traducción del autor)

A principios de la década de 1990 comenzaron a surgir otros enfoques para el estudio del paisaje. Estas propuestas estaban más interesadas en estudiar el paisaje como concepto para entender las intenciones y acciones humanas en su propio mundo ecológico, político y simbólico. Con esta perspectiva se cambió el foco de interés desde los métodos para la definición de procesos de formación a teorías sobre la conceptualización del paisaje y los grupos del pasado (*cf.* Crumley y Marquardt 1990; Bender 1993; Tilley 1994). Con ello se inició un nuevo cambio de paradigma y un consiguiente abandono del enfoque del paisaje propuesto por la arqueología procesual.

2.3.2.3. Arqueología del Paisaje Post-procesual

A pesar de que el enfoque paisajístico de la arqueología procesual fue muy explícito en sus definiciones, las nuevas ideas para el estudio del paisaje que se desarrollaron desde la década de 1990, fueron muy diversas y consideraron una variedad de referencias que enfatizan tanto las características naturales (ecológicas, geomorfológicas e hidrológicas), como culturales (tecnológicas, organizacionales y cosmológicas) del entorno humano (Anschuetz *et al.* 2001: 158). Este contexto condujo a una identificación temprana del concepto como ambiguo (Gosden y Head 1994). La primera crítica al cambio de paradigma en cuanto al paisaje fue destacada por Gosden y Head (1994), y se concentró en enfatizar el rol de lo social en el paisaje:

"Un énfasis en lo "social" [que nos] aleja de los determinismos ambientales y sitúa el cambio y la acción dentro de la sociedad misma. La noción de "paisaje", por otra parte, puede ayudar a dar a lo social una escala de tiempo geomorfológico." (Gosden & Head 1994: 113, traducción del autor)

En esas primeras e iniciales definiciones, ideas procesuales están presentes en el enfoque del estudio de la geomorfología y los factores ecológicos. Lemaire (1997a: 9) escribió que durante ese tiempo dos tendencias se movían en una dirección diferente del paradigma tradicional procesual, éstas eran la fenomenología y la ecología.

En la arqueología, la fenomenología surge dentro de los estudios del paisaje en un enfoque definido como fenomenología del paisaje. Los promotores originales de esta propuesta fueron Bender (1993, 1998), Thomas (1993ª, 1993b), Tilley (1994), quienes basados en las ideas filosóficas de Heidegger y Merleau-Ponty, dirigen la atención hacia la comprensión del paisaje como una construcción social, particular a cada sociedad y que sólo se puede alcanzar a través de la incorporación del arqueólogo en el contexto (pasado). Esta tendencia fue muy popular en la arqueología británica a través del estudio de sitios icónicos como Stonehenge y otros sitios monumentales. En sus trabajos iniciales, Tilley plantea que el foco de su investigación estaba en entender por qué la gente habita donde lo hace. Tilly afirma que es posible explorar esto usando el aspecto simbólico del paisaje y la memoria social de cada grupo (Tilley 1994: 1-3). Siguiendo la idea de Heidegger de ser-en-el-mundo, Tilley y otros post-procesualistas aplicaron la fenomenología para entender y describir las realidades pasadas como fueron experimentadas por los individuos del pasado (Thomas 1993a; Tilley 1994). Las ideas teóricas propuestas a principios de la década de 1990 continuaron desarrollándose durante esa década dentro de la arqueología británica y se expandieron a otras regiones del mundo. Sin embargo, después de una década de intensas investigaciones y publicaciones sobre la fenomenología del paisaje y todas sus variantes, surgió una fuerte crítica tanto desde los procesualistas como de los post-procesualistas. Una de las críticas más contundentes la originó Fleming (2005, 2006) y esencialmente se refería a la falta de marco metodológico claro y definido. Para Fleming (2005, 2006) y otros (*cf.* Hodder 2004, Johnson 2005, Ingold 2005, Hicks & McAtackney 2007, Barret & Ko 2009) los deficientes estándares metodológicos hicieron que este enfoque fuese imposible de comparar con otros casos, y además lo catalogaron como cargado de consideraciones parroquiales, nostalgia e interpretaciones románticas.

Una alternativa a la diversidad de perspectivas dentro de la arqueología del paisaje fue propuesta por Anschuetz y sus colegas quienes propusieron considerar el paisaje como un paradigma (Anschuetz *et al.* 2001). Su objetivo era crear un método común y unificado para el estudio de paisajes pasados. Esta idea se basó en contribuir a resolver problemas cruciales en la disciplina arqueológica para ese momento, tales como la perspectiva del sitio y el debate sobre las definiciones alternativas como *off-site*, *non-site* y otras variaciones regionales (Anschuetz et al 2001). Para estos autores "un enfoque paisajístico proporciona marcos histórico-culturales para evaluar e interpretar diversas observaciones sobre la variabilidad espacial y temporal en la estructura y organización de las huellas materiales." (Anschuetz et al 2001: 162).

Anschuetz y sus colegas, así como lo han destacado otros, señalan que el concepto de sitio es una de los principales problemas en la arqueología regional y del paisaje. Sin embargo, como ha sido posible observar y concluir hasta ahora, en función de las secciones anteriores de este capítulo, el "problema" con el concepto de sitio se ha dado por una carencia de integrar perspectivas teóricas y metodológicas. La arqueología post-procesual señaló que muchos de los problemas de la arqueología procesual se asociaban a la falta de marcos teóricos complejos. Sin embargo, antes de ellos, los procesualistas puntualizaron que los problemas de la arqueología Histórico Cultural se situaron principalmente en la falta de metodologías sistemáticas. Actualmente, desde la perspectiva de esta investigación, una solución a estos "problemas" se puede encontrar en la complementariedad de las perspectivas y no en las posiciones individuales. La ambigüedad del concepto se ha mantenido porque las tendencias procesuales y post-procesuales nunca han encontrado un terreno común, y además en el concepto de paisaje los enfoques han sido radicalmente diferentes. Por lo tanto, el concepto se ha mantenido como útil porque es amplio y genérico, cualquier definición cultural o natural puede considerarse como paisaje, y, siguiendo tendencias recientes, si algo no encaja, entonces un simple prefijo o sufijo al paisaje es suficiente para mantener la idea (por ejemplo ver notas al pie 2 y 3).

Algunos arqueólogos repiten la noción de Gosden y Head (1994) de que la arqueología del paisaje "se niega a ser disciplinada", y que debemos aceptar su contradicción y complejidad tanto en la interpretación de culturas pasadas como dentro de la disciplina arqueológica (*cf.* Bender 2006: 310; Massey 2006: 34; Hicks y McAtackney 2007: 23). En este contexto, Hicks & McAtackney (2007: 23) han propuesto que los paisajes deben ser considerados como puntos de vista y que:

> *"La arqueología del paisaje podría ser usada para enmarcar tipos distintivos de arqueologías reflexivas que buscan utilizar los compromisos materiales de la arqueología para ir más allá del euro-etnocentrismo que es inherente a las ideas convencionales del paisaje para forjar arqueologías alternativas que reconozcan la diversidad material de los paisajes, así como las múltiples formas en que el paisaje es concebido o entendido."* (Hicks & McAtackney 2007: 23, traducción del autor)

2.3.3. Taskscape, Lugar y Paisaje

En este último apartado se desarrollan los conceptos específicos que serán utilizados en la investigación. En primer lugar se presentan los conceptos de *taskscape* y lugar, luego la noción de los *paisajes en conflicto*, y por último se presenta la idea de los *taskscapes en conflicto* que es el concepto que se desarrollará para explicar las transformaciones del paisaje indígena al momento de la llegada de los Españoles.

2.3.3.1. *Taskscape* y Lugar

La discusión sobre los conceptos de lugar, *taskscape* y paisaje se basan en las explicaciones de lo que Ingold ha llamado la *perspectiva del habitar* (Ingold 1993, 1996, 1997, 2000, 2011, 2017). Ingold (1993) explicó que el objetivo de esta perspectiva es ir más allá de la "oposición estéril entre la visión naturalista del paisaje como un fondo neutral y externo a las actividades humanas y la visión culturalista de que cada paisaje es un orden particular cognitivo o simbólico del espacio" (Ingold 1993: 152). Esta definición puede representar para la arqueología la integración conceptual entre las definiciones de paisaje de la arqueología procesual y la post-procesual. Aunque el paisaje puede ser percibido como ambiguo y flexible (Gosden & Head 1994; Hicks & McAtackney 2007) esto no resuelve el problema de cómo los arqueólogos (re)construyen los paisajes del pasado y, en particular, las teorías y los métodos que sustentan las diversas definiciones. Para la arqueología, un enfoque que intente integrar marcos positivistas e interpretativos puede ser valioso. Particularmente en el sentido de que el paisaje desde el procesualismo estuvo limitado a la (re)construcción de la formación de sitios y los patrones de asentamiento sin una consideración de teorías culturalistas. El post-procesualismo en cambio utilizó una amplia gama de teorías culturales sin un modelo metodológico sólido.

La perspectiva del habitar de Ingold busca estudiar la relación entre los seres humanos, los animales y el medio ambiente como una "condición ineludible de existencia" (Ingold 2000: 153). Ingold utiliza el concepto de paisaje como punto de vista para esta perspectiva del habitar. Sin embargo, señaló que el uso del paisaje no puede abordarse plenamente sin la consideración de dos aspectos principales: su espacialidad y su temporalidad. Ingold opinó que en términos espaciales, el paisaje no es tierra, ni naturaleza, ni espacio (Ingold 1993: 153). No es la tierra ya que la tierra no tiene un elemento visual o material, la tierra es un concepto abstracto como el peso. La tierra es un "denominador del mundo fenoménico, inherente en cada porción de la superficie del planeta pero visible directamente en ninguno…" (Ingold 1993: 154). El paisaje no es naturaleza, ya que no acepta la división entre los mundos interior y exterior. La definición tradicional de la naturaleza la considera como una construcción de la separación entre los seres humanos y el mundo percibido. Sin embargo, si esta separación es una construcción cultural, entonces *definir una naturaleza como diferenciada del paisaje no tendrá sentido*. Al criticar la definición de Daniels y Cosgrove (1988) del paisaje como principalmente visual y pictórico, Ingold afirma que "no es una imagen en la imaginación, examinada por el ojo de la mente, tampoco, sin embargo, es un sustrato ajeno y sin forma que espera la imposición del orden humano." (Ingold 1993: 154). Finalmente, propuso que el paisaje no es espacio, ya que el espacio es igualmente un concepto abstracto que no tiene una representación real del mundo. El espacio es una abstracción cultural utilizada para referirse a una *dimensión* al intentar definir la experiencia humana en el mundo. Sin embargo, para Ingold, el mundo es experimentado en la medida en que lo habitamos, llevando a cabo las diferentes tareas asociadas con cada cultura en particular (Ingold 1993: 156).

Como Hicks (2016) ha señalado la perspectiva de Ingold representó un movimiento real de las ideas "simplistas" sobre que ""cualquier reconstrucción del pasado es una declaración social en el presente" (Hodder 1985: 18), hacia la redefinición de la práctica arqueológica como "la forma más reciente de vivir en un sitio antiguo" (Thomas 2001, p.181)." (Hicks 2016: 6, traducción del autor). Sin embargo, Hicks criticó fuertemente que el acercamiento de Ingold estuvo basado en la dicotomía entre pensamiento occidental y no occidental. Para Hicks "la inclinación antigua en el pensamiento occidental de dar prioridad a la forma sobre el proceso representó para Ingold 'un sesgo sistemático', fundamentado en un 'dualismo insistente', entre objeto y sujeto, material e ideal, operativo y cognoscitivo, 'etic' y 'emic', etc." (Hicks 2016: 8, traducción del autor). Otro punto de crítica a Ingold es que su definición de medio ambiente y el paisaje parece de alguna manera apolítica. En sus descripciones el mundo es creado por los que lo experimentan, sin embargo en su argumento el conflicto y la disputa que en ocasiones existe durante la creación del mundo de determinados grupos está ausente. Por ejemplo, la creación del "nuevo mundo" se dio bajo contextos sociales, culturales, políticos, ambientales y humanos en conflicto, pues los conquistadores impusieron un nuevo orden, y del conflicto entre éste y la cultura y prácticas de las poblaciones indígenas se gestó la transformación que dio pie al verdadero "Nuevo Mundo" (Quijano y Wallerstein 1992). Sin embargo, esto en esencia no es un problema analítico ya que el concepto de Ingold puede ser complementado, por ejemplo, con las ideas de Bender (2001ª) sobre paisajes en conflicto. Hicks (2016) también criticó que sobre la diferenciación y aceptación que otras culturas perciben el mundo de una manera diferente, no implican realmente un problema ya que esta idea es la base de una amplia gama de teorías antropológicas, por ejemplo, el perspectivismo amazónico, y realmente sin esto sería imposible crear empatía con otras culturas.

El segundo aspecto del paisaje es su temporalidad. Ingold explica que el paisaje es una forma congelada, aunque se genere a través del movimiento, generalmente se aprecia solamente su forma final, que es estática y sólida (Ingold 1993). A partir de esta idea, Ingold desarrolló el concepto de taskscape para proporcionar temporalidad al paisaje. Cada tarea que es llevada a cabo por la gente en el proceso del habitar en el paisaje deja una marca, un signo, un recuerdo, y como las acciones en el mundo se siguen perpetuando siempre que haya personas haciéndolas "las actividades que componen el taskscape son interminables el paisaje nunca está completo: ni "construido" ni "no construido", sino perpetuamente en construcción." (Ingold 1993: 162). En este sentido, la tarea (*task*) tiene temporalidad donde el paisaje no la tiene, la tarea está constantemente apareciendo y cambiando, mientras que el paisaje como el resultado de la combinación de todas las tareas está congelado, aunque no terminado. Según Ingold "el paisaje es la forma congelada del *taskscape* [y] nos permite explicar por qué, intuitivamente, el paisaje parece ser lo que vemos a nuestro alrededor, mientras que el *taskscape* es lo que escuchamos." (Ingold 1993: 162). Para este autor, el taskscape considera a los agentes que actúan e interactúan de un lado a otro con su paisaje, y al reemplazar "las tareas del habitar humano en su propio contexto dentro del proceso de devenir del mundo en su conjunto, podemos acabar con la dicotomía entre taskscape y paisaje – sólo, sin embargo, reconociendo la temporalidad fundamental del paisaje." (Ingold 1993: 164, traducción del autor).

En este punto es importante resaltar dos aspectos que no han sido claros en las descripciones de Ingold, al menos para un uso arqueológico del concepto de taskscape: las nociones de *sitio* y *escala*. Aunque para un antropólogo el concepto espacial común es el de *lugar*, para el arqueólogo el concepto de *sitio* es la herramienta analítica espacial más común. Si, por ejemplo, el *taskscape* se define como "todo el conjunto de tareas, en su interconexión mutua" (Ingold 1993: 158, 2017: 17), entonces arqueológicamente ¿cuál es la unidad que contiene la *tarea*? Y más importante, ¿cómo se define? En el siguiente capítulo se hará referencia al proceso metodológico para la definición de *sitio*, pero su articulación con el concepto de *taskscape* es principalmente teórica. El *sitio* contiene información sobre la(s) tarea(s) practicada(s), y esto ya ha sido definido dentro de la arqueología procesual como área de actividad (Binford 1982). Sin embargo, aunque en términos de escala un sitio pueda referirse a una sola área de actividad, también puede componerse de varias áreas de actividad. Aunque, el fondo teórico del concepto de Binford fue diferente al de Ingold, éstos realmente no tienen una contradicción, sino que pueden ser utilizados de forma complementaria. Como se evidenciará a lo largo de este trabajo, un *sitio* puede ser resumido como una o más áreas de actividad que se definen mediante una o más tareas (Binford 1982: 7). Así el *taskscape* puede ser explorado en diversas escalas puesto que hay unidades claras relacionadas con las tareas. *Taskscape* y el paisaje son definiciones que deben ir acompañadas de una resolución de escala, ya que pueden utilizarse para referirse a las interacciones humanas locales, regionales o globales.

Otra consideración sobre el concepto de *taskscape* para la arqueología se encuentra en la idea de que las tareas tienen un comienzo y un final. Sin embargo cada final representa un nuevo comienzo, ya sea en el mismo lugar o en un nuevo. A partir de esto, se puede considerar que la combinación de las diferentes tareas a lo largo de un mismo entorno denota implícitamente información sobre la tradición, las prácticas y las relaciones materiales entre la intencionalidad y la percepción del mundo. Esto en el sentido de que una tarea particular implica un conjunto particular de cultura material que está generalmente relacionada con los lugares de acción, ya que el conocimiento de llevar a cabo una tarea va acompañado de las herramientas necesarias para ejecutarla. Ingold explica esto como sigue:

> *"En la práctica, entonces, la acción planeada y la iteración no son procedimientos alternativos. El practicante no tiene que elegir entre uno y el otro, o encontrar alguna manera de combinarlos. Esto se debe a que las instrucciones no dicen, en sí mismas, a los practicantes qué hacer. Una señal no significa nada hasta que se coloca en algún lugar del terreno. Del mismo modo, cada dirección dibuja su significado desde su colocación en un taskscape que ya es familiar gracias a la experiencia previa. Sólo cuando se coloca ésta indica un rastro que se puede ser seguido de manera práctica."* (Ingold 2011: 251, traducción del autor)

Para las investigaciones arqueológicas, el concepto de *taskscape* parece tener una mejor aplicabilidad teórica y metodológica que el de *paisaje* por varias razones. Primeramente, es un enfoque explícito para entender que las huellas del pasado son el resultado de agentes humanos que actúan sobre un mundo que ya está comprendido y estructurado. Ingold (1996) da el ejemplo de comunidades forrajeras que exploran y se mueven a través del paisaje que conocen, y realizan actividades de acuerdo al conocimiento acumulado que adquieren durante generaciones. Por lo tanto, desde una perspectiva arqueológica, independientemente de la temporalidad (anterior o posterior) de cada lugar particular donde se realizó una tarea, la acción se refiere a la repetición (tendencia) de una tarea particular en un *sitio* particular, ya que el arqueólogo tiene acceso sólo a la imagen congelada del paisaje. Como señaló Ingold (1993), el taskscape es la temporalidad incorporada en las actividades del habitar y, por tanto, las tareas son los actos constitutivos del habitar (Ingold 1993: 158). En este punto se completa la razón para conceptualizar el sitio arqueológico como tendencia, es decir el resultado de la repetición de una o varias tareas en uno o más sitios a lo largo del terreno[9].

Una definición final dentro del enfoque del taskscape es el concepto de *lugar*. La definición a ser utilizada en esta investigación también se ha tomado de Ingold (2007, 2011) quien propuso que los lugares son la suma de la intencionalidad humana sobre una locación en particular. Sobre la base del grupo Inuit, comentó que para ellos "tan pronto como una persona se mueve se convierte en una línea." (Ingold 2011: 149, *cf.* 2007: 2). Independientemente de la actividad a realizar: caza, exploración o búsqueda, desde esta perspectiva el terreno es percibido más como una malla de *líneas* que como una superficie continua. Sobre esta definición, el lugar se crea por la superposición de diferentes líneas, es decir por el movimiento de las personas en el mundo (Ingold 2007; *cf.* Mans 2012: 89). Por otra parte, cada línea es la representación del movimiento que a su vez representa el conocimiento, como Ingold y Vergunst (2008) comentan "el movimiento del caminar es en sí mismo una manera de saber." (Ingold y Vergunst 2008: 5). A partir de esta idea, Ingold utiliza el concepto de meshwork de Lefebvre, para referirse al movimiento de los seres humanos y los animales en el mundo, y las

---

9   En la arqueología existen varios ejemplos de aplicaciones del concepto de *taskscape*, aunque por las características de la discusión no es necesario ahondar en éstos. Para una revisión reciente ver: Logan & Dores Cruz (2014); Michelaki *et al.* (2015), Antczak et al. (2015) y Rajada y Mills (2017).

huellas y conexiones dejadas por este movimiento. Este concepto se opone al de red (*network*) en el sentido de que una red es una conexión entre acontecimientos, mientras que el *meshwork* son "los senderos a lo largo de los cuales se vive la vida." (Ingold 2007: 81, traducción del autor).

2.3.3.2. Paisajes en Conflicto

Dentro de este contexto de evaluación del concepto de paisaje, su flexibilidad, usos y abusos, Bárbara Bender destacó la importancia de considerar el conflicto en el estudio del paisaje (Bender 2001a; Bender & Winer 2001). La idea de que el paisaje puede ser conflictivo se basa en el estudio del movimiento, y sobre todo de los grupos desplazados en contextos políticos de conflicto y/o guerra (Bender 2001a). Para Bender (2001a, 2001b, 2002; Bender & Winer 2001) el enfoque en el compromiso íntimo y personal de las personas con el mundo en contextos de angustia política, guerras, migraciones y cualquier otro tipo de conflicto social y político es una parte importante del estudio del paisaje. Con este enfoque Bender trató de nivelar la consideración de los paisajes como lugares y áreas comunes, para considerar los "paisajes menos familiares del movimiento." (Bender 2001a: 75, traducción del autor).

Desde el pasado lejano hasta los contextos sociopolíticos actuales la gente se ha movido, emigrado y comprometido con diferentes realidades como consecuencia del colonialismo y la guerra. Por ejemplo, tal como se presentará en esta investigación, la construcción del territorio y el paisaje por los primeros españoles en las primeras islas colonizadas es un claro ejemplo de ello. Como lo es también la contraparte de las poblaciones indígenas que fueron desplazadas de sus áreas ancestrales en el proceso de conquista y reordenamiento de su mundo. Bender (2001a) sugiere que el paisaje y particularmente los paisajes disputados están constituidos por "movimiento, relaciones, recuerdos e historias" (Bender 2001a: 76). A través de esta perspectiva es posible investigar y contextualizar:

> *"El sentido del lugar y del paisaje de la gente se extiende así desde la localidad y desde los encuentros presentes y es contingente de un campo temporal y espacial más amplio de relaciones. La explicación se mueve hacia delante y hacia atrás entre el detalle de la existencia cotidiana y estas fuerzas más grandes (Sontag, 1983: 385-401, Pred, 1990, Edholm, 1993, Selwyn, in press)."* (Bender 2001a: 84)

La idea de una perspectiva política explícita dentro de los estudios del paisaje es aplicable a otros campos relacionados, tales como los estudios sobre el patrimonio y en general la geopolítica presente y pasada, ya que colabora en el estudio de las personas en contextos turbulentos del mundo y cómo crean "un sentido de lugar y pertenencia, perdida o negación" (Bender 2001b: 1, *cf.* Hicks & McAtackney 2007). Para Bender el 'paisaje' es político en contraste con la propuesta de Ingold, refiriéndose así con el concepto a "la complejidad de la vida de las personas, la contingencia histórica, el conflicto, el movimiento y el cambio" (Bender 2001b: 2).

Más recientemente, otros investigadores han desarrollado debates a partir de estas ideas y definiciones y los han aplicado a estudios de caso del continente americano y el Caribe, enfocándose particularmente en los resultados y los impactos del colonialismo. Por ejemplo, Hauser & Hicks (2007) en el contexto de la arqueología histórica del

Caribe anglófono estudiaron la diáspora africana y cómo eso impactó el desarrollo de paisajes globales. Los autores, basados en la perspectiva del colonialismo de Gosden (2004), afirman que la idea de paisaje era esencial en el desarrollo del colonialismo europeo post-medieval, en el sentido de que se representaban las tierras indígenas con la idea de *terra nullius*, como un método para la apropiación del terreno (Hauser & Hicks 2007: 251). Esto además de negar a los pueblos indígenas sus derechos sobre las tierras, colaboró en la creación de nuevos paisajes coloniales, los cuales fueron reafirmados a través de varios mapas que representan los "nuevos territorios". Hauser y Hicks (2007) destacaron que un aspecto esencial de la colonización y la constitución de los paisajes coloniales, fue la cartografía colonial temprana y cómo se representó el terreno y particularmente las poblaciones indígenas. Una perspectiva similar fue considerada por Oliver (2007) al estudiar el impacto colonial sobre la población indígena de la costa Noroeste de América del Norte. La idea original de los colonizadores era que la región era un ambiente virgen y salvaje, idea que se ha mantenido hasta hoy. Sin embargo, a través de diferentes investigaciones en el área se ha demostrado que esa naturaleza "prístina" es en realidad el resultado de miles de años de interacción humana con el medio ambiente (Oliver 2007: 20). Además, Oliver centró su investigación en el estudio de la estacionalidad y cómo las comunidades interactúan con diferentes áreas en diferentes momentos, y cómo crean su idea de lugar cambia a lo largo del año.

En un artículo más reciente, Oliver (2011) presentó un marco más explícito para considerar la cartografía colonial para estudiar las ideas pasadas de paisaje y territorio. En su trabajo, Oliver se inspiró en el trabajo de Harley (1988), quien afirmó que la cartografía "no era una práctica objetiva, sino inextricablemente ligada a las relaciones de poder, [y] las críticas post-coloniales han surgido con fuerza para deconstruir los significados ocultos expresados en los mapas." Oliver 2011: 67, traducción del autor). Desde esta perspectiva, sostiene que la cartografía colonial no era una proyección precisa de la topografía, sino más bien una representación de la perspectiva colonizadora del territorio, utilizada para el control y el orden de la población local. Oliver (2011) afirmó que los mapas reemplazan el conocimiento indígena con el nuevo orden eurocéntrico y colonialista, ya pesar del constante contacto con los pueblos indígenas, presentan sistemáticamente la tierra como vacía, natural y salvaje.

Ingold y Vergunst (2008) también comentaron sobre esta idea de la carencia en la representación de las tierras indígenas como consecuencia del proyecto colonialista, pero enfocándose principalmente en la cosmovisión europea hacia la naturaleza. Ingold explica que la cosmovisión occidental se basa en la idea de que "la superficie de la tierra se presenta para englobar a la humanidad como un espacio a ser ocupado, y subsecuentemente quizás abandonado una vez agotados sus recursos." (Ingold 2008: 6).

Cosgrove (2008) también ha colaborado en esta discusión al referirse que tanto los mapas como la idea del paisaje están estrechamente conectados por su estado subyacente de ser pictórico y tener una poderosa expresión visual[10]. A través de la cartografía los primeros colonizadores presentaron un mundo al resto de los europeos, que fue construido en su mismo lenguaje visual, y que se hicieron para presentar las nuevas tierras. Como fue señalado en la discusión sobre la naturaleza, en el caso de la cartografía

---

10   Aunque, en este trabajo se apoya la crítica de Ingold a la definición de Cosgrove (2008), el ejemplo
     sobre los mapas es adecuado para este contexto.

temprana se observa claramente como la estética de los mapas de la Europa post-medieval y del Renacimiento temprano (Cosgrove 2008), estuvieron cargados de representaciones mezcladas de monstruos, criaturas míticas y romanticismo con el intento de precisión para la delimitación de la tierra. Un ejemplo es la descripción hecha por el cartógrafo Pietro Bembo que describió a Cuba como "vivían en la Edad del Oro: sin medida a los campos, ni jueces ni leyes, ni uso de cartas, ni comercio ni planificación, sino sólo viviendo desde el día a día." (Cosgrove 2008: 64). Este tipo de impresiones y descripciones son comunes en la literatura de los primeros tiempos de colonización y conquista, donde la similitud de los pueblos indígenas con el estado natural, ya superada por los europeos como parte del desarrollo de la cultura y la sociedad, justifica la necesidad de implementar orden en estos nuevos territorios en forma de ley, religión y gobierno (Todorov 2001; Cosgrove 2008).

Basados en estas ideas en esta investigación se están explorando cómo los primeros mapas para la isla colaboraron en la transformación del mundo indígena de Haytí al mundo español de La Española. Como se observó en el capítulo anterior, esto se está evaluando a través de la consideración de algunos mapas tempranos y al analizarlos desde la perspectiva de la construcción colonial del territorio, evaluar su uso como herramienta de colonización, así como explorar cómo se expresa la relación entre naturaleza y la cultura en este tipo de registros.

2.3.3.3. *Taskscapes* en Conflicto

Este capítulo se fue desarrollando desde las categorías arqueológicas básicas, como el concepto de sitio, hasta aquellas más abstractas, como la noción de paisaje. Se consideró que la mejor alternativa para evitar un debate teórico vacío era revisar la historia de cada concepto y operacionalizarlo a través de una propuesta pragmática. Así, se comenzó la discusión contextualizando el marco teórico dentro de la noción de modos de creación-de-mundos (Goodman 1978), ya que en términos generales esta noción permitirá explicar mejor la trasformación del paisaje de las poblaciones indígenas del Norte de la isla. Sin embargo, para definir arqueológicamente esta transformación fue necesario considerar tanto conceptos directamente relacionados con los conjuntos materiales y su distribución en el espacio, como conceptos que permitieran interpretar los modelos resultantes. Para lograr esto el capítulo se dividió en dos secciones, la primera "Registrando Mundos" donde se debatió el concepto de sitio en arqueología, el cual representa la noción básica de análisis espacial, así como el vínculo entre la cultura material, el ambiente y sus relaciones. Ya que esta investigación se inserta dentro de una perspectiva regional, se consideró que la solución más adecuada a ser utilizada en este trabajo, considerando la historia del concepto en la arqueología, era la noción de *sitios como tendencias*. Con esto se considera que cada sitio es la representación de la multiplicidad de tareas llevadas a cabo a lo largo del tiempo y su recurrencia en determinados espacios, como resultado del conocimiento de los grupos humanos de su ambiente. Esta definición permitió articular los registros arqueológicos en campo con las ideas teóricas de lugar y *taskscape* ya explicadas.

El segundo apartado, dedicado a la "Conceptualización de Mundos" comenzó contextualizando las bases sobre las cuales se ha formulado la noción de paisaje en arqueología, específicamente los conceptos de 'naturaleza' y 'patrón de asentamiento'. Seguidamente se presentó el desarrollo del concepto dentro de la historiografía general a través de la explicación proporcionada por Olwig (1996), hasta la propia historiografía arqueológica cuya comprensión es esencial para poder avanzar hacia categorías pragmáticas. Esto permitió presentar este concepto con un entendimiento de sus posibilidades analíticas para la arqueología y, al mismo tiempo, al presentar la idea de paisajes en conflicto, tener un argumento sólido para desarrollar la solución pragmática de los *taskscapes en conflicto*. Ya que la investigación busca entender la transformación del paisaje a través del uso de una perspectiva de análisis espacial, fue necesario desarrollar un concepto que articulara estos dos requisitos. La idea del *taskscape* permitió integrar las evidencias arqueológicas (por ejemplo, los sitios) a nociones teóricas sobre el movimiento, uso y conocimiento del terreno a nivel regional que son fundamentales para evaluar transformaciones culturales. Por otro lado, el objetivo de considerar el conflicto se basó en las características históricas de las relaciones entre indígenas y españoles. Además, se quiso probar como los conflictos culturales se materializan espacialmente en los patrones de distintas áreas del Norte de la isla.

La consideración de *sitios como tendencias* permitió observar la distribución de sitios y de cultura material como recurrencias de prácticas culturales y su relación con un grupo de variables ambientales (esto a ser desarrollado en los análisis). Siguiendo la propuesta de Ingold sobre la creación de lugar como resultado del movimiento, estas prácticas son efectivamente resultado del movimiento y, por ende, *sitios como tendencias* es igual a *lugar*. Así, los lugares, cargados de tareas realizadas en distintos periodos de tiempo son evidencia del *taskscape* indígena. Ahora bien, al considerar el conflicto que se genera a partir de situaciones de colonización y guerra, y al utilizar las evidencias históricas y cartográficas desde las perspectivas teóricas ya explicadas, al final de esta investigación fue posible proponer un *taskscape* indígena y uno español, y definir las transformaciones del paisaje indígena.

3

MARCO METODOLÓGICO

3.1. INTRODUCCIÓN

El presente capítulo tiene como objetivo presentar la metodología utilizada para articular el marco teórico con las evidencias arqueológicas recolectadas y registradas durante los trabajos de campo. Este capítulo presentará las estrategias consideradas para el registro, procesamiento, clasificación y análisis de las evidencias arqueológicas, históricas y ambientales. El capítulo se divide en cinco secciones principales, en primer lugar se definen las escalas espacio-temporales de la investigación. Luego se presentan los métodos para la descripción y clasificación de los datos espaciales, donde se presentan las definiciones de campo y de laboratorio para el concepto *sitio* arqueológico. En la tercera sección se muestran los métodos utilizados para registrar evidencias durante los trabajos de campo, donde se retoman las ideas de la arqueología regional y los tres métodos aplicados, a saber: prospecciones sistemáticas, prospecciones oportunistas y modelos predictivos. La cuarta sección trata los métodos de documentación y procesamiento, los cuales se refieren al registro de cada evidencia de cultura material en campo, al procesamiento de los datos arqueológicos previos, la edición y clasificación de los conjuntos de datos espaciales y, el uso y consideración de las evidencias cartográficas e históricas. Finalmente, la última sección explicará los métodos para los análisis estadísticos y estadístico-espaciales, los cuales son: Análisis de Componentes Principales (ACP), Análisis de Correspondencias Múltiples (ACM), Regresión Logística Lineal Múltiple, Modelo de Proceso de Puntos, Regresión Geográficamente Ponderada.

Es importante destacar que en este capítulo se presentan dos metodologías, la primera sobre los métodos utilizados para procesar las evidencias de campo y la segunda sobre los métodos utilizados en el laboratorio para clasificar y analizar las distintas evidencias. Las dos metodologías produjeron resultados, unos fueron previos a los análisis de las evidencias y estuvieron relacionados con los trabajos de prospección en campo. Los segundos se refieren directamente a los análisis estadísticos de los conjuntos de evidencias y sus comparaciones. Aunque este capítulo está dedicado a los métodos, se presentarán aquí los resultados de los análisis relacionados con la metodología de campo. Esto se debe principalmente a que los métodos aplicados en campo tanto de organización como de clasificación están íntimamente relacionados con todas las partes de la investigación, por lo que explicar su resultado en el capítulo de análisis le restaría coherencia a la disertación.

3.2. SOBRE LAS ESCALAS ESPACIO-TEMPORALES DE LA INVESTIGACIÓN

Este apartado consta de dos aspectos esenciales para el trabajo en general. En primer lugar se presentarán las definiciones de escalas espacio-temporales, y en segundo, se presenta el trabajo realizado para definir el área de estudio.

Para la investigación se definió primeramente una escala temporal para enmarcar los acontecimientos espaciales e históricos que fueron abordados en el trabajo. Dadas las características del proyecto NEXUS 1492 y de las evidencias registradas durante los trabajos de campo y disponibles a través de fuentes documentales y gráficas, se decidió que la investigación se enmarcaría en el Periodo Cerámico Tardío y el Colonial Temprano, particularmente desde 1200 d.C. a 1550 d.C. Es decir, que del periodo colonial solo se consideraron fuentes de información que, aunque su creación/edición/ publicación haya sido posterior, hayan sido generadas en o a partir de informes directos entre los primeros 50 años del proceso de conquista. La razón de definir este periodo se debió en primer lugar a que el foco principal es el paisaje indígena de antes de la llegada de Colón, y que las comparaciones que permiten desarrollar ideas de transformación de ese paisaje comenzaron a gestarse en los primeros años de conquista. En segundo lugar, se definieron un conjunto de categorías que representan las distintas escalas espaciales de análisis: *macro-región, región, área y zona*.

La *macro-región* es la categoría geográfica más amplia y se refiere a la costa centro norte de la isla compartida por la República Dominicana y la Republica de Haití (fig. 2). La definición de la macro-región se dio de manera arbitraria y responde al interés de explorar las evidencias existentes sobre el área geográfica donde se fundaron las primeras villas y fuertes españoles, de manera de poder obtener patrones espaciales para las comparaciones. La *región* se refiere a una categoría espacialmente menor a la anterior y para el caso de este trabajo se definieron dos: la región arqueológica y la histórica. Es importante tener en cuenta que estos nombres responden únicamente al tipo de evidencias utilizadas para observar los patrones espaciales de cada cual. Es decir, la *región arqueológica* se basa en el espacio geográfico donde se han realizado los únicos registros arqueológicos desde una perspectiva regional en el norte de la isla, es decir las áreas donde se realizaron los trabajos de Ulloa Hung (2014) en Punta Rucia, aquellos de Moore y Tremmel (1997) y Koski-Karell (2002) en el noreste de Haití y los propios de esta disertación. La *región histórica* abarca la costa circundante a la ubicación de la villa de La Isabela hasta las montañas cercanas al lugar de asiento del Fuerte Santo Tomás de Jánico, es decir, el espacio geográfico alrededor de la Ruta de Colón[11]. La selección de este espacio para la región histórica se basó en la variada evidencia de asentamientos españoles tempranos y sus registros cartográficos y escritos, lo que permite estudiarla en busca de patrones espaciales. Es por esto que otros asentamientos tempranos como La Navidad y Puerto Real no fueron incluidos para las evaluaciones y posteriores comparaciones. Un aspecto importante de la categoría *región*, es que será a este nivel donde se darán las comparaciones entre el modelo de paisaje indígena creado a partir de las evidencias arqueológicas y alternativas explicativas de su transformación

---

11 Actualmente se están realizando prospecciones arqueológicas en esta región, cuyos primeros resultados han sido ya publicados por Hofman y Hoogland (2015), Hofman *et al.* (2016), Ulloa y Sonnemann (2017) y Hofman *et al.* (en prensa).

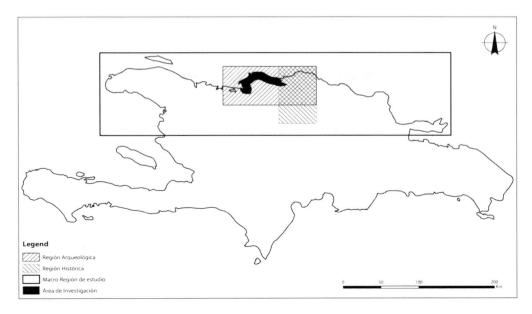

Figura 2. Macro-Región, Regiones y Área de Estudio consideradas para la investigación en el Norte de la isla de Haytí/La Española.

en función de evidencias documentales y cartográficas, ya que es a esta escala donde se posee la evidencia espacial necesaria para construir un modelo de transformación del paisaje indígena.

El área se refiere a una categoría espacial menor a la región y en el caso de esta disertación se basa en la costa de la Provincia de Montecristi, cuyas fronteras son al norte el Océano Atlántico, al sur las provincias de Dajabón y Santiago Rodríguez, al oeste la Republica de Haití y al este la provincia de Puerto Plata (fig. 2). Como se señaló anteriormente, para la construcción del modelo de paisaje indígena, el área estudiada aquí será complementada con dos áreas más, la primera es el norte de la Provincia de Puerto Plata donde Ulloa Hung ha llevado a cabo investigaciones en años recientes. Los datos del área de Puerto Plata provienen de la investigación realizada por Ulloa Hung y consta de una muestra de 99 sitios arqueológicos. Aunque las investigaciones recientes de este investigador como parte del proyecto NEXUS 1492 en las actuales Provincias de Puerto Plata y Valverde han aumentado considerablemente la muestra, para las comparaciones a ser realizadas aquí se decidió utilizar exclusivamente fuentes publicadas (Ulloa Hung 2014; Ulloa Hung y Herrera Malatesta 2015). La razón de esto es que de las publicaciones se extraen patrones que pueden ser corroborados por terceros interesados en una revisión detallada de los modelos e interpretaciones. Las informaciones del área de Fort Liberté provienen de 64 sitios arqueológicos del reporte técnico realizado por Clarke Moore (Moore y Tremmel 1997) y de los modelos creados por Koski-Karell (2002) en su disertación doctoral esos datos. Aunque estos autores trabajaron toda la costa norte de Haití, para esta investigación se decidió sólo utilizar aquellas evidencias ubicadas en el área de Fort Liberté[12], ya que por su cercanía geográfica pueden ser mejor relacionadas con los patrones y evidencias del área de la Provincia de Montecristi (apéndice 1). Por último, la *zona* es la categoría espacial menor y se refiere a las transectas definidas para dividir el área cuando se consideró la realización de las prospecciones sistemáticas (fig. 5).

Las distintas escalas espaciales permitieron definir espacios geográficos para cada nivel analítico a ser abordado en la disertación. Las zonas y el área de estudio se configuraron considerando los objetivos específicos del trabajo y de aquí provienen los datos y análisis originales de la disertación. El conjunto de resultados de los análisis realizados a las evidencias arqueológicas en la costa de la Provincia de Montecristi (área) serán, en el capítulo de discusión, comparados con los patrones de las áreas vecinas de Punta Rucia y el noreste de Haití. Con este conjunto de interpretaciones se planteara un modelo del paisaje indígena para la región arqueológica considerada. Por otro lado, la región histórica fue definida a partir de la presencia de evidencias espaciales que permitieran discernir patrones definibles. Aunque en la macro-región hay registro y evidencias de otras villas españolas, es sólo en la región donde se presenta un patrón espacial que permitió la creación de un modelo de paisaje español para los primeros años de la conquista y colonización.

Si bien las regiones no comparten el mismo espacio geográfico, es cierto que, en primer lugar los acontecimientos que llevaron a los primeros españoles a fundar las villas y fuertes de la región histórica considerada, impactaron toda la macro-región del centro norte de la isla. En segundo lugar, el objetivo de la disertación es explorar la transformación del paisaje indígena en el norte de la isla, por lo que el paisaje de los grupos indígenas (creado a partir de la región arqueológica) que habitaron esa región fue afectado por los eventos que se estaban gestando en la región vecina. La llegada de Colón a la isla impactó a las poblaciones que habitaban en las inmediaciones de los movimientos españoles, así como a las poblaciones de áreas vecinas con las cuales estas primeras tuvieron seguramente contactos y relaciones.

Ahora bien, cuando se comenzaron los trabajos de campo, se consideró prospectar el área costera de la provincia de Montecristi, ya que dentro del contexto de una investigación de doctorado no habría tiempo de registrar evidencias en toda la provincia. Inicialmente, la poligonal de estudio se planteó de Este a Oeste a todo lo largo de la línea costera de la provincia, y de Norte a Sur en una franja de 7 km de ancho. Esta poligonal de 7 km fue utilizada en las dos primeras salidas de campo y modificada durante la tercera a una franja de 10 km de ancho. La razón de esta modificación se basó en dos aspectos principales. En primer lugar, el Servicio Geológico Nacional (SGN) proveyó de un conjunto de datos en formato digital entre los que se encontraba un mapa vectorial de la Republica Dominicana cuyas fronteras son altamente precisas. Este mapa destacó que los mapas sobre los cuales se habían generado los archivos vectoriales de la provincia de Montecristi y el área de investigación no coincidían con los nuevos datos (fig. 3). En segundo lugar, durante la tercera y última salida de campo durante el año

---

12   Actualmente Joseph Sony Jean está realizando una investigación doctoral en el área de Fort Liberté en el marco del proyecto NEXUS 1492. Esta investigación será culminada en 2018 y está enfocada en entender la biografía del paisaje de esta región desde el periodo prehispánico hasta las poblaciones que hoy en día habitan la zona.

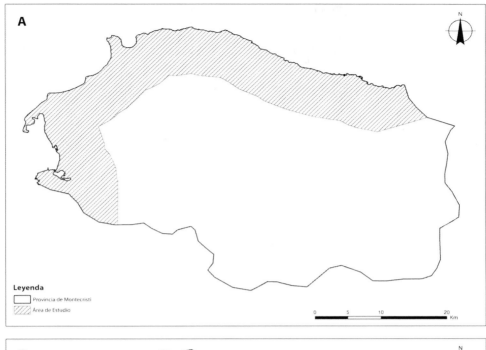

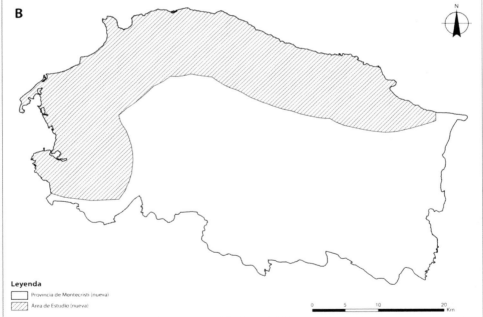

Figura 3. Variación de la Poligonal del Área de Estudio y de la Provincia de Montecristi, Noroeste de la Republica Dominicana. A) Inicial: antes del 2015 (+/-500 km²) y B) Nueva: después del 2015 (+/-750 km²).

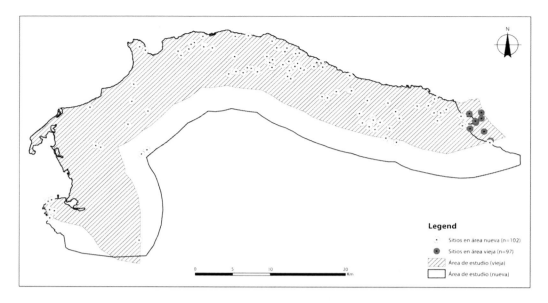

Figura 4. Las dos poligonales del área de estudio y la distribución de sitios arqueológicos de la costa de la Provincia de Montecristi, Noroeste de la Republica Dominicana, mostrando los sitios que fueron dejados/ incluidos por este cambio.

2015, se consideró que los tiempos de registro de sitios en el área eran más expeditos de lo inicialmente considerado.

Este cambio de poligonal de estudio tuvo efecto en la cantidad de sitios a ser utilizados tanto porque algunos quedaron fuera como porque otros fueron incluidos. Los sitios que quedaron fuera de la nueva poligonal de estudio de hecho se encontraban fuera de la Provincia de Montecristi, por lo cual no tenían cabida dentro del área seleccionada para la disertación. Estos sitios, así como otros siete del Este de Montecristi fueron registrados por Ulloa Hung (2014). Los sitios que fueron incluidos en la nueva poligonal se encuentran a lo largo del área (fig. 4). Este cambio sólo se refleja en la descripción del trabajo de campo sistemático y los modelos predictivos, ya que ambos métodos fueron aplicados a la poligonal anterior. Además de estos dos aspectos, este cambio no se ve reflejado en ningún otro aspecto de la disertación, y es ejemplo de la diversidad y complejidad del trabajo con datos espaciales tanto digitales como físicos.

3.3. MÉTODOS DE TRABAJO DE CAMPO

3.3.1. Arqueología Regional

La recolección y registro de evidencias arqueológicas ha sido uno de los temas principales en la arqueología desde mediados del siglo pasado (Dunnell 1971; Plog *et al.* 1978; Hodder 1999; Orton 2000). Más aún, los cambios de paradigma dentro de la disciplina, por ejemplo de Historia Cultural a la Ecología Cultural y posteriormente a la Arqueología Procesal y Post-Procesual, han sido factores decisivos en la reorientación de los métodos de recolección y registro en campo. Ejemplos clásicos van desde la tradicional ubicación de sitios en grandes áreas (por ejemplo, la investigación de Rouse

(1939) en el Caribe) hasta prospecciones regionales de áreas específicas (por ejemplo, Flannery (1976) en México), donde la aplicación de estadística incluyó el muestreo estadístico y enfoques sistemáticos (Stanish 2003).

Como resultado de los modelos teóricos de los años setenta, la arqueología regional se estableció como el principal método para entender los patrones sociales sobre amplios marcos temporales y espaciales (Kowalewski 2008). Como lo menciona Kowalewski (2008: 225) "siempre parece producir ideas nuevas e inesperadas", al proveer de una perspectiva amplia sobre la organización social y política regional y macro regional, sobre la interacción y el intercambio, y por ende sobre el comportamiento humano (Kowalewski 1990). Este método se deriva de la idea propuesta en la Nueva Arqueología de Binford, donde cualquier investigación debe incluir una consideración sistemática de "regiones [que] pudieron haber contenido sistemas culturales." (Binford 1964: 426). Esta propuesta de prospecciones regionales estuvo acompañada de una metodología de reconocimientos superficiales sistemáticos de área total. Las prospecciones sistemáticas de área total permiten una recuperación metódica de materiales arqueológicos en regiones de gran extensión territorial. Estas metodologías estuvieron íntimamente ligadas a la introducción de métodos estadísticos en arqueología tanto para análisis como para el muestreo de evidencias (Orton 2000). Aunque ha sido ampliamente aplicada en la Arqueología Americana, la aplicación de las prospecciones intensivas ha crecido en la aceptación en la arqueología europea, mediterránea y del Medio Oriente (Bintliff 1977; Bintliff y Snodgrass 1988; Cherry 2003; Bevan y Conolly 2013).

Un elemento esencial en las prospecciones superficiales regionales fue destacado por Dunnell y Dancey (1983: 268) al comentar que el objetivo de éstas es *responder a las preguntas de la investigación* y no el simple registro de sitios para la excavación. Esto contrasta con la perspectiva de la Historia Cultural, donde el objetivo principal era ubicar los *sitios cabeceros* que permitieran reconstruir la historia cultural de una región específica (Lyman *et al.* 1997). En oposición para la Nueva Arqueología, el objetivo era tener una comprensión amplia de las culturas y para esto era necesario explorar sus patrones de asentamiento y medio ambiente (Stanish 2003), y para esto las prospecciones sistemáticas eran el método más adecuado.

En el Caribe, al menos hasta finales de los años setenta, todas las prospecciones arqueológicas consistieron en recolecciones oportunistas y no sistemáticas de datos (De Waal 2006). Esta estrategia consiste en visitar "sitios" arqueológicos con habitantes de las comunidades del área o la región de investigación. Este tipo de prospecciones tiene la desventaja de estas sesgadas por los conocimientos de los individuos de las localidades, y por lo tanto no existe forma de saber si los hallazgos registrados reflejan realmente la diversidad arqueológica del área o región (Hofman *et al.*, 2004: 9). Sin embargo, y como consecuencia de este cambio de paradigma en la arqueología a finales de la década de 1970, se realizaron algunos ejemplos de prospecciones sistemáticas en el Caribe (De Waal 2006). Aunque no todos los casos incluyeron prospecciones sistemáticas, en términos de arqueología regional es posible destacar los siguientes trabajos: Goodwin (1979) en St. Kitts, Watters (1980), así como Watters & Scaglion (1980) en Barbuda y Montserrat; Haviser (1985a, 1985b, 1988) en St. Eustatius, Saba y St. Martin; Wilson (1989, 1991) en Nevis; Curet (1992) y Torres (2012) en Puerto Rico; Moore & Tremmel (1997) en Haití; Drewett (1991, 1995, 2004) en Barbados y Tortola y las Islas Caimán; Keegan *et al.* (2002) y Hofman *et al.* (2004) en Santa Lucía;

Koski-Karell (2002) en el norte de Haití; Kaye *et al.* (2003) en Carriacou; Antczak y Antczak (2006) en el Archipiélago de Los Roques en Venezuela; De Waal (2006) y Bright (2011) en las Antillas Menores; y Ulloa Hung (2014) en el norte de la República Dominicana. Como se mencionó en el capítulo contextual, esta investigación sigue la línea sentada por Ulloa Hung en el área de Punta Rucia y varios de los autores mencionados. Así mismo, en términos metodológicos se trató de transcender estas investigaciones de vanguardia al aplicar distintos métodos de prospección, proponer una definición novedosa para el concepto de sitio, utilizar métodos de análisis estadísticos y estadístico-espaciales nunca o raramente usados en la arqueología del Caribe.

Es importante señalar que aunque dentro de la arqueología regional se hace hincapié en las prospecciones sistemáticas, los términos no son sinónimos, ya que la prospección sistemática es sólo un método de campo. Los métodos utilizados en la arqueología regional son medidos por su "intensidad", y esto se entiende como "el grado de detalle con el cual se inspecciona la superficie del suelo de una unidad de prospección determinada, ya sea que esta unidad es una región grande o una pequeña unidad de muestreo (Plog *et al.* 1978: 389, traducción del autor). En este sentido, la prospección sistemática de área total tendrá la intensidad más alta y el reconocimiento simple la más baja, y generalmente se utiliza en regiones donde se ha realizado poco trabajo (Stanish 2003). Esta investigación se incluye en un enfoque de arqueología regional, y se aplicaron tanto métodos sistemáticos y como oportunistas en las prospecciones de campo, cuyas especificidades se presentan a continuación.

3.3.2. Prospección Sistemática

3.3.2.1. Historia de las Investigaciones

La primera prospección sistemática conocida en el Caribe fue realizada por Goodwin (1979) en la isla de St. Kitts. Goodwin aplicó un muestreo de múltiples etapas con cuadrantes, que consisten en dividir la población de estudio en grupos, después de lo cual uno o más de estos se eligen al azar para ser muestreados. El objetivo de esta investigación fue comprender la distribución espacial de los grupos portadores de Cerámica Temprana en la isla (Goodwin 1979). Contemporáneamente con este estudio Watters (1980) realizó prospecciones en Barbuda y Montserrat. En su trabajo de campo aplicó un muestreo probabilístico por transectas a través de la isla, que incluía una inspección peatonal de las líneas seleccionadas a muestrear. El objetivo de aplicar este método fue conocer cómo la geología (caliza en Barbuda y volcánica en Montserrat) influyó en la presencia de sitios precolombinos (Watters y Scaglion 1980). En la isla de Nevis, Wilson (1989, 1991) llevó a cabo "un estudio arqueológico intensivo para los restos de asentamientos prehistóricos [...] conducidos a lo largo de las costas y sistemas de drenaje de Nevis." (Wilson 1989: 431). Wilson siguió la estrategia de Goodwin para St. Kitts, donde las áreas de mayor probabilidad fueron caminadas al 100%, mientras que otros sectores que eran menos propensos a contener sitios arqueológicos, fueron aleatoriamente prospectados. El objetivo de esta investigación fue "proporcionar un catálogo completo de los sitios arqueológicos de la isla" para mejorar la comprensión del patrón de asentamiento precolombino y la historia cultural (Wilson 1991: 272).

Años después de estos primeros intentos, De Waal (2006) realizó una prospección sistemática en tres islas de las Antillas Menores, Pointe des Châteaux, La Désirade y la Petite Terre, para comprender la organización social, la interacción y los patrones de asentamiento. Las prospecciones de campo consistieron caminar sistemáticamente transectas a través de la isla y en la costa que el objetivo de registrar los asentamientos precolombinos. Por otro lado, en las Antillas Mayores, Cooper y Valcárcel (2004) aplicaron esta metodología sistemática en Cuba, recolectando material por parcelas para identificar la extensión del sitio de asentamiento de Los Buchillones e investigar si había más sitios de ocupación prehispánica a lo largo de la costa. En Puerto Rico destaca el trabajo de Torres (2012) cuyo objetivo fue documentar la transformación de comunidades sociales en la región de Tibes entre el 600 y 1200 d.C. Para esto, realizó propspecciones de superficie de corbertura total en unidades de muestreo seleccionadas, así como pruebas de piqueta en transectas y prospecciones oportunistas (Torres 2012: 157). En la Republica Dominicana, las prospecciones de campo sistemáticas se han aplicado principalmente en el contexto de la arqueología de contrato (Abreu Collado y Olsen Bogaert 1989; Olsen Bogaert 2004, 2006, 2013), con excepción de la disertación de maestría realizada por Johnson (2009) en El Cabo (Higüey). Hasta el momento en la región norte de la isla no hay ningún ejemplo de prospecciones sistemáticas de superficie total de ningún tipo.

3.3.2.2. Aplicación en Montecristi

El objetivo de llevar a cabo prospecciones de campo sistemáticas se basa en la necesidad de crear y desarrollar nuevos enfoques metodológicos para mejorar los métodos de campo en la República Dominicana y el Caribe en general. Esto se basa en la idea de que los nuevos desarrollos tecnológicos y datos de alta resolución disponibles hoy en día para la región se complementarían con prospecciones de "grano fino" para mejorar los resultados.

Con el fin de crear un conjunto de datos que responda adecuadamente a las preguntas planteadas en esta investigación, este estudio adopta un enfoque de múltiples escalas para el registro material proveniente de las prospecciones, similar al desarrollado por Bevan y Conolly (2006) para la isla de Antikythera en Grecia. Los enfoques de múltiples escalas son los más adecuados cuando la interacción constante de datos en diversas escalas podría ayudar a responder a las preguntas de investigación. Más aún, considerando la definición de sitio utilizada en esta investigación, el estudio a diversas escalas proporcionó informaciones esenciales para integrar los resultados de los trabajos de campo, con los análisis y finalmente con la teoría planteada. Se ha asumido en esta investigación que el movimiento de la escala desde lo local a lo regional podría arrojar luz sobre los intereses de investigación. Sin embargo, es importante tomar en consideración que la definición de escala en la teoría y la práctica es relativa al contexto de cada investigación (Lock & Molyneaux 2006: 1).

Las transectas creadas para realizar las prospecciones se diseñaron sobre la base del registro de datos para el área vecina de Puerto Plata (De Ruiter 2012; Ulloa Hung 2014). Sobre la base de la cantidad de sitios y su distribución espacial se consideró que el enfoque de transectas sería la solución más adecuada para registrar las evidencias de la costa. Las transectas se han utilizado con éxito en la arqueología, tanto en el Caribe como en otras partes del mundo (Watters 1980; Voorrips at al. 1991; Orton 2000). Se decidió calcular el tamaño del transecta basándose en los datos disponibles para la región. Así, se ubicaron una serie de transectas sobre el mapa de distribución de sitios de Puerto Plata, y se ensayaron transectas de varios anchos y longitudes para elegir un tamaño que pudiera proporcionar la mayor probabilidad de éxito para la prospección sistemática de Montecristi. Después de aplicar esta estrategia se decidió que una transecta de 1.5 x 5 km de dimensión proporcionaría una visión adecuada de la distribución de sitios en toda la costa de Montecristi. Un segundo paso fue dividir la costa de Montecristi en transectas resultando un total de 45. Para simplificar y reducir los tiempos de trabajo de campo, se decidió usar una muestra del total de transectas (Orton 2000, Baxter 2003). El área fue dividida en 41 transectas, 40 con un tamaño de 1.5x5 km, y una con un tamaño de 2.7x4 km. Esta última (15) tenía un tamaño diferente, ya que esta transecta se encuentra en una parte del área de estudio con forma de codo flexionado, y una transecta completa no podría ser ubicada allí. Con el fin de tener una visión completa de la costa de Montecristi, se seleccionaron 14 de estas transectas (1/3 = 33%), una para ser prospectada cada 3 km. Durante la segunda visita al área de estudio (Junio y Agosto de 2014) se prospectó la transecta 8 (fig. 5).

Sobre la base de la descripción de los yacimientos arqueológicos en la zona de Puerto Plata, donde el tamaño promedio de los sitio oscila entre 2000 y 28000 metros cuadrados (Ulloa Hung 2014: 499-501). Se consideró que tres equipos con una separación de 30 m entre ellos cubrirían un sector visual entre 80 m y 120 m aproximadamente, dependiendo de la visibilidad del suelo, los alrededores y las características del terreno, lo que permitiría tener un alto rango de confianza de poder observar evidencias de sitios arqueológicos.

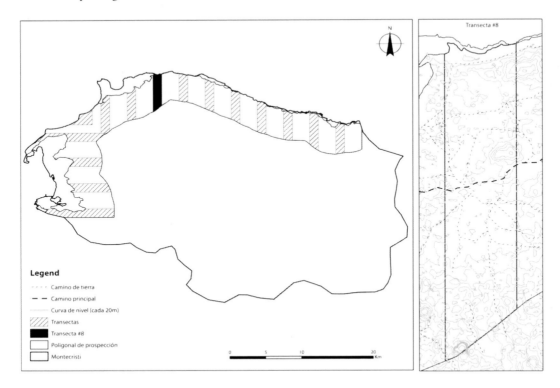

Figura 5. Zonas de prospección sistemática durante los trabajos de campo de 2014 en el área de investigación en la costa de la provincia de Montecristi, Noroeste de la República Dominicana.

3.3.3. Prospección Oportunista

La ventaja de la prospección sistemática es que no ignora los sectores entre "sitios" que podrían tener más "sitios" no registrados, o proporcionar datos ambientales necesarios para comprender la lógica del uso humano del espacio (Orton 2000: 81). Sin embargo, en algunas regiones ciertos aspectos como la vegetación densa, el clima y/o una topografía compleja pueden afectar en gran medida el resultado de una estrategia sistemática, y la metodología de "cobertura regional total" propuesta por Kowalewski (2008) podría ser "poco práctica o casi imposible." (Harrower 2013: 215; Bevan y Wilson 2013). En estos casos, el muestreo oportunista también conocido como prospección no sistemática es una opción viable y aceptada arqueológicamente (Orton 2000). Este método consiste en visitar sectores ya conocidos, ya sea por investigaciones arqueológicas previas o por miembros de las comunidades que habitan en la región de estudio y que por diversas razones están al tanto de la presencia de cultura material del pasado. Este tipo de prospecciones es considerado un *método de muestreo*, ya que se basa en el conocimiento previo que no representa la evidencia arqueológica total de un área o región (Plog *et al.* 1978). En el caso de desarrollar los trabajos con miembros de la comunidad, la estrategia puede configurarse de dos maneras. En primer lugar, encontrar uno o más individuos de las comunidades con conocimientos sobre la región, y especialmente conocedores del tipo de evidencias a ser registradas. En segundo lugar, tener una reunión con los líderes comunitarios, explicar el proyecto, sus objetivos y dejar a juicio de la comunidad cuál o cuáles personas serán las más adecuadas para acompañar al investigador.

La prospección oportunista se basa en el conocimiento local, a su vez el conocimiento local está fundado en la experiencia y conciencia de diferentes individuos de una comunidad sobre la presencia de evidencia de lugares antiguos en los alrededores de sus casas y área de habitación o trabajo. Este conocimiento es un producto de la tradición oral, las historias familiares y la historia local de la zona. Además, se puede contar la experiencia personal del individuo, así como su curiosidad para observar y recordar los sectores con presencia de cultura material pasada. Otro elemento relevante dentro de este método es son los hallazgos que se realizaron al explorar diversos parajes con los miembros de la comunidad como consecuencia de la combinación de saberes y experiencias entre los colaboradores y el arqueólogo. En algunos casos esto llevó al registro de nuevos sitios desconocidos por los propios guías.

Es evidente que este método tiene fuertes sesgos con respecto a las áreas a ser visitadas por el investigador, ya que el registro de los sitios arqueológicos no representa, necesariamente, una imagen completa de los sistemas sociales de los grupos en el pasado (Hofman *et al.* 2004). Uno de los objetivos de las prospecciones de campo es sistematizar lo no sistemático, pero para lograr esto en contextos donde las prospecciones sistemáticas son difíciles de aplicar, es posible articular alternativas. La idea es que el sesgo inherente de los lugareños podría minimizarse si el arqueólogo observa y sistematiza variables utilizadas por ellos para conocer la presencia de sitios. Por ejemplo, durante los trabajos de campo constantemente se consideró y preguntó ¿cómo sabe el guía que hay presencia de materiales arqueológicos en una ubicación determinada? A partir de esto, durante las prospecciones se visitaban las locaciones indicadas por los colaboradores, y a la par y cuando era posible se redirigía la búsqueda a zonas donde no había conocimiento previo de sitios arqueológicos pero donde se logró registrar cultura material relacionada con los antiguos habitantes indígenas. Con este complemento se logró registrar cinco sitios (MC-36, MC-56, MC-103, MC-106, MC-110) que no eran conocidos ni habían sido registrados anteriormente. Otro aspecto que minimizó el sesgo en este tipo de metodología de campo, fue la definición de sitios como tendencias. Estos debido a que el resultado de la combinación de todos los sitios no implica necesariamente patrón de asentamiento, pero sí se refiere a evidencia de acciones humanas en el terreno que generan patrones de tendencias, que pueden ser utilizados para inferir intencionalidades en el uso y relación con el ambiente.

3.3.4. Modelos Predictivos[13]

Un modelo predictivo es básicamente un método para predecir las áreas de alta probabilidad donde sitios o características arqueológicas pueden estar presentes mediante el uso de técnicas estadísticas (Kvamme 1988, 1995; Warren 1990; Wescott 2000; Wheatley & Gillings 2002; Conolly & Lake 2006; Kamermans *et al.* 2009). La idea detrás de esto es que los restos arqueológicos suelen tener una distribución espacial que no es aleatoria, sino que sigue una organización estructurada que refleja el patrón de asentamiento de la sociedad. Los modelos predictivos pueden ser construidos tanto por métodos intuitivos (Waal *et al.* ms. Inédito) como por estadísticos (Kamermans *et al.* 2009; Verhagen y Whitley 2011). Los métodos intuitivos se basan en la experiencia y conocimientos arqueológicos existentes para una zona dada, y el modelo se crea a partir de la combinación de esas informaciones en mapas topográficos. Los modelos creados a partir de métodos estadísticos se pueden construir tanto sobre la base de conocimientos existentes para una región o a partir de datos teóricos. La diferencia con el modelo anterior es que para este caso, los modelos son creados a partir de la aplicación de técnicas estadísticas para realizar cálculos probabilísticos. Ambos métodos producen resultados relevantes y son generalmente utilizados para asistir trabajos de campo (Kamermans 2008) o colaborar con agencias encargadas de Manejo de Recursos Culturales (Verhagen *et al.* 2010a, 2010b). En la arqueología del Caribe existen pocos casos de aplicaciones de modelos predictivos, y las comparaciones sobre las posibilidades y limitaciones de construir modelos intuitivos o estadísticos han sido evaluadas sólo recientemente (Herrera Malatesta 2017). En esta investigación se aplicaron métodos estadísticos para la construcción de los modelos. Hasta el momento se han utilizado diversas técnicas para la creación de modelos predictivos en arqueología, desde la transferencia de densidad, la regresión de densidad, la regresión de significancia, el análisis de función discriminante (Carr 1985 en Warren 1990a, *cf.* 1990b), tendencias de superficie (Kvamme 1988), regresión logística (Kvamme 1988; Van Leusen y Kamermans 2000), o estadística bayesiana (Finke *et al.* 2008), entre otros (*cf.* Verhagen 2007; Verhagen *et al.* 2009).

A pesar de la diversidad de técnicas utilizadas, la regresión logística o *regresión logística lineal múltiple* ha sido la más popular en la arqueología en los últimos 20 años (Woodman y Woodward 2002; Conolly y Lake 2006). Ejemplos de sus aplicaciones en diferentes regiones del mundo han demostrado su valor como una estadística pre-

---

13 Todos los análisis estadísticos y los mapas resultantes de éstos fueron realizados con el programa R 3.3.2. Para las ediciones y construcciones digitales de las variables ambientales y la creación de mapas se utilizó ArcGIS 10.2.2.

cisa y se considera que tiene poder predictivo para medir las áreas con presencia de restos arqueológicos (Warren & Asch 2000; Stancic y Veljanovski 2000; Jaroslaw y Hildebrandt-Radke 2009; Graves 2011). La regresión logística se utiliza para calcular la probabilidad de que un evento ocurra en un contexto o condiciones específicas. El modelo resultante establece la probabilidad de que uno o más predictores sean de interés para ser estudiados más detalladamente (Maindonald & Braun 2010). Como todos los métodos predictivos en estadística los valores de significación del resultado se presentan entre '0' y '1'. Siendo los valores menores aquellos con mayor significancia y los mayores con menor. Para esta investigación se siguió la aceptación convencional de que la hipótesis nula se rechaza con un valor superior al 5%, lo que significa que para que una variable tenga significancia su valor estadístico debe ser inferior a '0,05' (Shennan 1988).

Como señaló Kvamme (1988), los resultados generados a partir de los métodos predictivos no muestran un mapa del área donde se van a localizar los sitios arqueológicos. En cambio, se presentan como un mapa raster que muestra zonas con distintos valores de probabilidad de encontrar sitios arqueológicos, considerando las variables utilizadas para el estudio. Las variables utilizadas para realizar los cálculos estadísticos están compuestas por variables ambientales y sitios/características arqueológicas observadas o una representación teórica de elementos arqueológicos. En el caso de las variables ambientales están deben ser configuradas en mapas raster donde cada celda representa un valor determinado. En el caso de los sitios/características o elementos teóricos arqueológicos, estos se incluyen como 'puntos' o 'polígonos'. Ante este contexto, Woodman & Woodward (2002) criticaron que el resultado de un modelo calculado sobre la base de variables ambientales, podría incurrir en determinismos ambientales implícitos. Sin embargo, si el modelo no es utilizado para interpretar las intencionalidades de las culturas del pasado, sino que se utiliza como refuerzo en trabajos de campo o para diseñar alertas de riesgo de destrucción de patrimonio cultural, el determinismo no será realmente un problema. Recientemente, investigadores han tratado de mejorar los modelos predictivos en contextos donde el objetivo es utilizarlos con fines interpretativos. Para esto, Verhagen *et al.* (2010a) propusieron calcular los modelos sobre la base de informaciones culturales en vez de ambientales.

3.3.4.1. Modelos Predictivos en Montecristi

Como se mencionó al inicio del capítulo, el área de estudio sobre la cual se calcularon los modelos predictivos fue la inicial de 7 km. Para la estimación de los modelos se utilizaron diversas características ambientales del área de estudio. Estas variables ambientales o *covariables* se dividieron en cuatro conjuntos que sumaron 24 covariables. De cada característica ambiental, se estimó un mapa de distancia o un mapa binario. El objetivo de los mapas de distancia fue evaluar si la proximidad/distancia a una variable ambiental determinada era significativa en la localización de sitios arqueológicos. Los valores en mapas de distancia fueron modificados de forma que cuando la distancia se expresa dentro de la poligonal de una covariable, sus valores son negativos, y cuando los valores están fuera de la variable son positivos. Esto permitió conocer la distancia de los sitios a cada covariable, y además si los sitios se encontraban dentro o fuera de la misma. Por otro lado, los mapas binarios fueron calculados para saber si la presencia/ausencia de sitios arqueológicos en una variable ambiental particular era significativa.

El primer conjunto con 10 variables fueron mapas de distancia derivados de diferentes características de la geología y la geomorfología, tales como: conglomerados oscuros, base de valles, calizas, conglomerados blancos, depósitos marinos lacustres, áreas montañosas, depósitos de playa, zona de colinas y plataformas, pantanos y aluvión. El segundo conjunto se basa en 7 mapas binarios derivados de la vegetación, el uso de la tierra y un Índice de Vegetación de Diferencia Normalizada, e incluye variables como: arbustos, mangle, escasa vegetación, bosque seco, bosque, campos agrícolas y el IVDN. El tercer conjunto proviene de mapas de distancia derivados de ríos; arroyos y la costa. El último grupo, consistió en variables derivadas del Modelo de Elevación Digital tales como: pendiente; un mapa de aspecto; y dos mapas binarios de elevación, uno de elevación menor a 131 m y el otro mayor a esta altura[14].

En total se calcularon tres modelos predictivos en tres momentos distintos de la investigación, todos con las mismas variables ambientales pero con cuantitativas de sitios distintas. El primero, en 2014 fue estimado sobre la base de 41 sitios arqueológicos y los otros dos realizados durante los trabajos de campo de 2015, se hicieron con 80 sitios pero considerando las variables ambientales de manera distinta. Un aspecto relevante para la construcción de modelos predictivos usando regresión logística es que los datos para construir el modelo incluyen las covariables, los sitios arqueológicos observados, y "sitios arqueológicos" no observados, es decir que es necesario incluir una serie de puntos aleatorios para permitir considerar relaciones estadísticas entre datos observados e hipotéticos. Esto podría implicar un problema para el modelo final, ya que al generar puntos aleatorios en cualquier programa de SIG, el resultado serán una serie de puntos que cada vez tendrán posiciones geográficas distintas. Por esto es recomendable calcular más de un modelo con la misma data de manera de tener una visión de la variabilidad del modelo. En el caso de esta investigación, se estimaron tres regresiones logísticas cada vez que se creó un modelo, es decir que en total se estimaron nueve modelos predictivos.

El primer modelo, se estimó sobre la base de los 41 sitios registrados hasta ese momento dentro de la poligonal de estudio. Como se mencionó, se calcularon tres regresiones logísticas para construir un modelo más preciso. Para los tres cálculos, seis variables ambientales resultaron con valores significativos con la distribución de sitios arqueológicos: cercanía a quebradas, cercanía a ríos, cercanía al bosque seco, lejanía a los fondos del valle, lejanía al aluvión, y cercanía a los depósitos lacustres marinos. Como se explicó anteriormente, ya que los valores de los mapas de distancia fueron modificados a negativos/positivos, esto permitió reforzar en el resultado estadístico que cuando un valor de significancia fuese negativo esto implica que la significancia se da por la *lejanía* de los sitios a una covariable determinada, y cuando el resultado tenía un valor absoluto, entonces la significancia se da por la *cercanía* hacia una covariable determinada. Esto es una técnica para comprender el resultado de la regresión logística más profundamente.

---

14 Los mapas correspondientes a estas variables ambientales estarán disponibles a través del repositorio Easy de KNAW/DANS a partir del 15 de arzo de 2018, y podrán ser accesados a través de https://doi. org/10.17026/dans-xyn-cu72. Esta base de datos será referenciada de aquí en adelante como Herrera Malatesta (2018).

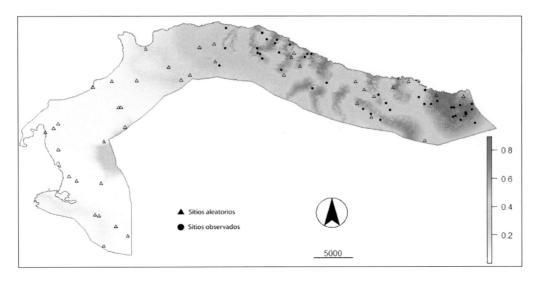

Figura 6. Mapa resultante del primer Modelo Predictivo realizado a la muestra de sitios registrados (n=41) en la costa de la provincia de Montecristi, Noroeste de la República Dominicana.

Los tres modelos resultantes se combinaron para generar una superficie predictiva final que muestra las áreas con altos valores de probabilidad para encontrar sitios arqueológicos (fig. 6). La superficie de predicción destacó que las áreas con valores predictivos mayores están el sector norte de la costa de Montecristi. Por otra parte, la zona occidental de la costa tuvo valores predictivos muy bajos, incluso menores a 20%. Una posibilidad de esto podría haber sido que la combinación de los sitios observados y los aleatorios creó una desigualdad que influyó en los valores debido a la forma irregular de la poligonal de investigación.

El segundo modelo, se calculó con 80 sitios arqueológicos y su resultado fue similar al modelo previo, pero con mejores valores para el sector Oeste de la poligonal de estudio. En este caso la regresión logística identificó siete variables significativas con la ampliada distribución de sitios: cercanía a las zonas montañosas, cercanía a la zona de colinas y plataformas, cercanía al bosque seco, presencia en las zonas agrícolas, cercanía a la costa, lejanía de los suelos conglomerados oscuros, cercanía a los depósitos lacustres marinos. A partir de los tres modelos estimados, la resultante superficie predictiva combinada nuevamente mostró un alto valor de probabilidad en la zona norte (fig. 7). Sin embargo, en esta oportunidad los valores del sector occidental fueron mayores, llegando incluso a 60% de probabilidad. Este nuevo modelo todavía parece estar inclinado a resaltar el sector norte y las variables geográficamente relacionadas con éste. Se consideró que una posibilidad podía ser la forma irregular de la poligonal en combinación con la topografía y el tipo de variables ambientales pudiera estar afectando el resultado. Por esta razón se decidió calcular un tercer modelo pero únicamente considerando las variables ambientales que estuvieran presentes a lo largo de toda la poligonal de estudio, o que tuvieran presencia en los sectores Norte y Oeste.

El tercer modelo, de esta manera se calculó con menos variables ambientales (n=11) y con la cuantitativa de 80 sitios arqueológicos. Después de calcular las tres regresiones logísticas, seis variables resultaron significativas con la distribución del

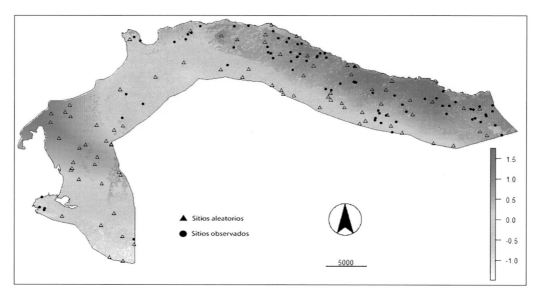

Figura 7. Mapa resultante del segundo Modelo Predictivo realizado a la muestra de sitios registrados (n=80) en la costa de la provincia de Montecristi, Noroeste de la República Dominicana.

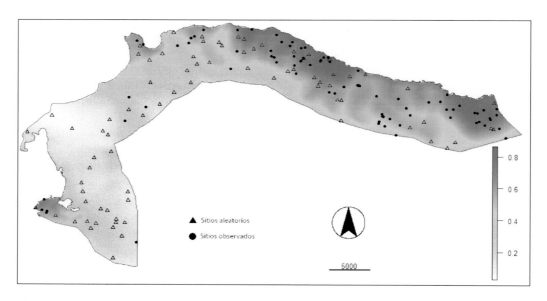

Figura 8. Mapa resultante del tercer Modelo Predictivo realizado a la muestra de sitios registrados (n=80) y ciertas variables ambientales (n=11) presentes en toda el área de la costa de la provincia de Montecristi, Noroeste de la República Dominicana.

sitio: cercanía a la costa, cercanía a quebradas, cercanía a los ríos, lejanía a fondos del valle, cercanía a la zona de colinas y plataformas, cercanía a los pantanos. La superficie combinada resultante fue similar al primer modelo, donde los valores más altos estaban en el Norte y los más bajos en el Oeste (fig. 8). Con este mapa, está claro que las diferencias topográficas y ambientales no son elementos que

Método	Cantidad de Sitios
Prospección sistemática	3
Prospección oportunista en base a colaboradores	91
Prospección oportunista en base a experiencia del investigador	5
Modelos predictivos	3

Tabla 1. Cuantitativa de sitios arqueológicos registrados con los distintos métodos de prospección el área de la costa de la provincia de Montecristi, Noroeste de la República Dominicana.

afecten los resultados del modelo, y que en el sector occidental no hay ninguna combinación de variables que podrían producir valores de probabilidad alta para el registro de sitios.

El modelo que proporcionó valores predictivos que, aunque no necesariamente más precisos, proveyó mejores indicadores para la poligonal de estudio fue el segundo. Con estos resultados, los esfuerzos se orientaron en buscar personas que conocieran este sector y se recorrió el área utilizando los caminos del sector como transectas que fueron recorridas lo más sistemáticamente posible con un vehículo, considerando que es una zona de pantanos y salinas naturales y artificiales. Esta estrategia proporcionó en el registro de tres sitios arqueológicos en el sector occidental relacionados con la población precolombina que no habían sido reportados anteriormente y que eran desconocidos por los colaboradores.

En general, se puede considerar que los resultados de los tres modelos parecieran enfatizar que podría haber algún tipo de patrón espacial, probablemente relacionado con la distribución de sitios y la intencionalidades humanas en el uso del ambiente.

3.3.5. Comentarios

Los distintos métodos de prospección aplicados permitieron registrar conjuntos de datos espaciales, posteriormente definidos como sitios. En la tabla 1 se puede observar el resultado cuantitativo de la aplicación de cada uno de estos métodos. Sin lugar a dudas la prospección oportunista guiada por los colaboradores de las diversas comunidades de la provincia de Montecristi fue el método que proporcionó la mayor cantidad de sitios. En segundo lugar, el registro de sitios durante las prospecciones oportunistas basado en la experiencia del investigador y los patrones que se estaban registrando sumó cinco sitios no conocidos o registrados previamente. Finalmente, la prospección sistemática y los modelos predictivos añadieron tres sitios cada uno. Esta baja cantidad de sitios no es considerada como un fallo en el método, sino resultado de las condiciones particulares de los sectores donde se aplicaron. Sin lugar a dudas, la prospección sistemática en un sector de colinas con alta densidad de vegetación no es el contexto ideal para este método, y su aplicación tomó más tiempo del disponible con un resultado regular. En el caso de los modelos predictivos, el objetivo era apoyar las prospecciones en el sector Oeste de la poligonal de estudio, donde se habían registrado pocos sitios y no se encontraron personas que tuvieran conocimiento de zonas con presencia de cultura material pasada. Así que la baja densidad de sitios registrados en este sector puede estar más relacionada con la ausencia de sitios que con la calidad de los modelos.

3.4. MÉTODO PARA DESCRIPCIÓN Y CLASIFICACIÓN DE LOS DATOS ESPACIALES

Como ya se expuso en el capítulo teórico, a pesar de ser el concepto de *sitio arqueológico* uno de los más comunes en la disciplina, es también uno de los más problemáticos. La gran mayoría de trabajos arqueológicos que no considera un concepto de los discutidos anteriormente, asume la definición común planteada por Deetz (1967), que define un sitio arqueológico como *la concentración espacial de evidencia material de la actividad humana*. Aunque esta definición es útil en términos prácticos, es demasiado ambigua en su conceptualización. Un problema esencial es ¿cómo se define "concentración espacial"? por la distancia en metros/centímetros entre los objetos. El concepto implica un conjunto de características espaciales que en realidad no provienen de una clasificación espacial de la cultura material. Como ya había observado Deetz (1967), la definición de término "sitio" se utiliza para agrupar una dispersión de materiales, independientemente de su tipo, localización, temporalidad, cantidad, etc. Esta definición ambigua ha llevado a la confusión de que "sitio" es un equivalente de "asentamiento". Como se sabe de la vasta literatura arqueológica y etnográfica, un asentamiento puede referirse a una amplia variedad de actividades, usos y espacialidades. El objetivo aquí es tratar de evitar juntar en un solo "punto en el espacio" una gama de actividades humanas que constituyen la esencia de la interacción de las personas con su mundo. El concepto de "sitio" es relativo para cada contexto y preguntas de investigación, por lo cual es necesario realizar definiciones *explicitas* de la noción de sitio, y sobre todo considerar que los sitios así como cualquier otra evidencia arqueológica necesitan ser *clasificados*, o en el peor de los casos *identificados* en función de clasificaciones previas.

3.4.1. Definición y Clasificación de Sitio Arqueológico

La descripción de los datos arqueológicos espaciales registrados durante los trabajos de campo de 2014 y 2015 está estrechamente relacionada con su clasificación. La razón se basa en que los objetivos y preguntas de la investigación están orientados hacia la comprensión del uso humano del ambiente para definir *taskscapes*. Para esto se consideró que la definición de sitio debería ser sensible a representar tendencias sobre la relación con el ambiente, más que ser una equivalencia con el termino de asentamiento. Esta decisión responde a la intención de basar los análisis en la estadística espacial, y por otro lado en superar las limitaciones cronológicas de la región. Entender en el uso humano del espacio a través de tendencias definidas arqueológicamente podría aportar una mejor idea sobre la distribución de sitios y materiales en contexto con el ambiente, que la idea de sitio/asentamiento.

De esta manera, el concepto de sitio es la unidad básica para la clasificación espacial de las evidencias que conducirán los análisis estadísticos. En esta investigación se está trabajando con dos definiciones de *sitio*: la primera, se refiere al *sitio definido durante los trabajos de campo*, que consistía en un número dado de grupos de cultura material (materiales agrupados, materiales dispersos y hallazgos aislados) definidos como un *conjunto de datos espaciales*, y que se encontraban en cercanía los unos de los otros por una distancia de 100 m o menos (fig. 9). Durante el trabajo de campo, se asignó un código diferente a cada uno de estos *conjuntos de datos espaciales* de la siguiente manera: "MC-1", donde "MC" corresponde a Montecristi y el número creciente entre "1" y "n" se refiere a conjuntos distintos. La idea de utilizar un parámetro de distancia de

100 m se basó en las descripciones proporcionadas en investigaciones previas sobre la distribución de sitios arqueológicos en la región norte de la República Dominicana y Haití. En estos trabajos se puede observar que los sitios tienen una separación mínima entre ellos de 100 a 200 m entre ellos (Moore & Tremmel 1997; Koski-Karell 2002; De Ruiter 2012; Ulloa Hung 2014). Se decidió utilizar el valor mínimo de separación de manera de generar un modelo que proveyera de datos a una resolución y especificidad mayor, que representara de manera más adecuada la idea de tendencias. Los conjuntos de datos espaciales registrados fueron significativamente diferentes de un grupo a otro. Dentro de las diferencias más evidentes registradas durante los trabajos de campo se observó la densidad y diversidad en la cultura material, la presencia de montículos y la variabilidad de la densidad en la concentración de conchas marinas. Otra diferencia significativa entre los sitios fue el tamaño de la dispersión de cada conjunto material, que podía oscilar entre 1 y 20 metros cuadrados. Sin embargo, a pesar de estas diferencias lo que dio sentido de individualidad y función a cada *conjunto de datos espaciales* fue su relación con otros conjuntos cercanos y lejanos, los materiales recolectados y su ubicación en el terreno.

La segunda definición de *sitio se realizó en el laboratorio* y se fundamentó en análisis estadísticos. Después de recolectar y organizar los datos de campo, y con el intento de buscar una clasificación robusta de los datos arqueológicos, el primer paso para su clasificación fue rechazar la presencia de la *Aleatoriedad Espacial Completa*. Todos los procesos estadísticos espaciales comienzan con la suposición de que los patrones de puntos (sitios para este caso) se distribuyen en el espacio de manera estocástica (Conolly y Lake 2006; Illian at al. 2008); y a este patrón aleatorio se le denomina *Aleatoriedad Espacial Completa* (AEC). Los distintos métodos de la estadística espacial están configurados para demostrar la presencia/ausencia de la AEC en los datos analizados (Bevan *et al.*, 2013). Cuando un patrón de puntos es definido por un proceso estocástico, se dice que tiene un proceso de *Poisson* que afecta la distribución. Esto significa que los eventos se producen de forma continua e independiente entre ellos (Illian at al. 2008). Para comprobar esto, se realizó el análisis de vecino más cercano de Clarke y Evans (Clarke & Evans 1954). Este método se utiliza para obtener valores cuantitativos de los patrones de puntos en el espacio (Ingram 1978). El resultado del análisis se presenta como valores > 1 => patrón regular, valores = 1 => patrón aleatorio, valores<1 =>patrón agrupado. Durante las actividades de campo se registraron un total de 673 conjuntos de datos espaciales (fig. 9). Este total incluye todos los grupos de hallazgos (agrupados, dispersos y hallazgos aislados) registrados y que fueron asociados a códigos diferentes. El resultado del vecino más cercano de Clarke & Evans para esta muestra fue = 0,08. Esto significó que los conjuntos de datos espaciales están distribuidos en un patrón agrupado y por lo tanto se rechazó la presencia de AEC.

Un segundo paso fue conocer las distancias de ocurrencia de los agrupamientos de estos datos en función del área de estudio, ya que el primer análisis expresa el resultado de manera global, y conocer la distribución local proporciona un mejor conocimiento del comportamiento de los datos. Para esto se calculó un histograma de vecino más cercano (HVC). Ésta es una técnica más robusta que el tradicional vecino más cercano de Clarke & Evans, y utiliza histogramas para mejorar los resultados de los algoritmos del vecino más cercano (Jin at al. 2004; Bevan n/d). Para validar el resultado del HVC se aplicó una prueba de simulación de Monte Carlo para dar significancia a las obser-

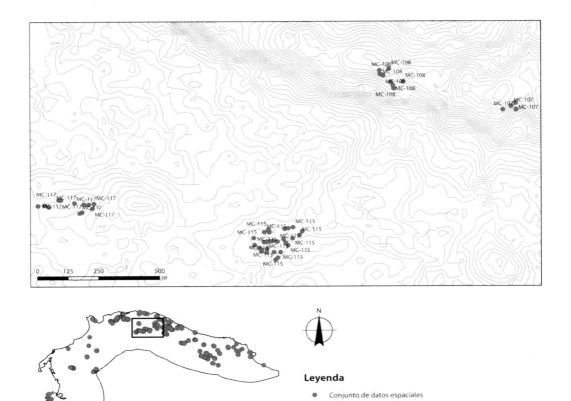

Figura 9. Ejemplo de la distribución de los conjunto de datos espaciales de la muestra registrada en el área de la costa de la provincia de Montecristi, Noroeste de la República Dominicana.

vaciones en función de los agrupamientos por distancias. Este método se muestra como una envoltura que separa los valores "esperados" de los datos observados y así permite contrastar el resultado (Bevan n/d). Para el análisis se utiliza una simulación de 999 conjuntos sobre la base de 100 puntos aleatorios ubicados dentro del área de estudio, y a través de un método percentil se definió una "envoltura de confianza" que engloba el 95% de los valores. Este sobre se presenta en el histograma como una línea roja sobre y debajo de las barras. En el resultado (fig. 10) se aprecia que los conjuntos de datos espaciales tienden a agruparse en distancias iguales o menores de 100 m. A medida que hay mayor distancia entre los puntos, el patrón agrupado disminuye considerablemente hasta pequeños grupos a menos de 1500 m. Este patrón es significativo cuando se consideran más de 40 conjuntos de datos espaciales en distancias menores a 100m. Los agrupamientos de puntos por encima de 100 m y con menor cantidad de conjuntos (ubicados por debajo de la envoltura) no son significativos en la distribución.

Sobre la base de este resultado se realizó un proceso de agregación/separación de los conjuntos de datos espaciales, lo que llevó a delimitar los sitios definitivos. Después de comprobar la codificación y las distancias de cada uno de los conjuntos de datos espaciales, algunos de ellos fueron separados en varios sitios, como fue el caso de: **MC-90** = MC-90/MC-122/MC-123/MC-124; **MC-57** = MC-57/MC-125 y **MC-27**

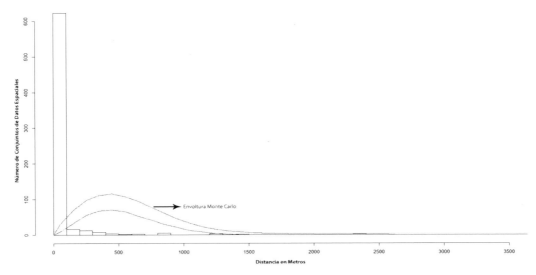

Figura 10. Histograma del Vecino más Cercano estimado para el conjunto de datos espaciales registrado en la costa de la provincia de Montecristi, Noroeste de la República Dominicana.

= MC-27/MC-128. Los conjuntos de datos espaciales que fueron agrupados fueron: MC-35/MC-55 = **MC-35**; MC-67/MC-69 = **MC-67**; MC-80/MC-99 = **MC-80**. El resultado cuantitativo de sitios definidos a partir de los registros realizados durante las campañas de campo de 2014 y 2015, fue un total de 102 sitios arqueológicos, a los que se le sumaron 13 sitios registrados por Ulloa Hung (2013) dentro de la provincia de Montecristi, para un total de 115 sitios arqueológicos. De éstos, 102 están dentro de la poligonal de investigación y fueron los seleccionados para los análisis presentados a continuación. Después de la definición de cada sitio, se calculó la poligonal del sitio basada en la distribución de evidencias de distintas índoles, así como un punto central (o centroide) fue generado a partir de esta poligonal de sitio con el fin de tener una coordenada estandarizada para cada uno, y así estandarizar las coordenadas para los análisis (fig. 11).

Después del proceso de agrupación/separación, se realizó un nuevo cálculo de Clarke & Evans para los sitios arqueológicos clasificados, con un resultado de 0,61. Como antes, esto rechaza la presencia de AEC y sugiere que la distribución de los sitios arqueológicos podría estar afectada por efectos de Segundo Orden. Es decir, que la distribución del patrón de puntos es el resultado de los efectos de interacción local entre los propios puntos, por lo que la existencia de un evento puede aumentar o disminuir la probabilidad de que otro evento ocurra (O'Sullivan & Unwin 2003).

Sobre la base de este proceso analítico se define sitio en esta investigación como: *la agrupación espacial de evidencias de cultura material, que pueden ser observadas en forma de agrupamientos, dispersiones y/o hallazgos aislados, que no tiene más de 100 m de separación entre sus evidencias*. El total de los 102 sitios arqueológicos se presenta en el apéndice 2 y en la figura 12. Adicionalmente, se propone esta definición como una herramienta metodológica para abordar el análisis espacial en casos de estudio regionales, donde además el esquema cronológico es limitado, y la búsqueda de tendencias aporte mayores explicaciones de la variabilidad y relaciones entre las distintas evidencias.

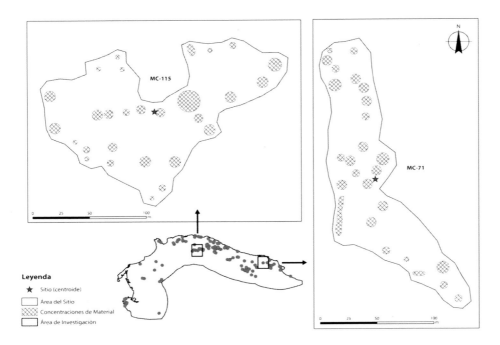

Figura 11. Agrupación de los conjuntos de datos espaciales y su conformación como sitios arqueológicos en la costa de la provincia de Montecristi, Noroeste de la República Dominicana.

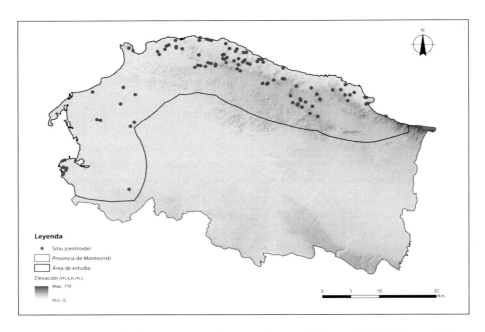

Figura 12. Distribución de Sitios Arqueológicos en la costa de la provincia de Montecristi, Noroeste de la República Dominicana.

3.5. MÉTODOS PARA LA DOCUMENTACIÓN Y PROCESAMIENTO DE EVIDENCIAS

En esta investigación se utilizaron evidencias providentes de tres fuentes. En primer lugar, los datos arqueológicos primarios los cuales fueron recolectados durante tres campañas de campo con una duración total de 10 meses en la provincia de Montecristi. En segundo lugar, datos arqueológicos secundarios fueron obtenidos de publicaciones de: 1) las provincias de Puerto Plata y Montecristi (Krieger 1929; Ortega 2005; De Ruitier 2012; Ulloa Hung 2014); 2) referencias de la arqueología de la República Dominicana que trata contextos prehispánicos y de contacto similares (Veloz Maggliolo 1973; Deagan y Cruxent 2002); y de 3) informes de la arqueología en el norte de Haití (Rouse 1939, 1941; Moore & Tremmel 1997; Koski-Karell 2002). En tercer lugar, sobre la base de diversas características ambientales obtenidas tanto de la literatura como de organizaciones dominicanas, se crearon una serie de variables ambientales para ser utilizadas en los distintos análisis. Finalmente, un segundo conjunto de datos secundarios se tomó de las crónicas y mapas coloniales tempranos. La mayor parte de estos datos fueron digitalizados, rectificados, georreferenciados, editados e incluidos dentro del Sistema de Información Geográfica del área de estudio. Esto permitió realizar análisis espaciales, estadísticos, visualizaciones, así como presentación de los datos y sus resultados.

3.5.1. Evidencias de Campo

Un aspecto clave y largamente debatido con respecto a las prospecciones regionales radica en las decisiones sobre qué materiales serán recolectados y/o registrados (Plog *et al.* 1978; Orton 2000; Baxter 2003). Considerando que uno de los objetivos de la investigación es entender la relación entre la distribución de sitios y las características ambientales, se decidió registrar las evidencias de campo de la manera más detallada posible. Para esto, sin importar el método de prospección que se estuviese aplicando, se recolectó y/o registró una muestra de materiales a través de tres categorías de aparición en el terreno, llamadas aquí *conjuntos de datos espaciales*. Éstos fueron: hallazgos aislados, materiales agrupados y materiales dispersos. Los hallazgos aislados consistieron en artefactos que no se encontraban en asociación directa con otros artefactos. Los materiales agrupados, se refieren a concentraciones horizontales de cultura material de distintos tipos claramente delimitadas. Los materiales dispersos se refieren a concentraciones de cultura material de diversos tipos, pero que su patrón no indicaba grupos concretos sino solo dispersión. Como se puede extrapolar, los materiales dispersos son la categoría más amplia pues dentro de esta se pueden registrar tanto materiales agrupados como hallazgos aislados. El objetivo de utilizar este sistema fue evitar la trampa de la "muestra de recolección" que puede conducir al "sesgo de selección y a la pérdida de información de procedencia" (Plog *et al.* 1978: 407). La recolección de materiales arqueológicos se dio en función de su significancia para la investigación. Así, se recolectaron exclusivamente materiales cerámicos decorados o de partes de la vasija importantes (borde, inflexión, base) y artefactos líticos, de concha y de coral completos o semi-completos. Otras evidencias de menor interés para la investigación o que no pudieron ser recolectadas por su tamaño fueron registradas digitalmente. Un ejemplo, es el caso de las conchas de moluscos marinos, las cuales fueron fotografiadas *in situ*. Para el registro de las evidencias materiales y digitales en campo se utilizó una ficha de registro que proporcionó tanto un registro completo de las evidencias y al mismo tiempo era fácil y rápida de llenar. Esto porque los tiempos de registro de cada sitios variaban en función de los tiempos de los colaboradores u otras razones medio ambientales.

La ficha de campo se diseñó especialmente para el trabajo en Montecristi, y con el marco teórico y metodológico en mente. El objetivo fue registrar información sensible para responder las preguntas y objetivos de investigación, así como dejar un especio para comentarios sobre referencias no consideradas. Al culminar los trabajos de campo se creó una base de datos con estas referencias en el programa Access 2010, así como diversas bases de datos específicas dentro del formato de Excel 2010 (Herrera Malatesta 2018). En cuanto al material digital, este fue contextualizado con el sitio definido de manera de crear carpetas digitales con las imágenes del sitio, de los trabajos y de los materiales arqueológicos que fueron fotografiados, y todo esto georreferenciado a través de las coordenadas correspondientes a cada categoría de registro (hallazgos aislados, materiales agrupados y materiales dispersos). Al utilizar este sistema todo el material arqueológico recolectado en el campo se registró de acuerdo a una localización geográfica bien definida, lo que permite un registro más detallado de la distribución y minimiza las posibilidades de pasar por alto evidencias en superficie. El principal objetivo al seguir este tipo de registro fue evitar una concepción implícita y subjetiva de *sitio*, ya que se tenía en mente el interés de definir los sitios como tendencias (ver más adelante el método utilizado, así como el capítulo teórico para conceptualización y capítulo descriptivo para la definición).

3.5.2. Edición y clasificación de los conjuntos de datos espaciales

El primer paso en el procesamiento y clasificación de los *conjuntos de datos espaciales* registrados durante el trabajo de campo fue eliminar las evidencias de patrones de cultura material que estuviesen fuera del área de investigación. Posteriormente, sobre la base de un histograma del Vecino más Cercano se determinaron las distancias a las que los conjuntos de datos espaciales estaban generando patrones agrupados y, en función de esto, se decidió utilizar una medida estándar para la definición de los sitios (ver capítulo descriptivo). Luego de la clasificación de los sitios, se utilizaron las coordenadas de cada conjunto de datos espaciales para crear una poligonal del sitio y de aquí obtener una idea de su posible tamaño. A cada una de las poligonales de los sitios se le calculó un centroide para así tener una coordenada geográfica estándar para cada uno de los sitios y definida de la misma manera. Luego de este proceso la coordenada del centroide pasó a ser la coordenada del sitio y la usada en los distintos análisis.

3.5.3. Datos Arqueológicos Previos

Como se observará en el capítulo contextual, las investigaciones arqueológicas en la costa de la provincia de Montecristi han sido limitadas. Las principales informaciones de la provincia provienen de la investigación del registro de sitios individuales (Krieger 1931; Boletín del Instituto Montecristeño de Antropología e Historia[15]; Lobetti comunicación personal 2014-2015), los cuales han sido incluidos en el Compendio de

---

15 En 1974 y 1976 se publicaron dos números de este boletín con diversos artículos sobre arqueología del Caribe y algunos sobre arqueología de Montecristi. Para más información ver la página web del Instituto Montecristeño de Antropología e Historia: http://imah-rd.org/.

Ortega (2005). Luego, las investigaciones de la Universidad de Leiden en las provincias de Montecristi, Puerto Plata y Valverde han proporcionado un registro de más de 300 sitios arqueológicos y sus contextos (Ulloa Hung y Herrera Malatesta 2015; Hofman *et al.* 2016; Hofman *et al.* en prensa).

Para esta investigación se revisitaron algunos de los sitios arqueológicos descritos previamente para la provincia (ver capítulo contextual) y se aplicó un nuevo registro según los estándares de la investigación. Algunos sitios registrados por Ulloa Hung (2014) y ubicados en el extremo Este de la poligonal de estudio, no fue posible revisitarlos. Sin embargo, el procedimiento para considerar estos sitios fue diferente al del resto de los sitios. En primer lugar, sus coordenadas fueron agregadas al SIG de la poligonal de estudio, para conocer su distribución espacial. Ya que algunos de estos sitios no tenían información sobre su tamaño, se consideró un estándar de 700 metros cuadrados. Esta medida se basó en el estándar mínimo de tamaño del sitio registrado por Ulloa Hung (2014). Aunque lo más probable es que los sitios fueran más grandes, este tamaño permitirá: 1) considerarlos para el análisis de superficies, 2) saber dónde se ubicarán en la escala de tamaños, por lo que si llegasen a generar "ruido" durante los análisis, serán fáciles de identificar.

3.5.4. Evidencias Históricas y Cartográficas

La fuente principal de evidencias para los análisis e interpretaciones de este trabajo son las arqueológicas. Sin embargo, dada la carencia de cultura material europea del periodo colonial de interés para esta investigación (1492-1550), se decidió utilizar otro tipo de evidencias para realizar comparaciones con los patrones indígenas. En este sentido, se consideró que el uso de las primeras crónicas y mapas tempranos de la isla podrían aportar el tipo de informaciones necesarias para plantear una imagen general de los patrones de uso del espacio por parte de los primeros conquistadores.

En cuanto a las crónicas se utilizaron las descripciones provenientes del Diario de Colón (Arranz 2006), de la Relación de Fray Ramón Pané (Arrom 2001), y de los textos de Fray Bartolomé de Las Casas (1821[1552], 1822[1579], 1875[1552-1561]), de Gonzalo Fernández de Oviedo y Valdés (1851[1535]), y de Pedro Mártir de Anglería (1964 [1493-1525]), así como los trabajos de historiadores contemporáneos (Cassá 1974, 1995; Mira Caballos 1997; Moya Pons 1986, 2010ª). Para el caso de los mapas, se tomó como base central del mapa de Andrés de Morales (Fratti 1929), y se combinó con otros mapas anteriores a 1550 que fue la fecha donde se decidió hacer el corte temporal en la investigación. El objetivo analítico tanto para las crónicas como para los mapas fue observar las referencias a las distribuciones espaciales de los primeros conquistadores y sus concordancias/discordancias a través de esos primeros años en crónicas y mapas. Las crónicas fueron leídas en detalle y los mapas fueron analizados visualmente, para posteriormente generar mapas donde se presentan los datos de interés para este trabajo. Las informaciones correspondientes a esta parte fueron explicadas en el capítulo contextual.

3.6. MÉTODOS PARA LOS ANÁLISIS DE ESTADÍSTICA ESPACIAL

Las distintas evidencias consideradas para los análisis de la disertación fueron registradas, editadas y configuradas dentro de un contexto de Sistemas de Información Geográfica. Sin embargo, el análisis de estas evidencias se realizará a través de métodos provenientes de la estadística espacial[16]. Esta rama de la estadística se dedica a estudiar "fenómenos cuya ubicación espacial es de interés intrínseco o contribuye directamente a un modelo estocástico para el fenómeno en cuestión (Diggle 2010: 3). En este sentido, la aplicación de análisis incluidos dentro de la estadística espacial es de gran valor para la investigación arqueológica ya que permiten estudiar y desarrollar modelos para interpretar los datos arqueológicos desde su valor más esencial, el espacio. En esta investigación, además, el enfoque está en entender las dinámicas de los grupos del pasado con respecto al uso que dieron al ambiente, y por ende la comprensión de las distribuciones de los sitios, la cultura material y su relación con variables ambientales es esencial.

Los análisis que serán presentados más adelante se pueden dividir en tres grupos principales: 1) análisis de reducción, los cuales serán estimados para entender el comportamiento de las variables culturales y ambientales entre ellas mismas. Para estos análisis se aplicaron los métodos de *Análisis de Componentes Principales* (ACP) y *Análisis de Correspondencias Múltiples* (ACM) y los análisis de regresión, los cuales fueron realizados para entender la relación *global* entre la distribución de los sitios arqueológicos y las variables ambientales, y evaluar el impacto de estas últimas sobre la distribución de sitios. Para este grupo de análisis se aplicaron los métodos de *Regresión Logística, Modelo de Proceso de Puntos, Función de Correlación de Pares y Simulación de Monte Carlo*. Finalmente, se quiso conocer las relaciones *locales* entre la distribución de sitios y las variables ambientales de manera de profundizar las interpretaciones sobre la influencia del ambiente en la distribución de sitios arqueológicos. Para este punto se aplicó el método de la *Regresión Geográficamente Ponderada* (RGP). A continuación se explicarán estos métodos en el orden expuesto, que es el mismo presentado en los análisis.

3.6.1. Análisis de Componentes Principales (ACP)

El ACP ha sido ampliamente utilizado en diversas disciplinas (agricultura, arqueología, biología, química, climatología, demografía, ecología, economía, genética, geografía, geología, meteorología, oceanografía y psicología) ya que su ejecución es no-paramétrico de simple aplicación para extraer información relevante para bases de datos amplias y particularmente para aquellas donde se quiera encontrar una estructura interna (Demšar *et al.* 2012: 107; Shlens 2014: 1).

Este tipo de análisis tiene como objetivo fundamental reducir la dimensionalidad en una base de datos compuesta por una serie de variables interrelacionadas, mientras que mantiene la variabilidad interna de la propia base de datos. En el proceso de transformación de las variables, este método crea una nuevo grupo de variables llamados componentes principales, que aunque no tienen relación entre ellos, cada uno da cuenta de la variabilidad total de los datos, siendo los primeros los que poseen el porcentaje mayor de explicación de la variabilidad original (Jolliffe 2002: 1; Drennan 2009: 299; Abdi y Williams 2010: 433). En este sentido, el primer componente principal *k* contiene la mejor visión dimensional de la data, lo que implica que se aproxima mejor a la variabilidad original de los datos, y por lo tanto los primeros componentes principales son los más útiles para conocer la estructura de la relación entre los datos (Venables y Ripley 2002: 303).

---

16   Los distintos análisis estadísticos fueron realizados dentro del ambiente de R 3.3.2 utilizando la amplia gama de aplicaciones que este programa ofrece (Bivand *et al.* 2008).

El análisis de componentes principales es comúnmente confundido con el análisis de factores ya que sus resultados e interpretaciones son presentados de la misma manera. Aunque tienen sus diferencias a nivel práctico, sus similitudes son mayores (Shennan 1988: 245; Drennan 2009: 299). La diferencia general, particularmente para aproximaciones, como lo explica Drennan, de "sentido común" es que la base lógica del ACP "es que un conjunto de variables que muestran fuertes correlaciones entre sí están respondiendo al mismo aspecto subyacente y que estas variables podrían, en algún sentido, ser reemplazadas en el conjunto de datos por una sola variable con poco daño al patrón global de relaciones entre casos o variables que caracteriza el conjunto de datos original." (Drennan 2009: 300, *traducción del autor*).

En el caso particular de esta investigación el problema a considerar es conocer cuáles son las variables ambientales que dan cuenta de la estructura y variabilidad de la base de datos ambiental considerada para el área de investigación. La base de datos a ser considerada para este análisis cuenta con 31 variables (tabla 5), lo que significa un número muy grande para ser considerado en grupo. Por esta razón, con este método de reducción se espera conocer cuáles variables dan cuenta de la variabilidad y estructura interna, para así considerar grupos menores pero que mantengan el poder explicativo de la base de datos. El resultado del ACP se presenta de manera geométrica, mostrando cada variable como un vector de igual tamaño y con un origen común. En este sentido, el gráfico que se produce con este método muestra las relaciones entre las variables de la

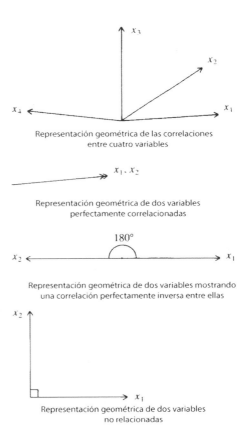

Figura 13. Representación Geométrica para la lectura de los resultados del Análisis de Componentes Principales (ACP) (Modificado de Shennan 1988: 247).

base de datos en términos de la distancia angular entre ellas (fig. 13). En la figura 13 se observa primero la distribución de un grupo de variables, luego dos variables perfectamente correlacionadas, luego dos con correlación perfectamente inversa, y por último, dos variables sin ningún tipo de relación.

En conclusión, el Análisis de Componentes Principales permite: 1) conocer la relación entre las variables de una base de datos, 2) proporciona información sobre la relación, 3) permite conocer la estructura de la base de datos, 4) ayuda a entender cuáles son las variables que mejor explican la variación en la base de datos y cuáles son sus tendencias, y 5) reduce la cantidad de variables necesarias para explicar la estructura y variación de los datos (Shennan 1988: 261; Abdi y Williams 2010: 434).

3.6.2. Análisis de Correspondencias Múltiples (ACM)

Dadas las características de la recolección de datos en las ciencias sociales, las bases de datos son generalmente estructuradas de manera categórica (Nenadić y Greenacre 2005: 1; Abdi y Valentin 2007: 2). Ejemplos clásicos se encuentran en las bases de datos resultantes de entrevistas donde los datos recolectados son clasificados en categorías (Mori *et al.* 2016: 21). En esta investigación los datos sobre la distribución de la cultura material fueron primero recolectados en función de características diagnósticas durante los trabajos de campo, y luego procesados en función de sus presencias y ausencias para los análisis. Para configurar las evidencias de cultura material para los análisis se creó una base de datos binaria (1/0 = presencia/ausencia), la cual fue analizada utilizando el Análisis de Correspondencias Múltiples (ACM). El ACM es muy similar al ACP, con la diferencia esencial de que el primero trata con variables categóricas, mientras el segundo con variables continuas (Abdi y Valentin 2007: 1).

Otra diferencia del ACM es el formato de los resultados, mientras que para el ACP los resultados se presentan como vectores sobre un mismo eje, el resultado del ACM se presenta como una nube de puntos sobre un eje de coordenadas compuesto por las dimensiones principales que explican con mayor porcentaje la variabilidad y estructura de la base de datos. Este resultado se presenta en "mapas" o "biplots" (fig. 14) donde las variables son interpretadas en función de su proximidad con el resto de la nube de puntos (Abdi y Valentin 2007: 8). Este tipo de gráficos es denominado Matriz de Burt y se refiere al resultado gráfico de una estructura que combina todas "las tablas resultantes de cruzar todas las variables de interés de dos a dos (…) para los datos del ejemplo que estamos considerando" (Greenacre 2008: 189). Con el gráfico generado a partir de la Matriz de Burt, el objetivo es observar las asociaciones entre dos o más variables, y luego de haber definido los grupos significativos, conocer cuánto de la variabilidad interna explican (Greenacre 2006: 41). Este análisis fue aplicado a la base de datos total de la cultura material y luego a cada tipo de cultura material por separado para determinar los artefactos y sus combinaciones que pueden dar cuenta de la estructura interna y variabilidad en la distribución de la cultura material en el área de estudio.

3.6.3. Regresión Logística Lineal Múltiple

Los análisis de regresión son los métodos estadísticos con mayor popularidad en la arqueología (Woodman & Woodward 2002). Consisten en análisis que modelan la relación entre una variable dependiente y una o más independientes, llamadas en estadísti-

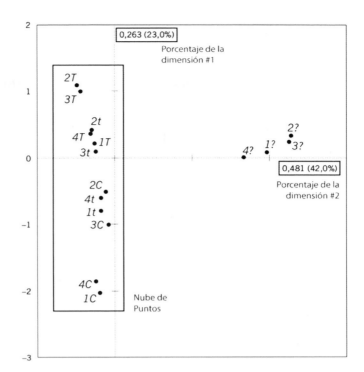

Figura 14.
Representación
Geométrica para la
lectura de los resul-
tados del Análisis de
Correspondencias
Múltiples (ACM)
(Modificado de
Greenacre 2008: 190).

ca covariables. De todas las técnicas de análisis de regresión (densidad de transferencia, regresión de densidad, regresión de significación, regresión lineal, análisis de función discriminante y *Trend-surface*), la *Regresión Logística Lineal Múltiple* es la que ha tenido mayor aplicación en la disciplina (Kvamme 1988; Warren 1990b; Kamermans 2008; Verhagen y Whitney 2011). La regresión logística lineal múltiple, comúnmente conocida como *regresión logística*, es un método estadístico empleado para calcular la probabilidad de que un evento ocurra en un contexto o condiciones específicas. El modelo de resultados establece la probabilidad de que uno o más predictores sean interesantes para ser estudiados a profundidad (Maindonald & Braun 2010). Como todos los métodos predictivos en estadística los valores el resultado se presente de manera numérica en un rango entre "0" y "1". Donde cuanto menor sea el valor, mayor será la significancia y por ende se podrá rechazar la hipótesis nula. En estadística existen diversos rangos para rechazar la hipótesis nula, es decir, la hipótesis de no significancia, dependiendo de la estructura de los datos. Los rangos comunes son 99% (0,01), 95% (0,05) y 90% (0,1). En esta investigación se siguió la aceptación convencional para las investigaciones arqueológicas donde la hipótesis nula es rechazada con un valor superior al 5%, es decir 95% de intervalo de confianza (Shennan 1988). Esto significa que para que una variable tenga significancia estadística el resultado debe ser inferior a 0,05. En arqueología, la regresión logística se ha utilizado principalmente como una etapa previa a la estimación de modelos predictivos (Kvamme 1988; Woodman y Woodward 2002), que es un método para predecir las áreas de alta probabilidad, donde pueden estar presentes sitios o rasgos arqueológicos (Kvamme 1988, 1995; Warren 1990; Wescott 2000; Wheatley & Gillings 2002; Conolly & Lake 2006; Verhagen y Whitley 2011).

En esta investigación se utilizó la regresión logística con dos fines distintos. En primer lugar, para calcular los modelos predictivos, explicados anteriormente, que fueron utilizados para asistir las actividades de campo y el registro de sitios arqueológicos. En segundo lugar, para los análisis como fundamento de la estimación de los modelos de procesos de puntos a ser explicados en la siguiente sección.

3.6.4. Modelo de Proceso de Puntos

Este método ha sido ampliamente utilizado en disciplinas como silvicultura, ecología vegetal, epidemiología, geografía, sismología, ciencia de los materiales, astronomía y economía (Waller 2010), sin embargo, en arqueología ha sido poco desarrollado (por ejemplo ver: Bevan y Wilson 2013). El modelo de procesos de puntos es un método utilizado en teoría probabilística y es una poderosa herramienta para desarrollar análisis estadísticos y modelos para el análisis de datos espaciales (Illian at al. 2008; Isham 2010). Dado que los modelos de procesos de puntos son modelos estocásticos de patrones de puntos irregulares (Van Lieshout 2010), el objetivo es establecer cuáles son los procesos subyacentes que afectan la distribución (Illian at al. 2008). En estadística, cuando un proceso tiene la misma distribución en el área de estudio, se le considera como un proceso *estacionario*. La situación opuesta generará un proceso *no-estacionario* en el que los puntos observados en el área tienden a encontrarse distribuidos de manera específica y particular (Bevan n/d). Las estadísticas de procesos de puntos se dedican a analizar la estructura geométrica de los puntos distribuidos aleatoriamente sobre el espacio (Illian at al. 2008). Este método estadístico está fuertemente relacionado con diferentes tipos de correlación en los patrones de datos, y usualmente estas correlaciones se expresan de manera espacial, por lo que los modelos de proceso de puntos se enfocan en la detección de estas correlaciones. Aunque este método cuenta con una lista larga de aspectos a desarrollar, en esta investigación el análisis se centrará en la estimación de una *superficie de intensidad* (Illian at al. 2008). La superficie de intensidad es un mapa raster donde los resultados de la relación entre la distribución de sitios arqueológicos y las covariables tienen valores significativos sobre la densidad de la interacción. Este tipo de resultado busca la comprensión de las relaciones subyacentes entre las variables ambientales y los patrones de distribución de sitios arqueológicos.

Para validar los resultados del modelo de procesos de puntos, se consideró aplicar un método de la estadística espacial para evaluar los efectos de segundo orden en los patrones de puntos. Para esto se utilizó una *Función de Correlación de Pares* (FCP) con el fin de evaluar si el resultado del modelo de procesos de puntos se veía afectado por efectos de segundo orden (Illan at al. 2008, Bevan n/d). Los efectos de segundo orden se refieren a aquellas influencias dadas por la propia distribución de los sitios arqueológicos; es decir, cuando los factores que podrían estar afectando la distribución tienen que ver con la propia distribución y no con las variables ambientales. Este análisis servirá para determinar si la distribución de sitios arqueológicos en el área de estudio responde a la influencia de variables ambientales o a la presencia del propio conjunto de sitios. Este método mide la intensidad de puntos en anillos en torno a cada punto. Esto significa que el resultado consiste en un valor $g(r)$ de la variación de la densidad de los sitios a lo largo del área de estudio. El objetivo de estos análisis es observar la interacción de corto alcance entre los puntos, lo que podría ayudar a explicar la distribución espacial de los sitios arqueológicos.

Un último paso para validar los resultados del modelo de procesos de puntos al estimar la función de correlación de pares fue considerar una *Simulación de Monte Carlo*. Esta técnica estadística se utiliza para reducir la incertidumbre característica en muestras aleatorias, considerando muestras aleatorias repetidas en generalmente 999 interacciones de los datos (Conolly y Lake 2006: 303). El método genera una simulación de la distribución y valida los datos observados en función de su significancia. Existen ejemplos recientes de su uso en investigaciones arqueológicas enfocadas en Sistemas de Información Geográfica (SIG) para análisis de visibilidad (Lake y Woodman 2000) y patrones espacio-temporales (Crema *et al.* 2010; Hinojosa Balino 2011; Bevan *et al.*, 2013).

3.6.5. Regresión Geográficamente Ponderada

Como se mencionó anteriormente, los análisis de regresión consideran una amplia gama de métodos para modelar las relaciones entre variables dependientes, también llamadas variables "y", y las independientes, también conocidas como variables "x", "variables predictivas" o "covariables" (Charlton y Fotheringham 2009: 1). En el caso de esta investigación, se consideró como variable dependiente a la distribución de sitios arqueológicos y las variables ambientales como independientes. Aunque ya se ha destacado el riesgo de caer en un determinismo ambiental al considerar esta configuración (Woodman y Woodward 2002). En este trabajo se han aplicado métodos posteriores al análisis de regresión (función de correlación de pares, por ejemplo) para confirmar la relación entre las variables y considerar explicaciones alternativas. Por otro lado, el hecho de que una determinada distribución de sitios arqueológicos tenga una relación significativa con una o más variables ambientales, no necesariamente implica que los individuos en el pasado respondían pasivamente ante el ambiente, en cambio, implica que los grupos del pasado escogieron asentarse en determinados puntos del terreno como parte de su relación y construcción del paisaje.

Ahora bien, los análisis de regresión sufren de un problema básico, y es que el resultado de la regresión está basado en un cálculo que considera los datos de manera *global*, es decir, que los datos son tomados como si no existiera variación en su distribución espacial (Fotheringham *et al.* 2002: 1). Para ciertos conjuntos de datos esto realmente no implica un problema, pero para conjuntos de datos arqueológicos donde, de hecho, se espera que exista variación espacial es importante tomar en consideración otras alternativas de manera de complementar los resultados. Por esta razón se decidió

Global	Local
Resume los datos de toda la región	Desagregación local de estadísticas globales
Estadísticas de un solo valor	Estadística multi-valorada
No apta para ser mapeada	Apta para ser mapeada
No ideal para Sistemas de Información Geográfica	Ideal para Sistemas de Información Geográfica
Sin contenido espacial o espacialmente limitada	Espacial
Enfatiza las similitudes en el espacio	Enfatiza las diferencias a lo largo del espacio
Buscar regularidades o 'leyes'	Buscar excepciones o 'hot-spots' locales
Ejemplo: Regresión Clásica	Ejemplo: Regresión Geográficamente Ponderada (RGP)

Tabla 2. Diferencias entre la estadística global y local (traducida y modificada de Fotheringham et al. 2002: 6).

aplicar el método de la regresión geográficamente ponderada, que es un método que permite explorar la heterogeneidad espacial en un conjunto de datos, es decir, que considera el cálculo de las variables de manera *local* (Fotheringham *et al.* 2002; Bivand *et al.* 2008). Básicamente la RGP se refiere a un método que "*no busca las variaciones locales en el espacio de los "datos", sino que va moviendo una ventana ponderada sobre los datos, estimando un conjunto de valores de coeficiente en cada punto de 'ajuste' elegido.*" (Bivand *et al.* 2008: 306, traducción del autor). Estos puntos de ajustes elegidos se refieren a los puntos donde las observaciones han sido realizadas, en este caso, a los sitios arqueológicos.

En la tabla 2 se presentan las diferencias entre la estadística *global* y *local* tal como han sido destacadas por Fotheringham *et al.* (2002: 6) en su explicación del método de la RGP. Como se aprecia en la tabla1, este método posee un alto valor para los análisis arqueológicos ya que permite conocer la variación geográfica en la fuerza de la relación entre la distribución de sitios arqueológicos y las variables ambientales, así como su significancia, es además apto para ser presentado de manera visual en gráficos y mapas.

4

CONTEXTO HISTÓRICO
REVISIÓN DE EVIDENCIAS AMBIENTALES, DOCUMENTALES Y ARQUEOLÓGICAS

4.1. INTRODUCCIÓN

El objetivo de este capítulo es considerar las evidencias ambientales, históricas y arqueológicas dentro de la perspectiva del uso humano del espacio y la arqueología del paisaje. El objetivo general de la investigación radica en entender la transformación del paisaje indígena en el Norte de la isla a través de la construcción de los mundos indígenas y españoles. Para esto, en primer lugar se explorará cómo las crónicas y cartografía tempranas sentaron las bases de las interpretaciones sobre los grupos indígenas para la región. Estas bases estuvieron sesgadas por la noción de territorio y naturaleza que tuvieron los europeos del siglo XVI, y que fue aplicada a la realidad del mundo indígena. Por otro lado, en cuanto a las evidencias ambientales y arqueológicas, la consideración espacial es más directa. Esto se debe a que la dimensión ambiental en este capítulo será presentada de manera descriptiva, y la dimensión arqueológica de manera historiográfica para contextualizar los problemas de esta investigación dentro de un marco investigativo amplio. Es importante destacar que los contextos de las evidencias ambientales, documentales y arqueológicas abarcan escalas espaciales desde las áreas hasta la macro-región (ver definiciones en cap. metodológico). El contexto ambiental se basa principalmente en el área de investigación primaria de la disertación, es decir la costa de la Provincia de Montecristi. Esto se debe a que, de estas evidencias se tomaron las variables utilizadas para los análisis estadísticos de la disertación. Por otro lado, no existen variables ambientales radicalmente diferentes entre el área de estudio y las otras dos áreas arqueológicas para la comparación que merezcan la pena ser explicadas individualmente. En cuanto a los datos documentales, los distintos apartados están relacionados con los contextos de la macro-región y de la Región Histórica de estudio. En el caso del contexto arqueológico se enfoca exclusivamente en la región arqueológica de interés.

El énfasis del estudio estuvo en la evaluación de las evidencias culturales generales, y no se centró en variables individuales. En este sentido, los datos a analizar y considerar en esta disertación provienen de las evidencias registradas en los trabajos de campo, en relación con los datos correspondientes al periodo indígena; y de las crónicas y cartografía temprana, al referirse a los patrones de distribución de asentamientos españoles. La evidencia analizada y revisada para esta investigación es un ejemplo de la diversidad y heterogeneidad tanto del registro arqueológico como del documental. Para evitar la continuación de la idea colonialista de homogeneizar a los grupos indígenas del pasado, a lo largo del trabajo se aplicaron una serie de métodos y teorías enfocados en el estudio de patrones espaciales y de conflictos culturales.

El capítulo está dividido en cuatro secciones. En primer lugar, se presenta el contexto medioambiental, iniciando desde las descripciones realizadas por los primeros cronistas que visitaron el área hasta las descripciones modernas realizadas por el estado Dominicano. En segundo lugar, se tratará el contexto de evidencias documentales el cual estará enfocado en describir las distribuciones espaciales y los posibles motivos para la fundación de asentamientos por parte de los primeros españoles en el Norte de la isla. Estos datos servirán de contexto para las comparaciones finales de la disertación, donde se buscará reconstruir el mundo indígena y el español a través de la expresión espacial de sus prácticas e intencionalidades. Por último, se presentará la historia de la arqueología de la región, así como una discusión de los aspectos más relevantes de la misma.

4.2. CONTEXTO AMBIENTAL: LA PROVINCIA DE MONTECRISTI

La provincia de Montecristi se encuentra al Noroeste de la República Dominicana. Limita al Norte con el océano Atlántico, al Este con las provincias de Valverde y Puerto Plata, al Sur con las provincias de Santiago Rodríguez y Dajabón, y al Oeste con el Océano Atlántico y la República de Haití. La topografía de la provincia es diversa ya que al Norte se encuentra la Cordillera de Montecristi, la cual representa el extremo Oeste de la Cordillera Septentrional, cadena montañosa que se extiende desde el Norte de la Provincia de Montecristi a lo largo del Norte de la isla hasta la provincia María Trinidad Sanchez al Este. En punto más alto en la Cordillera Septentrional es el Pico Diego de Ocampo a 1229 m.s.n.m., y en su sección de Montecristi la altura máxima es de 770 m.s.n.m. El sector Sur y Oeste de la provincia tiene elevaciones menores a 40 m.s.n.m., siendo en su mayoría un área llana. De hecho, los valles del río Yaque, el río principal que atraviesa a la provincia, han sido caracterizados por el Ministerio de Ambiente y los Recursos Naturales del país como zona de riesgo de inundación (Ministerio de Medio Ambiente y Recursos Naturales [MMARN] 2012).

La vegetación de la provincia está definida como bosque seco subtropical, y tiene precipitaciones inferiores a los 800 mm por año. A pesar de que la agricultura intensiva se realiza a los largo del río Yaque, en la zona Norte de la provincia la falta de agua constituye un gran problema para la agricultura y la subsistencia ya que las quebradas sólo portan agua en la temporada de lluvias. Estas condiciones, unidas al índice de humedad y la evapotranspiración potencial conjugan en esta provincia un alto índice de condiciones semiáridas y áridas (MMARN 2012).

Sin embargo, es posible que las condiciones medio-ambientales fueran diferentes a la llegada de los españoles a la isla. Sin lugar a dudas, la introducción de la agricultura intensiva, y particularmente de los monocultivos como el arroz, banana y tabaco, así como las actividades de pastoreo después de la llegada de los europeos podrían haber tenido un efecto importante en el desarrollo del medio ambiente en Montecristi.

En su primera visita a la desembocadura del río Yaque, Colón describe que la arena de las playas del río estaba llenas de oro (Arranz 2006: 216), y además indica que al navegar río arriba se encuentra la zona del Cibao donde los indígenas contactados habían reportado existencia de minas de oro. Sin embargo, Las Casas (1875[1552-1561], Tomo I: 428) señaló, que posiblemente lo que Colón pensó como oro, era realmente *margasita* (sic), algún tipo de piedra similar al oro. La descripción de Las Casas se enfoca más en la fertilidad de los valles del río Yaque, particularmente aquellos de tierra adentro, llamados por los españoles la Vega Real. Las Casas (1875[1552-1561], Tomo II: 29) comenta que "… la gran vega, cosa que creo yo, y que creo no engañarme, ser una cosa de las más admirables cosas del mundo…". La primera descripción especifica de la costa de Montecristi al realiza Álvarez Chanca (1992 [1493]), quien comenta que aunque Colón quiso explorar los alrededores del rio Yaque y la zona cercana al morro de Montecristi para seleccionar un asiento para la fundación de una villa. Sin embargo, a pesar de que "avía cerca de allí un gran río de muy buen agua, pero es toda tierra anegada e muy indispuesta para abitar (sic)." (Álvarez Chanca 1992 [1493]: 34). De estas tres primeras referencias se tiene una imagen general de lo que es el ambiente en la costa de la actual provincia de Montecristi, y del río Yaque. En la actualidad, este sector de la costa, particularmente donde desagua el río Yaque tiene una alta presencia de manglares y zonas inundables, mientras que en el interior en los valles cercanos al río Yaque, la vegetación es más verde y la temperatura más suave. Una característica importante del medio ambiente de Montecristi es el ecosistema marino costero a lo largo de la costa, compuesto por manglares, estuarios, humedales costeros y arrecifes de coral. Este contexto proporciona una combinación excepcional para la biodiversidad marina y terrestre, así como para el desarrollo de poblaciones tanto en el pasado como en el presente, ya que contiene una gran variedad de mamíferos, aves y especies del mar.

En esta investigación se utilizó una pluralidad de variables ambientales, tales como: elevación, pendiente, aspecto, línea litoral, ríos y quebradas, áreas de salinas, mamíferos endémicos, geomorfología, vegetación, uso del suelo, capacidad de suelos, asociación de suelos, riesgo de inundación y potencial eólico. Estas variables fueron seleccionadas por su potencial para los análisis, en cuanto a la relación con la distribución de sitios arqueológicos y cultura material. Su descripción y uso dentro del trabajo será explicado en el próximo capítulo.

4.3. ANTECEDENTES DEL PERIODO COLONIAL: MACRO-REGIÓN Y REGIÓN HISTÓRICA

En este apartado se presentarán las evidencias documentales que permiten delinear el contexto del periodo colonial temprano amplio de la macro-región de estudio, de manera de contextualizar la llegada de los europeos a la isla y sus primeras impresiones. Esto se dará a través de 1) un recuento de los dos primeros viajes de Colón a la isla; 2) una revisión de los grupos étnicos identificados por Colón, bajo una perspectiva crítica sobre estas "identificaciones" y sus implícitos. En este punto se hace particular hincapié en la idea de territorio "indígena" que Surgió desde los inicios de la conquista sobre la base de estas "identificaciones" culturales. 3) Una consideración de cómo la cartografía colonial temprana representó los patrones espaciales indígenas y españoles. 4) Finalmente, se presenta lo relacionado a la fundación de villas y fuertes a lo largo de la "Ruta de Colón" como evidencia principal para las comparaciones espaciales a nivel regional entre el paisaje indígena y el español en la macro-región.

4.3.1. La llegada de Cristóbal Colón

El 6 de diciembre de 1492 Colón llegó a una isla llamada por los grupos indígenas, con quienes tuvo el primer contacto, *Haytí*; y bautizada por él como *La Española*. El día 24 de Diciembre Colón escribe en su diario:

> "... *porque yo he hablado en superlativo grado (de) la gente y la tierra de la Juana, a que ellos llaman Cuba; mas hay tanta diferencia de ellos y de ella a esta en todo como el día a la noche...*" (...) "... *y los pueblos grandes de esta isla Española, que así la llamé, y ellos le llaman Bohío, y todos de muy singularísimo trato amoroso y habla dulce, no como los otros, que parece cuando hablan que amenazan, y de buena estatura hombres y mujeres, y no negros.*" (Arranz 2006: 193)

Las primeras impresiones de Colón sobre los habitantes de la isla fueron tremendamente románticas, casi hasta el punto de la idealización, pues para él tenían la mejor forma y predisposición para ser tratados como sujetos de la Corona española (Todorov 2003: 57). El primer contacto con grupos indígenas fue con el grupo liderado por el cacique Guacanagarí (Arranz 2006: 188, Oviedo y Valdés 1851 [1535]: 65; Las Casas 1821 [1552]: 26, 1875 [1552 – 1561] Vol. IV: 481). Tanto de las crónicas como de las investigaciones posteriores, se cree que este cacicazgo era un grupo lingüístico y cultural Taíno (Granberry & Vescelius 2004). Tras el naufragio de la Santa María, Colón construyó un fuerte con sus materiales y lo llamó La Navidad. En este fuerte dejó a 39 hombres, y continuó navegando por la costa Norte de La Española (Arranz 2006: 195). El 1 de enero de 1493, Colón recibió la noticia de que los marineros que envió de antemano, habían hecho contacto con otro "rey" que tenía en la cabeza una corona de oro a unas 20 leguas de su posición en La Navidad (Arranz 2006: 206). Al realizar la conversión de la medida de leguas en el siglo XV a los kilómetros contemporáneos, la localización de este suceso pudo haber estado cercana a la zona donde más adelante Colón fundaría la villa de La Isabela. Sin embargo, el 4 de enero mencionó que:

> "*Navegó así al Leste camino de un monte muy alto, que quiere parecer isla pero no lo es, porque tiene participación con tierra muy baja, el cual tiene forma de un alfaneque muy hermoso, al cual puso nombre Monte-Cristi, el cual está justamente al Este del Cabo Santo, y habrá diez y ocho leguas.*" (Arranz 2006: 210)

En esta referencia además de mencionar por primera vez el morro de Montecristi, evidencia que el evento con el "rey" de corona de oro estaba posiblemente en la región de Montecristi, ya que sólo hay dos leguas de diferencia entre las dos descripciones. Además, esta es una de las pocas referencias directas de contacto con poblaciones indígenas en Montecristi. Cuando finalmente llegan al Morro de Montecristi, exploran una pequeña isla frente al mismo donde mencionó que encontraron un incendio y vestigios de que gente había estado pescando allí. Otra referencia importante hecha por Colón en este primer viaje sobre el área de Montecristi es la referencia al río Yaque. Según la nota del 8 de enero de 1493, además de tomar agua de este río para abastecer a las carabelas, menciona la existencia de oro en las costas arenosas del río. Por otra parte, en su Diario, a pesar de estar todavía en una etapa temprana del reconocimiento del terreno, mencionó que navegando río arriba se podía llegar a la zona del Cibao, donde

Colón pensaba se encontraba Cipango y sus minas de oro (Arranz 2006: 216). Cabe destacar que además de las referencias sobre Montecristi y sus alrededores realizadas por Colón, y reafirmadas posteriormente en las crónicas de Fray Bartolomé de Las Casas (1875 [1552-1561] Vol. I: 420); del reporte de Alvarez Chanca se puede agregar que los alrededores del río Yaque estaban compuestos por un área pantanosa e inadecuada para el asentamiento (Alvarez Chanca 1992 [1493]: 34). Además, aunque Colón ya sabía que al navegar aguas arriba por el río Yaque los llevaría a la zona del Cibao, decidió instalar la primera ciudad en un área más cercana a las vetas de oro y por lo tanto elegir la zona de Monte Plata[17] (Las Casas 1875 [1552 – 1561], Vol. II: 20).

Además de estas primeras impresiones y registros en realidad hay poca información sobre los grupos indígenas que Colón encontró alrededor de Montecristi. Oviedo escribió que Guacanagari era el señor o cacique de la gente que habitaba en las zonas aledañas al morro de Montecristi (Oviedo 1851 [1535]: 35, véase también Loven 2010: 75-77). Por otro lado, Las Casas (Las Casas 1875 [1552 – 1561] vol. IV: 249) incluye la Sierra de Montecristi dentro del área cultural de Macorís de Abajo. A primera vista esta división no tendría mayores problemas si se asumiera que Guacanagarí fue un cacique Macorís. Sin embargo, y como se tratará más adelante, tanto historiadores como arqueólogos han asumido que la identidad étnica de los caciques no reportados en las crónicas directamente como Macorís o Ciguayo, fueron Taínos. Por lo que este tipo de divisiones realizadas por las crónicas pueden ser sensibles a malas interpretaciones.

En el próximo apartado se tratará el tema de los grupos étnicos reportados/creados para el norte de la isla, es decir: Macorís, Ciguayo y Taíno.

4.3.2. Patrones Espaciales Indígenas y "Étnicos" del Norte de Haytí

La creación de etnicidades en el norte de la isla ha sido un proceso que inició con los primeros observadores europeos, y se afianzó a lo largo del tiempo. Particularmente, la idea de los distintos grupos étnicos existentes antes de la llegada de Colón se afianzó durante el siglo XVIII y XIX tanto para la creación de etnicidades como territorios culturales. Dentro de este contexto, como se ha argumentado que "la desigualdad social que rige hoy en la mayoría de los países latinoamericanos comenzó a tener lugar y ser legitimada con la construcción de un pasado oficial." (Pagán-Jimenez 2004: 203). Parte de este pasado oficial se estableció con la homogeneización y/o reinterpretación de la diversidad de las poblaciones indígenas antes y después de la llegada de Colón.

Considerando que la creación de un contexto geográfico y cultural para los grupos indígenas es relativa ya que las crónicas que los mencionan varían y se contradicen, con este apartado (4.3.2) y el siguiente (4.3.3) lo que se busca es extraer de los conocimientos existentes sobre los posibles grupos étnicos que habitaron la isla al momento de contacto las características espaciales de su distribución. Por otro lado, es esencial tener presente que el contexto de aparición/desaparición y las fragmentadas referencias sobre estos grupos es tardía ya que además de Colón y Pané, Las Casas llegó a La Española

---

17 Este uso del término Monte Plata no debe ser confundido con la ciudad Monte Plata fundada durante las Devastaciones de Osorio en 1605-1606. La cual fue el resultado de la combinación de las ciudades, y sus poblaciones, de Montecristi y Puerto Plata. Aunque la actual ciudad y la provincia se llama Puerto Plata, Colón lo llamó originalmente Monte Plata.

en 1502 y Oviedo en 1514, cuando la población indígena estaba considerablemente decreciendo (*cf.* Cook and Borah 1971; Cassá 1974; Rosenblat 1976; Cook 1993).

Para la macro-región de estudio, el centro-norte de la isla, sobre la base de las informaciones de las crónicas e historiadores del siglo XVIII y XIX, los investigadores desde el siglo XX han asumido/reconstruido la existencia de tres grupos étnicos: Taíno, Macorís y Ciguayo. Sin embargo, la existencia 'real' de estos grupos culturales como unidades étnicas y lingüísticas, así como de sus configuraciones y estructuras culturales, sociales y políticas se ha debatido ampliamente en la arqueología de las Antillas Mayores y del Caribe (*cf.* Rouse 1948; Veloz Maggiolo 1972, 1993; Vega 1990 [1980]; Petitjean Roget 1997, 2015; García Arévalo 2002; Curet 2003, 2014; Keegan 1997, 2007; Wilson 2007; Moscoso 2008; Oliver 2008, 2009; Rodríguez Ramos 2010; Ulloa Hung 2014; Keegan y Hofman 2017). En este apartado la discusión se enfocará principalmente en destacar las bases del conocimiento sobre estos "grupos étnicos" y su distribución espacial en las regiones arqueológicas e históricas consideradas en este trabajo.

La primera referencia al termino *Taíno* apareció en el segundo viaje de Colón, donde al llegar a las playas de una isla fue recibido por gente que gritaba "taíno, taíno", cuyo significado ha sido identificado como "bueno" o "noble" (Oliver 2009: 6; Curet 2014: 470; Keegan y Hofman 2017: 13). Fue a partir del siglo XIX cuando se comenzó a utilizar el término *Taíno* como relativo a un grupo étnico particular, y a su lengua. La primera referencia para identificar a un grupo étnico que habitó principalmente las Antillas mayores se ha atribuido a Rafinesque en 1836 (Oliver 2009: 6; Keegan y Hofman 2017: 12), aunque también el termino es usado pocos años después por Martinus en 1867 (Curet 2014: 471). En 1871 Brinton utiliza el término Taíno para reseñar la clasificación lingüística de la lengua Arawak que se hablaba en estas islas (Oliver 2009; Keegan y Hofman 2017). La popularización del término Taíno fue una consecuencia de las reconstrucciones históricas que se dieron a lo largo del siglo XIX, que reanudaron las generalizaciones y homogeneizaciones de las diversidades étnicas y lingüísticas de los grupos indígenas del Caribe[18]. Por ejemplo, Fray Ramón Pané en su reporte sobre su convivencia con grupos indígenas del Norte de la isla, menciona que primero fue enviado por Colón a habitar en la provincia de Macorís, y luego fue enviado con el cacique Guarionex, debido a que este cacique y su gente hablaba una lengua que era entendida en toda la isla (Arrom 2001: 43). Sin embargo, como se verá más adelante, Pané no hace referencia a que *Macorís* fuese una categoría de etnicidad, o a que Guarionex fuese un cacique de la etnia Taína. La idea de que Guarionex fue un cacique Taíno surgió de las reconstrucciones del pasado indígena luego del siglo XIX y durante el siglo XX.

El desarrollo de las investigaciones arqueológicas en Haití y la República Dominicana colaboró, lamentablemente, en afianzar estas interpretaciones sobre los grupos indígenas del pasado. Principalmente, el intento de Rouse por relacionar grupos arqueológicos -definidos principalmente por los estilos cerámicos- con grupos étnicos -definidos a través de la evidencia documental-, consolidó la idea que *Taíno* se refería a un grupo étnico precolombino (ver más adelante el debate sobre su uso del mapa de Charlevoix). Sobre la base de investigaciones arqueológicas y la comparación entre

---

18 Por ejemplo, ver el argumento de Curet (2014) sobre que la palabra Taíno puede ser entendida como un *término*, un *concepto* y un *fenómeno*.

sitios en diversos puntos de la isla, Rouse (1964, *cf.* 1986, 1992) vinculó el desarrollo de la cerámica Ostionoide y sus sub-series (Ostionan, Meillacan y Chican) con el grupo "étnico" Taíno y el desarrollo de los sistemas jerárquicos[19] en las Antillas Mayores. De hecho, Rouse (1992: 33-34) definió tres áreas culturales para los grupos Taínos y sus cerámicas, 1) Los *Taínos Occidentales* que incluye parte de Cuba, Jamaica y las Bahamas vinculados con la serie Meillacoide (Meillacan Ostionoide de Rouse); 2) los *Taínos Clásicos* ubicados en la isla de Haytí/La Española y Puerto Rico, vinculados con la serie Chicoide (Chican Ostionoide de Rouse); y 3) los *Taínos Orientales* dispersos en las Islas Vírgenes portadores de la serie Ostionoide (Elenan Ostionoide de Rouse). Para Rouse, el grupo "étnico" Taíno representado arqueológicamente por estas series cerámicas fue el resultado de las migraciones e interacciones de diversos grupos indígenas con un ancestro común, en términos lingüísticos e históricos, los grupos Arawak; y arqueológicamente, con los grupos Saladoides (especialmente la sub-serie Cedrosan Saladoide), que migraron desde las Guayanas y las costas venezolanas alrededor de 2300 a.C. (Rouse 1986, 1992). Como se verá más adelante, el modelo de Rouse afianzó las ideas sobre el establecimiento del modelo de los cinco cacicazgos Taíno en la isla, el cual estuvo basado en el mapa creado por Charlevoix en el siglo XVIII, lo que desde una perspectiva contemporánea oscureció dinámicas socio-culturales a escala local y regional. Tanto los reportes de las crónicas como el modelo arqueológico normativo de Rouse, establecieron *Taíno* como un término con un peso histórico considerable, lo que llevo en años recientes a una crítica igualmente importante.

Esta crítica se puede compilar principalmente en los aportes recientes de Rodríguez Ramos (2007, 2010), Oliver (2009) y Curet (2014)[20]. Como ya se mencionó, contrario al conocimiento popular, los primeros cronistas nunca utilizaron el término *Taíno* para referirse a un grupo étnico. La referencia a este vocablo indígena se refirió, como ya se mencionó, a ciertos individuos (pertenecientes a un grupo) como "buenos" o "nobles". A pesar de que durante el siglo XVI y XVII era común entre los exploradores europeos realizar el contraste entre los grupos "pacíficos" de las Antillas Mayores, y los Caribes "salvajes" y "agresivos" de las Antillas Menores (Curet 2014: 469); esta fue una comparación genérica para los distintos grupos indígenas de las islas del Caribe. Es decir, independientemente de la etnicidad o lengua, los grupos de las Antillas Mayores eran los pacíficos y los de las Menores los agresivos, los nomencladores étnicos (Taíno vs. Caribe) sobre este contraste provienen de siglos posteriores.

Con la intención de sobrepasar el modelo de Rouse sobre la homogeneidad cultural Taína y el esquema lineal de sus orígenes, Rodríguez Ramos (2007, 2010) propuso que si bien se puede seguir considerando la existencia de un grupo/lengua indígena Taíno, su homogeneidad es altamente cuestionable y más bien se debería referir a una categoría de amplio espectro. En esta búsqueda, Rodríguez Ramos (2007, 2010) propuso el término "Tainidad" (término original en inglés: *Tainoness*). Rodríguez Ramos (2010: 11) comenta que este término se refiere y explica un acuerdo cultural entre di-

---

19 Aunque posteriormente, Vega (1990 [1980]) y Veloz Maggiolo *et al.* (1981) propusieron que la serie cerámica Meillacoide (llamada por Rouse Meillacan Ostionoide) fue manufacturada por comunidades relacionadas étnicamente con el, posible, grupo Macorís.

20 Aunque para una revisión completa del debate es necesario considerar también los aportes de Veloz Maggiolo (1984), Wilson (1993), McGinnis (1997), Curet (2003), Keegan (2004), Oliver (2005b, 2008), Petersen *et al.* (2004) y Torres Etayo (2006).

versos grupos humanos con diversos contextos de origen y etnicidades que compartieron rasgos culturales y lingüísticos en el área geográfica de la actual isla de Puerto Rico y otras Antillas del Caribe. En esta línea, Oliver explicó que "el Taíno es mejor abordado como un espectro o mosaico de grupos sociales con diversas expresiones de *Taínoness* (Rodríguez Ramos 2007), no todos ellos [étnicamente] Taínos, en el sentido convencional o estándar proporcionado por Irving Rouse (1965, 1992) y otros." (Oliver 2009: 4, traducción del autor). Tanto Oliver (2005: 281) como Rodríguez Ramos (2010: 201) consideran que la categoría cultural *Taíno* fue un resultado de las investigaciones antropológicas originarias que generalmente lo utilizaron como un sinónimo de Arawak. Curet (2014) añadió a este debate que, aunque el término "Tainidad" es una alternativa analítica útil para el entendimiento de las culturas del pasado, hay que tener en cuenta que para realmente significar una herramienta analítica sólida que no oscurezca la diversidad y dinamismo del pasado, éste no debe ser un término estático, sino una categoría históricamente dinámica (Curet 2014: 487).

El 29 de diciembre de 1492, Colón mencionó en su *Diario de A Bordo* el término *Macorix*[21] (Arranz 2006: 204), aunque se refirió a una "isla" al Este de la fortaleza de La Navidad, y al parecer no entendió que los indígenas pudieron estar describiendo una zona geográfica o un grupo humano. En 1494 Colón regresa a La Española, y halla la fortaleza de La Navidad destruida y sus hombres asesinados, y decide navegar al Este y fundar la villa de La Isabela, desde la cual se comenzó la conquista de la isla. Luego de establecer el asiento de La Isabela, Colón se movilizó hacia la tierra adentro en busca de las minas de oro reportadas por los indígenas contactados en su primer viaje, por una ruta conocida actualmente como la Ruta de Colón. La fundación de La Isabela en 1493, así como la de una serie de fuertes construidos durante y después de 1494 a lo largo de la ruta, significaron las primeras disrupciones de prácticas tradicionales y del paisaje indígena.

En 1495 Colón marchaba por el Norte de la Española disipando diferentes levantamientos indígenas que sucedieron como resultado del sistema autoritario que los españoles estaban implementando en la isla. En la actual Cordillera Septentrional, Colón derrotó al cacique Guatiguaná en el lugar llamado Puerto de los Hidalgos y más tarde salvó el fuerte La Magdalena de los grupos indígenas que lo atacaron (Arrom 2001: xiv). Después de ocuparse de estas situaciones y antes de continuar construyendo otra fortaleza en el lugar llamado La Concepción, dejó a Fray Ramón Pané en la Magdalena para vivir con el cacique Guanaoboconel, con el fin de aprender sus tradiciones y costumbres (Arrom 2001: 41). La zona donde se encontraba el fuerte La Magdalena era llamada por los lugareños Macorís y, según la descripción de Pané, tenía un lenguaje diferente al resto de las zonas conocidas por los españoles. Según las descripciones de Las Casas (1875 [1552-1561]), esta área se refería a la costa Norte

---

21   En su trabajo Ulloa Hung (2014) menciona que "El investigador José Oliver plantea que el término Macorige hace referencia a gente que no habla "nuestro" idioma (taino), y que se trata de un vocablo arauaco muy difundido (el makú de Rio Negro-Amazonas y Orinoco, e incluso en áreas de la Guayana venezolana). Todos esos "makú" son gente de variadas etnicidades que los arauaco-parlantes los designa genéricamente como "maco[rix – rij]. Incluso Oliver maneja la hipótesis que los llamados Cigüayos (por su corte de pelo) eran a veces también llamados "macoriges" por también hablar una lengua extranjera, y para hacer otro tipo de distinción (José Oliver comunicación personal)." (Ulloa Hung 2014: 83, nota 54).

de la isla desde el Oeste en la actual Haití hasta el Noreste de la actual Republica Dominicana. Colón decidió retirar a Pané de este fuerte y lo envió a una zona cercana a la villa de La Concepción donde habitaba el cacique Guarionex, cuya lengua era hablada ampliamente en La Española (Arrom 2001: 43). Según el relato de Pané:

> *"… la provincial de Magdalena* [o] *Macorís tenia lengua distinta de la otra, y que no se entendía su habla por todo el país. Pero que yo me fuese a vivir con otro cacique principal, llamado Guarionex, señor de mucha gente, pues la lengua de éste se entendía por toda la tierra."*

Aunque en el informe escrito por Pané se destacan diversos rasgos culturales indígenas, dado que el tiempo habitado con Guarionex fue mayor que en la provincia de Macorís, es posible que estas características provengan de las comunidades, asumidas después del siglo XIX como Taínas. Sin embargo, es notable que la única diferencia cultural que él consideró digna de mencionar entre las comunidades de La Magdalena (provincia de Macorís) y las de Guarionex, fue la lingüística. ¿Pudo deberse esto a que no existían diferencias culturales notables entre las distintas comunidades más allá de la lengua? O ¿será este un problema de malentendido cultural? Justamente son los malentendidos culturales una de las principales dificultades para las reconstrucciones históricas de los grupos indígenas de la isla de *Haytí* (Petitjean Roget 1997, 2015; Todorov 2003; Keegan 2007; Ulloa Hung 2014). Aquí se presenta un problema esencial para la reconstrucción del pasado de estas comunidades indígenas, ya que Pané reporta haber habitado "en la provincia de la Magdalena, cuya provincia se llamaba ya Macorís, y el señor de ella se llama Guanaoboconel, que quiere decir hijo de Guanaobocon." (Arrom 2001: 41). Y luego al Colón darle la noticia de su mudanza a una nueva comunidad escribe en pregunta a Colón "Señor, ¿cómo quiere Vuestra Señoría que yo vaya a vivir con Guarionex, no sabiendo más lengua que la de Macorís?" (Arrom 2001: 43). De estas referencias, se puede interpretar que la referencia de Pané a Macorís es a un territorio geográfico, tal vez geopolítico, pero no necesariamente étnico. Lo mismo se observa en Las Casas quien identifica el nombre con una región (Las Casas 1875 [1552-1561], Vol. I: 410) donde se encontró poco oro, y más adelante en su texto mencionó que:

> *"Es aquí saber, que un gran pedazo de esta costa, bien más de 25 o 30 leguas, y 15 buenas y aún 20 de ancho hasta las sierras que hacen, desta parte Norte, la gran vega inclusive, era poblada de una gente que se llaman mazoriges, y otras cyguayos, y tenían diversas lenguas de la universal de toda la isla."* (Las Casas 1875[1552-1561], Vol. I: 434)

Aquí Las Casas se refiere a la costa Norte de la isla y a la actual Cordillera Septentrional. Así mismo, cuando menciona "la gran vega" se está refiriendo a las llanuras del río Yaque, aunque probablemente a aquellas desde La Magdalena hasta Montecristi, pues estaba claro ya que Guarionex habitaba y controlaba la Vega Real, por lo que esta zona pudo haber sido compartida por varias comunidades hablantes de lenguas distintas, y posteriormente asumidas por los investigadores del siglo XX como relacionadas con la etnia Macorís y la Taína. Sobre este punto en su *Historia de Indias* Las Casas no establece ninguna diferencia precisa sobre las ubicaciones de este grupo, sólo mencionando el área general de sus asentamientos. En el segundo volumen de la *Historia de Indias*, Las Casas divide las áreas de asentamiento Macorís en dos, llamadas *Macorís de Abajo* y *Macorís de Arriba*. Según su descripción:

> *"En Estos tiempos el Almirante ya había mandado hacer dos fortalezas, una que llamó la Magdalena, como dijimos en el cap. 100, en la provincia de Macorix, que llamábamos el Macorix de abajo, dentro de la Vega Real, que creo que fue asentada en un lugar y tierra de un señor que se llamaba Guanaoconel..."* (…)
> *"Nombrábamos el Macorix de abajo, á diferencia de otro Macorix de arriba, que era la gente que estaba poblada la cordillera de las sierras que cercaban la Vega* [Real] *por la parte Norte, y que vertían las aguas en la misma provincia del Macorix de abajo..."* (Las Casas 1875[1552-1561], Vol. II: 120)

En primer lugar, hay que destacar que la división que hace Las Casas estuvo, posiblemente, basada en la elevación; de su registro se puede considerar que el "abajo" y "arriba" estuvieron relacionados con la diferencia en altitud entre el valle y la montaña. Aunque Loven (2010: 74) planteó que la diferencia entre "abajo" y "arriba" era cultural y no natural, este autor no presenta evidencias sólidas que apoyen su opinión. Por otro lado, Las Casas describe dos de las áreas antes mencionadas donde se registró la presencia de comunidades identificadas como Macorís y/o Ciguayo, aunque aquí sólo menciona al grupo Macorís. De esto se puede interpretar que el área correspondiente a la Vega Real, hoy en día las llanuras del río Yaque, llamada Macorís de Abajo, pudo ser la zona de vivienda de comunidades identificadas con la lengua Macorís, y que el área correspondiente a la cadena montañosa, la actual Cordillera Norte, Macorís de Arriba también fue un territorio de estos grupos, dejando por defecto la zona costera Norte y Noreste como la posible ubicación para los Ciguayos. Sin embargo, en su último volumen de la *Historia de las Indias* Las Casas mencionó que:

> *"Hacen esta Vega o cércanla, desde que comienza hasta que se acaba, dos cordilleras de altísimas y fertilísimas y graciosísimas sierras, de que ya hemos hecho mención, que la toman en medio, lo más alto dellas y todas ellas fértil, fresco, gracioso, lleno de toda alegría; la una destas sierras, de la parte Sur, es la que habitaban los Ciguayos, y otra parte della la gente de los Macoriges del Macorix de arriba..."*
> (Las Casas 1875[1552-1561], Vol. IV: 291)

Esta referencia está en línea con las anteriores, con la excepción de que localiza los Ciguayos al Sur de, lo que sólo se puede suponer como, la Cordillera Septentrional. Esto, por supuesto, se superpone con la zona de Macorís de Abajo que se encuentra en las llanuras del río Yaque al Sur de la Cordillera. Siguiendo estas referencias hechas por Las Casas, es posible que haya cometido un error al escribir Sur en lugar de Norte, localizando a los Ciguayos en la parte Norte de la Cordillera, o al Este localizándolos en la zona cercana a la bahía de Samaná. Ambas teorías están, en realidad, en coherencia con otros informes y acontecimientos históricos claves que se explicarán a continuación cuando se hace referencia al grupo de Ciguayos.

El tercer grupo a tratar aquí son los Ciguayos. Al final de su primer viaje en 1493, Colón tuvo un altercado con un grupo de indígenas en la actual Península de Samaná al Este de la Republica Dominicana, en un golfo que fue llamado "Golfo de las Flechas" dado el incidente ocurrido (Vega 1992). Aunque Colón no adjudica nombre a estos indígenas, sobre este encuentro Las Casas hace una nota al *Diario* de Colón donde expresa: "estos debían ser los que llaman Ciguayos, que todos traían los cabellos así muy largos" (Arranz 2006: 221). Colón pensó que éstos eran los Caribes caníbales del Este de la isla, cuya existencia había sido mencionada durante su estancia con los indígenas de Guacanagari. De las características registradas en su *Diario*, Colón especifica que estos individuos tenían: arcos y flechas, cabellos largos, el rostro pintado de carbón, uso de cuerdas, lengua distinta y por último, llamaban al oro *tuob* y no *caona* como los indígenas ya contactados. Luego de tener un encuentro pacifico con algunas personas de este grupo, los hombres de Colón tuvieron una pelea con ellos, en un lugar llamado por Colón *Golfo* o *Bahía de las Flechas* (Golfo de la Flecha).

Sin embargo, como es de esperarse la referencia al nombre Ciguayo no viene del propio Colón, sino de una nota al pie que realizó Las Casas en el *Diario* de Colón. En el texto correspondiente al 13 de enero de 1493 donde Colón realiza el reporte de la pelea, y Las Casas anota "estos debieron ser los que llaman Ciguayos, que todos traían los cabellos así muy largos…" (Arranz 2006: 221, nota 178). Además de los comentarios ya explicados por Las Casas sobre la ubicación geográfica de los Macorís en la *Historia de las Indias*, en la *Apologética Historia Sumaria*, Las Casas mencionó que los Ciguayos estaban ubicados:

> "… por esta cordillera de sierras hacia el oriente, que hacen, como he dicho, la gran Vega Real, se sigue la provincia de los Ciguayos… Esta provincia es más larga y ancha, y más capaz y fértil y graciosa que la precedente de Cubao, cuya longura, según yo creo se extiende más de 30 leguas, porque llega junto a las sierras de la provincia de Macao por la tierra dentro, por la parte de la Vega Grande, y por la mar hasta la provincia de Higuey…" (…) "… y creo que pertenece a esta provincia de los Ciguayos el golfo que el Almirante llamó de las Flechas." (Las Casas 1967[1566]: 22)

En el texto que escribe Colón en su *Diario* (Arrom 2001: 221), el único conflicto directo que tuvieron los españoles durante el primer viaje fue con estos indígenas en este golfo. Esto lo llevó a pensar que estos individuos formaban parte de los llamados Caribes de las islas al Este, quienes aparentemente venían a esta isla a cazar esclavos y victimas para su alimento. Esta interpretación también está presente en los registros de Oviedo (1851[1535]) y Mártir de Anglería (1964). Curiosamente, Las Casas (1875 [1552-1561]) sostiene que en la isla de La Española nunca hubo un grupo Caribe. Investigadores de finales del siglo XIX y principios del siglo XX de la República Dominicana han mantenido la idea de que los Ciguayos fueron un grupo Caribe (García Arévalo 2002: 65). Así mismo, sobre la base de evidencias documentales e investigaciones arqueológicas previas en la península de Samaná (*cf.* Krieger 1929), autores como Rouse (1948) y Sauer (1966) propusieron que debido a la falta de diferencias contundentes entre los individuos participantes en el altercado con Colón y los grupos Taínos, probablemente los primeros fueron parte del mismo grupo cultural solo que con diferentes ubicaciones geográficas. Aunque es improbable considerando las evidencias documentales y arqueológicas actuales que estos individuos hayan sido Caribes, es probable que hayan sido parte de otra unidad étnica o lingüística que ocupó el Noreste y Este de la isla (fig. 15).

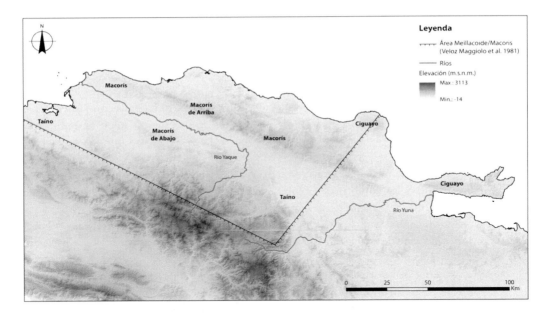

Figura 15. Distribución espacial de los posibles grupos étnicos existentes en el Norte de Haytí a la llegada de Colón en función de las informaciones presentadas en los documentos de los primeros cronistas y de los historiadores del siglo XVIII y XIX (es importante tomar en cuenta que el uso del término Taíno en el mapa proviene de la asunción histórica de que los caciques Guacanagari y Guarionex eran Tainos. Ver discusión sobre este grupo étnico al inicio del apartado).

Es importante detenerse en este punto, ya que aquí se encuentra uno de las primeras homogeneizaciones de los grupos indígenas, así como de las ideas de complementariedad entre lengua, territorio y cultura. En primer lugar, la propuesta de Rouse (1948) combina el modelo territorial de los cinco cacicazgos generado a partir del mapa de Charlevoix (1977 [1731])[22], el cual está basado en las referencias, sesgos y confusiones de Oviedo, Las Casas y Pedro Mártir de Anglería (fig. 16). A esta distribución, Rouse agrega un nuevo territorio para el grupo Ciguayo, en el área donde Charlevoix coloca el nombre de Ciguayo en su propio mapa. Sin embargo, en su texto Rouse no explica la razón de la creación de un nuevo territorio (Rouse 1948: 528), y omite las referencias de Pané y Las Casas sobre la provincia de Macorís en esa misma región.

Posteriormente, Veloz Maggiolo (1972: 235) modifica una vez más el mapa de los cinco cacicazgos, y transforma el territorio Ciguayo de Rouse en un sub-territorio del cacicazgo de Maguá, y lo adjudica a una categoría étnica/lingüística llamada Ciguayo-

22   El texto de Charlevoix es una transcripción de las memorias del padre jesuíta Juan Bautista le Pers, quien habitó en Santo Domingo. Sin embargo, al inicio del texto Charlevoix explica que "Efectivamente, por persuadido que estuviera de que el P. le Pers había bebido en las mejores fuentes, *no me creí empero dispensado de consultarlas, sobre todo en la primera parte, para la que podía temer que no hubiera tenido todas las ayudas de que necesitaba*" (Charlevoix 1977 [1731]: XII, sin cursivas en el original). Más adelante Charlevoix explica que le Pers le "*dejó entera libertad de hacer a sus escritos todos los cambios que pensara necesarios*" (Charlevoix 1977 [1731]: XIII, sin cursivas en el original). Ya que le Pers y Charlevoix escribieron sus textos dos siglos después de los acontecimientos descritos, sin lugar a dudas sus informaciones sobre los primeros años de la conquista tuvieron que estar fundados en los textos de los primeros cronistas, como Oviedo, Las Casas, Mártir de Anglería, entre otros.

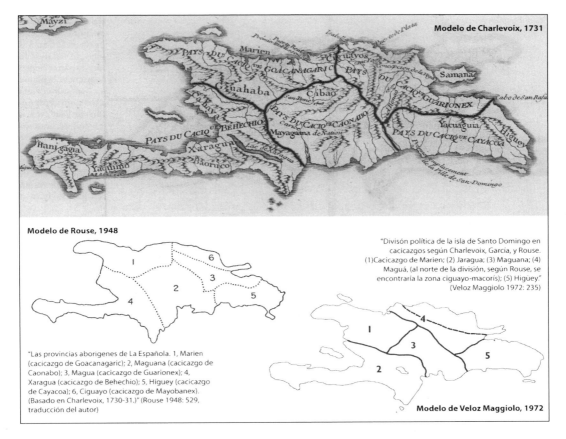

Figura 16. Comparación de la ubicación de las "fronteras étnicas" entre los mapas de Charlevoix, Rouse y Veloz Maggiolo para la isla de Haytí.

Macorís. Veloz Maggiolo basó esta consideración en los datos arqueológicos recuperados en diferentes sitios del Norte de la República Dominicana (Veloz Maggiolo *et al.* 1981) que, a su parecer, apoyan la propuesta de Vega (1990 [1980]) sobre que la distribución de cerámica de Meillacoide está relacionada con la distribución espacial atribuida al "grupo étnico" Macorís (fig. 16). Además, considera la cercanía geográfica de las referencias al uso de los términos Macorís y Ciguayo, así como su "diferencia" cultural con los "grupos" Taínos. Por esto, decidió considerar que Macorís y Ciguayos fueron un mismo grupo étnico, con un mismo territorio. Sin embargo, el propio Veloz Maggiolo (1972, 1984, 1993) ha destacado repetidamente la dificultad de reconstruir relaciones culturales entre los grupos Taínos, Macorís y Ciguayos.

Sin lugar a dudas, el primer inconveniente para reconstruir relaciones culturales entre estos "grupos" es que, muy posiblemente éstos no fueron realmente unidades étnicas internamente homogéneas como se ha pensado, sino que tendrían todos que ser percibidos como 'espectros' (Oliver 2009) de comunidades étnicas en distintos procesos históricos. En este sentido, las evidencias arqueológicas actuales, así como las que serán presentadas en la Discusión y Conclusión de esta disertación, podrían colaborar, con menores sesgos históricos, en el entendimiento de las dinámicas socio-culturales de estas comunidades.

Otra investigación clásica centrada en este problema geográfico la postuló Vega (1990) igualmente sobre la base de la arqueología y las referencias históricas. Vega consideró que el grupo que Colón encontró en el Golfo de las Flechas, no fue ni Ciguayo ni Macorís, sino un grupo de avanzada de las incursiones que los Caribes llevaron a cabo en las Antillas mayores en busca de esclavos (Vega 1990). Vega fue el primer investigador es considerar que los espacios geográficos de distribución de la serie Meillacoide y la etnia Macorís era muy similar. Sin embargo, aunque la propuesta de Vega y Veloz Maggiolo ofreció una interesante respuesta a la crítica de Cassá (1974: 17) sobre la imposibilidad de proporcionar datos concluyentes sobre esta cuestión -ya que la arqueología nunca había encontrado diferencias culturales entre los diversos territorios de la isla-, estos modelos siguen poseyendo un claro problema espacial. Ulloa Hung (2014) igualmente ha proporcionado una crítica reciente sobre a la improcedencia de las comparaciones unilineales entre categorías analíticas arqueológicas y grupos étnicos "identificados" durante el periodo colonial para esta región.

A la complejidad del paisaje cultural del Norte de la isla de *Haytí* a la llegada de Colón, hay que añadirle la reinterpretación simplista y confusa realizada por los primeros cronistas sobre estos grupos y sus territorios. Hace más de 30 años Cassá (1974: 123) ya señalaba que la información variada e irregular presente en las crónicas tempranas había producido un mito que no ha sido resuelto por la historiografía contemporánea. Este autor se refería por supuesto, a la división clásica de Haytí en cinco cacicazgos o grupos tribales, a saber: *Marién* con el cacique *Guacanagarí*, *Xaragua* con el cacique *Behechio*, *Maguana* con el cacique *Caonabo*, *Maguá* con el cacique *Guarionex* y *Higuey* con el cacique *Cayacoa*. Como se destacó con los ejemplos anteriores, el mapa de Charlevoix se ha convertido en un modelo socio-político establecido tanto en la academia como en el conocimiento popular. La única alternativa a este modelo de territorios indígenas (Vega 1990) hasta ahora no ha tenido el impacto suficiente para eliminar el modelo territorial de los cinco cacicazgos a nivel académico o popular; por lo que, como acertadamente anoto Cassá (1974), éste sigue siendo un mito.

La idea de los cinco territorios cacicales indígenas ha oscurecido las dinámicas socio-políticas de los distintos grupos indígenas de la isla por centurias. El mapa de Charlevoix es impreciso no solo porque haya estado basado en referencias secundarias, sino porque estuvo basado en la necesidad de pensar y representar el mundo con fronteras culturales fijas, que constituía la esencia de la idea que los europeos tenían sobre la cultura humana en el siglo XV y XVI. Esta idea será ampliada y relacionada con la construcción del paisaje colonial durante este periodo en las Conclusiones, por ahora solo se esbozará un punto para culminar el uso del mapa de Charlevoix con respecto a la distribución espacial de los Ciguayos. Como se mencionó, Charlevoix se basó para la realización de este mapa en los datos proporcionados por Oviedo, Las Casas y Mártir de Anglería, y su mapa demuestra un error clave en el registro de uno de estos autores, aspecto éste ya destacado por Vega (1990: 56). En su texto, Mártir de Anglería comenta al referirse al conflicto entre Hernando Colón y el cacique Guarionex, que:

> *"Averiguó, además, que el cacique Guarionex, no pudiendo sufrir por más tiempo las insolencias y rapiñas de Roldán y de otros que allí quedaron [se refiere a la villa de La Concepción], se había retirado lleno de desesperación con muchos de*

sus familiares y súbditos a unos montes, sólo distantes de la Isabela diez leguas
hacia occidente en la costa septentrional. A esos montes y a sus habitantes les dan el
mismo nombre de ciguayos; al cacique principal de los reyezuelos de las montañas
lo llamaban Mayobanex, y a su corte, Caprón." (Mártir de Anglería, Década 1,
Libro 5 [1493-1510]: 159)[23]

En esta referencia Mártir de Anglería confunde la ubicación de los Ciguayos al
Oeste de la isla (en vez de al Este), y no es casualidad que justo en esa área Charlevoix
ubique a los Ciguayos. Aunque este detalle es importante para entender las referencias
sobre distribución espacial de los indígenas en la isla, no necesariamente invalida los
modelos de Rouse y Veloz Maggiolo. Sin embargo, ya que ambos modelos repiten este
error, y se basan en la idea europea de territorio, es necesario actualizar sus interpretaciones sobre este asunto.

Una observación final sobre esta parte es que el modelo de Veloz Maggiolo supone
que el cacicazgo de Mayobanex estaba bajo el "control" o dependía de aquel liderado
por el cacique Taíno Guarionex. Esta es una cuestión discutible, ya que si bien es cierto
que los informes disponibles indican que al ser derrotado Guarionex por los españoles,
éste con su gente fue a refugiarse con Mayobanex en su territorio. Este evento no
implica necesariamente que Mayobanex tuviera la *responsabilidad* de hacerlo por ser
un súbdito, sino que fueron tribus aliadas y conectadas por redes sociales y políticas.
Un ejemplo de esto es que según el registro de la reunión entre Bartolomé Colón y
Mayobanex se dice que éste cacique le dijo que Guarionex le había enseñado los *areítos*,
los cuales eran parte importante de la tradición Taína para representar la historia y el
mito a través de la danza y las canciones. Este hecho, ejemplifica más una relación de
intercambio entre tribus, que una situación jerárquica de control.

En este trabajo se considera que el modelo de los cinco cacicazgos no tiene sustento
histórico sólido y su uso repetido a lo largo del tiempo ha oscurecido e invisibilizado
otros grupos étnicos de la isla y sus dinámicas culturales. No se duda de la presencia de
jerarquías políticas en la isla o de que los grupos indígenas del pasado hayan controlado
áreas geográficas. Sin embargo, la idea de territorio presentada por los cronistas y el
mapa de Charlevoix, refleja el concepto europeo de territorio controlado por una élite
política con una estructura socio-política jerárquica.

Finalmente, este apartado buscó describir las informaciones existentes sobre las distribuciones espaciales de los tres grupos étnicos que habitaron el norte de la isla antes
y durante la llegada de Colón. Sin embargo, como ha sido evidente, las ubicaciones
geográficas de estas comunidades fueron registradas de manera ambigua y genérica, lo
mismo que ocurrió con las identificaciones étnicas. Las categorías culturales concretas
para estas comunidades comenzaron a establecerse en términos espaciales partir del
siglo XVIII con el mapa de Charlevoix y en términos étnico-lingüísticos en el siglo XIX
con los usos que les dieron Rafinesque, Martinus y Brinton.

---

23 Referencias similares sobre que la ubicación de los Ciguayos no estaba en la parte central y septen-
    trional de la Cordillera Septentrional, más bien en la parte oriental y noreste de esta, incluyendo,
    probablemente, la Península de Samaná, se encuentran en: Las Casas (1875 [1552-1561], Vol. II:
    165-167, Vol. IV: 291 / 481-484), Oviedo (1851 [1535]: 60-61/65) y el propio Mártir de Anglería
    (1964 [1493- 1510]).

4.3.3. Patrones Espaciales Indígenas y Españoles desde la Cartografía Colonial

El caso de las representaciones territoriales en el mapa de Charlevoix sobre los grupos indígenas que habitaron en el Norte de Haytí significa una fuente de información importante para entender como los primeros europeos tradujeron y conceptualizaron el mundo indígena de manera gráfica. La cartografía colonial, a pesar de haber estado cargada del sesgo europeo sobre los grupos indígenas, constituye una fuente de información para entender aspectos del orden espacial de los grupos indígenas y de las intencionalidades de los europeos en representar el terreno, así como su propia distribución en el espacio. Uno de los aspectos esenciales de la cartografía colonial, es la idea de *terra nullius* (Gosden 2004), es decir de presentar el terreno como si no existieran poblaciones además de las europeas. Siguiendo esta idea, aquí se describirán un conjunto de mapas que serán utilizados para las comparaciones del capítulo final. Dado que los sitios arqueológicos registrados en la costa de la provincia de Montecristi se ubican en el Periodo Cerámico Tardío (1200-1500 d.C.), cronología relativa que fue confirmada por un grupo de fechas realizadas a materiales excavados en sitios del área, se decidió utilizar mapas que fueran anteriores a 1650. Esto debido a que las referencias para su creación fueron primarias, ya que muchos mapas reutilizaron las informaciones presentes en mapas anteriores, y por otro lado, en algunos casos sus hacedores fueron observadores directos. Tal es el caso del mapa de Pedro Morales, el cual es utilizado como eje para la consideración cartográfica.

Durante el tiempo en que Nicolás de Ovando fue Gobernador de La Española (1502 – 1509), en 1508 envió al geógrafo y cartógrafo Andrés de Morales para examinar la isla de La Española y producir un mapa preciso de su terreno, provincias y ciudades (fig. 17; *cf.* Sauer 1966: 41). Morales fue un reconocido cartógrafo en España y viajó con Colón en su tercer viaje y con Juan de la Cosa a la costa de Brasil. En realidad, hay algunos cartógrafos que creían que colaboró en la creación del mapa del mundo 1500 asignado a Juan de la Cosa (Buisseret 2007: 1150).

El mapa de Morales fue terminado alrededor de 1508 y enviado a Mártir de Anglería para ser publicado es su tercera Década. Mártir de Anglería hizo referencia a ambos en su texto pero sólo la información del informe fue publicada, y por una razón desconocida no el mapa (Mártir de Anglería, Década 3, Libro 7 [1515-1516]). Con el tiempo las copias de este mapa fueron hechas y conocidas, sin embargo no fueron adjudicadas a Morales o a la fecha real de la creación (Sauer 1966: 41). El mapa de Morales fue encontrado en la biblioteca de la Universidad de Bolonia y publicado a principios del siglo XX (Frati 1929). Esta ausencia fue la razón principal por la que muchos investigadores e historiadores no consideraron este mapa en sus trabajos, y aunque fue publicado en 1929, probablemente tomó más años para ser accesible a los investigadores locales, ya que fue publicado en una pequeña editorial italiana. Además del texto de Frati, este mapa fue reproducido en el *Atlas Mapas Españoles de América* en 1951 (Sauer 1966).

Mártir de Anglería escribió sobre este mapa:

> *"Vengamos, por fin, a la cosmografía interior de esta dichosa isla. En otro lugar hemos hecho referencia a los cuatro ríos que desde los altos montes dividen a la Española en cuatro partes casi iguales: El Juna al oriente, el Atibunico al*

occidente, el Haiba al mediodía y el Yache al Norte. El piloto Morales me trae una nueva descripción que desde el tiempo inmemorial usaron los indígenas. La dividiremos totalmente en 5 partes…" (Mártir de Anglería, Década 3, Libro 7 [1515-1516]: 354)

Las divisiones mencionadas son: Caizcimú, Huhabo, Caihabo, Bainoa y Guaccayarima (fig. 19). Mártir de Anglería transcribe el reporte de Morales sobre las regiones y sub-regiones, poniendo particular interés en la descripción de elementos naturales como ríos, lagunas y montañas. En la descripción proporcionada por Mártir de Anglería, éste no menciona que las regiones estuvieron relacionadas con territorios culturales. Aunque hace referencia a que había un valle que llevaba el mismo nombre del cacique Guarionex, y que estaba dentro de su territorio (Mártir de Anglería, Década 3, Libro 8 [1515-1516]: 362). Sobre la base de estas descripciones, y del hecho de que las regiones de Morales siguen ciertas características naturales del terreno de la isla, Vega (1990: 67) propuso que las regiones que Morales fueron regiones culturales. En su libro, Vega (1990) construye un "nuevo" mapa con las descripciones proporcionadas por Morales, el cual fue muy similar al ya creado por Sauer (1966) años antes.

De este grupo de mapas, destacaron aquellos que hacían referencia a nombres claves para esta investigación, tales como: Montecristi, Macorís, Puerto Real y/o otra elemento de interés. Ya que los mapas repiten nombres, topónimos y otros aspectos geográficos, se decidió tomar una muestra de ellos para ser tratados en este trabajo, para esto cinco

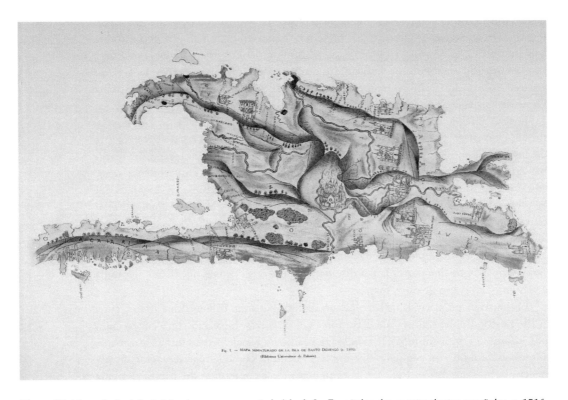

Figura 17. Mapa de Andrés de Morales que representa la isla de La Española y los asentamientos españoles, c. 1516.

mapas con cronologías diferentes fueron considerados, y el resto será mencionado de manera concreta para casos particulares. El primer mapa (fig. 18) fue realizado por Giovanni Battista Ramusio (1534) y publicado en italiano en Venecia-Italia. Este mapa presenta una imagen básica de la isla y con pocas referencias de topónimos. Según la descripción del mapa aportada en el catálogo digital de la John Carter Brown Library, el mapa está basado en el texto de Mártir de Anglería. Esto se confirma al observar que las cinco regiones (Caizcimú, Huhabo, Caihabo, Bainoa y Guaccayarima) señaladas por Morales en su registro y mapa están presentes en éste también, así como otros nombres indígenas. Otros elementos importantes en este mapa es el registro de la Navidad, la Isabela, Puerto Plata y Santo Domingo, así como de algunos cabos importantes del momento como C. Cabrón. En una cita de Mártir de Anglería transcrita anteriormente se destaca que este cabo formaba parte del área de los Ciguayos.

El segundo mapa cortesía de la colección digital de "David Rumsey Historical Map Collection", fue realizado por Girolamo Ruscelli en 1544 (1561) en Venecia-Italia (fig. 19). Este mapa fue creado para corregir y aumentar la *Geographia* de Claudio Ptolomeo, por lo cual sus referencias buscaron ser precisas en función de los conocimientos disponibles. De hecho, el mapa presenta una mayor variedad de topónimos y referencias que el mapa anterior. Sin embargo, la referencia a ciudades españolas parece ser imprecisa. Por ejemplo la ciudad de Santo Domingo aparece en el sector oriental del río donde fue originalmente fundada por Bartolomé Colón, y no en el lado occidental donde había sido reubicada por Nicolás de Ovando en 1502. Otro elemento resaltante de este mapa es la mención de "Macorif" (Macorís) en el área de "Monte Xpo" (Montecristi), lo que inclina a pensar que al menos esta referencia estuvo basada en el reporte de Las Casas. Igualmente de interés es que el mapa presenta una modificación en el Cabo Cabrón, llamándolo "C. Lacabron". Es posible que el cambio del nombre estuviera asociado a una latinización del topónimo Cabrón. Un último aspecto a destacar es que en el mapa aparece uno de los nombres registrados por Morales "Guacayarima" en el extremo Oeste de la isla, pero no los otros cuatro.

El tercer mapa, cortesía de la colección digital de "John Carter Brown Library at Brown University" fue realizado por Paulo Forlano Veronese (1564), y no tiene registro del lugar de su publicación, aunque dado el idioma de la obra y su autor, posiblemente fue Venecia igual que en los casos anteriores (fig. 20). Este mapa es muy similar al mapa anterior y según su registro en la página web de la John Carter Brown Library, es una ampliación del mapa de Jacopo Gastaldi "Isola Spagnola nova", el cual al igual que el de Girolamo Ruscelli estuvieron basados en la obra *Geographia* de Ptolomeo. Además de los elementos ya mencionados para el mapa anterior, este posee una mayor representación pictórica, observándose algunas zonas de cultivo. Sin embargo, las referencias son las mismas, lo que demuestra la continuidad y copia en el uso de informaciones tanto de las crónicas como de otros mapas.

El cuarto mapa, cortesía de la colección digital "Norman B. Leventhal Map Center at the Boston Public Library" de la Boston Public Library, fue creado en Venecia-Italia por Thomaso Porcacchi (1576). Este mapa mantiene los elementos de los dos mapas anteriores, aunque con pequeñas diferencias estilísticas, como la representación de animales marinos fantásticos (fig. 21). Esto sugiere que la confección de mapas, al menos para esta isla, durante el siglo XVI se hizo a base de copias de mapas precedentes, ya que la distribución de este tipo de información para esa época era muy reservada. Sobre esta

Figura 18. Mapa de Giovanni Battista Ramusio que representa la isla de La Española, 1534.

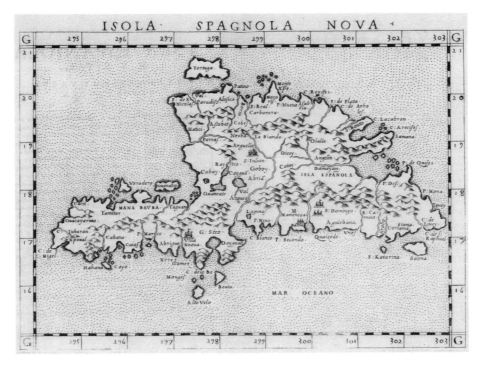

Figura 19. Mapa de Girolamo Ruscelli que representa la isla de La Española, 1561 [1544].

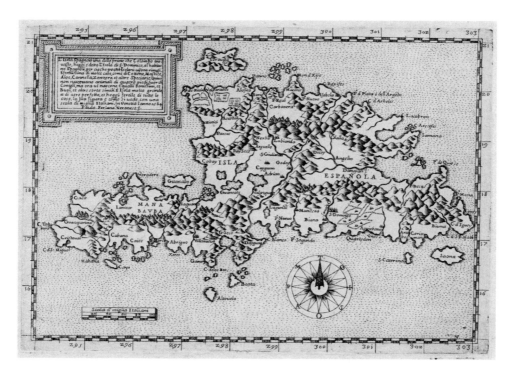

Figura 20. Mapa de Paulo Forlano Veronese que representa la isla de La Española, 1564.

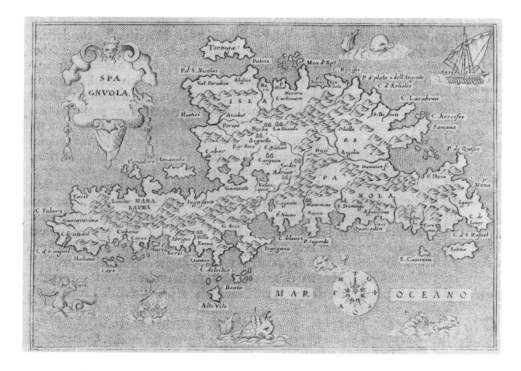

Figura 21. Mapa de Thomaso Porcacchi que representa la isla de La Española, 1576.

Figura 22. Mapa de Corneille Wytfliet que representa la isla de La Española, 1597.

base, se puede considerar que si bien el mapa de Andrés de Morales no fue publicado en los documentos de Mártir de Anglería, sí pudo haber sido consultado por otros cartógrafos de inicios del siglo XVI, hasta que por razones desconocidas fue extraviado u ocultado.

El último mapa considerado, cortesía de la colección digital de "John Carter Brown Library at Brown University" fue realizado por Corneille Wytfliet (1597) en Lovaina-Bélgica. Este mapa presenta un cambio considerable en comparación con los anteriores (fig. 22). Esta mapa pareciera tener mayor relación con el de Morales que los anteriormente descritos, ya que presenta las ciudades españolas en locaciones similares, agregando/quitando otras. Por otro lado, utiliza los nombres indígenas de dos de las regiones descritas por Morales "Guacayarima" y Caiscimu" ubicadas en los extremos de la isla. Por otro lado, utiliza nombres indígenas para referirse a ciudades españolas con otros nombres. Por ejemplo, el topónimo "Xaragua" está bien ubicado en función de las referencias primarias, pero aparece debajo de una ciudad española llamada "Vera Paz" en el mapa de Morales. Finalmente, el renombrado Cabo Cabrón, en este mapa aparece como C. Capris.

4.3.4. Villas y Fuertes: La Ruta de Colón y Puerto Real

En la introducción se explicó la razón por la cual la actual provincia de Montecristi es un área de investigación clave para entender los procesos históricos que se iniciaron a la llegada de Colón. En este apartado se ahondará en los datos documentales disponibles sobre los poblados y fuertes que se fundaron en los alrededores de esta área. En primer lugar, al Este de la actual provincia se fundaron varias villas y fuertes y son considerados aquí dentro de la llamada Ruta de Colón; mientras al Oeste se encontraba la villa de Puerto Real, en la actual República de Haití.

La Ruta de Colón es el nombre dado a la ruta que Colón y sus conquistadores utilizaron para desplazarse entre La Isabela y el Fuerte de Jánico durante su segundo viaje a La Española. Ortega (1988), quien recorrió esta ruta en la década de los '80 como parte de una expedición histórico-arqueológica organizada por el Museo del Hombre Dominicano, escribió:

"La idea de repetir la ruta que siguió el almirante Cristóbal colón en su primer viaje al interior de la isla el 12 de marzo de 1494, desde La Isabela hasta el lugar del río Jánico donde fundó la fortaleza Santo Tomás..." (Ortega 1988: 9)

En su libro Ortega habla sobre viaje, sobre ciertos lugares especiales, los sitios arqueológicos a lo largo de la ruta, las excavaciones realizadas en La Isabela y su opinión sobre la ubicación de la ruta real (fig. 1). Ortega y su equipo realizaron un cambio a la ruta conocida y descrita en el libro de Samuel Eliot Morrison (1942). Sin embargo, en su texto incluye poca información sobre las fuentes de la ruta que tomó y las razones por las que propuso un cambio. Sin desestimar el valor histórico y arqueológico de las investigaciones de Ortega en la República Dominicana, la descripción hecha en este libro en particular está cargada de ideas románticas y conceptos estereotipados sobre la conquista de la isla y el rol de Colón. Al comparar sus comentarios con los registros de las crónicas, se destacan algunos puntos de interés, y para los fines de esta investigación, dos en especial: la temporalidad del movimiento y los topónimos. En primer lugar, de la cita anterior queda la imagen de que en su libro Ortega presenta la ruta como un camino que se creó y estableció mientras Colón se movía a lo largo de ella. Por ejemplo, Ortega explica que:

"Cristóbal Colón cruzó en 1494 acompañado de 400 hombres de pies y a caballo y que por el hecho de gentiles hombres ayudaron a despejar el camino le llamó Paso de Los Hidalgos." (Ortega 1988: 9)

El *Paso de Los Hidalgos* no es la ruta en sí misma, sino una sección de la ruta donde Colón envió delante a un grupo Hidalgos para que ampliaran el sendero. Esta sección se refiere a la parte donde precisamente se asciende la cordillera septentrional para caer en el valle del Cibao. Esta sección de la ruta se conoce en la toponimia actual de la zona como Los Hidalgos o paso de Los Hidalgos. Sin embargo, no existe en las crónicas mención alguna al *Paso de Los Hidalgos*, pero sí al *Puerto de Los Hidalgos* (Pané en Arrom 2001: 41; Las Casas Tomo II, 1875[1552-1561]: 29). Según la descripción de Las Casas, efectivamente, Colón envió un grupo de hombres a ampliar el camino indígena para hacerlo apto para el paso de animales. Sin embargo, en la descripción de Pané se destaca que con este nombre se marcó el área donde Colon y su ejército derrotaron al cacique Guatiguaná quien formó parte de la rebelión indígena de 1495 que atacó y, posiblemente, destruyó la fortaleza de La Magdalena, donde estuvo viviendo Fray Ramón Pané (Arrom 2001: xiv), en la provincia de Macorís.

De estos registros, hay que destacar en primer lugar que la razón de Colón para desplazarse por estos caminos indígenas estaba basada en las noticias de que al Sur de La Isabela se encontraba la zona con posibilidad de extraer oro. Por lo tanto, desde la llegada de Colón a La Española en su segundo viaje en 1494, tanto exploradores como ejercito comenzaron a desplazarse y a contactar a los indígenas locales de los alrededores en busca de los caminos óptimos para llegar al Cibao. De hecho, en las referencias de Pané y Las Casas se destaca que al estar el Almirante en el Puerto de Los Hidalgos, este pudo apreciar la extensión de los valles del río Yaque, llamados por él como la *Vega Real*. En su primera incursión a la región del Cibao en 1494, Colón fundó un fuerte al final de su trayecto, al cual llamó Santo Tomás, ubicado en las cercanías del río Jánico. Posteriormente fundaría otros fuertes a lo largo de la ruta que conectaba La Isabela y este fuerte, o en el entorno de esa primera ruta colonial. Esta serie de fuertes a lo largo de la región tuvo como principal cometido controlar los caminos y las poblaciones indígenas (Sauer 1966: 87). En este sentido, queda claro que esta no fue una ruta colombina, sino una ruta indígena (Ulloa Hung 2015), basada en los conocimientos de los pobladores locales que dirigieron a Colón a donde él pensaba que quería ir. Por otro lado, esta ruta ya había sido utilizada por la avanzada española que se iba moviendo antes de Colón entre los valles del Cibao y La Isabela. Un ejemplo de esto fue el caso del viaje hecho por Hojeda y nueve hombres para contactar con el cacique Caonabó, quien habitaba en la actual Cordillera Central, posiblemente, en las cercanías del fuerte Jánico (Sauer 1966: 87). De las crónicas se desprende que la ruta que Colón siguió desde la Isabela hasta la fundación del fuerte Santo Tomás de Jánico no se hizo en un solo momento, tal vez para Colón así fue, y tampoco fue una ruta colombina, sino el resultado de la red de caminos indígenas (Las Casas 1875[1552-1561]: 29).

Al Oeste de las locaciones mencionadas hasta ahora, y en la actual Republica de Haití, se encontraban las villas de *Puerto Real*. Esta villa se fundó en 1503 y se desarrolló con una población europea, indígena y africana hasta 1578 (Deagan 1995: 1). Puerto Real es una referencia contextual para este trabajo ya que su ubicación estuvo muy cerca al posible lugar de asiento del fuerte La Navidad, así como fue la villa que controló las actividades comerciales y políticas españolas en la región hasta la fundación de la ciudad de Montecristi en 1533, la cual a diferencia de Puerto Real ha perdurado hasta el día de hoy. Sin embargo, ya que las comparaciones que se realizarán para definir la transformación del paisaje indígena al colonial están basadas en análisis de patrones de distribución espacial regional, sólo se consideró esta villa de forma referencial. De acuerdo a los estimados poblacionales realizados para los primeros 25 años de conquista en la isla, para la fecha de fundación de la villa de Montecristi más del 90% de la población indígena había sido asesinada, o perecido por el trabajo forzado en las minas de oro, o por las enfermedades introducidas por los europeos (Sauer 1966; Cook and Borah 1971; Cassá 1974; Rosenblat 1976; Cook 1993; Cruz Méndez 1999; Moya 1977; 1986, 2010a, 2010b). Esto significa que las poblaciones indígenas que habitaban en el área de la actual provincia de Montecristi fueron afectadas tanto por los eventos acaecidos a lo largo de la ruta de Colón, como por la influencia de las villas de La Isabela y Puerto Real. De hecho en las *Encomiendas* hechas por Diego de Colón en 1514 se ubicó cerca de 400 indígenas provenientes del área de Montecristi a la ciudad de Puerto Real, que era la más cercana a la zona (Mira Caballos 1997: 231, tabla X). La *Encomienda* era un sistema similar al de los *Repartimientos*, y consistía en dar cierto número de indígenas a un español, y éste era responsable de cuidar de su salud e instrucción religiosa por medio de los *Curas Doctrineros*. A cambio, el encomendero recibía los "servicios" del indígena (Mira Caballos 1997: 78). Los *Repartimientos* fue un sistema implementado por los españoles, donde por ley se adjudicaban el derecho a poseer un pedazo de tierra y un cierto número de indígenas. Este sistema fue implementado a principios del proceso de conquista alrededor de 1496 por Colón, como una forma de pagar salarios atrasados a sus hombres y enfrentar la falta de mano de obra para el trabajo de la tierra, particularmente en un momento en el que los españoles carecían de animales para el trabajo (Mira Caballos 1997).

En términos espaciales, y particularmente en términos de las espacialidades indígenas, la fundación de estas dos villas en el Norte de La Española significó el control y administración de la población local, y su redistribución en estos centros europeos, lo que sin lugar a dudas representó el abandono de asentamientos y prácticas tradicionales en la región. Los supervivientes indígenas de estos primeros 30 a 50 años de conquista española en la isla, se mezclaron con las poblaciones europeas y africanas en estas villas, quedando las historias previas en el abandono. Finalmente, en 1605 y 1606 el gobernador de la isla Antonio de Osorio decidió destruir las villas y centros poblados del Norte para eliminar el contrabando y legalizar todas las transacciones comerciales de la isla. Este evento conocido históricamente como las Devastaciones de Osorio terminó de destruir el mundo indígena en el Norte, y asimilarlo con una creciente población criolla al Sur.

4.3.5. Comentarios Generales

4.3.5.1. Sobre los cacicazgos y sus espacialidades
El modelo o idea de que la isla estuvo controlada por cacicazgos principales que tenían control sobre otros menos importantes o poderosos está presente en las descripciones de Pané, Las Casas y Oviedo. Estas ideas se consolidaron como un modelo interpretativo de cinco cacicazgos que controlaban territorios específicos en la isla a través del texto y mapa de Charlevoix en 1731. Por otro lado, el mapa de Morales y su descripción, presentada por Mártir de Anglería y reconsiderados por autores contemporáneos (Sauer 1966, Vega 1990), muestra una isla dividida en cinco regiones geográficas, incluyendo varias subregiones donde se pueden incluir los cinco cacicazgos mencionados en las crónicas. Vega (1990) propuso que los cinco cacicazgos de Charlevoix pudieran haber sido los más influyentes al momento de la llegada de europeos, pero no necesariamente los que controlaron toda la isla. En el censo hecho en la isla en 1514 (Moya Pons 1986) se registra la presencia de 401 caciques todavía liderando comunidades. Esto representa un número considerable sobre la idea de los 5 caciques principales. Siguiendo estos argumentos, aunque la idea tradicional de los cacicazgos principales sigue siendo factible, podría sugerirse que estos caciques principales y sus cacicazgos hubiesen centralizando el poder de muchos otros cacicazgos y comunidades, bajo condiciones específicas y/o extraordinarias como las que se dieron con la llegada de los europeos[24].

---

24   Véase, por ejemplo, el caso de los caribes de la costa de la actual Venezuela que centralizaron el poder sobre un cacique bajo condiciones específicas y después de este acontecimiento, los distintos grupos volvían a ser comandados por su propio cacique (Biord 2001, 2005).

Apoyando este último comentario, cabe señalar también que los cronistas no hicieron extensa referencia a las poblaciones indígenas que les ayudan contra los caciques que estaban en su contra. En general, se escribieron breves comentarios sobre el hecho evidente de que había algunos grupos a favor de los españoles, pero no hay explicación sobre las características de estas relaciones. Las crónicas describen cómo los españoles se movieron de un punto a otro de la isla, cómo crean planes de batalla, y en ocasiones es sorprendente su conocimiento del terreno. Esto no pudo suceder sin la ayuda de guías locales, como lo describe brevemente Mártir de Anglería (1964 [1493-1510], Decenio 1, libro 7: 173). En este sentido, es muy probable que ciertas relaciones políticas hayan sido omitidas o no observadas por los primeros españoles.

Finalmente, según la descripción de Pané, el área donde Colón construyó el fuerte de La Magdalena era parte de la provincia de Macorís que incluía al Sur parte de la Vega Real, área cercana al territorio de Guarionex que era un cacique que hablaba una lengua distinta a la de la provincia de Macorís. En el mapa de Charlevoix (1731) estos dos territorios pertenecen al cacicazgo de Magua, que Rouse (1948) dividió en dos para considerar el territorio de Ciguayo, y asumiendo que Macorís y Ciguayo formaban parte de un solo grupo. Por otra parte, en la descripción de Morales, estos territorios se encuentran dentro de la región de Cayabo. Independientemente del modelo a considerar, la idea clara que dejan estas referencias es que de haber existido realmente estos territorios políticos en el pasado de Haytí y de La Española, los mismos fueron plurilingüísticos, y posiblemente, multiétnicos.

4.3.5.2. Sobre las evidencias documentales y la investigación

Aunque esta investigación es principalmente arqueológica, este contexto colonial temprano servirá y ha servido para dos propósitos. En primer lugar, las referencias presentadas aquí, sobre la base de las crónicas y los mapas tempranos, se utilizarán al final de esta investigación para explicar el patrón del uso del terreno y el ambiente por parte de los primeros conquistadores, en contraposición a los patrones indígenas. La segunda razón es contextualizar la investigación dentro de temas históricos y antropológicos más amplios. Por ejemplo, con el debate sobre los grupos indígenas que habitaban el Norte de Haytí y la discusión sobre los grupos étnicos y lingüísticos, fue posible observar en las crónicas y mapas las diferentes referencias sobre las comunidades indígenas que habitaron en la actual provincia de Montecristi.

Si se sigue de forma literal las referencias de las crónicas se interpreta que Montecristi formaba parte del cacicazgo de Marién, y por lo tanto, se podría asumir que su población indígena era Taína. Sin embargo, otras referencias como Las Casas y Mártir de Anglería sugieren que las montañas del Norte de Montecristi estaban habitadas por los Macorís relacionados con lo que se conoce como los Macorís de Abajo. Sin embargo, estas referencias están cargadas de los sesgos culturales y espaciales que tuvieron los primeros europeos que visitaron la región.

Las evidencias que parecen tener una mayor solides se refieren a que el norte de la isla estuvo habitado por una diversidad de comunidades, que tuvieron lenguas diferentes, pero cuya organización socio-política (los cacicazgos) parece haber sido la misma.

4.4. ANTECEDENTES REGIÓN ARQUEOLÓGICA

En este apartado, los antecedentes a presentar estarán enfocados en las tres áreas arqueológicas que conforman la región de interés. Para esto, primero se presentarán los antecedentes de las investigaciones arqueológicas en la Provincia de Montecristi. La segunda parte versará sobre la descripción de las series cerámicas presentes en el área como hilo conductor para abordar los patrones generales de distribución de sitios arqueológicos.

La arqueología del Norte de la isla puede ser dividida en términos generales en tres etapas histórico-arqueológicas. En primer lugar, una etapa de *exploradores y naturalistas* que se desarrolló con las primeras investigaciones realizadas en la isla desde finales del siglo XIX hasta el primer tercio del siglo XX. Inicialmente fueron trabajos de índole de etnología histórica (Schomburgk 1854) y reportes de artefactos aislados o prospecciones pequeñas (Fewkes 1891, 1919; De Booy 1915)[25]. Una segunda etapa relacionada con el inicio de la *arqueología científica*, comenzó con los trabajos de Herbert W. Krieger quien realizó investigaciones en la Península de Samaná en la Republica Dominicana (Krieger 1929) y en el Norte de Haití (Krieger 1931). El objetivo de Krieger fue hacer un reconocimiento de materiales para ser comparados con otras islas del Caribe. En esta misma línea de registro arqueológico desde la 'perspectiva del sitio', se contextualizaron los trabajos de Rouse (1939, 1941) y Rainey (1941) en el área de Fort Liberté. Estas investigaciones dieron origen a la arqueología sistemática en ambos países, y sentaron las bases de las clasificaciones cerámicas que aún hoy en día se siguen debatiendo, así como de los esquemas teóricos de interpretación de las culturas del pasado (Ulloa Hung 2014: 94). Posteriormente, una etapa reciente de la *arqueología científica*, y fundada en los importantes trabajos de arqueólogos dominicanos en el Norte de la isla continuaron los esfuerzos iniciales y añadieron modelos interpretativos más complejos sobre las culturas del pasado. Particularmente, los trabajos de Emile Boyrie Moya (1960), Veloz Maggiolo (1973, 1993), Veloz Maggiolo *et al.* (1981), y Ortega (2005), buscaron sistematizar los conocimientos existentes para el momento y crear modelos regionales que explicaran los orígenes de las distintas culturas, sus migraciones, conexiones intra e inter isleñas, así como las áreas culturales[26]. Contemporáneo con estos trabajos, y aunque en un estilo más de registro y reporte, se puede incluir el trabajo realizado por Clarke Moore en Haití, que culminó con su reporte técnico nunca publicado (Moore y Tremel 1997). La tercera etapa en la arqueología de la isla puede ser considerada como *arqueología regional y de excavaciones extensivas*. Si bien autores como Veloz Maggiolo *et al.* (1981) buscaron construir modelos arqueológicos sobre la base de regiones, sus prospecciones nunca pasaron la 'perspectiva del sitio', es decir los modelos se crearon sobre la base de un conjunto de sitios no registrados desde una perspectiva regio-

---

25   Aunque es necesario destacar que dentro de este periodo se podría incluir al padre jesuita Le Pers cuyas memorias fueron trabajadas y publicadas en 1731 por el padre Charlevoix. Aunque en términos históricos el trabajo de Le Pers adelanta casi dos siglos a los mencionados, en su texto Charlevoix comenta que el padre Le Pers encontró lugares del antiguo asiento de los indígenas compuestos por fragmentos de cerámica y conchas de moluscos. A tal punto que, de hecho, en su mapa de la división indígena de la isla está decorado con tres objetos indígenas (Charlevoix 1731: mapa).

26   Para una revisión detallada de la historiografía arqueológica de la isla y, particularmente del Norte, revisar Ulloa Hung (2014: 91-123).

nal sistemática y no fueron excavados extensivamente. Los trabajos de Koski-Karell (2002) en el Norte de Haití y de Ulloa Hung (2014) abrieron las puertas a otro tipo de arqueología sistemática en la isla. Particularmente, la combinación de la perspectiva regional de Ulloa Hung con las excavaciones extensivas llevadas a cabo por Hofman y Hoogland (2015a) desde el 2013 en sitios de la Cordillera Septentrional están comenzando a arrojar el tipo de resultados que permitirán evaluar los modelos previos sobre la base de evidencias sólidas, así como crear nuevos modelos interpretativos. Es sobre estos esfuerzos que se contextualiza esta investigación en la costa de la Provincia de Montecristi.

4.4.1. El Área Arqueológica de la Provincia de Montecristi

En esta sección el foco se centrará en cuatro aspectos principales: 1) explicar la historia de la investigación arqueológica, dentro de la provincia de Montecristi, para destacar la construcción de espacios arqueológicos previos a esta investigación. 2) Presentar las series cerámicas reportadas para la región, de manera de contextualizar los materiales cerámicos registrados en este trabajo. 3) Delinear la cronología relativa asociada al tipo de materiales registrados en Montecristi. 4) Presentar la distribución de sitios arqueológicos en la región.

Aunque desde hace casi un siglo se están realizando investigaciones arqueológicas en Montecristi, hasta ahora ha sido escasa y focalizada en el registro y excavación de sitios aislados. En 1929 Krieger (1931) llevó a cabo investigaciones en la provincia, y excavó tres sitios arqueológicos que identificó y relacionó con las "tribus Ciguayos y otras de lengua Arawak (Taíno) de las provincias nativas de Marién y Samaná" (Krieger 1931: 35, traducción del autor). Aunque Krieger presta atención a los detalles en su texto, lamentablemente la descripción de la ubicación de los sitios es ambigua, y las distancias mencionadas en su texto son siempre superiores a aquellas que tendrían sentido en función de los sitios existentes en el área y que de seguro fueron los trabajados por él. Otro aspecto que resalta en su descripción es la referencia a las excavaciones en tres sitios, sin embargo, sólo dos se describen y comentan. A partir de sus referencias a elementos claves en el terreno, se hizo un intento de localizar estos sitios (fig. 23). Conjuntamente, durante los trabajos de campo se trató de contactar a los propietarios de los terrenos mencionados por Krieger, pero dado el tiempo que ha pasado desde sus investigaciones los descendientes actuales no recuerdan haber conocido o escuchado de la investigación arqueológica referida. Sin embargo, luego de analizar su texto con detenimiento, y los mapas geográficos del área, se pudo determinar que la posible área de su estudio fue en torno al sector llamado Jaiquí, donde durante los trabajos de campo de esta investigación se registraron cuatro sitios. Es probable que los sitios mencionados por Krieger son dos de los registrados. Además, uno de los sitios registrados (MC-117) ya era conocido por el propietario del terreno, Jaime Torres, en una zona llamada Loma del Guasabaro. De hecho, el sitio había sido registrado por las historiadoras Montecristeñas Olga Lovetti Gomez y Lourdes Polanco Rojas, y reportados en un periódico local (Cruz 2002). Vale la pena destacar que este sitio también fue reportado por Ortega (2005) en su *Compendio General Arqueológico de Santo Domingo*, el cual constituye la más amplia base de datos sobre sitios arqueológicos indígenas en la Republica Dominicana hasta 1990, presentando tanto sus ubicaciones geográficas como datos sobre materiales y contextos arqueológicos.

Aunque Krieger mencionó la presencia de montículos en uno de los sitios, no se observó evidencia de esto durante las prospecciones de 2014 y 2015. Las cerámicas descritas por Krieger para estos sitios están relacionadas con las cerámicas que contienen elementos estilísticos integrados de las series Meillacoide y Chicoide y fragmentos cerámicos de la cerámica Chicoide, lo que es consistente con los hallazgos de esta investigación, aunque en los sitios registrados en este contexto dos de los cuatro se registró cerámica Meillacoide.

Entre 1940 y 1970 otros sitios fueron registraron en la provincia por diferentes investigadores, los cuales fueron republicados en términos generales en el *Compendio* de Ortega (2005). El primer sitio que se describe en este libro es *Hatillo Palma*, un sitio registrado en 1940 por Ulises Franco Bidó, Román Franco Fondeur y Greogrio Fondeur, aunque sistemáticamente excavado en 1959 por Emile Boyrie Moya (Ortega 2005: 382-394). Los materiales cerámicos recolectados se clasificaron como Meillacoides. Este sitio no fue utilizado para esta investigación ya que se encuentra fuera de la poligonal de investigación. Tampoco lo fue el sitio llamado *Las Aguas de Gualterio*, ubicado fuera de la poligonal, aunque visitado y registrado durante los trabajos de campo. El sitio fue trabajado originalmente por Emile de Boyre Moya, Luis Chanlatte y Elpidio Ortega en 1959, y posteriormente en 1974 por Marcio Veloz Maggiolo, Fernando Luna Calderón, Plinio Pina, Renato Rímoli, Pragmacio Marichal y Elpidio Ortega (Ortega 2005: 395). En su texto Ortega comenta que se reportaron cuatro sitios cercanos entre ellos con separaciones de entre 100 m y 750 m. Durante el registro realizado

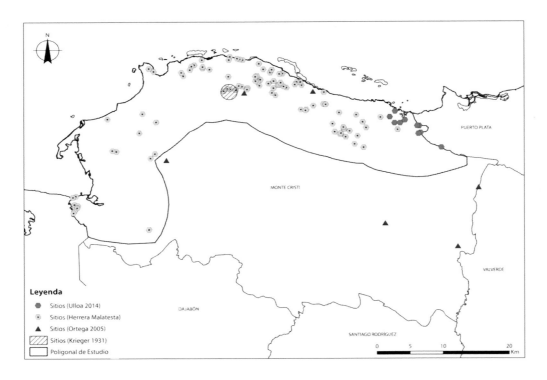

Figura 23. Sitios Arqueológicos registrados por diversos investigadores en el área de la costa de la provincia de Montecristi, Noroeste de la República Dominicana.

| UNA ISLA, DOS MUNDOS

en 2015 se registró un solo sitio, por lo que esa área sigue siendo de interés para trabajos futuros. En el sitio registrado durante los trabajos de campo de 2015, se confirmó lo reportado por Ortega (2005: 395-399) en cuanto a cultura material. La cerámica registrada es Meillacoide y Chicoide, así como materiales en concha y coral, y variedad de especies de moluscos. Sin embargo, el sitio ha sido altamente afectado por la siembra de banana (guineos), desde la época de la *Grenada Company* a mediados del siglo XX. Un tercer sitio llamado *Buen Hombre* se encuentra en la costa del mismo nombre. Rimoli *et al.* (1974; *cf.* Ortega 2005: 400-405) fueron los primeros en trabajar y publicar lo referente a este sitio. Durante los trabajos de campo de esta investigación en 2014 y 2015 se hizo un intento de ubicar este sitio para registrarlo con los parámetros del trabajo, pero lamentablemente las coordenadas proporcionadas en el libro de Ortega no son precisas, y su margen de error es muy grande, por lo cual no pudo ser localizado. De hecho, dos de las coordenadas de sitios (Hatillo Palma y Las Aguas Gualterio) descritos en el *Compendio* de Ortega están tan lejos de la su posible ubicación, considerando la descripción y los nombres, que la referencia presentada aquí, en el mapa de la figura 34, se hizo mediante el uso de los nombres y reseñas geográficas presentes en el mapa político de la Republica Dominicana y la propia experiencia en campo. No obstante, el área general de estas ubicaciones todavía necesita mayor prospección, ya que los sitios estaban en áreas fuera de la poligonal de estudio y se les prestó menos atención en campo. Retomando el sitio de *Buen Hombre*, a partir de las características descritas es posible entender que se trataba de un pequeño enclave costero con depósitos arqueológicos superficiales y cerámica Meillacoide, similar a otros registrados a lo largo de la costa de Montecristi.

Otro sitio llamado *Cerro Gordo*, también fuera del polígono de investigación, se registró en la década de 1970 por Ortega (2005: 406-409). En este sitio se identificaron los fragmentos cerámicos como relacionados con las series Meillacoide y Ostionoide. Adicionalmente, se encontraron enterramientos durante la excavación, así como diferentes objetos líticos y de concha. Ortega (2005: 401-411) incluye otro sitio llamado *Tasajera*, pero sin coordenadas geográficas, y lamentablemente durante los trabajos de campo no fue posible identificarlo. Ortega identificó la cerámica de este sitio como Chicoide, pero sin dar más detalles o datos contextuales. El siguiente sitio descrito por Ortega (2005: 412-417) se encuentra en la frontera entre Montecristi y Valverde y fue llamado *Arroyo Caña*. Este sitio fue registrado en la década de 1980 por el mismo Ortega. En el sitio se identificó cerámica Meillacoide junto con varias herramientas líticas y de concha. Este sitio fue revisado por el autor en compañía de Jorge Ulloa Hung y Till Sonnemann en 2014. Sin embargo, debido a que se encuentra fuera del polígono de investigación, no fue incluido en los análisis. Finalmente, el segundo sitio dentro de la poligonal de este estudio, y llamado por Ortega (2005:418-420) *Silla de Caballo*, se encuentra en las montañas del Noroeste de la provincia. Ortega (2005) comenta que se registraron dos sitios con este nombre, los cuales ya habían sido reportados por Krieger, sin embargo, la descripción que da sobre los sitios no coincide con la de Krieger en términos materiales o geográficos. Ortega (2005: 418) reporta dos sitios pre-cerámicos, pero Krieger (1931) se refiere a sitios cerámicos. En la zona referida por Krieger y Ortega, durante los trabajos de campo se registraron ocho sitios distintos, con materiales y tamaños distintos, pero ninguno pre-cerámico.

Aunque algunos de estos sitios estaban dentro del polígono de investigación, sus referencias ambiguas complica la relación con los registros actuales, particularmente para ser considerados dentro de la metodología y análisis de esta investigación. Por lo cual el sitio de Buen Hombre no fue incluido ya que no pudo ser localizado y su registro es genérico para los objetivos de esta investigación. En cuanto a los sitios de Silla de Caballo, al carecer de una coordenada precisa y considerando la mayor cantidad de sitios registrados en esa zona con la metodología de investigación, tampoco se usó la referencia de Ortega y Krieger, manteniendo solo los sitios registrados en 2014 y 2015. Por último, un grupo de sitios que sí fueron considerados en la disertación y no fueron revisitados durante los trabajos de campo, son los localizados al Este de la poligonal de investigación y fueron registrados por Ulloa Hung (2014, *cf.* De Ruiter 2012) durante el año 2012 (fig. 34). Puesto que los sitios están suficientemente descritos en el trabajo de Ulloa Hung (2014), aquí sólo se mencionan, pero mayor información se presentará en la descripción y clasificación de las evidencias arqueológicas.

4.4.2. Patrones Arqueológicos: Áreas de Puerto Plata y Fort Liberté

En esta parte, la descripción versará principalmente en describir las series cerámicas presentes en el Norte de la isla, Ostionoide, Meillacoide y Chicoide, así como los conjuntos cerámicos denominados mixtos. Además de la explicación de cada serie y su cronología, se describirán los patrones de distribución de sitios con estas cerámicas que han sido registrados tanto para el área de Puerto Plata como de Fort Liberté.

De las investigaciones arqueológicas en el Norte de la Republica Dominicana y Haití se ha identificado presencia de tres conjuntos cerámicos principales. Sobre la base de los primeros reportes arqueológicos (Krieger 1929, 1931; Rouse 1939, 1941, 1948; Rainey 1941), así como de los suyos en la región, Rouse (1986, 1992) propuso que estas series eran sub-series de la Ostionoide, la más antigua, y los categorizó como: *Ostionan Ostionoide, Meillacan Ostionoide y Chican Ostionoide*[27]. Aunque en la literatura especializada existe acuerdo sobre la idea de un origen común en la serie Ostionoide (Wilson 1990, 2007; Ulloa Hung 2014), la mayoría de los arqueólogos han decidido referirse a las series sólo por su nombre de serie: *Ostionoide, Meillacoide y Chicoide*. Asimismo, el resultado de los últimos años de investigaciones en la región han afianzado la necesidad de una reconsideración estilística y tecnológica sobre estas series, ya que cada categorías de series incluye una variabilidad de formas, decoraciones y manufacturas que debe ser actualizado y re-clasificado. Dado que en esta investigación el foco principal es el análisis espacial y no el cerámico, se decidió referirse a las cerámicas con su terminación genérica *-oid*, mientras nuevas investigaciones profundizan en nuevas propuestas para los conjuntos cerámicos.

En esta sección, una descripción general de las diferentes series cerámicas será presentada con el fin de proporcionar las descripciones necesarias para entender los grupos cerámicos registrados durante este trabajo, y contextualizarlos con las investigaciones en curso. Para una información detallada y actualizada a la revisión del debate de cerámica y las clasificaciones en el Norte de la Republica Dominicana y Haití, referirse al trabajo de Ulloa Hung (2014).

---

27 La terminación *-an* fue utilizada por Rouse (1986: 10) para diferenciar las sub-series de las series que terminan en *-oide*.

4.4.2.1. La Serie Ostionoide y sus Patrones Espaciales

Aunque en el Norte de Republica Dominicana y Haití la serie Ostionoide es poco frecuente, algunos sitios han sido registrados (Moore y Tremmel 1997; Koski-Karell 2002; Ortega 2005; Ulloa Hung 2014). En la literatura y las prospecciones recientes no se registraron sitios con cerámica Ostionoide en Montecristi. Sin embargo, su descripción ayuda a contextualizar las otras series cerámicas, y precisar los pocos fragmentos recolectados que poseen rasgos Ostionoides, en los sitios con mayoría de otras series cerámicas. Esta serie fue definida originalmente a partir de los materiales cerámicos recolectados por Rouse (1952) en el sitio cabecero de Ostiones en Puerto Rico. La hipótesis original era que las características de la cerámica Ostionoide eran similares a las de la serie Saladoide, originaria del Orinoco medio en Venezuela (*cf.* Cruxent y Rouse, 1982 [1958]). Por lo tanto las personas que producían esta cerámica en las Antillas Mayores pudieron tener su origen en el continente, y haber migrado hacia el Norte en un proceso continuo de movimientos a través de las islas (Rouse 1986). Chanlatte Baik (2000) propuso que la cerámica Ostionoide pudo haber sido el resultado de la interacción de los grupos arcaicos de la actual isla de Puerto Rico con los grupos portadores de la cerámica Huecoide. Sin embargo, recientemente, y sobre la base de sus investigaciones, Keegan y Hofman (2017) propusieron que los grupos portadores de la cerámica Ostionoide pudieron haber sido comunidades principalmente costeras que desarrollaron esta cerámica en el Este de la actual Republica Dominicana y de allí se expandieron hacia Puerto Rico, el Oeste de Jamaica, Cuba y las islas Turcas y Caicos (Keegan y Hofman 2017: 120). La cerámica Ostionoide se define por tener las siguientes características generales (*cf.* Wilson 2007: 97; Ulloa Hung 2013: 156-165): las formas de las vasijas incluyen cuencos de paredes rectas; las vasijas tienen engobe rojo en el exterior; la pasta de la cerámica es de grano medio fino y cocción pobre; el color de los fragmentos: rojos, tostados y grises; los cuencos abiertos tienen fondos planos; las inflexiones de las vasijas son: lineales o curvadas hacia adentro del cuello; labios: redondeados o planos; asas en forma de D; apéndices; y se observa pintura en zonas específicas de las vasijas.

Cronológicamente, la serie Ostionoide está ubicada de manera relativa entre 600 d.C. y 1200 d.C. (Rouse 1992: 95). Aunque en la actual Republica Dominicana la fecha más temprana asociada a esta serie cerámica es 680 d.C. (Veloz Maggiolo *et al.* 1981: 312; Keegan y Hofman 2017: 118). En la provincia de Montecristi no se registró ningún sitio con presencia exclusiva de cerámica Ostionoide. De hecho, durante los trabajos de campo en el área sólo se registraron fragmentos cerámicos que presentaban una mezcla estilística y de manufactura entre Ostionoide y Meillacoide (fig. 24; *cf.* Ulloa Hung 2014).

Como se señaló anteriormente, los sitios con cerámica Ostionoide tienden a tener un patrón costero en Puerto Rico y el Este de la Republica Dominicana (Koski-Karell 2002: 177; Keegan y Hofman 2017: 120), aunque en el Norte de la isla se han reportado sitios tierra adentro en los Valles del Cibao, principalmente compuestos de montículos de concha e incluso montículos artificiales de tierra (Rouse 1992; Veloz Maggiolo y Ortega 1986). Tanto en el área de Puerto Plata como en Haití, los sitios con presencia de cerámica Ostionoide son pocos y están ubicados en las costas cercanos a los manglares (Koski-Karell 2002: 177-187; Ulloa Hung 2014: 199-200).

0   2   4   6   8   10

Figura 24. Cerámica Meillacoide con Atributos estilísticos Ostionoides recolectada en el área de la costa de la provincia de Montecristi, Noroeste de la República Dominicana.

4.4.2.2. La Serie Meillacoide y sus Patrones Espaciales

La serie Meillacoide fue definida originalmente por Rouse (1939) en el sitio cabecero de Meillac, situado en el Norte de la actual Republica de Haití. Rouse (1939) planteó que la tradición de hacer la cerámica con este tipo de atributos se expandió desde aquí al resto del Norte de Haytí. Años más tarde Veloz Maggiolo *et al.* (1981), sobre la base de nuevas investigaciones arqueológicas en el Norte de la Republica Dominicana, y particularmente nuevos fechados de radiocarbono, propusieron que el origen de la cerámica Meillacoide podría haber estado en el Valle del Cibao, probablemente en el sitio o Cutupú – Río Verde. Adicionalmente, Veloz Maggiolo et al (1981: 328) propusieron la hipótesis de que la cerámica Meillacoide fue el resultado del contacto cultural derivado de la llegada de grupos migrantes en el Este del Valle Cibao y su integración con los grupos portadores de cerámica Ostionoide alrededor del siglo VIII. Sin embargo, Wilson (2007) enfatizó que para ese momento (y todavía hoy) no existía evidencia para apoyar esta hipótesis, e incluso Veloz Maggiolo *et al.* (1981) y Rouse (1992) comenzaron a buscar explicaciones alternativas para sus hipótesis originales:

> *"Esa solución, que se favorece aquí, es que los cambios sustanciales reflejados en la cerámica Meillacoide, como otras tecnologías, patrones de asentamiento y economía, son evidencia de la síntesis cultural de los pueblos Ostionoides y las ideas con los arcaicos que habían estado viviendo en La Española por más de 4.000 años. Las comunidades Meillacoide reflejan la integración de los grupos Arcaicos y los Ostionoide…"* (Wilson 2007: 101, traducción del autor)

En base a un compendio de las descripciones existentes (Veloz Maggiolo 1973: 124; Veloz Maggiolo et al 1981: 313; Wilson 2007: 98; Ulloa Hung 2013: 165-190; Keegan y Hofman 2017: 120), las características generales de esta serie cerámica son: las paredes de las vasijas son relativamente delgadas; hay formas de vasija similares a la serie Ostionoide, pero con mayor presencia de vasijas hemisféricas con contornos sencillos con bocas cerradas o abiertas, y especialmente con contornos angulares; pasta rojiza y marrón; engobe rojo; pintura roja sólo está presente en los ejemplares Meillacoides tempranos; el exterior de las vasijas esta alisado pero no pulido, siendo más rugoso que el Ostionoide; es común la incisión rectilínea, principalmente en bandas cruzadas; las líneas punteadas son comunes; aplicaciones con motivos antropomorfos y zoomorfos; los hombros de las vasijas están comúnmente decorados con dibujos o signos de punteados e incisión; las vasijas predominantes son: cuencos con boca cerrada o abierta y contornos sencillos y angulares; los motivos lineales parecen haber sido realizados de forma rápida y violenta.

En base a los distintos fechados de C14 disponibles y las comparaciones entre materiales cerámicos, la cronología relativa de la serie Meillacoide se ubica entre 800 a 1550 d.C. Esta cerámica fue ampliamente registrada y observada a lo largo del área de investigación, confirmando las impresiones de autores previos (Veloz Maggiolo et al 1981; Ulloa Hung 2014) en relación a que esta es, sin lugar a dudas, la expresión alfarera común en la región Norte (fig. 25).

La investigación de Ulloa Hung en el Norte de la Republica Dominicana, particularmente en el área de Punta Rucia en la provincia de Puerto Plata, ha ampliado tanto el conocimiento de los patrones de distribución de sitios arqueológicos en el área, como la variabilidad estilística de la serie Meillacoide. Su foco principal fue relacionar la cerámica con el patrón de asentamiento con el fin de reconstruir los paisajes culturales de estos grupos antes de la llegada de Colón en 1492. Sus resultados indicaron que la serie Meillacoide es la cerámica predominante en la zona y su distribución espacial podría estar relacionada con el control sobre espacios claves (Ulloa Hung 2014: 376). Los sitios que poseen materiales cerámicos Meillacoides están situados a lo largo de la costa, pero en diferentes líneas horizontales que están relacionadas con las diferentes áreas de elevación. Estas líneas van desde el nivel del mar hasta 200 m.s.n.m., aunque la mayoría de los sitios se encuentran en la zona intermedia de alrededor 100 m.s.n.m. Ulloa Hung explica que:

> *"Este despliegue sobre el paisaje es de vital importancia por el manejo de ciertos recursos que se observa en dichas ocupaciones, así como en la explicación de la variación estilística en relación con las interacciones entre los diversos grupos que ocuparon la región. Por ejemplo, es posible precisar la presencia de sitios ubicados en las proximidades o en una relación directa con zonas estratégicas y de abundancia de recursos marinos, como los esteros, playas y manglares, ya que en todos los casos se posicionaron inmediatamente detrás de esos entornos y en las elevaciones más próximas al mar."* (Ulloa Hung 2014: 376)

Un aspecto interesante del patrón espacial Meillacoide en el área de Punta Rucia es que los sitios más grandes, con mayor concentración de materiales, incluyendo cerámicas exógenas y mezcladas, están situados cerca del mar. Como es de esperar en zonas de baja elevación, estos sitios poseen la menor visibilidad del entorno y de los sitios cercanos. Sin embargo, estos sitios están ubicados en las fronteras de las líneas horizontales destacadas por Ulloa Hung, lo que lo llevó a plantear que su ubicación podría estar relacionada con el control de áreas estratégicas para la explotación de diferentes recursos marítimos y terrestres, así como la interconectividad con asentamientos localizados en otras áreas (Ulloa Hung 2014).

Figura 25. Cerámica Meillacoide recolectada en el área de la costa de la provincia de Montecristi, Noroeste de la República Dominicana.

Ulloa Hung (2014) reporta que al Sur de estos sitios grandes hay una segunda línea de sitios que parecen indicar un tipo diferente de funcionalidad. Éstos se encuentran en terrenos de mayor altura a lo largo de la Cordillera Septentrional y pueden alcanzar hasta 200 m.s.n.m. Su tamaño es más pequeño que los sitios anteriores, pero dada su altura y posición en la montaña su visibilidad del entorno y de los sitios más cercanos es mayor. La combinación de estos patrones ofrece una imagen de control sobre el terreno de dos modos diferentes pero complementarios: por un lado, los sitios que controlan los recursos y el acceso a ellos y, por el otro los otros sitios que controlan o protegen las áreas visuales, incluyendo los primeros sitios.

En el Norte de Haití los sitios con cerámica Meillacoide son cuantitativamente más abundantes que los sitios con otras series cerámicas, de hecho Koski-Karell (2002: 188) reportó haber registrado 167 sitios de habitación a lo largo de toda la línea costera Norte de Haití, incluyendo la isla La Tortuga. La mayoría de estos sitios (n=96) se encuentran en contextos ambientales costeros, mientras que el resto (n=71) están tierra adentro (Koski-Karell 2002: 195). Un elemento resaltante de la distribución de sitios Meillacoides en el Norte de Haití es que los sitios de mayor tamaño se encuentran cerca de la costa, mientras que los sitios pequeños se encuentran tanto en la costa como la tierra adentro.

4.4.2.3. La Serie Chicoide y sus Patrones Espaciales

Originalmente se definió la serie Chicoide sobre la base de los materiales recolectados en el sitio de Boca Chica al Sur de la República Dominicana (Krieger 1931). Sin embargo, luego de las investigaciones de Rouse (1941) y Railey (1941), estos propusieron que el sitio Carrier en el Norte de Haití podría ser una referencia más apropiada para las comparaciones de colecciones cerámicas en el Norte de la isla (*cf.* Ulloa Hung 2014). Como ya se mencionó, Rouse (1941) planteó que el origen de esta cerámica estuvo en la tradición alfarera Ostionoide, y particularmente en el desarrollo de la serie Ostionoide y Meillacoide en Norte de la isla. Como ya se argumentó, todavía hace falta más profundidad en los análisis cerámicos para corroborar o refutar esta propuesta. Lo que sí es evidente en función de las investigaciones reciente en el Norte de la isla, es que las distintas series tuvieron momento de integración y asimilación de aspectos alfareros, pero esto se discutirá en el siguiente apartado.

Las características generales de esta serie de cerámica son (Rouse 1948: 514; Veloz Maggiolo 1973: 73; Wilson 2007: 98; Ulloa Hung 2014: 331-349; Keegan y Hofman 2017: 121), superficies bien pulidas; las vasijas tienden a ser más gruesas que el Meillacoide; gran variedad de formas de vasija, principalmente vasijas efigies, vasijas de cuerpo compuesto aplicados fuera del borde y jarras; pasta grisácea a marrón, muy diferente de la rojiza Meillacoide; asas decoradas; grandes aplicaciones prismáticas modelados e incisas (biomorfológicas o geométricas); incisiones profundas sobre los hombros de las vasijas; caras modeladas sobre las asas o apéndices; motivos incisos curvos y redondeados con o sin puntuación final; aplicación de tiras rectas o curvilíneas con diferentes atributos incisos.

La cronología general de la cerámica Chicoide en la isla se encuentra entre 900 y 1700 d.C. (*cf.* Ulloa Hung 2014; Keegan y Hofman 2017). En el área de estudio se registró un solo sitio con cerámica exclusivamente Chicoide (fig. 26), ya que generalmente se encuentra asociada con otras cerámicas (ver capitulo Descriptivo).

Figura 26. Cerámica Chicoide recolectada en el área de la costa de la provincia de Montecristi, Noroeste de la República Dominicana.

La información disponible acerca de los patrones de asentamiento o sitios con cerámica Chicoide en la región Norte, proviene principalmente de las investigaciones de Ulloa Hung (2014). A partir de su análisis, concluyó que el patrón de asentamiento Chicoide en la zona de Punta Rucia se define por la presencia de sitios en el interior, cercanos a las montañas con mayor elevación, y que por lo tanto están más lejos del mar, pero no necesariamente de otras fuentes de agua fresca tal como los ríos. De hecho, los sitios registrados en esa área muestran un patrón agrupado alrededor del río Encantamiento (Ulloa Hung 2014: 361). La cantidad de sitios arqueológicos con predominio de cerámica Chicoide son menores en cantidad que los sitios Meillacoide, aunque hay sitios Meillacoide con presencia de cerámica Chicoide y viceversa.

Aunque cuantitativamente menores que los Meillacoides, Koski-Karell (2002: 201) reportó 78 sitios a lo largo de la costa de Haití. En el Norte de Haití los sitios con cerámica Chicoide se caracterizan por tener presencia de montículos artificiales de tierra, los cuales están posicionados de manera ordenada con respecto al asentamiento (Koski-Karell 2002: 200). Los sitios se encuentran principalmente en el este de los llanos del Norte cerca y en el área de Fort Liberté, así como en la isla de La Tortuga (Koski-Karell 2002: 201).

4.4.2.4. Las Cerámicas Mixtas

El concepto de cerámicas mixtas proviene de las observaciones de ciertos materiales pertenecientes a una serie ya definida, que sin embargo poseen características de

Figura 27. Cerámica donde se integran atributos estilísticos, de manufactura y formales Meillacoides y Chicoides recolectados en el área de la costa de la provincia de Montecristi, Noroeste de la República Dominicana.

otras series, sean éstas estilísticas, formales o tecnológicas. En la región del Norte de la República Dominicana es común encontrar tiestos cerámicos Meillacoides que claramente contienen características de las series Ostionoide y Chicoide. Del mismo modo, en la región se han encontrado tiestos cerámicos Chicoide con atributos Meillacoide. Además de la inserción de atributos estilísticos "ajenos", es común encontrar tiestos que tienen la decoración y formas de una serie en particular, pero su manufactura se asemeja a aquella de otras series. Por ejemplo, un fragmento con forma y la decoración Chicoide, pero la manufactura de la decoración de líneas incisas es menos profunda de lo habitual y su acabado de superficie es más áspero, ambos rasgos tecnológicos típicos de la cerámica Meillacoide. Estas relaciones cerámicas fueron reportadas y descritas para la zona de Punta Rucia y, en general para el área de Puerto Plata, por Ulloa Hung (2014: 318-330, 350-351; *cf.* Ulloa Hung y Herrera Malatesta 2015: 85), aunque una revisión tecnológica, formal y estilística está siendo llevada a cabo dentro del proyecto NEXUS 1492 por Katarina Enggist. En este trabajo, y a la espera de los resultados y lineamientos de los especialistas en análisis cerámico, se referirá a este grupo como cerámica Meillacoide-Chicoide.

Lo que es relevante destacar en este punto es que, aunque hay unas series cerámicas que pueden ser identificadas y descritas con claridad, existen conjuntos que representan un escenario más complicado tanto para los análisis cerámicos como para las reconstrucciones históricas. En la región objeto de este estudio, esto ocurre de manera frecuente entre la serie Meillacoide y la Chicoide, que con la Meillacoide y la Ostionoide. Por ejemplo, para el área de Punta Rucia, Ulloa Hung explica sobre la relación con la cerámica Ostionoide:

"En la cerámica Meillacoide de estos complejos predominan los atributos incisos rectilíneos ejecutados de una manera particular. Por su parte, los pocos atributos que pudieran rememorar un origen Ostionoide solo forman parte de combinaciones donde constituyen un refuerzo de los incisos, y los tonos o colores rojos están ausentes o son excepcionales. El acabado o terminación de las superficies y la cocción presentan características que están lejos de ser Ostionoide, por lo que solo unos pocos motivos de sus decorados han sido integrados a una concepción estilística que, en sus aspectos morfológicos y tecnológicos, es Meillacoide. Los pocos atributos incorporados son muy específicos y no modifican los aspectos comunes de la tradición predominante. Desde ese punto de vista se puede decir que en la región de Punta Rucia los pocos atributos Ostionoides presentes en la cerámica Meillacoide aparecen bien integrados, y en ninguno de los contextos estudiados se constata la presencia de un nivel inicial Ostionoide, o un proceso gradual de mezcla o incidencia estilística como en sitios ubicados hacia el este. (Ulloa Hung 2014: 386-387)

De esta afirmación se desprende que en la parte Norte de la isla, la cerámica Meillacoide muestra algunas características de la cerámica Ostionoide, sin embargo, estos atributos están completamente integrados dentro de la serie Meillacoide. Esto, además, tiene sentido con los datos cronológicos aportados tanto por Veloz Maggiolo *et al.* (1981) y el propio Ulloa Hung (2014), donde los sitios Meillacoides del Norte son más antiguos que los del Sur. Por otro lado, en las prospecciones realizadas en la provincia de Montecristi se confirmó este mismo escenario estilístico para la serie Meillacoide y los atributos Ostionoide.

El contexto con la cerámica de la serie Chicoide es más complicado, al parecer el proceso de integración y/o asimilación de esta cerámica en la parte Norte todavía estaba en gestación a la llegada de los europeos (Ulloa Hung 2014). Un aspecto resaltante es que el tipo de sitios donde están presentes las dos cerámicas y/o la mezcla entre ellas, parecen ser sitios importantes ubicados en áreas clave del terreno (explotación/control de recursos/terreno), como las descritas por Ulloa Hung en Punta Rucia., y en general son los sitios más grandes (Ulloa Hung 2014). La cronología relativa de estos sitios para el área de Punta Rucia está entre 900 y 1700 d.C. Al explicar las relaciones estilísticas entre estas dos series Ulloa Hung comenta:

"Desde las particularidades a nivel formal y estilístico, es posible percibir que las incidencias entre las cerámicas Chicoide y Meillacoide exhiben características completamente distintas a la de la mezcla Meillacoide-Ostionoide descrita en acápites anteriores. Esa particularidad se puede relacionar con el trasiego de comunidades con cerámica Chicoide en áreas o espacios previamente ocupados por los portadores de

cerámica Meillacoide, además de la coexistencia de ambas tradiciones (avalada por la cronología) en una misma región, lo que generó procesos de contacto e interacciones con resultados reflejados a nivel estilístico. "(Ulloa Hung 2014: 346-347)

Dado que este trabajo tiene objetivos diferentes al análisis cerámico, y que la revisión de las clasificaciones cerámicas está todavía en proceso, se decidió para esta disertación denominar las series cerámicas con influencias de otras series como Ostionoide-Meillacoide para el caso de la cerámica Meillacoide con atributos Ostionoides (fig. 24). Así como Meillacoide-Chicoide para el caso de las cerámicas Chicoide con atributos Meillacoide y/o viceversa (fig. 27). Esta decisión se contextualizará al explicar los sitios multicomponentes en el capítulo Descriptivo.

5

DESCRIPCIÓN, EXPLORACIÓN Y CLASIFICACIÓN DE DATOS

5.1. INTRODUCCIÓN

Este capítulo se enfocará exclusivamente en el área de estudio. Se presentará la descripción y exploración de las evidencias de cultura material, sitios arqueológicos y fechados de C14 obtenidos como resultado de los trabajos de campo 2014-2015 en la costa de la Provincia de Montecristi, ubicada al Noroeste de la Republica Dominicana. Las evidencias descritas en este capítulo, se dividen en dos líneas: 1) las ambientales y 2) las culturales (sitios arqueológicos y cultura material). Parte de los datos ambientales y culturales provenientes de otras fuentes se encontraban en formato físico, por lo que estas evidencias fueron digitalizadas, editadas y configuradas como variables analíticas dentro de un Sistema de Información Geográfica, de acuerdo con los objetivos de la investigación y de los análisis.

El presente capítulo está dividido en dos partes: 1) la descripción y clasificación de los datos espaciales, donde se describirá los datos espaciales registrados en los trabajos de campo en función de la metodología ya explicada, para luego presentar la clasificación final de *sitio arqueológico*, y 2) la exploración de datos espaciales, donde se presentará la indagación y clasificación de las variables ambientales y las distintas evidencias arqueológicas que serán utilizadas en los análisis estadísticos del próximo capítulo.

5.2. EXPLORACIÓN DE DATOS

5.2.1. Variables Ambientales

El segundo objetivo secundario de la investigación es evaluar las relaciones entre las variables ambientales, la distribución de sitios arqueológicos y la cultura material del área de estudio. Ya que reconstrucciones paleoambientales se encuentran todavía en curso, aquí sólo se consideraron ciertas características ambientales contemporáneas y disponibles durante el tiempo de la investigación. En concordancia con la idea base de la clasificación de sitios, se espera que las relaciones resultantes entre las variables culturales y las ambientales muestren tendencias que permitan construir interpretaciones del uso humano del ambiente en el pasado. En este sentido, a continuación se presenta la selección, revisión y edición de las variables ambientales[28] que serán utilizadas para abordar este objetivo específico en el próximo capítulo de los análisis. Las variables fueron consideradas por dos razones principales: en primer lugar, porque durante los trabajos de campo se consideró que éstas podrían tener un valor interpretativo con respecto de la distribución de sitios. En segundo lugar, porque estaban disponibles en papel (mapas, reportes) o en formato digital (*shapefiles*, PDF). Estas características son: elevación, pendiente, aspecto, línea litoral, ríos y quebradas, áreas de salinas, mamíferos endémicos, geomorfología, vegetación, uso del suelo, capacidad de suelos, asociación de suelos, riesgo de inundación y potencial eólico. Todas las variables consideradas para los análisis se presentan en formato continuo, es decir que poseen valores dentro del marco de un intervalo que ya está predeterminado (Diez *et al.* 2015), por ejemplo: 1, 2, 3, 4, …, *n*. Por último, es importante destacar que los datos ambientales que se describen a continuación, a no ser que se indique lo contrario, fueron proporcionados en formato digital por el Ministerio de Medio Ambiente y Recursos Naturales (MMARN), o digitalizados y editados del Atlas de la Diversidad y Recursos Naturales de la República Dominicana, realizado por el mismo ministerio en 2004, con una versión revisada y actualizada en 2012 (Moya 2004; MMARN 2012). Por otro lado, las variables ambientales fueron editadas en función del área de investigación, que consiste en una poligonal de 10km de distancia desde la línea costera por los 152 km de largo de la costa de la provincia, sumando un área de investigación de aproximadamente 755 km² (fig. 2).

5.2.1.1. Elevación, Pendiente y Aspecto[29]

El modelo base para definir estas variables fue un Modelo Digital de Elevación (MDE), proveniente de una imagen ASTER GDEM de resolución 30x30 m[30]. A partir de este MDE se calcularon los mapas de elevación, pendiente y aspecto[31]. El mapa de la elevación muestra las diferentes alturas en metros sobre el nivel del mar (m.s.n.m.), la pendiente se refiere a la inclinación del terreno en grados y el aspecto representa la orientación de las pendientes dentro de la dirección cardinal de cada celda del mapa raster. La elevación en el área de estudio oscila entre 0 y 691 m.s.n.m., estando las zonas más bajas al Oeste y las más altas al Norte en la Cordillera de Montecristi, nombre local que se le da al fragmento Oeste de la Cordillera Septentrional ubicado en la provincia (MMARN 2012). El rango de pendiente dentro de la poligonal de investigación oscila entre 0° y 59°, estando las pendientes mayores localizadas en la cordillera de Montecristi. Estas tres variables pueden aportar evidencias para evaluar las decisiones de los grupos del pasado para realizar actividades con respecto a la topografía de un área particular.

---

28   Al igual que para los mapas referidos en la nota al pie #14, éstos también estarán disponibles a través del repositorio Easy de KNAW/DANS a partir del 15 de arzo de 2018. Ver https://doi.org/10.17026/dans-xyn-cu72.

29   Los mapas de las variables mencionadas, así como las referidas en el apartado de *Modelos de "Distancia a" y "Presencia en"*, pueden ser accesados en la referida base de datos KNAW/DANS. Ver https://doi.org/10.17026/dans-xyn-cu72.

30   Imágenes descargadas en 2013 de http://gdem.ersdac.jspacesystems.or.jp/. Actualmente este link está obsoleto por lo que las imágenes deben ser descargadas de https://gdex.cr.usgs.gov/gdex/. ASTER GDEM es un producto de NASA y METI.

31   Para los cálculos de estos mapas, así como para las ediciones de los mapas en papel y otras ediciones de mapas y variables espaciales, así como diseño y edición de mapas, para esta disertación se utilizó ArcGIS 10.2.2.

5.2.1.2. Modelos de "Distancia a" y "Presencia en"

Un mapa de distancia es básicamente un mapa raster que contiene información sobre la variación en distancia (en este caso en metros) desde el borde de la poligonal de una variable ambiental determinada hasta el borde de la poligonal del área de investigación. Un problema de este tipo de mapa es que las medidas aumentan tanto fuera como dentro del polígono. Por lo tanto, aunque la información es útil, no es posible diferenciar si un sitio arqueológico está dentro o fuera de la variable, ya que su resultado va a ser una distancia en metros con valores absolutos (p.ej. 527 m). Para sobrepasar esto, se realizó un conjunto de cálculos para crear un mapa raster, donde los valores correspondientes a la distancia fuera de la poligonal de la variable fuesen positivos y dentro de la misma negativos (p.ej. -323 m). Con esto se obtuvo tanto información sobre la distancia como sobre la posición de los sitios arqueológicos en relación con cada variable. Este procedimiento se aplicó a todas las variables ambientales y, en los casos en que una variable tenía más de un tipo de información, como por ejemplo en un mapa geomorfológico que representa distintas características, se creó un mapa para cada una por separado con el fin de dividirlos en subtipos y luego calcular el mapa de distancia. Las especificidades de este proceso se describen a continuación. Los modelos creados a partir de características ambientales se pueden dividir en cuatro grupos: 1) hidrológicos; 2) terrestres; 3) recursos costeros, y 4) zonas endémicas.

Hidrológicos. Estas variables consideran aspectos tales como la "distancia a/al" 1) mar; 2) los ríos; 3) las quebradas; 4) las cuencas hidrográficas, y 5) las áreas con riesgo de inundación. El mapa de distancia al *mar* se calculó a partir de la línea costera de la provincia de Montecristi. Para la distancia a los *ríos* se utilizaron los datos proporcionados por el Ministerio y se complementó con los disponibles en el Atlas de Biodiversidad y Recursos Naturales de la República Dominicana (MMARN 2012). La información sobre las fuentes de agua no permanentes, como las *quebradas*, no aparece en los mapas topográficos o hidrológicos. Por esto, esta variable fue tomada de un modelo hidrológico estimado a su vez sobre la base del modelo digital de elevación ASTER GDEM. El objetivo de estas tres primeras variables es probar la hipótesis de si realmente las fuentes de agua pudieron haber sido un determinante en la ubicación de asentamientos y áreas de trabajo para los grupos indígenas del pasado en el área de estudio.

El segundo conjunto de variables hidrológicas se relaciona con el drenaje y el desbordamiento de agua. Esto para evaluar su relación con la preferencia de los grupos indígenas por asentarse en algunas áreas sobre otras. En primer lugar se consideraron las cuencas hidrográficas, que se refieren al área natural "dentro de la cual toda las precipitaciones drenan hasta algún punto específico de la red de drenaje" (Conolly y Lake 2006: 208). En el área existen cuatro cuencas, la del río *Masacre*, el río *Chacuey*, la cuenca *Costera o del río Jaiba*, y la cuenca hidrográfica del río *Yaque del Norte*. El mapa de distancia a las áreas sensibles de *desbordamiento de agua* o *inundación*, fue creado a partir de los datos publicados en el Atlas (MMARN 2012), y se refiere principalmente al área de inundación del río Yaque del Norte.

Variables Terrestres. El segundo grupo de variables ambientales considera características extraídas de mapas geomorfológicos y de diversas características relacionadas con los suelos. Las variables geomorfológicas se obtuvieron de un mapa en papel que la Organización de Estados Americanos (OEA) hizo entre 1965-1966 para toda la República Dominicana y que fue publicado en el mencionado Atlas (MMARN 2012).

Hay cinco tipos geomorfológicos presentes en el área de investigación: 1) ciénagas (gmorf1); 2) aluvión (gmorf2); 3) zonas de lomas y plataformas (gmorf3); 4) zonas definitivamente montañosas (gmorf4), y 5) abanicos aluviales, y abanicos aluviales en combinación con depósitos de hondonada (gmorf5). Cada uno de estos tipos representa una variable ambiental independiente que se utilizará en el análisis.

El conjunto de variables relacionadas con el suelo fueron divididas en Capacidad Productiva y Asociación de Suelos. Todas las variables se tomaron del Atlas en una escala 1:750.000. La variable Capacidad Productiva de los Suelos tiene 6 características presentes en el área de estudio, a saber: 1) suelo no apto para el cultivo (capro1); 2) suelo limitado para el cultivo y no apto para el riego (capro2); 3) tierras arables, adecuadas para riego (capro3); 4) suelos para bosques, pastos y cultivos de montaña (capro4); 5) terreno accidentado de montaña, no cultivable (capro5), y 6) suelos para pastizales y arroz, limitando el drenaje (capro6).

La segunda característica, la Asociación de Suelos tiene igualmente 6 variables: 1) ciénagas (soil1); 2) suelos aluviales recientes (soil2); 3) suelos de sabana: arenosos, con permeabilidad lenta (soil3); 4) suelos de sabana: arenosos, de zona árida (soil4); 5) suelos de origen calcáreo: con permeabilidad lenta (soil5), y 6) suelos de origen calcáreo: sobre caliza y material calcáreo no consolidado (soil6).

Recursos Costeros. Para esta característica ambiental se consideraron dos variables: 1) manglar (manglar) y 2) salinas (dstsal). Aunque las salinas son una característica cultural, lo que se quiso probar con esta variable es la cercanía de los sitios arqueológicos con las áreas que son aptas para el desarrollo de las salinas, sean estas naturales o artificiales. De fuentes históricas (Arrom 2006) se sabe que los indígenas producían sal en esta región, y particularmente en las zona Oeste de la provincia de Montecristi donde todavía hoy se produce sal. La variable *manglar* se extrajo del mapa de uso del suelo proporcionado en el Atlas (2012). La variable *salinas* se editó a partir de las imágenes satelitales Aster[32] y Quickbird[33] de la región de estudio.

Mamíferos Endémicos. Las características consideradas para trabajar esta variable, como las anteriores, fue extraídas del Atlas (MMARN 2012). Para el uso de la información sobre los mamíferos endémicos, se crearon tres mapas de "distancia a" para cada especie endémica en el área de estudio, a saber: manatí (Trichechus manatus), hutía (*Capromyidae*) y solenodonte de La Española (*Solenodon paradoxus*).

5.2.2. Variables Arqueológicas

Siguiendo los objetivos de la investigación la evaluación de la cultura material se realizó utilizando como esquema principal la distribución espacial de estas evidencias. Los tipos de cultura material utilizados fueron: grupos cerámicos, artefactos líticos, artefactos de coral, artefactos de concha y las especies de moluscos (representados por sus conchas). Como ya fue explicado en la metodología, considerando las preguntas de investigación y el énfasis regional de la disertación, durante los trabajos de campo el objetivo fue recolectar materiales diagnósticos en los distintos sitios, de manera de

---

32 El producto de datos ASTER L1A es cortesía de la base de datos en línea del Centro de Archivos Activos Distribuidos por la NASA (LP DAAC), del Centro de Observación de Recursos Terrestres y Ciencia de USGS (EROS), Sioux Falls, Dakota del Sur (https://lpdaac.usgs.gov/data_access).

33 Imágenes cortesía de DigitalGlobe Foundation, http://www.digitalglobefoundation.org/.

poder conocer los grupos cerámicos presentes y la diversidad de cultura material en la superficie de cada uno. En este sentido, tanto la cerámica como los tipos de cultura material han sido considerados en función de sus presencias y ausencias, y no por su dimensión cuantitativa. Esto no representa un problema metodológico al momento de considerar los datos para los análisis, pues como es bien sabido la arqueología es la disciplina de los conocimientos fragmentados, ya que siempre nuevos datos pueden (y muy posiblemente lo harán) afectar fundamentalmente las interpretaciones. Sobre esta condición base de la disciplina, el objetivo de esta disertación no está en crear modelos interpretativos finales, en cambio, generar modelos hipotéticos que permitan en investigaciones futuras profundizar en los patrones y tendencias resaltados por los resultados de esta investigación. Sin embargo, más abajo se presentan los datos correspondientes a la dimensión cuantitativa de los materiales recolectados durante los trabajos de campo, a modo descriptivo e informativo. Otro aspecto que fue abordado de manera limitada es el concerniente a la cronología. Los datos relacionados con la temporalidad provienen principalmente de 1) nuevas fechas de C14 provenientes de algunos sitios excavados para esta investigación, 2) de otros sitios ya fechados en investigaciones previas y, 3) de la cronología relativa general para la región Norte de la isla construida en investigaciones previas y basada en las series cerámicas. En cuanto a las fechas de C14, más que ser tomadas como resultados absolutos, han sido consideradas como complemento de la cronología relativa de la región Norte de la isla. Finalmente, y basado en la consideración de la cultura material y de las observaciones en campo, se definieron otras categorías arqueológicas tales como tamaño y funcionalidad de los sitios, las cuales serán consideradas en los análisis.

5.2.2.1. Sitios y Cuantitativas de Cultura Material

Durante los trabajos de campo se recolectaron evidencias en los distintos sitios definidos en función de su representatividad dentro del contexto de la arqueología de la región (apéndice 3). En este sentido, la cerámica fue recogida sólo 1) si poseía decoraciones, 2) si eran fragmentos de bordes, inflexiones o bases de la vasija y/o 3) si eran fragmentos de panza de gran tamaño. En cuanto a los artefactos líticos, de concha y de coral, estos fueron recolectados sólo si 1) se encontraba el objeto completo, y/o 2) se hallaba un fragmento que permitiera la identificación de la funcionalidad del artefacto. Con las especies de moluscos se siguió un esquema distinto, este tipo de evidencia fue registrado principalmente en fotografías digitales tomadas *in situ* para especímenes particulares o concentraciones. La razón de este registro responde a que, a diferencia de los otros objetos los cuales pueden ser sometidos a distintos análisis por otros investigadores, las conchas de moluscos sólo serían descritas en función de su presencia y ausencia.

Ahora bien, hay dos elementos esenciales con respecto a este tipo de recolección y la manera en cómo fueron tratadas las evidencias para los análisis, esto es 1) la representatividad de la cuantitativa y 2) el trabajo con presencias y ausencias. En cuanto al primer punto, ya que en cada sitio se recolectaron sólo los materiales diagnósticos que fueron observados, bajo ninguna circunstancia se puede considerar que la muestra es representativa para los sitios particulares o el área de estudio. Lo que sí es significativo es la cantidad de materiales recolectados cuando se comparan los distintos sitios arqueológicos del área. Esto quiere decir que la razón de que en un sitio se recolectaran más materiales que en otro responde a que en el primero había más evidencias en superficie que en el segundo, y no a razones de tiempo o selección.

En el apéndice 3 se aprecia que hubo sitios donde la cantidad de materiales recolectados supera ampliamente a otros donde incluso no se recolectó nada, pero sí se registraron (a través de imágenes digitales) evidencias de diversos tipos. Esto lleva al segundo punto, si bien durante los trabajos de campo se recolectaron diversos materiales, el objetivo dadas las características de la disertación y los trabajos de campo, fue desde el inicio trabajar en función de presencia y ausencia de materiales. Esta idea se basa en la intención de obtener tendencias con los resultados en cuanto a las relaciones de los distintos materiales y variables ambientales, que permitieran proponer hipótesis sobre las distribuciones y sus relaciones. Con esto, de revisitarse los sitios arqueológicos y realizar nuevas recolecciones o excavaciones, los nuevos materiales servirán para confirmar o modificar las hipótesis sin mayores inconvenientes metodológicos o técnicos. Más aún, la inclusión de evidencias, en términos de sus dimensiones cuantitativas, provenientes de contextos de excavación, permitirá afinar las hipótesis planteadas en este trabajo y redirigirlas hacia otras preguntas de investigación. Finalmente, en función de los materiales cerámicos recolectados en cada uno de los sitios se consideraron dos categorías de sitios. En primer lugar, los *sencillos* que fueron aquellos sitios donde sólo se registró una serie cerámica o ninguna. En segundo lugar, los *multicomponentes*, que se refiere a los sitios donde se registraron dos o más series o grupos cerámicos. Estas categorías de sitios se utilizaron para las comparaciones arqueológicas entre las distintas áreas arqueológicas definidas, de manera de observar distribuciones a nivel de la región.

5.2.2.2. Tipos de Cultura Material

Grupos Cerámicos. Ya que los grupos cerámicos fueron descritos en el capítulo contextual, en este apartado sólo se presentará la descripción de sus presencias en los distintos sitios y la manera en cómo fueron evaluados para los análisis.

Para evaluar la distribución de los grupos cerámicos, el primer paso fue crear una serie de mapas donde se representara la distribución de cada grupo en particular. En el área de estudio, estos grupos son: Meillacoide, mezcla Meillacoide-Chicoide, Chicoide, No Clasificada estilísticamente y Sin Cerámica. Estos grupos cerámicos pueden estar presentes individualmente o en combinación en cada sitio, siendo los sitios sin cerámica la única excepción. Es importante destacar que los sitios señalados como "sin cerámica" no significan necesariamente que sus habitantes no produjeran cerámica, simplemente que no se registraron evidencias de cerámica durante las prospecciones. De hecho, durante los trabajos de campo en Montecristi sólo un sitio parecía contener materiales líticos que por sus características (raspadores de gran tamaño, raspadores de cuarzo, entre otros) pudiera ser un sitio pre-cerámico, pero se estaba fuera de la poligonal de investigación y no fue incluido en la disertación.

Como era de esperar, en función de la literatura arqueológica para el Norte de la Republica Dominicana, en la mayoría de los sitios del área se registró presencia de cerámica Meillacoide (40%). Mientras que la mezcla Meillacoide-Chicoide y la cerámica Chicoide tuvieron una presencia menor en los distintos sitios registrados (fig. 28).

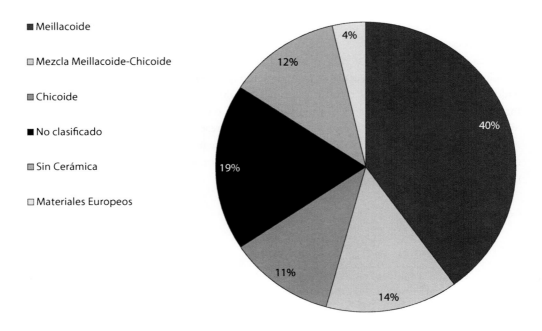

- ■ Meillacoide
- ⬜ Mezcla Meillacoide-Chicoide
- ▨ Chicoide
- ■ No clasificado
- ▨ Sin Cerámica
- ⬜ Materiales Europeos

Figura 28. Porcentaje de presencia de grupos cerámicos en el total de sitios arqueológicos registrados (n=102) en el área de la costa de la provincia de Montecristi, Noroeste de la República Dominicana.

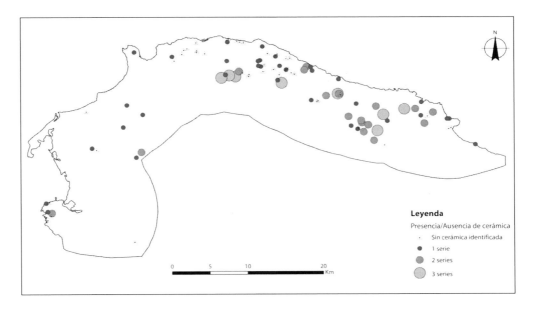

Figura 29. Cantidad de series cerámicas presentes en los sitios arqueológicos registrados en el área de la costa de la provincia de Montecristi, Noroeste de la República Dominicana.

La cantidad de sitios con cerámica Sin Clasificar es casi 1/5 de la muestra (19%), lo que representa un alto porcentaje de sitios arqueológicos indígenas cuya afiliación estilística no pudo ser incluida en la investigación. Los sitios Sin Cerámica se refieren principalmente a los situados cerca de la costa y manglares y probablemente relacionado con la explotación de los recursos marinos. Por último, la cantidad de sitios con materiales europeos fue menor de lo esperado, e incluso en los sitios donde se registró esta evidencia, los materiales fueron escasos y poco representativos. Básicamente, se registraron tiestos sin decoración, clavos de metal, fragmentos no decorados o fragmentos de botellas de vidrio, todos principalmente relacionados con las ocupaciones posteriores al siglo XVII (Deagan 2002, 2003).

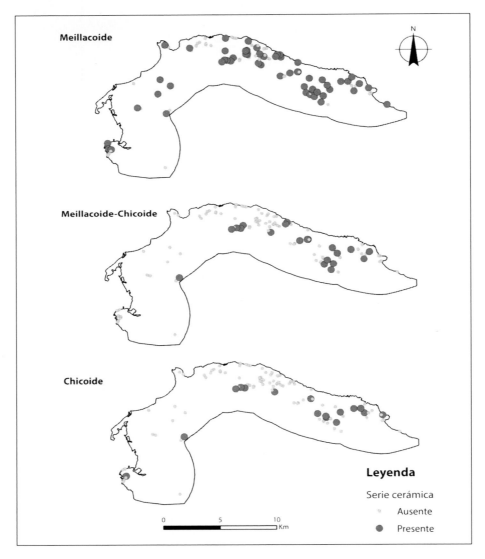

Figura 30. Distribución de Grupos Cerámicos en el área de la costa de la provincia de Montecristi, Noroeste de la República Dominicana.

La diversidad estilística en el área de estudio principalmente se refiere a sitios que combinan los grupos cerámicos Meillacoide, Mezcla Meillacoide-Chicoide y Chicoide. Los que combinan dos o tres combinaciones distintas de estos grupos cerámicos (fig. 29) se encuentran principalmente en la parte Norte del área, con la excepción de dos sitios en la parte occidental. La dispersión general de los grupos cerámicos indica que la cerámica Meillacoide está presente a todo lo largo de la costa de Montecristi, mientras que la Mezcla Meillacoide-Chicoide y la cerámica Chicoide están presentes principalmente en el Norte (fig. 30 y 31).

Como se mencionó anteriormente, en el 19% de los sitios no fue posible relacionar la cerámica encontrada con respecto a los grupos estilísticos existentes en el área o en

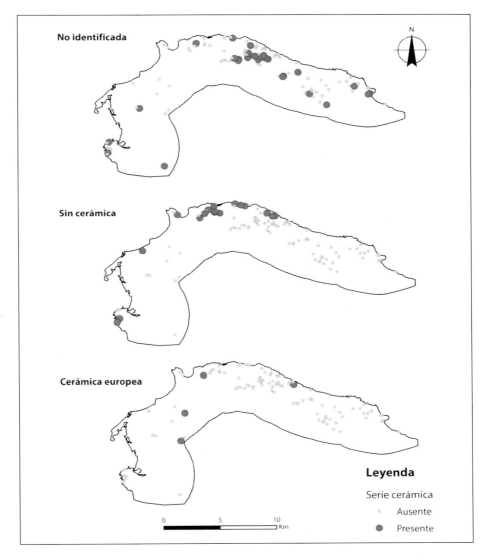

Figura 31. Distribución de otras evidencias relacionadas con cerámica en el área de la costa de la provincia de Montecristi, Noroeste de la República Dominicana.

la región. Esto se debió principalmente al reducido tamaño de los fragmentos o a la ausencia de decoración en los mismos. Los sitios donde no se registró cerámica fueron todos sitios cercanos a la costa o a zonas de manglar, y que por las características del resto de los materiales parecen ser sitios de explotación de recursos marinos. Finalmente, en cuatro sitios se registró cerámica o cultura material europea. La mayoría se compone por fragmentos de semi-porcelana blanca sin decoración y/o fragmentos de clavos de metal en alto proceso de oxidación, ambos tipos de evidencia ubicados de manera relativa en el periodo posterior al siglo XVII. En un solo sitio se encontró semi-porcelana decorada y una hebilla de metal (fig. 32 y 33), aunque también ubicadas cronológicamente en el siglo XVII o XVIII. Muy posiblemente, estos materiales se mezclaron con el contexto arqueológico previo, a través de la afectación de la tierra por las actividades agrícolas o por los procesos de erosión del terreno.

Figura 32. Vista parcial del sitio MC-74 mostrando los patrones de distribución alterados y el efecto destructivo de las actividades agrícolas sobre los sitios arqueológicos.

Figura 33. Materiales arqueológicos de origen Europeo hallados en el sitio arqueológicos MC-74, costa de la provincia de Montecristi, Noroeste de la República Dominicana.

Lítica, Concha, Coral, Especies de Moluscos. Como ya se mencionó la cultura material del área de estudio fue dividida en cuatro tipos, tres de ellos de artefactos: líticos, de concha, de coral y uno referido a las especies de moluscos registradas en los distintos sitios. Ya que este estudio no considera análisis de huellas de uso o un estudio funcional detallado de los artefactos, la identificación de la funcionalidad de los mismos se hizo en base a su forma y de reportes sobre hallazgos similares en la región de estudio o en regiones vecinas (Ortega 2005; Ulloa Hung 2014). El objetivo en esta investigación en relación a la cultura material fue valorar cómo los distintos tipos se distribuyen a lo largo del área de estudio, y en los análisis se evaluará la relación de estos materiales entre ellos y con otros tipos de evidencia. Es importante destacar igualmente que los objetos no fueron todos encontrados completos, por lo que en muchos casos la referencia es al fragmento de un artefacto.

Se identificaron 12 tipos distintos de *artefactos líticos* diferentes en 55 de los 102 sitios arqueológicos del área (fig. 34-35). La mayoría de ellos tienen una baja frecuencia en los sitios, siendo la mano de moler (22%) y el hacha petaloide (20%) la más comunes, seguidas por el raspador, núcleo y piedra de martillo (fig. 36). En términos de materia prima, casi el 80% de los artefactos están compuestos de rocas volcánicas (35%), rocas plutónicas (17%), rocas plutónicas/ígneas (10%), rocas de sílex (10%) y rocas volcánicas con presencia de *Greenschist*. Esto quiere decir que la materia prima de la mayoría de artefactos en el área fue recolectada en fuentes locales.

Mano de moler   Hacha petaloide

Núcleo   Raspador

Piedra de martillo   Lasca

Figura 34. Artefactos líticos identificados en el área de la costa de la provincia de Montecristi, Noroeste de la República Dominicana.

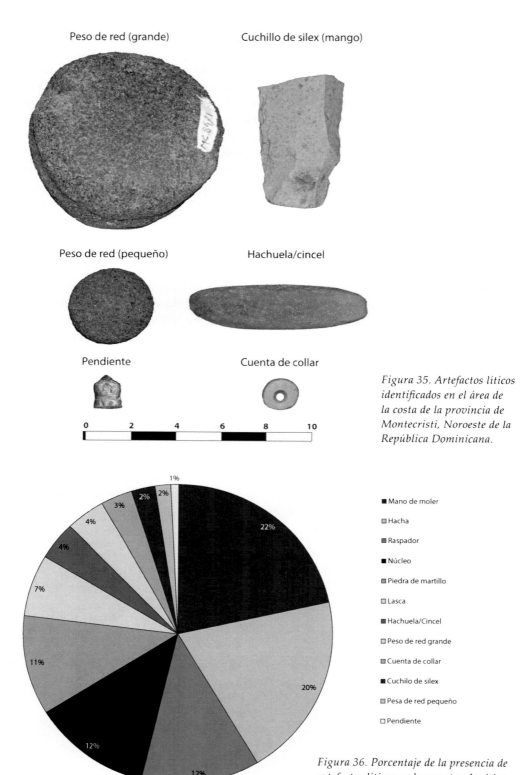

Peso de red (grande)

Cuchillo de silex (mango)

Peso de red (pequeño)

Hachuela/cincel

Pendiente

Cuenta de collar

Figura 35. Artefactos líticos identificados en el área de la costa de la provincia de Montecristi, Noroeste de la República Dominicana.

Mano de moler
Hacha
Raspador
Núcleo
Piedra de martillo
Lasca
Hachuela/Cincel
Peso de red grande
Cuenta de collar
Cuchilo de silex
Pesa de red pequeño
Pendiente

Figura 36. Porcentaje de la presencia de artefactos líticos en la muestra de sitios del área de la costa de la provincia de Montecristi, Noroeste de la República Dominicana.

Finalmente, para explorar estos datos aún más se creó un mapa de presencia/ausencia para cada objeto lítico, para así conocer sus distribuciones con respecto al área de investigación. El objetivo fue evaluar si la distribución de artefactos líticos tiene un patrón particular en la región y observar si su variabilidad puede ser explicada en términos culturales (fig. 37-38). En los distintos mapas no pareciera apreciarse ningún patrón particular, sin embargo, esto no es razón para descartar el uso de esta variable, ya que aquí solo se muestra la distribución de los materiales, sin contraste de otras evidencias que podrían contribuir en su interpretación. En la Figura 39 se muestra la distribución de sitios con presencia de artefactos líticos y sus cantidades. Aquí se puede apreciar que sólo cuatro sitios poseen más de cuatro artefactos (MC-27, MC-44, MC-76 y MC-84), siendo lo común entre uno y dos artefactos.

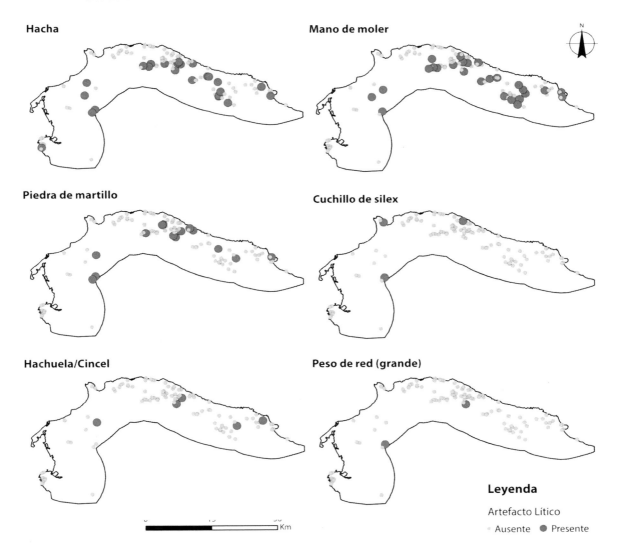

Figura 37. Distribución de artefactos líticos en la distribución general de sitios arqueológicos en el área de la costa de la provincia de Montecristi, Noroeste de la República Dominicana.

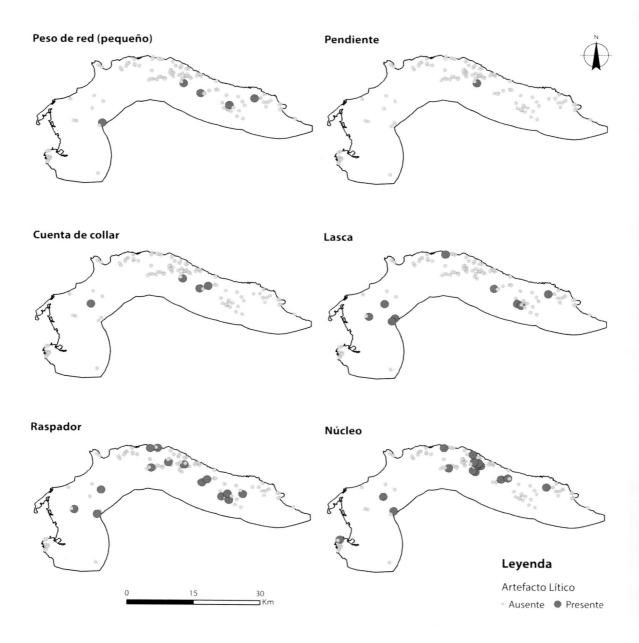

Figura 38. Distribución de artefactos líticos en la distribución general de sitios arqueológicos en el área de la costa de la provincia de Montecristi, Noroeste de la República Dominicana.

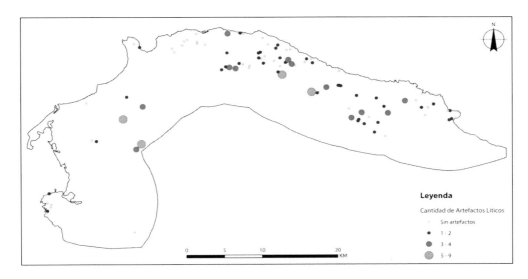

Figura 39. Distribución y cantidad de artefactos líticos en la distribución general de sitios arqueológicos en el área de la costa de la provincia de Montecristi, Noroeste de la República Dominicana.

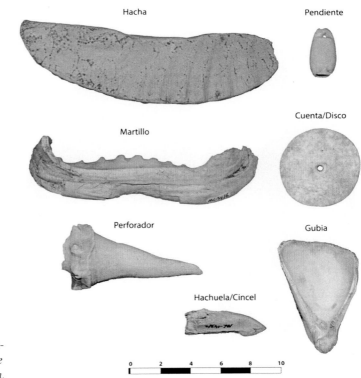

Figura 40. Artefactos de Concha identificados en el área de la costa de la provincia de Montecristi, Noroeste de la República Dominicana.

En cuanto a los *artefactos de concha*, se identificaron un total de siete tipos para el área de estudio. La materia prima de estos artefactos es más complicada de identificar que en el caso de la lítica, sin embargo se sabe, dados los grosores y tamaños, que la mayoría debió haber sido manufacturada con conchas de moluscos marinos. Como para el caso anterior, la identificación de estos objetos se realizó en función de la literatura especializada para la región o regiones similares (Vargas Arenas *et al.* 1997; Ortega 2001, 2002). Los objetos identificados durante los trabajos de campo fueron: gubias (con bisel en la cara interna, en ambos lados o ya destruido), hachas petaloides, cinceles, cuentas, martillos, pendientes y objetos para perforar (fig. 40). Estos artefactos fueron registrados en 36 de los 102 sitios arqueológicos, siendo los más comunes la gubia (27%), el objeto para perforar (27%) y el martillo (18%) (fig. 41).

El patrón que presentan los artefactos de concha contrasta con el presentado para los artefactos líticos. Se observa que la mayoría de los sitios donde se registró esta evidencia están ubicados en el sector Norte de la poligonal de estudio, con la excepción de las hachas y los pendientes (fig. 42).

Al realizar un mapa con la diversidad y cantidad de artefactos de concha en los distintos sitios del área se pudo observar (fig. 43) que sólo dos sitios (MC-44 y MC-52) poseen más de cuatro artefactos, siendo lo común presencias menores a tres artefactos por sitio.

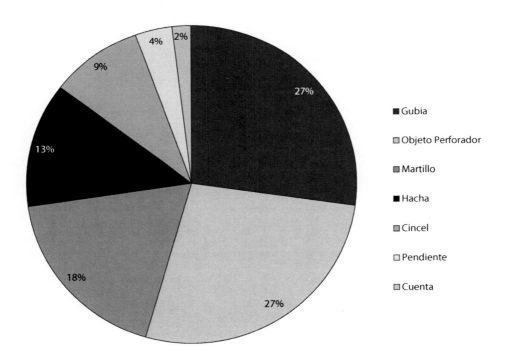

Figura 41. Porcentaje de presencia de artefactos de Concha en la muestra de sitios del área de la costa de la provincia de Montecristi, Noroeste de la República Dominicana.

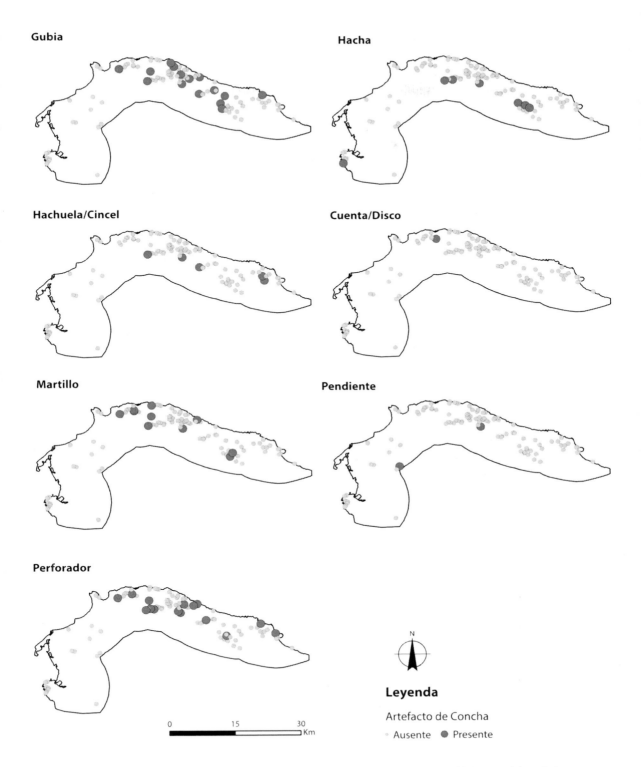

Figura 42. Distribución de artefactos de Concha en la distribución general de sitios arqueológicos en el área de la costa de la provincia de Montecristi, Noroeste de la República Dominicana.

Los corales, al igual que las conchas, tienen una doble presencia en el registro arqueológico, hay artefactos hechos de estos materiales y están presentes en su forma natural, en el caso de las conchas como parte de la dieta y en el caso de los corales probablemente como materia prima o utilizados para actividades no determinadas aún. Para las categorías de la cultura material se consideró sólo los *artefactos de coral*, ya que no es posible por ahora relacionar los corales no trabajados con alguna actividad. Los artefactos de coral provienen de una muestra de 24 sitios, de donde fue posible identificar tres tipos: guayos (64%), lima (32%) y mano de moler (4%) (fig. 44 y 45).

En cuanto a la distribución de los artefactos de coral, la mayoría fueron registrados en el Norte de la poligonal, con excepción de una lima registrada en el sitio MC-74 (fig. 46). En cuanto a la cuantitativa y la diversidad de artefactos en los distintos sitios donde se registró esta evidencia se puede apreciar en la figura 47 que en los distintos sitios lo común fue registrar un solo artefacto y en menor cantidad dos.

Por último, la diversidad de *especies de moluscos* es un indicador de la dieta y de la explotación de los recursos marinos. Igualmente, el análisis espacial de estas evidencias podría destacar patrones en cuanto a las diferentes distribuciones de estas evidencias a lo largo de la costa. Después de las observaciones durante los trabajos de campo y, de las identificaciones en laboratorio, se identificaron un total de 33 especies distintas de moluscos (Warmke y Abbott 1975; Sutty 1990; Abbott y Morris 1995; Abbott & Dance 2000). De estas 33 especies (tabla 3) sólo 17 serán consideradas para los análisis debido a la baja frecuencia en los sitios arqueológicos de las 16 restantes. Los 17 especies de moluscos a ser utilizadas en los análisis provienen de una muestra de 89 de los 102 sitios arqueológicos. En las figuras 48 y 49 se observan las 17 especies a ser consideradas, así como en la figura 50 se observa el porcentaje de aparición de las especies en la muestra de sitios donde fueron registrados. Las conchas más comunes fueron: *Codakia orbicularis* (23%), *Lobatus costatus* (22%) y *Lobatus gigas* (11%). Ya que muchas de éstas fueron sólo registradas en campo, se decidió utilizar imágenes de archivo para su ilustración.

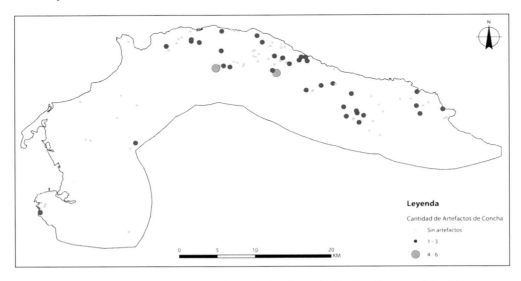

Figura 43. Distribución y cantidad de artefactos de Concha en la distribución general de sitios arqueológicos en el área de la costa de la provincia de Montecristi, Noroeste de la República Dominicana.

Mano de moler   Lima

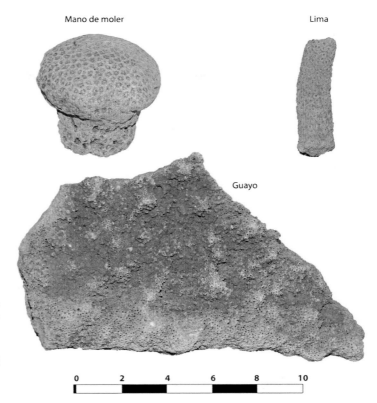

                                                 Guayo

Figura 44. Artefacto
de Coral identificado
en el área de la costa
de la provincia de
Montecristi, Noroest
de la República
Dominicana.

0   2   4   6   8   10

■ Guayo □ Lima ▣ Mano de moler

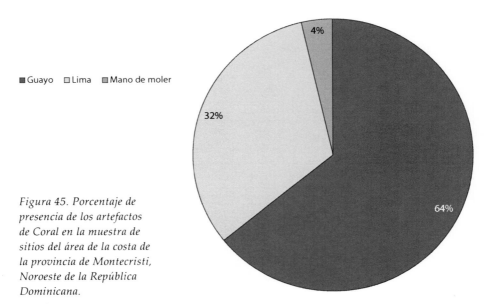

Figura 45. Porcentaje de
presencia de los artefactos
de Coral en la muestra de
sitios del área de la costa de
la provincia de Montecristi,
Noroeste de la República
Dominicana.

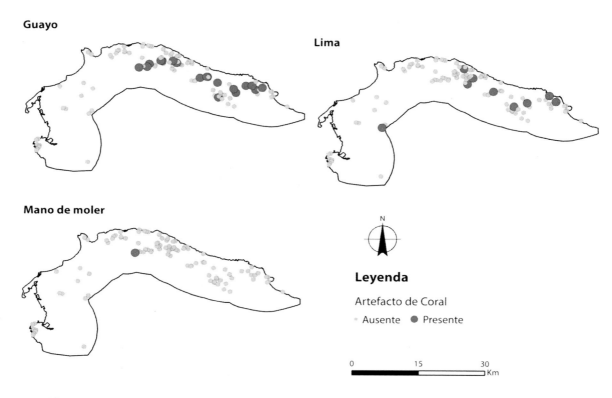

Figura 46. Distribución de artefactos de Coral en la distribución general de sitios arqueológicos del área de la costa de la provincia de Montecristi, Noroeste de la República Dominicana.

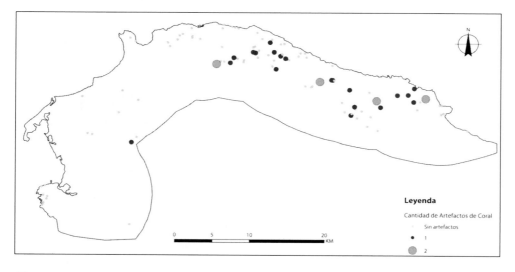

Figura 47. Distribución y cantidad de artefactos de Coral en la distribución general de sitios arqueológicos en el área de la costa de la provincia de Montecristi, Noroeste de la República Dominicana.

Especies	Frecuencia en Sitios	Especies	Frecuencia en Sitios
Incluidas en Análisis		No Incluidas en Análisis	
1 Codakia orbicularis	76	18 Nerita perodonta	4
2 Lobatus costatus	75	19 Donax denticulatus	3
3 Lobatus gigas	37	20 Cymatium femorale	3
4 Phyllonotus pomum	17	21 Lucina pensylvanica	3
5 Crassostrea rhizophorae	16	22 Lithophaga nigra	2
6 Charonia variegata	15	23 Turbo castanea	2
7 Cittarium pica	13	24 Periglypta listeri	2
8 Anadara transversa	13	25 Oliva reticularis	1
9 Cassis tuberosa	11	26 Fasciolaria tulipa	1
10 Tivela mactroides	10	27 Cypraecassis testiculus	1
11 Codakia distinguenda	9	28 Brachidontes modiolus	1
12 Lobatus raninus	9	29 FiSurela barbadensis	1
13 Arca zebra	7	30 Cypraea cervus	1
14 Caracol de tierra	7	31 Tellina radiata	1
15 Isognomon alatus	7	32 Arcopagia fausta	1
16 Vasum muricatum	6	33 Murex recurvirostris	1
17 Chione elevata	6		

Tabla 3. Especies de Moluscos identificados en el área de la costa de la provincia de Montecristi, Noroeste de la República Dominicana.

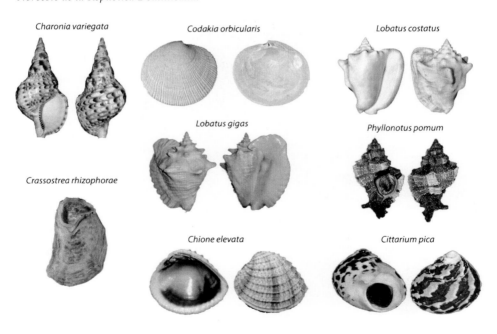

Figura 48. Especies de Moluscos identificados en el área de la costa de la provincia de Montecristi, Noroeste de la República Dominicana (Imágenes referenciales. Descargadas de Wikipedia bajo licencia libre de Creative Commons (CC), Attribution-Share Alike 3.0 Unported license. Ver: https://creativecommons.org/licenses/by-sa/3.0/deed.en).

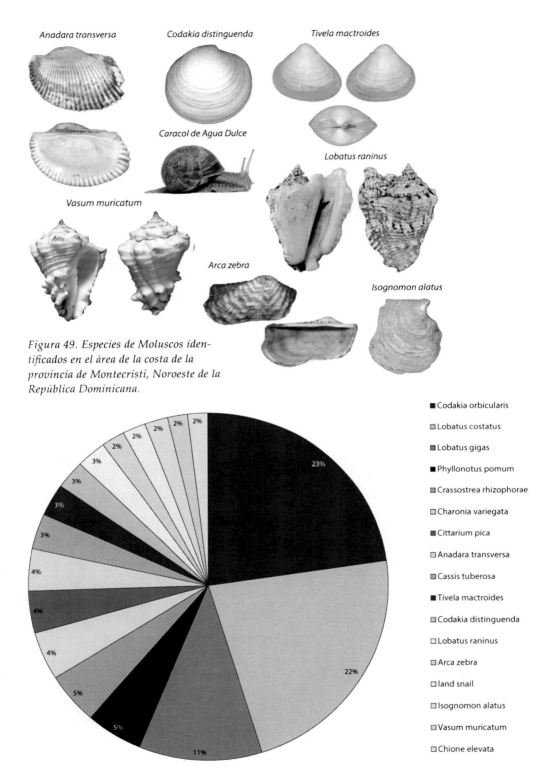

Figura 49. Especies de Moluscos iden-
tificados en el área de la costa de la
provincia de Montecristi, Noroeste de la
República Dominicana.

Figura 50. Porcentaje de presencia de las especies de moluscos en la muestra de sitios del área
de la costa de la provincia de Montecristi, Noroeste de la República Dominicana.

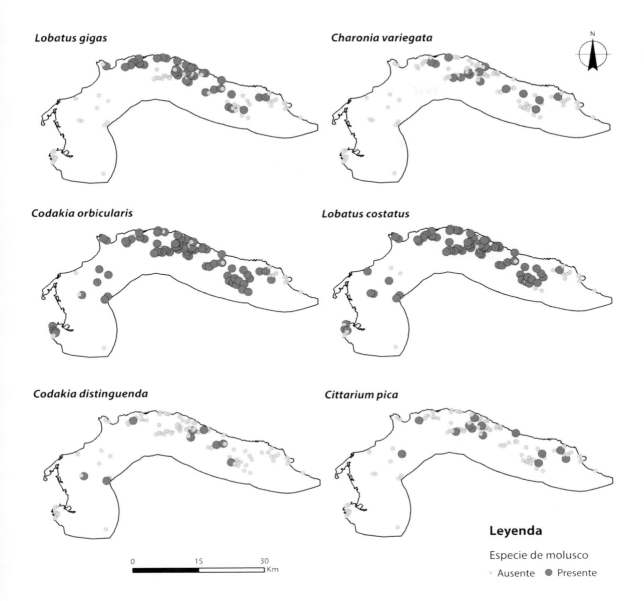

Figura 51. Distribución de Especies de Moluscos en la distribución general de sitios arqueológicos del área de la costa de la provincia de Montecristi, Noroeste de la República Dominicana.

Como para las evidencias anteriores se evaluó la presencia y distribución de cada especie a lo largo del área de investigación, con el objetivo de observar la existencia de patrones particulares. A diferencia de las evidencias anteriores, para este caso fue posible observar patrones claros para algunas de las especies de moluscos. Destaca la distribución del *Lobatus gigas*, el cual sólo fue registrado en el Norte de la poligonal, mientras que la *Codakia orbicularis* y el *Lobatus costatus* tienen una presencia en toda el área (fig. 51). La especie *Phyllonotus pomun*, presenta también un patrón característico ya que se registró en dos sitios de explotación de recursos del Oeste de la poligonal, y

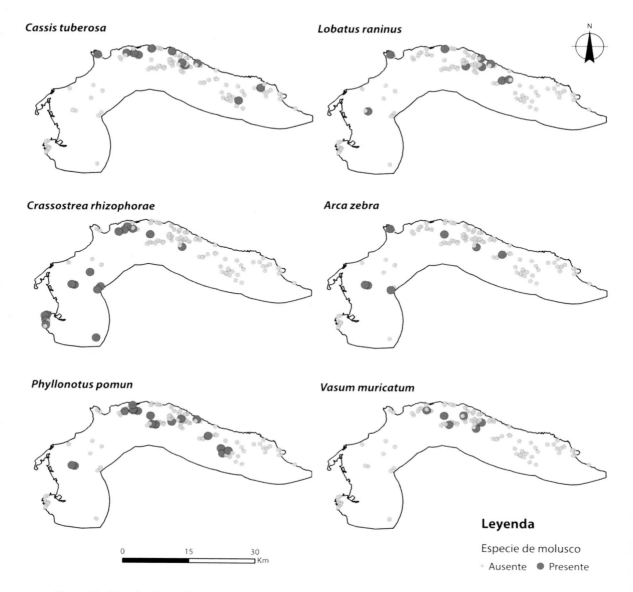

Figura 52. *Distribución de Especies de Moluscos en la distribución general de sitios arqueológicos del área de la costa de la provincia de Montecristi, Noroeste de la República Dominicana.*

en varios de explotación y habitación del Norte. La *Crassostrea rhizophorae* se registró principalmente en los sitios del Oeste, mientras que la *Charonia variegata* sólo en aquellos del Norte (fig. 51-52). Patrones similares se observan para la *Cittarium pica* y *Cassis tuberosa*, principalmente registradas en el Norte y la *Anandara transversa* al Noroeste (fig. 51-52). Las especies *Tivela mactroides*, *Codakia distinguenda*, *Lobatus raninus*, *Arca zebra*, la *Isognomon alatus* y el Caracol de tierra tienen poca presencia en el área, y presentan patrones dispersos tanto en el Norte como el Oeste (fig. 51-53). Por último, en 50% de los sitios se registraron entre una y tres especies, en 14% entre 4 y 7, en

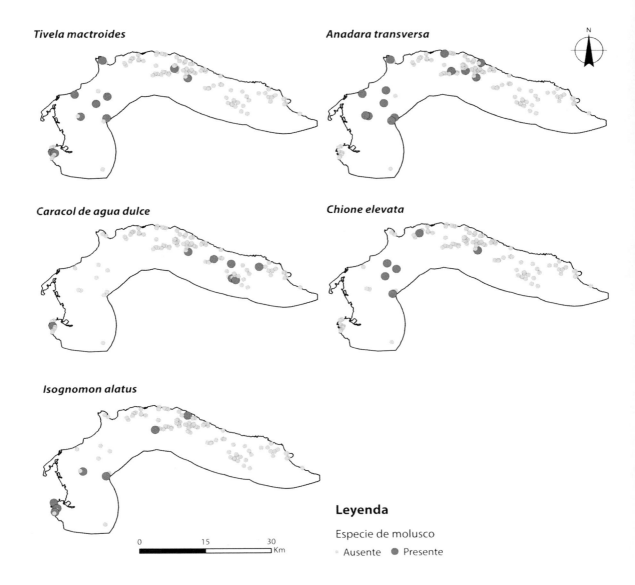

Figura 53. Distribución de Especies de Moluscos en la distribución general de sitios arqueológicos del área de la costa de la provincia de Montecristi, Noroeste de la República Dominicana.

5% más de 8 especies, y en 14% no se registró este tipo de evidencia. (fig. 54). De los cinco sitios donde se registró la mayor cantidad de especies sólo uno (MC-101, n=10) es un Sitio de Explotación de Recursos (SER). Los otros cuatro son todos de habitación (MC-74 n=8, MC-31 n=8, MC-44 n=13, MC-33 n=9). Es interesante destacar que de estos cuatro sitios de habitación, tres se cuentan entre los de mayor tamaño, y sólo el sitio MC-31 es pequeño.

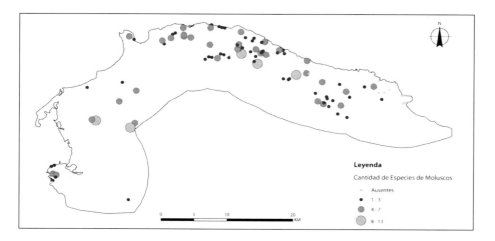

Figura 54. Distribución y cantidad de Especies de Moluscos en la distribución general de sitios arqueológicos del área de la costa de la provincia de Montecristi, Noroeste de la República Dominicana.

5.2.2.3. Sitios Excavados y Cronología

Dados los objetivos de esta investigación y el tiempo para realizarla, se consideró que no sería necesario llevar a cabo excavaciones extensivas en sitios particulares o pozos de sondeo en un gran número de sitios. Sin embargo, dado que no existe un cronología sólida para esta área, se estimó que conocer la estratigrafía de algunos sitios de interés y fecharlos podría colaborar en un mejor conocimiento de los sitios, así como en las comparaciones regionales a ser planteadas al final. En cinco sitios, MC-53, MC-54, MC-111, MC-32, MC-47, se realizaron diversas "pruebas de piqueta", es decir pequeños sondeos de 40x40 o 50x50cm. Mientras que en dos, MC-44 y MC-76, se realizaron pozos de sondeo de 2x1m y 2x2m.

La selección de los sitios a excavar se dio por 1) su ubicación con respecto a otras áreas con más fechados como Puerta Plata al Este y Haití al Oeste, 2) la disponibilidad de permisos por parte de los propietarios de los terrenos, y 3) el contexto arqueológico de los sitios. Los sitios seleccionados para los sondeos se localizan en dos sectores del área, seis de ellos en el Norte y uno en el Oeste (fig. 55). La diferencia en cantidad de sitios se basó fundamentalmente en que se quería profundizar más en la zona Norte, que tiene mayor cantidad de sitios y donde se encuentran los de mayor tamaño, como por ejemplo el sitio MC-44. A continuación, la descripción detallada de los sitios, las excavaciones y sus cronologías.

Pruebas de Piqueta. En primer lugar hay que destacar que los materiales excavados de estos sitios tenían todos las mismas características. En su mayoría consistieron en fragmentos de conchas de *Codakia orbicularis* o *Lobatus costatus* y pequeños fragmentos de cerámica sin decoración, y en menor medida fragmentos de otras conchas no identificadas.

Los primeros sitios donde se realizaron pruebas de piqueta fueron MC-53 y MC-54. Ambos sitios ubicados en el sector llamado Loma Atravesada, en el terreno de la familia Peña. Originalmente se planteó un pozo de sondeo de 1x1m, pero al observar que la estratigrafía del sitio tenía menos de 5cm, se decidió realizar varios pozos para tener una idea mejor del tamaño real del sitio. En total se hicieron seis pruebas de piqueta,

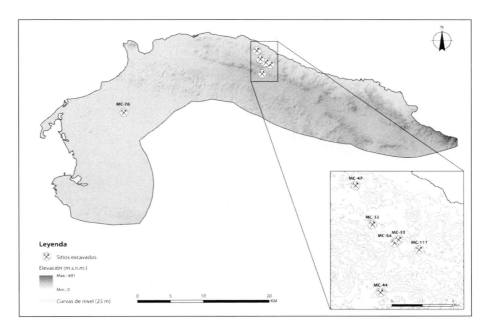

Figura 55. Sitios arqueológicos excavados en el área de la costa de la provincia de Montecristi, Noroeste de la República Dominicana.

tres en cada sitio, y además de corroborar la extensión superficial, se registró en todas las pruebas que la estratigrafía no era mayor a 5 cm, con baja frecuencia de materiales. El suelo por debajo del estrato cultural contenía una alta densidad de rocas lo que imposibilitaba la excavación, particularmente por debajo de los 20 cm, por lo que las pruebas de piqueta se excavaron hasta 40 cm de profundidad.

Luego se excavó el sitio MC-111, localizado al Oeste de los dos anteriores en el mismo sector de Loma Atravesada y dentro del terreno del Sr. Danilo Quiñones. En este sitio se realizaron cuatro pruebas de piqueta y se observó un patrón similar al descrito para los sitios anteriores. Los estratos con material cultural tenían una profundidad máxima de 10 cm, y por debajo de esto sólo se registró tierra blanca con piedras, denominada localmente como *caliche*, que es un depósito endurecido de carbonato de calcio, que se sedimenta con otros materiales, como arena, arcilla, grava y limo. En el sitio MC-32, ubicado en el sector de Loma Atravesada, dentro del terreno del Sr. Victoriano, y al Este de los sitios ya descritos, se realizaron tres pruebas. Aunque una de ellas sólo tenía material hasta 10 cm de profundidad, de las otras dos se registraron materiales hasta los 20 cm, y por debajo de estos se observó un estrato de rocas y tierra clara. El último de estos sitios fue MC-47, localizado en la zona llamada El Caño (cuyo dueño el guía no supo identificar), ubicado al Noroeste de los sitios ya descritos. Allí se realizaron dos pruebas de piqueta, habiéndose registrado para una, un estrato arqueológicos de 10 cm, y para la otra uno de 20 cm. La estratigrafía de estos sitios, en su mayoría pequeños con excepción de MC-32, que es mediano, presenta un mismo resultado: distribuciones de material en superficie, principalmente de pequeños concheros de no más de 20 cm de profundidad, y en general de sitios de no más de 10 a 15 cm de profundidad (fig. 56). Entre la gran gama de interpretaciones que se podrían realizar, las impresiones hasta ahora que podrían tener más sentido, en función de las experiencias y registros de campo y los conocimientos generales de la arqueología de la región, es que estos sitios pudieron ser zonas donde: 1) se realizaron actividades ocasionales que no producían desechos abundantes; 2) las ocupaciones fueron por un periodo de tiempo corto, y/o 3) los procesos ambientales han jugado un rol clave en el deterioro del registro arqueológico.

Figura 56. Pruebas de piqueta, MC-53 y MC-54.

Pozos de sondeo. El primer pozo de sondeo se realizó en el sitio MC-76, localizado en el terreno del Sr. Feyito García, en la zona llamada localmente "La 40" (fig. 57 y 58). En este sitio se excavó un pozo de 1x1m y otro de 2x2 m y algunos pozos de sondeo de 40x40 cm para confirmar la estratigrafía observada. Tanto en los dos pozos de sondeo como en las pruebas de piqueta se registró la misma estratigrafía. Se observó un estrato cultural desde la superficie hasta 20 cm de profundidad, compuesto principalmente por fragmentos de conchas y cerámica, y luego de esta profundidad un estrato arqueológicamente estéril hasta los 70 cm, profundidad máxima alcanzada. Igualmente, se registraron diferencias en la coloración y textura de la tierra entre los dos estratos.

Figura 57. Vistas del sitio MC-76, nótese la fuerte erosión al Oeste del sitio.

Pozo #1 (1 x 1 m)

Pozo #2 (2 x 2 m)

Figura 58. Pozos de sondeo y pruebas de piqueta en el sitio MC-76.

UNA ISLA, DOS MUNDOS

Figura 59. Huella de poste en el pozo 2 del sitio MC-76.

Como se puede apreciar en la figura 93, el sector Oeste del sitio está sufriendo un proceso de erosión considerable, mientras que el sector Este, está protegido por la vegetación circundante. Sin embargo, esto no pareciera afectar la estratigrafía ya que se observó la misma en los pozos y pruebas de piqueta. Sin embargo, en el pozo 2 se recolectó mayor cantidad de evidencias cerámicas y de concha que en el 1. Otra diferencia importante es que en el 2 se registró evidencia de postes de vivienda (fig. 59).

El segundo sitio excavado fue MC-44, donde se realizaron dos pozos de sondeo de 2x2 m y uno de 2x1m. Este es el sitio de mayor tamaño registrado en toda la poligonal de estudio. Durante los trabajos de campo se recolectó una gran cantidad de evidencias de los distintos tipos de cultura material considerados en este trabajo (fig. 60). Así mismo, se registró tanto en campo como a través de una reconstrucción de un modelo digital de elevación de alta resolución (Sonnemann *et al.* 2016a), un patrón de montículos agrupado hacia el centro del sitio (fig. 61). Los pozos 1 y 3 de 2x2 m, fueron realizados con el objetivo de encontrar huellas de postes de vivienda. Por lo cual se localizaron en zonas adyacentes a los montículos, mientras que el pozo 2 se ubicó sobre un montículo con el objetivo de sondear su posible funcionalidad. En el pozo 1 se registraron dos huellas de posibles postes de vivienda que aparecieron en el estrato 0-10 cm, alrededor de los 5 cm de profundidad, y continuaron hasta el nivel 20-30 cm. Una de estas desapareció en este nivel y la otra continuó junto con dos nuevas a partir de aquí hasta el nivel 30-40 cm donde todas desaparecieron. En este pozo no se registró ningún tipo de evidencias de cultura material (fig. 62). La tierra desde la superficie hasta 70 cm de profundidad fue similar, tierra clara de textura dura y con presencia de

Figura 60. Contexto de los materiales registrados en el sitio MC-44. A) Vista parcial del Noroeste del sitio y B) hacha petaloide recolectada en contexto de montículo.

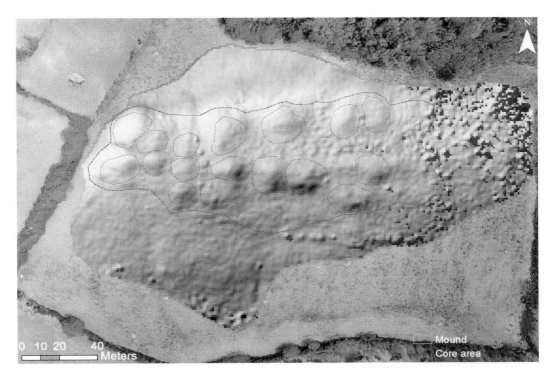

Figura 61. Patrón de montículos en el Sitio MC-44 (basado en Sonnemann et al. 2016: 82).

caliche. A partir de 70 cm, la dureza de la tierra aumentó considerablemente, así como la cantidad de piedras, y a los 80 cm se cerró el pozo.

En el pozo 3 se observaron pocas evidencias de cultura material, aunque más que en el pozo 1. En el nivel 10-20 cm se observaron dos marcas en el suelo, posiblemente de huellas de postes de vivienda, que alcanzaron una profundidad máxima de 50 cm. En el nivel 20-30 cm aparecieron dos nuevas marcas las cuales tuvieron una profundidad máxima de 10 cm. Al limpiar la pared Norte del pozo para dibujar el perfil, se observó otra marca posiblemente de poste de vivienda que abarcó desde el nivel 10-20 cm hasta los 35 cm de profundidad (fig. 63).

El pozo 2 se ubicó en un montículo localizado al Norte del sitio, con una tamaño de 2x1m. La estratigrafía de en este punto del sitio fue totalmente diferente que en las excavaciones ya descritas. Aquí la tierra era de color grisáceo, textura suelta y arenosa, con una alta presencia de conchas de moluscos, huesos de aves, peces y mamíferos pequeños, así como cerámica. Los primeros 10 cm de la excavación mostraron evidencias del efecto de las actividades agrícolas en cuanto a la remoción de la tierra. Sin embargo, desde 10 cm hacia abajo la estratigrafía se mostró más uniforme y menos alterada. La cantidad de materiales fue en aumento desde el nivel 10-20 cm hasta el pico máximo en 30-40 cm, y desde 40-50 cm la cantidad de materiales se fue reduciendo hasta su desaparición luego de 60 cm. La excavación se siguió hasta 80 cm, aunque luego de 65 cm la tierra era clara y con presencia de caliche (fig. 64).

Figura 62. Huellas de postes en el pozo 1 del sitio MC-44.

Huella de poste, nivel 10 - 35 cm

Huella de poste, nivel 0 - 50 cm

Figura 63. Huellas de postes en el pozo 3 del sitio MC-44.

Figura 64. Actividades de excavación y cernido en el pozo de sondeo 2 (2 x 1 m), sitio MC-44.

Código	Material	Fechado convencional	Calibrado
MC-11	Concha	1075+/-15	1267 dC – 1351 dC
MC-11	Concha	1010+/-15	1313 dC – 1410 dC
MC-11	Concha	1025+/-15	1304 dC – 1402 dC
MC-32	Concha	660+/-30	1270 dC – 1335 dC
MC-44	Concha	570+/-30	1325 dC – 1440 dC
MC-44	Concha	700+/-30	1230 dC – 1315 dC
MC-44	Concha	690+/-30	1245 dC – 1320 dC
MC-47	Concha	480+/-30	1420 dC – 1485 dc
MC-76	Concha	740+/-30	1225 dC – 1310 dC
MC-76	Concha	670+/-30	1285 dC – 1395 dC

Tabla 4. Sitios arqueológicos fechados para el área de la costa de la provincia de Montecristi, Noroeste de la República Dominicana.

Sitios Fechados. Como se mencionó anteriormente, las excavaciones realizadas tuvieron dos objetivos: 1) conocer la estratigrafía de los sitios de manera de tener un punto de referencia para las consideraciones de tamaño y contenido cultural de los sitios, y recolectar materiales para hacer dataciones. En cuatro de los siete sitios excavados se seleccionó material de concha para realizar análisis de C14. La selección de este tipo de material para los fechamientos radicó en que constituyeron la mejor muestra observada durante la excavación. Lamentablemente, los fragmentos de carbón o de cangrejo observados eran de tamaños muy reducidos, por lo que conchas de bivalvos, particularmente *Codakia orbicularis*, fueron la mejor opción. Considerando que las muestras provienen de pozos de sondeo, éstas no son suficientes para fechar el sitio entero o contextos específicos dentro del asentamiento, por lo que el objetivo fue tener una primera aproximación a la temporalidad de ocupación de esos lugares.

Tres de los sitios seleccionados están localizados en el centro de la poligonal de estudio y uno en el Oeste (fig. 55), de manera que, con el sitio fechado durante las investigaciones de Ulloa Hung (2014) al Este, hay una perspectiva general para el área.

La cronología general de estos sitios oscila entre el siglo XI d.C. y el XV d.C. (tabla 4), lo que mantiene concordancia con el tipo de cerámicas recolectadas y reportadas para el área y la región de estudio (Ulloa Hung 2014; Keegan y Hofman 2017). En función de sus características estilísticas puede ser considerada como perteneciente al Periodo Intermedio (siglos XII al XIV d.C.) del desarrollo de la cerámica Meillacoide en la región Norte de la isla (Keegan y Hofman 2017). Es importante destacar que las fechas de estos sitios deben ser tomadas como referenciales, ya que provienen de porciones muy pequeñas dentro de cada sitio. En este sentido, estas fechas ilustran, en estos sectores de la poligonal de estudio, que hubo presencia de actividades humanas relacionadas con los grupos cerámicos y cultura material descritos para estos sitios, durante un amplio rango de tiempo.

5.2.2.4. Funcionalidad

Para esta categoría los sitios se dividieron en dos grupos, aquellos 1) relacionados con la explotación de recursos marinos, y los 2) relacionados con el habitar, fuese este permanente o temporal. El primer grupo, se definió por la presencia de la alta densidad y diversidad de conchas de moluscos principalmente de agua salada. Las conchas de los moluscos se observaron tanto concentradas en zonas particulares como dispersas

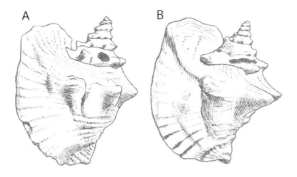

Figura 65. Orificios Prehispánico (A) y Colonial (B) realizados en la concha para extraer la carne del animal (imagen modificada de Booy 1915: 80).

a lo largo de áreas extensas. En el caso de las conchas de moluscos juveniles y adultos (p. ej. *Lobatus gigas*), éstas presentaron dos rasgos que permitieron relacionarlas con la explotación indígena en el pasado. En primer lugar, en el ápice se observa un orificio "circular" (fig. 65), que evidencia el tipo de perforación que los indígenas del Caribe solían hacer en la concha para separar el tendón que une el animal de la propia concha. Al llegar los europeos al Caribe, la forma de abrir estos orificios cambio, dado que se comenzaron a utilizar herramientas de metal para dicha actividad, y esto se vio reflejado en la marca alargada dejada en la concha (*cf.* Antczak *et al.* 2008).

El segundo rasgo característico es que a la gran mayoría de este mismo tipo de conchas le faltaba el labio. Todos los ejemplares observados presentaban el mismo corte realizado de la misma manera. De diversos trabajos arqueológicos en el Caribe (Vargas Arenas *et al.* 1997; Ortega 2001, 2002; Antczak y Mackowiak de Antczak 2005; Antczak y Antczak 2006), se conoce que esta parte de la concha se utilizó por los grupos indígenas como materia prima para realizar una gran diversidad de artefactos (p.ej. ver hacha en fig. 40). Un elemento resaltante en la distribución de conchas en sitios de explotación de recursos en el área de la costa de la Provincia de Montecristi, es que no se observaron montículos de conchas o concheros como en otras áreas del Caribe sino que las concentraciones se observaron a nivel horizontal. Este tipo de patrón ha sido registrado también para las islas frente a la costa venezolana y asociado con un patrón indígena prehispánico de explotación, procesamiento y desecho de estos moluscos (Antczak *et al.* 2012).

En segundo lugar, durante el registro de estos sitios se observaron cantidades muy reducidas de artefactos de cultura material (p.ej. cerámica, lítica, concha, coral), o su ausencia absoluta. Esto podría estar relacionado con el hecho de que los artefactos asociados con las tareas de explotación de recursos marinos no eran dejados *in situ*, sino portados al sitio por cada pescador. Otra alternativa, complementaria con la primera, es que se utilizaban otras conchas de moluscos para determinadas tareas, como por ejemplo otras conchas de *Lobatus gigas* para realizar el orificio en el ápice de la concha. El tercer rasgo característico de estos sitios es, por supuesto, su proximidad a la costa, salinas, zonas de manglar o ciénagas (fig. 66). La combinación de los dos primeros rasgos con el tercero concretó la idea de que estos sitios estuvieron exclusivamente dedicados a la explotación de recursos marinos. Por las observaciones realizadas en campo de los materiales y sus patrones de distribución, se considera que las conchas, así como peces u otro tipo de animales marinos, eran extraídos y transportados a otros sitios donde se realizaba su procesamiento final. Estos sitios no debieron encontrarse muy alejados ya que la carne de los peces y los moluscos debía ser salada y secada para su conservación. De hecho, en la transecta que se realizó utilizando la metodología de prospección sistemática de área total, se pudo observar un patrón muy característico de distribución de conchas y corales con evidencias de haber sido utilizados en la explotación de recursos marinos. En esa transecta se registraron tres sitios de explotación de

Figura 66. Distribución de conchas de moluscos en el sitio MC-77 (A) y vista desde el sitio hacia el manglar cercano y el Morro de Montecristi (B).

recursos y una gran cantidad de conchas aisladas a un rango de 4 km de la costa. Esta dispersión podría confirmar el movimiento de los indígenas encargados de las tareas de explotación de recursos marinos desde las zonas de explotación frente a la costa hacia zonas retiradas de la misma para posiblemente, continuar y/o finalizar el procesamiento

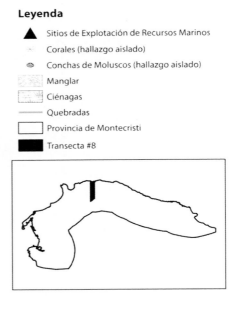

Leyenda

▲ Sitios de Explotación de Recursos Marinos

⋅ Corales (hallazgo aislado)

◌ Conchas de Moluscos (hallazgo aislado)

Manglar

Ciénagas

Quebradas

Provincia de Montecristi

Transecta #8

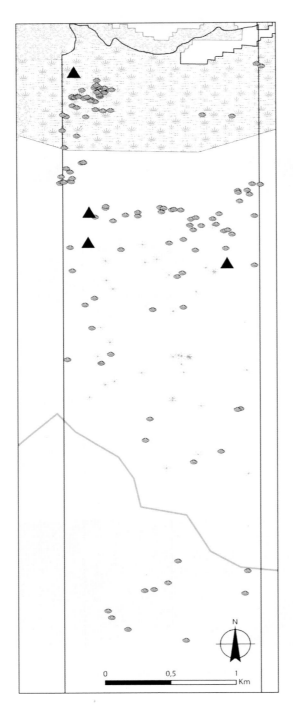

Figura 67. Distribución de sitios y materiales aislados compuestos principalmente por conchas de moluscos y corales en la transecta 8 de prospección sistemática en el área de la costa de la provincia de Montecristi, Noroeste de la República Dominicana.

de ciertos moluscos y/o animales del mar (fig. 67). En total 28 sitios (27%) del área fueron categorizados como Sitios de Explotación de Recursos marinos (SER) sobre la base de los 102 registrados (fig. 69).

El segundo grupo fue definido como Sitios de Habitación (SH), y se caracteriza por presentar agrupamientos de artefactos de los diferentes tipos de cultura material presentes en la región (p.ej. cerámicos, líticos, conchas, coral). Por lo general, el patrón de distribución se da en concentraciones de materiales en distintos puntos del sitio. Estas concentraciones correspondieron posiblemente a basureros, debido a la combinación de conchas de moluscos sin evidencia de haber sido modificadas, y diversos artefactos, así como de cerámica muy fragmentada (fig. 68). En el resto del sitio se observan dispersiones de distintos tipos de cultura material y, en ocasiones presencia de montículos artificiales de tierra.

Conjuntamente con las concentraciones mencionadas, estos sitios presentan evidencias de cultura material relacionada con tareas cotidianas de vivienda. Además de la

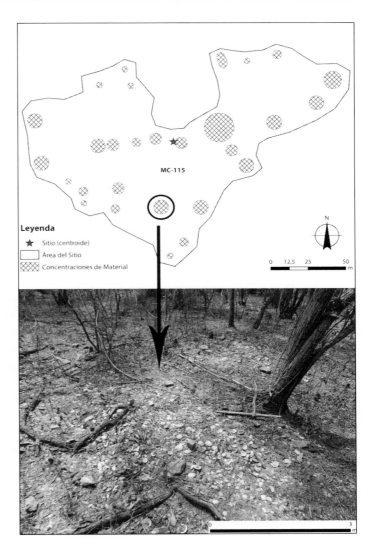

Figura 68. Concentración de cultura material destacando uno de los contextos de basurero en el sitio MC-115, en el área de la costa de la provincia de Montecristi, Noroeste de la República Dominicana.

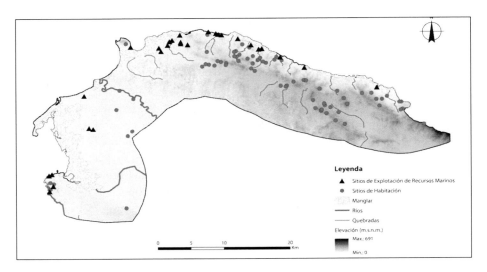

Figura 69. Distribución de Sitios de Habitación y de Explotación de Recursos Marinos en el área de la costa de la provincia de Montecristi, Noroeste de la República Dominicana.

gran cantidad de fragmentos cerámicos decorados y simples, la presencia de artefactos líticos, de concha y de coral tales como martillos, hachas, manos de moler, *guayos* (ralladores de yuca y otros tubérculos). En el caso de los sitios excavados, estos materiales, en combinación con la presencia de huellas de poste, sugieren actividades realizadas bajo techo. En muchos de los sitios, particularmente aquellos de mayor tamaño, estas actividades podrían estar relacionadas con tareas cotidianas del asentamiento y viviendas permanentes. Otro rasgo de los sitios de habitación fue su ubicación dentro del área del estudio; ya que generalmente se encuentran alejados de la línea costera, y los pocos cercanos a ésta están en terrenos elevados (fig. 69). Aunque en la próxima sección se abordará este tema, es necesario mencionar que existe una relación entre la cantidad de cultura material recolectada o registrada en cada sitio con su tamaño, ya que en los más grandes se observó una mayor concentración. A pesar de esto, y de que posiblemente algunos de estos sitios hayan sido de vivienda temporal y otros permanentes, en términos de configuración de la categoría tanto los pequeños como los grandes comparten las características ya mencionadas. Los sitios de habitación se caracterizan en su mayoría por mostrar concentraciones de los materiales mencionados en agrupaciones y/o dispersiones superficiales, y por lo general se encuentran en zonas de actual uso para la agricultura, el pastoreo de ganado vacuno o en zonas boscosas. En la figura 69 se aprecia los patrones particulares de distribución de cada uno de estos grupos. En total 74 sitios del área fueron categorizados como de habitación (fig. 69).

5.2.2.5. Tamaño

La tercera categorización de los sitios fue según su tamaño. La gama de tamaños para los sitios registrados oscila entre 0.2 a 5 hectáreas. Los sitios considerados de "habitación" se dividieron en tres grupos de la siguiente manera: "péquenos" < 1 hectárea, "medianos" entre 1 y 3 hectáreas, y "grandes" >3 hectáreas. La división de tamaño se hizo utilizando una optimización de Jenk, el cual es un método estadístico para determinar los "cortes naturales" (*natural breaks*) al minimizar la suma de las desviaciones

Figura 70. Sitios de Habitación Pequeños: MC-111, vista general (A) y materiales (B), en el área de la costa de la provincia de Montecristi, Noroeste de la República Dominicana.

al cuadrado de la media de la clase, en este caso los tamaños en metros cuadrados de los sitos (Conolly and Lake 2006: 302). El objetivo de dividir los sitios por tamaños se basa en la hipótesis de que el tamaño podría mantener una relación con el tipo de actividades que fueron realizadas en determinadas zonas del área de investigación en el pasado. En los sitios de habitación pequeños (n=28/102 = 48%, fig. 70), por lo general se registraron pocos materiales líticos, de concha y de coral, poca decoración en los materiales cerámicos y una baja diversidad de conchas de moluscos. Los sitios medianos (n=49/102 = 17%) presentan mayor cantidad y diversidad de materiales que el grupo anterior y, por lo general, se ubican en los valles intermontanos o en las partes llanas de lomas (fig. 71).

Los sitios grandes (n=8/102 = 8%) son los que tienen la mayor cantidad y diversidad de materiales (fig. 72), y en su mayoría se registraron evidencias de montículos

Figura 71. Sitios de Habitación Medianos: MC-52, vista parcial de materiales (A) y vista general del sitio (B), en el área de la costa de la provincia de Montecristi, Noroeste de la República Dominicana.

UNA ISLA, DOS MUNDOS

artificiales de tierra, que pudieron haber sido el resultado de la acumulación de basura, como es el caso de unos de los montículos excavados en el sitio MC-44 durante el verano del 2015. Otra alternativa relacionada con la funcionalidad o explicación de estos montículos puede ser que fueran el resultado de los movimientos de tierra relacionados con la construcción de viviendas como es el caso del sitio El Flaco excavado por Hofman y Hoogland (2015; Hofman *et al.* 2016). Estos sitios suelen encontrarse en los

Figura 72. Sitios de Habitación Grandes: MC-44, vista parcial de un montículo (A) y vista parcial del sitio (B), en el área de la costa de la provincia de Montecristi, Noroeste de la República Dominicana.

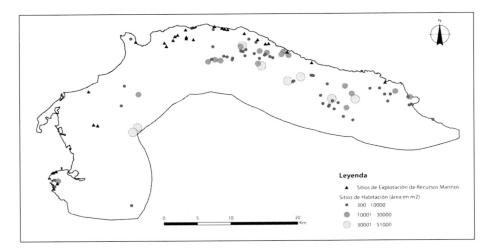

Figura 73. Distribución de Sitios de Habitación por tamaños y de Explotación de Recursos en el área de la costa de la provincia de Montecristi, Noroeste de la República Dominicana.

valles intermontanos o, en el caso de los dos sitios al Oeste de la poligonal de estudio, en los valles inundables del río Yaque.

Para los sitios definidos como de Explotación de Recursos (SER), se decidió no utilizar esta categorización, ya que los factores de erosión en las zonas cercanas a la costa son muy altos, lo que podría llevar a considerar como separados sitios que pudieron haber formado parte de una sola área de explotación en el pasado. La distribución de sitios de diferentes tamaños es representativa (fig. 73), ya que los sitios más grandes están situados lejos de la línea costera, y tienden a encontrarse cerca de otro, en un patrón de pares (fig. 73).

6

ANÁLISIS Y RESULTADOS

6.1. INTRODUCCIÓN

El objetivo de esta investigación fue estudiar la transformación del paisaje indígena de Haytí al colonial de La Española. Esto se hizo a partir de la revisión de patrones construidos a partir de evidencias arqueológicas y documentales a nivel regional, que reflejan el uso humano del espacio por parte de los grupos indígenas y los primeros grupos de españoles que invadieron la isla. Como se mencionó en el capítulo metodológico, esto se logró al comparar las tres áreas arqueológicas con lo que se generó un modelo de paisaje indígena; y posteriormente, se evaluaron las diferencias entre los patrones espaciales de la región arqueológica con la histórica. En este capítulo se presentarán los análisis espaciales realizados para las evidencias recolectadas en el área de la costa de la Provincia de Montecristi. Al inicio de la disertación fueron planteados una serie de objetivos secundarios y de preguntas de investigación. Los análisis presentados en este capítulo proveerán resultados para evaluar los dos primeros objetivos específicos: 1) *estudiar las distribuciones de sitios y cultura material en la costa de la Provincia de Montecristi*; y 2) *evaluar las relaciones entre las variables ambientales, la distribución de sitios y la cultura material en el área de estudio*. Además de colaborar con estos objetivos, los análisis presentados a continuación responderán a las preguntas de investigación: ¿En qué medida se relaciona la distribución de sitios arqueológicos y los tipos específicos de cultura material?, y ¿hasta qué punto la distribución de sitios arqueológicos y la cultura material se relacionan con las características ambientales?

El capítulo está dividido en dos secciones, en la primera se presenta lo referente a los análisis estadísticos. Seguidamente, los análisis se enfocarán en la creación de 'grupos significativos', en base a 1) los análisis estadísticos; 2) el cruce de los sitios arqueológicos; 3) la cultura material, y 4) los resultados estadísticos. Sobre la base de una tabla comparativa se presentará un cruce final de las variables y categorías. Los análisis estadísticos realizados se encuentran dentro de la estadística espacial, ya que son sensibles a reconocer variaciones en el espacio, o entre variables que tienen un contenido espacial. Es importante destacar que los resultados de los análisis específicos son condicionales al registro de los datos en campo. En la segunda sección, se presenta un segundo estado de los análisis donde se cruzaron los 'grupos significativos' destacados por los análisis estadísticos de la primera parte con las categorías creadas en el capítulo Descriptivo. Esto con el fin de definir grupos que incluyan distintas variables ambientales y culturales. Ambos grupos de análisis permitieron la exploración de los datos arqueológicos desde una perspectiva espacial que, a su vez, permitirá la reconstrucción de los *taskscapes* en la región.

6.2. ANÁLISIS ESTADÍSTICOS

6.2.1. Análisis de Componentes Principales (ACP)

Como se explicó en el capítulo metodológico este análisis busca esencialmente reducir el número de variables dentro de una base de datos, con el fin de lograr una representación más sencilla de la variabilidad interna (Drennan 2009). Dicho de manera más específica, el objetivo principal de este análisis es describir la variabilidad en un grupo de variables correlacionadas en términos de un nuevo grupo de variables no-correlacionadas, las cuales están en combinación lineal con las variables correlacionadas (Everitt & Hothorn 2006: 217). Las variables resultantes de este proceso son presentadas en orden de importancia decreciente, y son llamadas componentes principales. El primer componente principal da cuenta de la mayor variación en la data original. Luego, el segundo componente representa la variación no incluida con el primero, y así sucesivamente para el resto de los componentes resultantes del análisis.

Un aspecto importante de este análisis es que sólo funciona con variables numéricas continuas (p.ej. 1, 2, 3, 4, 5, 6, …, n), es decir que no acepta valores categóricos o binarios (p.ej. 1,0 / A,B,C). En este sentido, y dadas las características de la recolección de datos en esta investigación, este análisis sólo fue aplicado a las variables ambientales, y para las culturales fue utilizado el *Análisis de Correspondencias Múltiples* (ACM), a ser presentado más adelante.

Para este análisis se utilizaron 31 variables ambientales (tabla 5)[34]. Con la excepción de las variables de Elevación y Aspecto, todas corresponden a variables de "distancia a", es decir que sus valores están dados en metros de distancia desde los distintos sitios hasta la poligonal de la variable. Un mapa de Aspecto es básicamente una representación gráfica de la orientación de las pendientes en el eje de coordenadas geográficas.

El primer paso antes de estimar el ACP, fue explorar las variables a través de una Matriz de Correlación, para verificar la existencia de correlación entre las variables. El resultado de este análisis justifica y estimula la realización de ACP, ya que permite explorar hasta qué punto éstas comparten información. En la figura 74 se puede apreciar que las variables se encuentran en posiciones agrupadas, por lo que existe correlación entre las mismas. De hecho, dentro del grupo de variables relacionadas se observan dos grupos, uno presenta correlación negativa y el otro positiva. Este resultado indica que la ejecución del ACP podría aportar informaciones significativas sobre la distribución y relación entre las variables.

En cuanto al ACP, el primer paso fue conocer el porcentaje en que cada componente explica la variabilidad de la base de datos total. En la figura 75 se puede apreciar que los tres primeros componentes explican el 84% de la varianza de las variables ambientales. Si bien incluir más componentes aumentaría el porcentaje de explicación de la varianza, dado que el objetivo del análisis es reducir variables y el porcentaje para estos primeros componentes es alto, no es necesario agregar más componentes principales.

La base de datos utilizada para la estimación de este análisis contiene tanto valores relacionados con las variables ambientales como con los sitios arqueológicos. Esto es debido a que cada variable ambiental está compuesta por el valor de distancia desde

---

34 Los mapas de las variables mencionadas pueden ser accesados en la referida base de datos KNAW/ DANS. Ver https://doi.org/10.17026/dans-xyn-cu72.

la poligonal de la característica ambiental hasta el borde de la poligonal de estudio. Igualmente, contiene la presencia de cada uno de los sitios arqueológicos y su posición en metros de distancia con respecto de cada una de las variables ambientales. Esto permitió evaluar cómo los componentes principales representan la relación interna entre las variables ambientales y los sitios arqueológicos de manera individual, para luego generar comparaciones entre ambos. En la figura 76 se observa la distribución de las variables considerando los dos primeros componentes, los cuales explican 73.9% de la variación. En primer lugar es notorio que la distribución del primer componente expresa casi idénticamente las agrupaciones generadas por la Matriz de Correlación (fig. 74); las variables señaladas con correlación positiva en ese gráfico se encuentran

	Variable	Código
1	Elevación	Elev
2	Aspecto	Asp
3	Distancia a Suelos no aptos para la agricultura	Capro1
4	Distancia a Suelos limitados para cultivo y no aptos para riego	Capro2
5	Distancia a Tierra arable, apta para riego	Capro3
6	Distancia a Suelos para bosques, pastos y cultivos de montaña	Capro4
7	Distancia a Terreno montañoso escarpado, no cultivable	Capro5
8	Distancia a Suelos para pastos y arroz, drenaje limitando	Capro6
9	Distancia al mar	Dstmar
10	Distancia a Salinas	Dstsal
11	Distancia a Quebradas	Dstqbds
12	Distancia a Ríos	Dstrios
13	Distancia a Zonas de Inundación	Dstzinu
14	Distancia a Ciénagas	gmorf1
15	Distancia a Aluvión	gmorf2
16	Distancia a Zonas de lomas y plataformas	gmorf3
17	Distancia a Zonas definitivamente montañosas	gmorf4
18	Distancia a Abanicos aluviales	gmorf5
19	Distancia a Zona Endémica: Solenodonte	ze1
20	Distancia a Zona Endémica: Hutía	ze2
21	Distancia a Zona Endémica: Manatí	ze3
22	Distancia a Manglar	suelo1
23	Distancia a Suelos aluviales recientes	suelo2
24	Distancia a Suelos de sabana: arenosos, con permeabilidad lenta	suelo3
25	Distancia a Suelos de sabana: arenosos, de zonas áridas	suelo4
26	Distancia a Suelos de origen calcáreo: con permeabilidad lenta	suelo5
27	Distancia a Suelos de origen calcáreo: sobre caliza y material calcáreo no consolidado	suelo6
28	Distancia a la cuenca del Rio Masacre	cuenca1
29	Distancia a la cuenca del Rio Chacuey	cuenca2
30	Distancia a la cuenca Costera-Rio Jaiba	cuenca3
31	Distancia a la cuenca del Rio Yaque del Norte	cuenca4

Tabla 5. Variables ambientales utilizadas en los análisis estadísticos de la disertación.

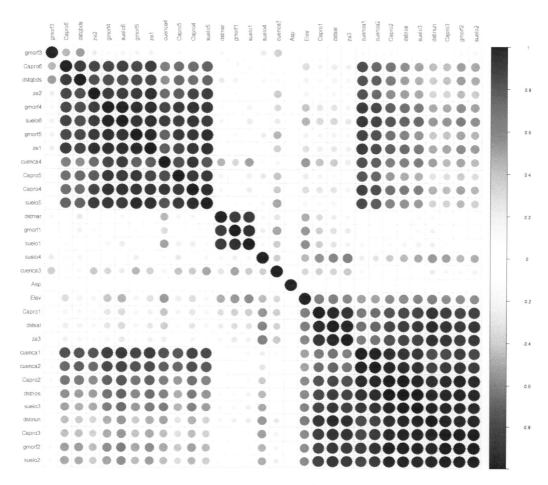

Figura 74. Matriz de Correlación de las variables ambientales.

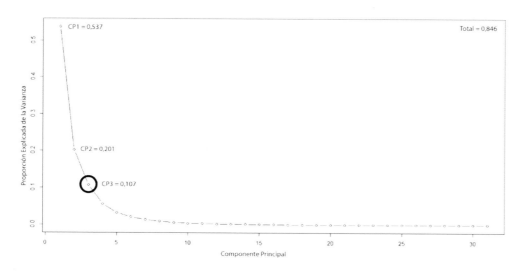

Figura 75. Proporción de la varianza explicada considerando todos los Componentes Principales.

en correlación positiva en la primera dimensión (Dim1) en la figura 76, y lo mismo ocurre con las variable con correlaciones negativas. Por otro lado, con excepción de la variable *cuenca1* (Distancia a la cuenca del Rio Masacre), todas las variables en la segunda dimensión (Dim2) se encuentran en los sectores positivos.

Ahora bien, las variables ubicadas de manera ortogonal son independientes en las distribución; aquellas variables cuyos vectores estén cerca el uno del otro poseen una correlación positiva; y por último, las variables ubicadas en extremos opuestos poseen una correlación negativa (fig. 13).

De la figura 76 se puede observar igualmente que las variables con mayor contribución a los componentes se agrupan en los extremos de la primera dimensión (Dim1) formando dos grupos distintivos. El primer grupo denominado "A", con una correlación positiva entre las variables incluye: *capro4, capro5, capro6, distqbds, gmorf4, gmorf5, ze1, ze2, suelos5, suelo6* (tabla 5). En la figura 77, se puede observar que estas variables están mayormente ubicadas en el sector Norte de la poligonal de estudio, y se refieren a zonas cuyas características ambientales están relacionadas con zonas montañosas. El segundo grupo está conformado por tres subgrupos; un primer subgrupo "B", lo conforman las variables: *capro1, dstsal* y *ze3*. Al igual que en el caso anterior, estas tres variables (fig. 78) tienen relación geográfica entre ellas ya que todas comparten la zona costera, y particularmente aquellas zonas cercanas a las salinas, ubicadas principalmente al Oeste del área.

El segundo subgrupo, "C", lo conforman las variables: *capro2, capro3, dstrios, dstinun, gmorf2, suelo2* y *suelo3*. Estas variables tienen en común su relación con las zonas de inundación y presencia de ríos de la poligonal de estudio (fig. 78), así como los suelos con características aptas para la agricultura. El último subgrupo, "D", incluye las

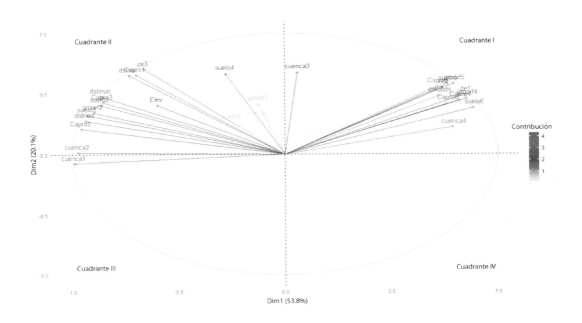

Figura 76. 'Mapa' de Variables ambientales y su relación en función de las primeras dos dimensiones del ACP.

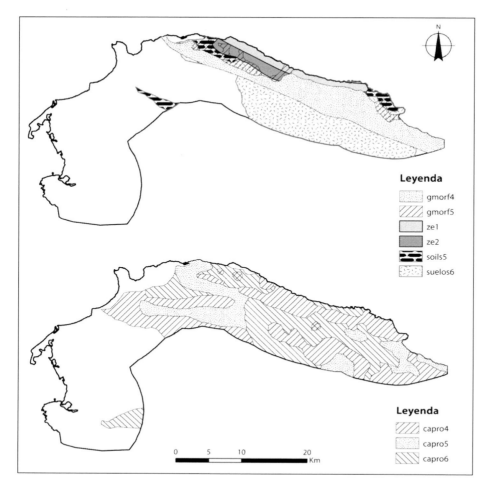

Figura 77. *Variables Ambientales Grupo A (Dim1+ / Dim2+).*

variables: *cuenca1* y *cuenca2*; que corresponden a las cuencas hidrológicas localizadas en el sector Oeste de la poligonal de estudio (fig. 79).

Es llamativo que el resultado del ACP aplicado a las variables ambientales discriminara los grupos por sus relaciones geográficas, ya que en éste no se incluyen coordenadas geográficas que pudieran haber influido en el resultado. Esta conclusión alentó la exploración de las variables ambientales y su relación espacial, particularmente con los sitios arqueológicos. En segundo lugar se exploró la relación de sitios arqueológicos con respecto a las dimensiones destacadas por el ACP (fig. 80).

En la figura 80 se aprecian los individuos (sitios) que más contribuyen al ACP. Dado que hay 102 individuos, se decidió utilizar para la descripción sólo aquellos que aportan la mayor contribución a las dimensiones (cos2> = 0.7), y el resto sólo señalarlos en la tabla 6[35] y la figura 81. En el primer cuadrante (C.I = Dim1 (+) / Dim2 (+)) aparecen los individuos 81, 82, 83, 84, 85, 87, 90 que corresponden a los sitios

---

35   El orden de los números en esta tabla corresponde a su grupo en el cuadrante y no a un orden creciente o decreciente.

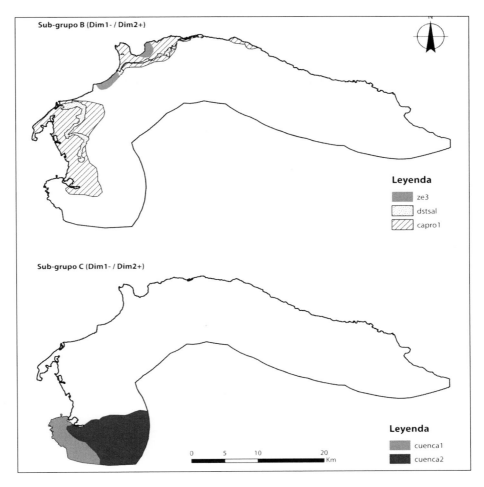

Figura 78. Variables Ambientales Sub-grupo B (Dim1- / Dim2+) y Sub-grupo C (Dim1- / Dim2+).

MC-82, MC-75, MC-81, MC-80, MC-126, MC-98, MC-127. Todos estos sitios se encuentran en el extremo occidental de la poligonal de investigación. En este caso, los sitios presentes abarcan las categorías funcionales de sitios de habitación y sitios de explotación de recursos marinos. En el segundo cuadrante (C.II= Dim1 (-) / Dim2 (+)) se encuentran los individuos 16, 17, 18, 21, 22, 25, 97, 99 que corresponden a los sitios MC-42, MC-40, MC-41, MC-37, MC-39, MC-73, MC-13, MC-16. Estos individuos son equivalentes a una serie de sitios que se encuentran en el sector oriental de la poligonal de investigación. No están particularmente concentrados, pero se agrupan en dos grupos en ese sector. En este caso, todos los sitios son sitios de habitación. En el tercer cuadrante (C.III= Dim1 (-) / Dim2 (-)) se observan los individuos 35, 102 correspondientes a los sitios MC-54, MC-128. Éstos se encuentran en la parte centro Norte de la poligonal de investigación, y son sitios de habitación. Finalmente, en el cuarto cuadrante (C.IV = Dim1 (+) / Dim2 (-)) los individuos con mayor contribución son 62, 63, 64, 66, 67, 68, 69, 70 y éstos representan los sitios MC-120, MC-119, MC-118, MC-87, MC-92, MC-86, MC-106, MC-77. Como en los casos anteriores, éstos también están cerca geográficamente. En este caso todos de los son sitios relacionados con la explotación de los recursos marinos. De los comentarios y gráficos presentados hasta ahora sobre la evaluación general del resultado del ACP con respecto a las variables ambientales y a los individuos (sitios), es pertinente destacar algunos puntos. En primer lugar, tanto para las variables ambientales como para los individuos (sitios) poseen una correlación estadística y además, una geográfica. Los sitios situados en los cuadrantes II, III y IV tienen mayor relación geográfica con el 'grupo A' de las variables ambientales, ya que éstos están ubicados en el sector centro Norte y Este de la poligonal de estudio. Mientras que los sitios ubicados en el cuadrante I mantienen mayor relación geográfica con el grupo 2 de las variables ambientales y sus sub-grupos; aunque varios sitios de los cuadrantes III y IV están cerca de las variables de los sub-grupos B y C.

El aspecto que resalta más de estos resultados es que a pesar de que el ACP no es un análisis espacial, las dimensiones que representan mejor la base de datos, de hecho, discriminaron las variables y los sitios por su ubicación geográfica.

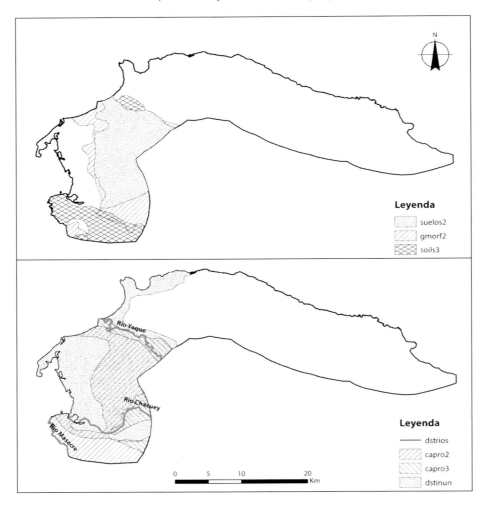

Figura 79. Variables Ambientales Sub-grupo D (Dim1- / Dim2+).

El último paso con el ACP fue explorar las gráficas individuales de la distribución de las variables ambientales, según las diferentes combinaciones de los distintos Componentes Principales (CP). En esta descripción se discutirán únicamente aquellas gráficas que muestran distribuciones claras. Desde una perspectiva general, los gráficos resultantes muestran la variabilidad en el agrupamiento de las variables cuando son considerados distintos componentes principales. Un aspecto interesante es que cada vez que se considera el componente principal 5 (PC5) la distribución se agrupa fuertemente en el centro y la variable Asp (aspecto) se convierte en un valor atípico. Esto

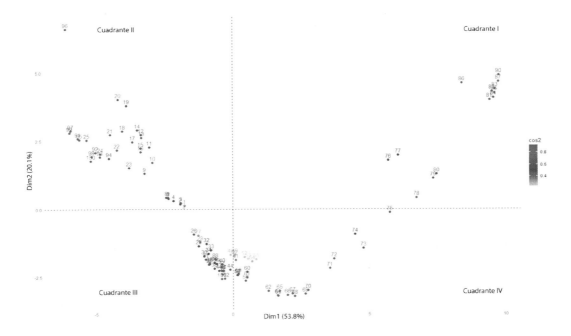

Figura 80. 'Mapa' de Individuos (sitios) y su relación en función de las primeras dos dimensiones del ACP.

Cuadrante	Individuos Mayor Contribución	Individuos Menor Contribución	Sitios Mayor Contribución	Sitios Menor Contribución
I	81, 82, 83, 84, 85, 87, 90	76,77,78,79,80/ 86	MC-82, 75, 81, 80, 126, 98, 127	MC-84,74,105,101,102/ 93
II	16, 17, 18, 21, 22, 25, 97, 99	96/ 20,19/91,95,25/ 100,98,92,93,24,94/ 9,10,11,12,13,14, 15,23/ 1,2,3,4,5,6,7,8	MC-42, 40, 41, 37, 39, 73, 13, 16	MC-21/ 60,61/ 1,10 / 11,15, 5,7,9,71/ 62,114,113,100,63, 85,64,38 / 27,57,125,33,72, 67,68,70
III	35, 102	26,27,28,29,32,33, 34,30,31,36,37,38, 39,40,42,43,44,45, 46,47, 88,89,101,102/ 48	MC-54, 128	MC-66,36,34,35,65,111,44, 112,56,53,58,32,104,31,47, 48,45,46,103,49,30,51,59,29 /109
IV	62, 63, 64, 66, 67, 68, 69, 70	49,50,51,52,53,54,55/ 56,57,58,59,60,61/65 / 71,72/ 73,74/ 75	MC-120, 119, 118, 87, 92, 86, 106, 77	MC-110,107,108,115,117,116,52/ 28,122,90,123,124,50/91/ 79,88/ 78,89/ 76

Tabla 6. Lista total de los individuos y su tipo de contribución al ACP.

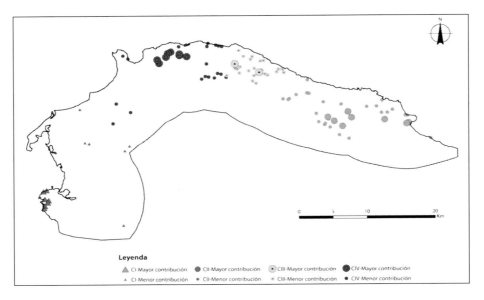

Figura 81. Relación de los Individuos (sitios) con las Dimensiones del ACP.

significa que el PC5 no explica la variabilidad de la muestra ya que su influencia lleva a las variables a tener valores cercanos a "0". Otro aspecto interesante es que cuando se considera el componente principal 4 (PC4) la distribución tiende a ser más "espaciada" que con otros componentes. Aunque de manera similar al PC5, los valores para las variables tienden a estar cerca de "0". Cuando se considera el componente principal 3 (PC3), las variables *gmorf1*, *dstmar* y *suelo1* aparecen siempre agrupadas y, en ocasiones, con valores mayores al resto de las variables. Los dos primeros componentes principales (PC1 y PC2) parecen ser los que proporcionan el agrupamiento mayor, pero siempre hacia el centro de la distribución, lo que implica que los valores de las variables son bajos y por lo tanto también la fortaleza de su relación.

Al observar cómo se agrupan las variables cuando se toman en consideración los distintos Componentes Principales, el patrón más característico es que en todos los gráficos las variables se agrupan de la misma manera. En la tabla 7 se presentan estos grupos y en el apéndice 2 se pueden observar las gráficas.

6.2.1.1 Comentarios

El ACP permitió reducir la cantidad de variables tanto para las variables ambientales como para los individuos (sitios), y presentar una gráfico sobre la correlación de las mismas. Con este resultado se puede afirmar que existe *auto-correlación espacial* entre las evidencias. *Auto-correlación* en estadística significa que las observaciones no son independientes y, por lo tanto, tienden a estar relacionadas con sus vecinos (Conolly & Lake 2006: 300). Se refiere a *auto-correlación espacial* cuando la diferencia en los valores de los atributos de dos puntos en el espacio están correlacionados con la distancia entre esos puntos (Conolly & Lake 2006: 301). Este resultado resalta tres aspectos principales de interés para el entendimiento de las relaciones espaciales. En primer lugar, el ACP discriminó grupos de variables ambientales con relaciones geográficas similares (ver tabla 7). Segundo, estos grupos además de compartir espacios geográfi-

Grupos/Subgrupos	Variables	Ubicación	Contenido
A	capro4, capro5, distqbds, gmorf4, gmorf5, ze1, ze2, suelos5, suelo6	Zona Norte de costa y tierra firme (fig. 77)	Relación con las zonas montañosas
B	capro1, dstsal y ze3	zona costera Oeste (fig. 78)	Variables relacionadas con las zonas de presencia de salinas naturales y áreas endémicas del manatí
C	capro2, capro3, dstrios, dstinun, gmorf2, suelo2 y suelo3	Zona costera y de tierra firme Oeste (fig. 79)	Relación con las zonas de inundación, presencia de ríos y áreas de agricultura
D	cuenca1 y cuenca2	Extremo Oeste de la costa y tierra firme (fig. 78)	Cuencas hidrológicas
No destacadas en el mapa de factores	gmorf1, dstmar, suelo1	Zona costera de la poligonal de investigación	Relacionadas con las zonas de manglar

Tabla 7. Grupos de Variables Ambientales destacados por los distintos Componentes Principales.

cos similares, comparten contenidos ecológicos (p. ej. zonas montañosas y agricultura; zonas costeras y salinas). Y por último, la comparación entre la distribución de sitios arqueológicos y el contenido de estos grupos de variables ambientales, podría llevar a la reflexión sobre las posibles intencionalidades de la gente del pasado no de relacionarse con los aspectos específicos caracterizados por cada variable ambiental (que en sí son categorías contemporáneas); en cambio, con el contenido ambiental representado por cada grupo.

6.2.2 Análisis de Correspondencias Múltiples (ACM)

El Análisis de Correspondencias Múltiples (ACM) es una extensión del Análisis de Correspondencia (AC) que permite analizar patrones de relación entre varias variables categóricas dependientes. Este análisis es similar al ACP o al Análisis de Factores (AF) con la diferencia importante de que para estimarlo se utilizan variables categóricas y no continuas (Nenadić & Greenacre 2005: 2; Abdi y Valentin 2007: 1). Dadas las características de la prospección realizada en la costa de la Provincia de Montecristi, los datos relacionados con la cultura material fueron procesados en forma de presencia/ausencia en los distintos sitios arqueológicos. Las variables culturales seleccionadas para este análisis, y descritas en el capítulo anterior, se dividen en 5 tipos (tabla 8): cerámica, artefactos líticos, artefactos de concha, artefactos de coral y especies de moluscos. Cada uno de estos tipos está compuesto por varias variables que los caracterizan y que son consideradas en el análisis como presentes/ausentes en los distintos sitios registrados (apéndice 3).

El primer paso antes de desarrollar el ACM fue analizar la coocurrencia y asociación entre las variables, a partir de tres elementos: la distancia euclidiana, el índice Jaccard y la geodistancia a través del rango de Kendall. La distancia euclidiana se refiere a las variación en metros desde y entre los distintos sitios arqueológicos y su frecuencia. Con el Índice Jaccard se busca medir el grado de similitud entre conjuntos. Y la Geodistancia se refiere a la distancia geodésica de los distintos sitios considerando su posición en la tierra en valores de Latitud y Longitud. El rango de Kendall se utilizó para evaluar la dependencia estadística de los valores de la geodistancia en función del coeficiente *tau*, que mide el rango de correlación. En primer lugar se calculó la distancia euclidiana entre las variables, cuyo resultado se observa en la figura 82. En la gráfica se pue-

Tipo	Variable	Código	Tipo	Variable	Código
Cerámica	Meillacoide	c1	Especies de Moluscos	*Lobatus gigas*	sp1
	Meillacoide-Chicoide	c2		*Charonia variegata*	sp2
	Chicoide	c3		*Codakia orbicularis*	sp3
	No identificado	c4		*Lobatus costatus*	sp4
	Sin cerámica	c5		*Codakia distinguenda*	sp5
Artefactos Líticos	Hacha	l1		*Cittarium pica*	sp6
	Mano de moler	l2		*Cassis tuberosa*	sp7
	Piedra de Martillo	l3		*Lobatus raninus*	sp8
	Artefacto de punta	l4		*Crassostrea rhizophorae*	sp9
	Hachuela	l5		*Arca zebra*	sp10
	Peso de pesca pequeño	L6		*Phyllonotus pomum*	sp11
	Peso de pesca grande	L7		*Vasum muricatum*	sp12
	Pendiente	l8		*Tivela mactroides*	sp13
	Cuenta	l9		*Anadara transversa*	sp14
	Lasca	l10		Caracol de tierra	sp15
	Raspador	l11		*Chione elevata*	sp16
	Núcleo	l12		*Isognomon alatus*	sp17
Artefactos de Concha	Gubia	c1	Artefactos de Coral	Guayo	o1
	Hacha	c2		Lima	o2
	Hachuela	c3		Herramienta de moler	o3
	Cuenta	c4			
	Martillo	c5			
	Pendiente	c6			
	Objeto de punta	c7			

Tabla 8. Variables Culturales consideradas para el ACM.

de observar que los distintos tipos de Cultura Material tienden a aparecer agrupados mayormente en distancias menores a 1000m, y a medida que se alejan en el espacio van perdiendo valor. Este resultado muestra que existe correlación espacial entre las variables, y por lo tanto, la variabilidad de los datos indica que otros análisis pueden ser desarrollados. Luego se calculó el índice de Jaccard para examinar la similitud entre las variables. Esta verificación se estimó para cada una de las variables de cultura material, es decir: cerámica, lítica, concha, coral y especies de molusco. El resultado mostró que existe cierta similitud en el conjunto de datos. Además, se realizó una correlación entre el Índice de Jaccard y la *Geodistancia* calculando el rango de Kendall (tabla 9). Es importante notar que los tipos "Lítica*", "Concha*" y "Coral*" significan una segunda vuelta del análisis que excluyó aquellas variables con presencia en menos de 5 sitios con respecto a la totalidad de la muestra de sitios (n=102). Esta decisión respondió a la necesidad de obtener resultados sólidos para entender la variabilidad de la muestra con un mayor rango de confianza estadística.

Como se puede observar en la tabla 9 el resultado fue una correlación muy baja para todas las variables. Sin embargo, estos resultados alentaron una mayor investigación de

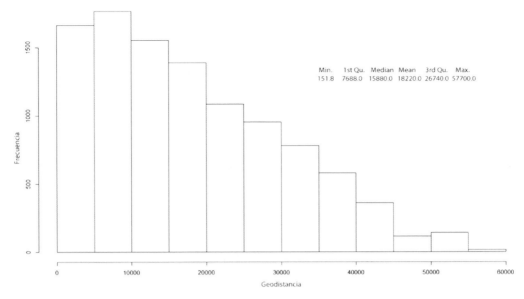

Figura 82. Histograma de la Geodistancia de los tipos de Cultura Material.

los datos, y sugieren la existencia de correlación entre las variables y la distancia. Por lo tanto, se pueden calcular otras estadísticas espaciales.

El ACM se calculó en dos pasos. En primer lugar, se aplicó a todo el conjunto de datos de la cultura material y luego se aplicó para cada tipo de cultura material. Es importante destacar que antes de aplicar el análisis se creó una variable llamada ".other" (p. ej. "lítica. other") para cada tipo de objeto y se incluyó como una variable en el análisis. Esta variable está compuesta por aquellos artefactos de los distintos tipo de cultura material, cuya presencia en el área de estudio fue registrada en menos de 5 sitios (similar al caso anterior '*lítica', tabla 9). La razón de crear esta variable se debió a que estos sitios estaban afectando los resultados ya que sus valores eran muy bajos. Por otro lado, en los gráficos resultantes del análisis se observa las variables representadas por su presencia y ausencia, donde, por ejemplo: "sp16_1" significa la presencia de la variable "sp16", y "sp16_0" implica su ausencia. Este tipo de contraste permite realizar las interpretaciones de los resultados con mayor detalle, ya que se puede evaluar si la ausencia de una variable en combinación con la presencia de otra, marca una correlación entre los datos. Para interpretar los resultados del ACM se utilizaron una serie de mapas factoriales, que son gráficas que muestran la variabilidad entre datos observados y variables correlacionadas en términos de un número potencialmente menor de variables no observadas llamadas factores[36]. En cuanto al ACP, el primer paso fue conocer el porcentaje en que cada componente explica la variabilidad en la base de datos total. En la figura 83 se puede apreciar que para explicar más del 60% de la variabilidad de los datos es necesario considerar al menos los 10 primeros *eigenvalues* (valores significativos). Si bien incluir tantos valores aumenta la consideración de dimensiones en los análisis, incluir menos de este número reduce el poder de explicación del análisis. Sin embargo, el ACM redujo las variables en 75%, ya que el total fue n=41.

---

36   Aunque este tipo de "mapas" son principalmente utilizados dentro de los Análisis Factoriales, su uso para el Análisis de Correspondencias Múltiples es común y aceptado en estadística.

La figura 84 muestra cómo el ACM representa la relación entre las variables para las dos primeras dimensiones, que proporcionan la mayor contribución para la explicación de la variabilidad en la base de datos. En esta figura se aprecia un grupo de variables concentrándose alrededor de valores cercanos a "0", lo que podría significar que no son representativas dentro de la muestra total. Luego, el resto de las variables se observan en los cuadrantes I y IV. En el primer cuadrante se observan principalmente variables relacionadas con las especies de moluscos, lítica y coral. Aunque el patrón general dentro del cuadrante parece disperso, algunas variables se encuentran en correlación entre un mismo tipo, y en algunos casos con otros tipos.

De los grupos más evidentes por la cercanía de sus variables, se observan: A) sp17 (*Isognomon alatus*) con sp9 (*Crassostrea rhizophorae*), que son dos tipos distintos de ostras. Un grupo interesante es el compuesto por B) sp13 (*Tivela mactroides*), sp14 (*Anadara transversa*) y l10 (Lasca), ya que los moluscos son dos tipos de almejas y la lasca es un artefacto lítico que podría estar bien relacionado con las actividades de apertura de este tipo de moluscos. Otro grupo está compuesto por C) sp10 (*Arca zebra*) y sp16 (*Chione elevata*) que son dos tipos distintos de almejas. Hay un grupo sólo de artefactos líticos, donde se encuentra D) l3 (Piedra de Martillo) y l12 (Núcleo), que en el área de estudios son objetos que generalmente se encuentran en asociación. El último grupo está compuesto por E) o2 (Lima), sp12 (*Vasum muricatum*) y sp15 (Caracol de tierra), este es un grupo interesante ya que el sp12 es un tipo de caracol de agua salada y el sp15 es un caracol de tierra y/o agua dulce. Un último aspecto de la consideración de este cuadrante es que todas estas variables se encuentran en correlación positiva con las dos dimensiones, lo que implica que la presencia de una variable aumenta la probabilidad de presencia de otras relacionadas.

En el cuarto cuadrante se observan dos grupos principalmente. El grupo A) contiene un número importante de variables: dito.other_0 (ausencia de las diversas conchas de molusco con presencias menores a 5 sitios), l2 (Mano de moler), s5(Martillo), sp2(-*Charonia variegata*), coral.other_1 (presencia de los objetos de coral presentes en menos de 5 sitios), sp6 (*Cittarium pica*), s1 (Gubia), s7 (Objeto de punta), c2 (cerámica mixta Meillacoide-Chicoide), c3(Chicoide), o1 (Guayo). El tipo de objetos destacados en este grupo (todos en presencia, menos dito.other_0) pareciera tener relación con las actividades generales del habitar, como el procesamiento de plantas y el trabajo de la madera, en términos de los artefactos líticos y de concha, la presencia de cerámicas y de algunas conchas de molusco comunes para toda el área. Sin embargo, estas variables están en correlación positiva con al Dim1 pero en negativa con la Dim2, lo que podría significar que en la realidad estas variables no necesariamente se encuentran en los mismos sitios, o que la presencia de una podría influir en la ausencia de otra. El grupo B) está compuesto por s2 (Hacha) y s3 (Hachuela) son artefactos de concha comunes en la mayoría de los sitios y que pueden estar relacionados con una amplia gama de actividades.

Considerando el tipo de agrupaciones particulares entre las variables, se evaluó cada una de ellas individualmente para sondear las relaciones internas. En primer lugar se evaluó la variable *cerámica*. En la figura 85 se observa la distribución de los distintas series cerámicas cuando son consideradas con las dos primeras dimensiones que explican el 69.51% de la diversidad en los datos. Las variables están distribuidas de manera dispersa, observándose dos posibles grupos. El primero compuesto por las ausencias de c2

Tipo	tau	z	valor p
Cerámicas	0.05380233	5.022877	<0.001
Lítica	0.03238216	2.242961	<0.001
Lítica*	0.06000269	4.856113	<0.001
Concha	0.08434934	5.759975	<0.001
Concha*	0.08385377	5.600873	<0.001
Coral	0.08819497	5.057456	<0.001
Coral*	0.08774723	5.026385	<0.001
Especies de M.	0.27858173	28.263261	<0.001

Tabla 9. Índice de Valores de Jaccard.

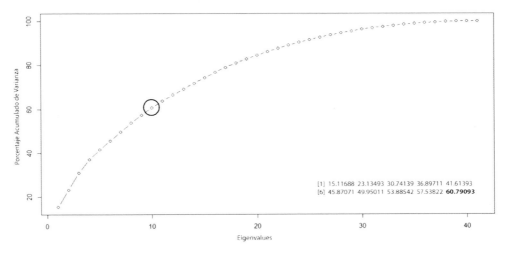

Figura 83. Proporción de la Varianza Explicada por los eigenvalues.

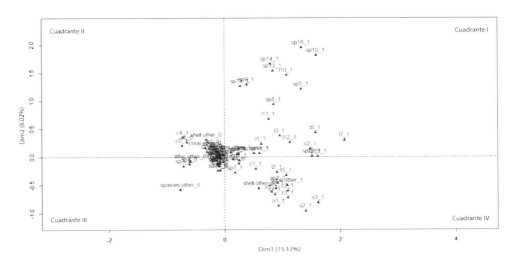

Figura 84. Mapa Factorial del ACM: Variables de Cultura Material.

(Meillacoide-Chicoide) y c3 (Chicoide) en el cuadrante I. Esta correlación implica que la ausencia de una, afecta la ausencia de otra. El segundo grupo está compuesto por las presencias de las mismas variables en el cuadrante IV, lo que tiene sentido considerando el grupo anterior. Cercana a estos dos grupos se observa la variable c1 (Meillacoide) como ausencia y presencia, respectivamente. Esto significa que la cerámica Meillacoide tiene una correlación leve con el resto de las cerámicas registradas en el área, sin embargo, registrar esta cerámica en un sitio no significará registrar las otras dos. Las otras dos variables c4 (No identificada) y c5 (Sin cerámica), aparecen cercanas al resto en sus valores ausentes, y lejanas cuando están presentes. Sugiriendo esto que, como de hecho se observó durante los trabajos de campo, la ausencia de estas dos variables aumenta la posibilidad de encontrar el resto, y viceversa.

En cuanto a los materiales *líticos*, se consideraron las dos primeras dimensiones las cuales explican el 41% de la variabilidad en la base de datos. En la figura 86 se observa que las variables de ausencia se concentran alrededor de "0" implicando que, por un lado, la ausencia de un material lítico no afecta la presencia de otros, y por otro que la variable lítica en su ausencia no es significativa.

Los valores en presencia se agrupan en los cuadrantes I y IV observándose un solo grupo claro conformado por las variables l1 (Hacha) y l2 (Mano de moler). La correlación entre estas dos variables guarda significancia con las observaciones realizadas en campo y las referencias a otras áreas de investigación en la región Norte. Estos dos objetos podrían estar relacionados con sitios de habitación, aunque sus utilidades pudieron haber sido muy variadas en el pasado. El resto de las variables aparece dispersa en el resto del gráfico implicando que pareciera no existir una correlación directa en la distribución de estos materiales.

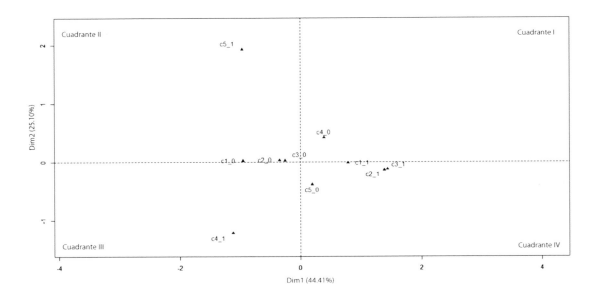

Figura 85. Mapa Factorial del ACM: Variable Cerámica.

En cuanto a los artefactos de *concha*, la figura 87 muestra su distribución tomando en consideración las dos primeras dimensiones (45%). Como en el caso de la lítica, las variables de ausencia se agrupan hacia el centro ("0") de la gráfica. El patrón de las presencias en este caso es más agrupado, observándose dos posibles grupos. El primero en el cuadrante IV y compuesto por s1 (Gubia), s5 (Martillo) y s7 (Objeto de punta), artefactos posiblemente relacionados con actividades practicadas en asentamientos, como tareas relacionadas con el trabajo de la madera, construcción u otras que requieren artefactos especializados. En el caso de la gubia, éste es un artefacto asociado generalmente a actividades de raspar madera, aunque podría haber sido utilizado igualmente para quitar las escamas de los peces u otras actividades relacionadas con la explotación de recursos marinos, incluida la explotación de sal (Ortega 2001: 79; Antczak y Antczak 2006: 289). El segundo grupo conformado por s2 (Hacha) y s3 (Hachuela) representa objetos posiblemente relacionados con actividades de trabajo en los campos. En esta distribución, la variable s4 (Cuenta) se encuentra considerablemente alejada del resto, lo que podría estar relacionado con la poca frecuencia con la que se encontró este tipo de objetos en el área de estudio.

En cuanto a la variable objetos de *coral*, la figura 88 muestra la distribución tomando en cuenta las primeras dimensiones (75%). Como en los casos anteriores, las ausencias no representan una significancia o correlación con el resto de las variables. Las presencias por otro lado se encuentran todas separadas, lo que implica que la presencia de una no afecta la presencia y/o ausencia de otra. Este es un resultado esperado para esta variables, y que podría estar más relacionado con la cantidad de objetos y la presencia de los mismos a lo largo del área, que, con una condición de este tipo de cultura material.

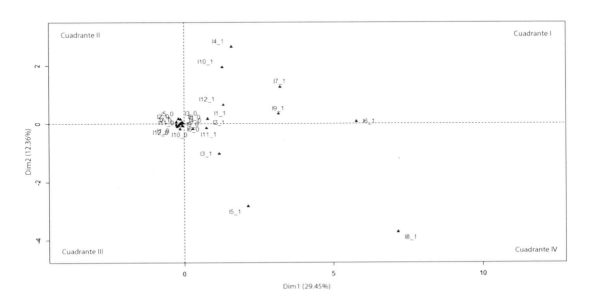

Figura 86. Mapa Factorial del ACM: Variable Lítica.

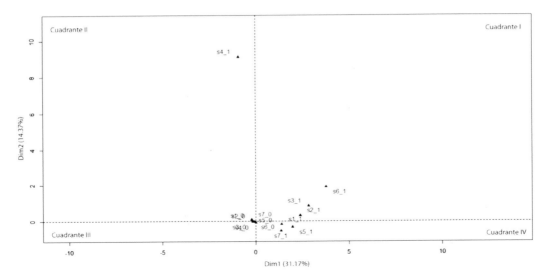

Figura 87. Mapa Factorial del ACM: Variable Concha.

Finalmente, la variable *especies de molusco* presenta un panorama un poco más complejo. En la figura 89 se puede apreciar que los valores de ausencia se siguen agrupando entre ellos, pero no tan cercanos al centro. En el caso de las presencias parecieran haber cuatro grupos, aunque éstos no están muy cercanos. El primero con sp13 (*Tivela mactroides*) y sp14 (*Anadara transversa*), compuesto por dos variedades de almejas, las cuales ya se habían destacado en la distribución general de todas las variables. El segundo grupo compuesto por sp3 (*Codakia orbicularis*) y sp4 (*Lobatus costatus*), una variedad de almeja y de caracol marino de gran tamaño. Posiblemente su correlación este marcada por el hecho de que son las conchas más abundantes en el área de investigación y, por general, se encontraron en asociación durante los trabajos de campo. El tercer grupo sp6 (*Cittarium pica*) y sp11 (*Phyllonotus pomum*) son dos variedades de caracoles marinos, cuya distribución en el área es común. El último grupo, conformado por sp2 (*Charonia variegata*) y sp7 (*Cassis tuberosa*) son dos variedades de caracoles de agua salada de gran tamaño presentes, por lo general en el sector Norte del área de investigación.

6.2.2.1. Comentarios

En primer lugar, el resultado más evidente de este análisis fue, que tanto para la muestra de toda la base de datos de cultura material, como para los tipos particulares, las concentraciones de variables se dieron en pequeños grupos y con porcentajes variables para las dos primeras dimensiones en cada análisis. En términos generales, esto podría significar que existe una alta variabilidad de conjuntos de materiales en los distintos sitios y que su agrupación con porcentajes de confianza estadística alta es complicada. Evidencia de esto fue el porcentaje de las dos primeras dimensiones del ACM a la base de datos total fue 23.14%. Es decir que las primeras y más importantes dimensiones explican poco menos de ¼ de la variabilidad de la cultura material en la muestra de sitios. Aunque esto no le quita validez a los grupos señalados por el análisis, afirma que, para conocer la totalidad de la variabilidad de conjuntos o ajuares de cultura material en el área, se necesita o una muestra mayor u otro tipo de análisis estadísticos.

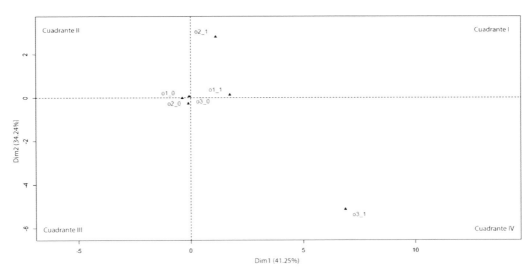

Figura 88. Mapa Factorial del ACM: Variable Coral.

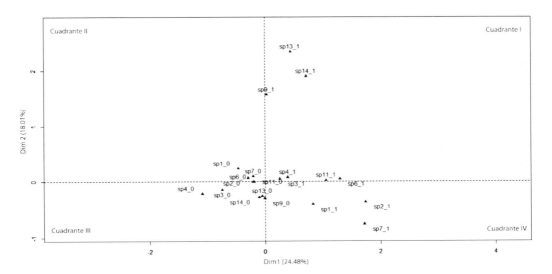

Figura 89. Mapa Factorial del ACM: Variable Especies de Molusco.

En términos de los tipos de cultura material específicos, los resultados de los análisis cerámicos (69.51%), líticos (41.81%), de concha (45.54%), de coral (75.49%) y de las especies de moluscos (42.49%) presentaron porcentajes de explicación de la variabilidad mayores que para la muestra total. Esto afirma la impresión anterior, y conlleva a considerar que a medida que se consideren muestras materiales con menor posibilidad de conjuntos (p. ej. cerámica y coral), la fortaleza del estimado de la variabilidad será mayor. Esto podría estar relacionado con la variabilidad de materiales real en cada sitio, o con el hecho de que dentro de la muestra de sitios arqueológicos existen sitios con diferentes funcionalidades, y que presentan ajuares materiales distintos, por lo que analizarlos de manera global no lleva a un modelo de ajuar para la región, en cambio resalta la importancia de considerar análisis a escalas locales.

El resultado del ACM aplicado a la base de datos total de la cultura material se puede extraer que en la mayoría de los casos *las asociaciones ocurren en pequeños grupos y a escala local*. El resultado del análisis indicó la relación de variables dentro de sitios particulares y no la relación de las variables en el área de estudio, por lo que la varianza en la relación de la cultura material se observa a nivel *local* y no *global*. Esto podría estar relacionado con la presencia de ciertos sitios con conjuntos de cultura material inherente a ellos, y dedicados a actividades/tareas específicas.

6.2.3. Regresión Logística, Modelo de Proceso de Puntos y Función de Correlación de Pares

Esta sección está dividida en tres análisis que, aunque distintos, fueron ejecutados bajo un mismo propósito. Ya que con los análisis anteriores se evaluaron las distribuciones y correlaciones de las variables ambientales y culturales por separado, con éstos se buscó entender cuáles son las relaciones entre la distribución de sitios arqueológicos y las variables ambientales. Siendo la esencia de los análisis estadísticos explorar la relación entre variables, con determinados análisis es posible generar predicciones sobre las mismas que, a su vez, conllevan a entender su comportamiento a distintos niveles. Los análisis de *regresión* son un método para explorar estas relaciones, y particularmente para obtener reglas de predicción (Graybill y Iyer 1994: 73). Todos los análisis de regresión se basan en conocer la relación entre una variable dependiente y una o más independientes (Hosmer y Lemeshow 2000: 1). En el caso de la *regresión logística*, el objetivo es determinar el modelo que mejor explique la relación entre la variable dependiente, en este caso los sitios arqueológicos, y las variables independientes llamadas covariables, y representadas por las variables ambientales. Es importante aclarar que el hecho de que los sitios arqueológicos sean tomados como variable dependiente no implica que se esté asumiendo una postura determinista ambiental sobre su distribución. El análisis espacial de *Procesos de Puntos* es un modelo matemático que permite la descripción de objetos distribuidos en el espacio (Illian *et al.* 2008). Este análisis forma parte de la estadística espacial, que es la rama de la estadística encargada de explicar y describir fenómenos cuya condición esencial se encuentra en el espacio. Finalmente, la *Función de Correlación de Pares* o *Función de Distribución Radial* es un análisis que permite conocer la probabilidad de encontrar un evento, cualquiera sea, a una distancia *r* desde un evento de referencia (Allen y Tildesley 1987). En este sentido, el análisis describe la densidad como función de la distancia medida desde el evento de referencia.

La *Regresión Logística* se calculó sobre la base de dos propósitos: 1) explorar la relación entre las variables ambientales y la distribución de sitios y 2) obtener los datos necesarios para calcular el modelo de procesos de puntos. Originalmente, la idea fue calcular el análisis para grupos específicos de sitios, de manera de tener una visión particular para, por ejemplo, sitios con tamaños y funcionalidades distintas. Sin embargo, después de estimar el análisis por primera vez los grupos con las muestras cuantitativas de sitios más reducidas produjeron una separación completa o casi completa, lo que significa que los resultados fueron iguales a "1". Un resultado como este no permite ningún tipo de exploración o conocimiento de las relaciones entre los datos, ya que la relación es "perfecta". Por esta razón, para éste y los análisis subsiguientes, sólo se utilizaron dos grupos de sitios: 1) los sitios de habitación (n=74), y la muestra total de sitios arqueológicos (n=102). Las variables independientes consistieron en mapas raster que

Variable	Código
Aspecto Este	aspeast
Aspecto Norte	aspnorth
Aspecto Sur	aspsouth
Aspecto Oeste	aspwest
Elevación Alta	elevhigh
Elevación Baja	elevlow
Elevación Media	elevmid
Pendiente Alta	slopehigh
Pendiente Baja	slopelow
Pendiente Media	slopemid
Agricultura / Pasto	vegeta
Bosque Seco	vegetb
Matorrales	vegetc

*Tabla 10. Variables ambientales no considera-
das en el ACP e incluidas para los análisis de
regresión logística.*

representan diferentes características ambientales, ya descritas a detalle en el capítulo descriptivo. Además de las variables, ambientales continuas utilizadas anteriormente, para este análisis se incluyeron otras variables que no pudieron ser incluidas en el ACP por su formato binario (tabla 10)[37].

Luego de estimar la regresión logística para los dos grupos de datos mencionados, diversas variables resultaron significativas (tabla 11 y 12). Y con estos resultados fue posible continuar al cálculo del modelo de *proceso de puntos* y la *función de correlación de pares*. Los análisis se presentarán por grupos de sitios, y cuando sea necesario se harán comparaciones entre éstos. Es importante aclarar en este punto que para que una variable tenga significancia su valor debe estar dentro de un rango aceptable. A esto se le denomina *Nivel de Significancia* (representado como α), y se refiere a la probabilidad que tiene una variable de rechazar la hipótesis nula (o hipótesis de no diferencia). La convención en arqueología es que la hipótesis nula se rechaza con α = 0.05 o α = 0.01 (Shennan 1988: 52). El valor a utilizar queda en responsabilidad del analista, ya que cada caso de estudio debe ser tomado en su contexto. Para esta investigación el nivel de significancia fue fijado en α = 0.05, lo que es equivalente a un valor de 95% de probabilidades de rechazar la hipótesis nula. En este caso en particular, la hipótesis nula es que *no existe relación entre las variables ambientales y la distribución de sitios arqueológicos.* Por lo que todas las variables que sean significativas, rechazaran la hipótesis y con esto se implica que sí existe una relación entre las variables. Sobre la base de este resultado, otro tipo de análisis puede ser calculado para explorar posibles alternativas explicativas sobre la condición de esa relación. Para la regresión logística se consideraron todas las variables ambientales descritas en el capítulo descriptivo y presentes en la tabla 5 (variables continuas) y la tabla 10 (variables binarias).

La tabla 11 muestra el resultado de la regresión logística y de allí se deben tomar en consideración principalmente dos valores: Valor *z* y el Valor *p*. El primero mide la diferencia entre el valor observado (Estimado) y su parámetro hipotético (Error Estándar).

---

37   Los mapas de las variables mencionadas pueden ser accesados en la referida base de datos KNAW/ DANS. Ver https://doi.org/10.17026/dans-xyn-cu72.

Coeficientes	Estimado	Error Est.	Valor z	Valor p
(Intercept)	-1.645e+01	6.793e+00	-2.421	0.015464 *
dstqbds[1]	7.006e-04	3.379e-04	2.073	0.038134 *
capro1	8.941e-04	2.429e-04	3.681	0.000232 ***
capro2	-2.216e-03	5.089e-04	-4.355	1.33e-05 ***
capro4	1.309e-03	4.132e-04	3.169	0.001531 **
capro6	9.244e-04	2.971e-04	3.112	0.001860 **
gmorf1	-1.422e-03	3.731e-04	-3.811	0.000139 ***
gmorf3	-1.163e-03	3.240e-04	-3.589	0.000332 ***
suelos4	3.752e-04	1.104e-04	3.399	0.000675 ***
suelos6	-1.400e-03	3.810e-04	-3.674	0.000238 ***
cuenca1	1.597e-03	4.208e-04	3.794	0.000148 ***
cuenca4	1.129e-03	3.596e-04	3.140	0.001687 **

Códigos de significancia: 0.0001 '***' 0.001 '**' 0.01 '*' 0.05 '.'

Tabla 11. Variables Ambientales con Significancia para la Distribución de Sitios de Habitación según la Regresión Logística y resaltando el resultado del Criterio de Información de Akaike (n=74). 1: En rojo las variables que resultaron con significancia luego de estimar el Criterio de Información de Akaike (CIA).

En este sentido, el valor z mide la desviación estándar desde la media de un punto dado. Si sus valores están por debajo de -2 y por encima de 2 entonces es significativo, y su resultado negativo o absoluto está relacionado con el tipo de correlación, negativa o positiva. El Valor p es la probabilidad que al usar un modelo estadístico su resumen sea igual o mayor que las observaciones reales. Por lo cual, un resultado menor (valor $p < 1$) es considerado de significancia estadística para poner a prueba la hipótesis nula. En este caso, como ya fue mencionado, cualquier valor menor de $\alpha = 0.05$ es considerado suficiente para rechazar dicha hipótesis.

6.2.3.1. Sitios de Habitación

En cuanto al grupo categorizado como sitios de habitación (n=74). En la tabla 11 se aprecia que las variables destacadas con una relación de significancia con esta distribución son: *dstqbds* (distancia a quebradas), *capro1* (Suelos no aptos para la agricultura), *capro2* (Suelos limitados para cultivo y no aptos para riego), *capro4* (Suelos para bosques, pastos y cultivos de montaña), *capro6* (Suelos para pastos y arroz, drenaje limitando), *gmorf1* (Ciénagas), *gmorf3* (Zonas de lomas y plataformas), *suelos4* (Suelos de sabana: arenosos, de zonas áridas), *suelos6* (Suelos de origen calcáreo: sobre caliza y material calcáreo no consolidado), *cuenca1* (cuenca del Rio Masacre) y *cuenca4* (cuenca del Rio Yaque del Norte). El área geográfica que ocupa este grupo de variables abarca toda la poligonal de estudio, por lo que fue complicado poder explicar el significado de la correlación concreta con los sitios de habitación. Esto significa que aunque existe una correlación entre variables ambientales y distribución de sitios, es necesario continuar la exploración, ya que el resultado aporta poco al entendimiento de los patrones existentes. Con éstas variables se continuó a la estimación del modelo de procesos de puntos.

El primero paso para estimar este modelo fue reconsiderar la significancia de las variables anteriores (tabla 11) utilizando la función "paso CIA" del Criterio de

Información de Akaike (CIA). El criterio de información Akaike (CIA) es una medida de la calidad relativa de los modelos estadísticos para un conjunto de datos. En función de una serie de modelos basados en los datos, CIA estima la calidad de cada modelo, en relación con cada uno de los otros modelos. De esta manera, este análisis proporciona un medio para la selección del modelo final. El paso CIA no es un test de significancia en el sentido de probar una hipótesis nula, por lo que no puede decir nada sobre la calidad del modelo (Mazerolle 2004). El CIA "AIC proporciona un medio simple, efectivo y objetivo para la selección de un estimado del "mejor modelo aproximado" para el análisis de datos y la inferencia." (Burnham y Anderson 2002: 2). El calculó del paso CIA eliminó algunas de las variables señalando como significativas (en cursiva en la tabla 11) las siguientes: *dstqbds* (distancia a quebradas), *capro4* (Suelos para bosques, pastos y cultivos de montaña), *gmorf3* (Zonas de lomas y plataformas), *suelos4* (Suelos de sabana: arenosos, de zonas áridas), *suelos6* (Suelos de origen calcáreo: sobre caliza y material calcáreo no consolidado). Este resultado sí permitió tener una mejor idea de distribución, ya que discernió entre variables que se encuentran al Norte de la poligonal de estudio y al extremo Oeste (fig. 90). Estas variables están principalmente relacionadas con actividades agrícolas a pequeña escala, acceso a fuentes de agua temporales, y las montañas del Norte de la poligonal. Esta imagen es coherente con las observaciones hechas durante los trabajos de campo, y la idea de que el área intermedia de la poligonal de estudio, aquella que corresponde con la zona de inundación principal del Río Yaque, parece ser una zona donde las actividades indígenas en el rango de 10 km de la costa, estuvieron relacionadas con actividades de explotación de recursos marinos, y los asentamientos de habitación en este sector estaban más alejados de la costa, hacia la tierra adentro.

Para estimar el modelo de procesos de puntos se calcularon dos modelos, uno llamado "modelo nulo" (código=mod074) basado en la distribución del sitios, y el segundo, llamado "modelo de covariables" (código=mod174) establecido por las variables ambientales significativas. El resultado de los modelos al estimar el CIA fue Modelo Nulo = 2538.591 y CIA Modelo de Covariables = 2475.893. Esto significa que el modelo ambiental esta mejor condicionado para la exploración adicional de los datos y para la creación de la superficie de intensidad. Al estimar este modelo y conocer su resultado, dos exploraciones fueron seguidas. La primera -considerando que la densidad de distribución de puntos en el espacio sea variable-, fue un mapa o superficie de intensidad (Illian *et al.* 2008: 3). Este mapa puede representar la correlación entre las covariables significativas a lo largo de la poligonal y, además, su correlación con la distribución del sitios arqueológicos (fig. 91). La segunda exploración se puede dar a través de las correlaciones de los puntos con respecto al patrón relativo a sus distancias, como por ejemplo en un análisis de las distancias de vecino más cercano (Illian *et al.* 2008: 3), y esto se evaluará a través de la estimación de un histograma del vecino más cercano y la función de correlación de pares.

En cuanto al mapa de intensidad (fig. 91) se puede apreciar (en rojo) las zonas donde el modelo de procesos de puntos designó que existe una alta densidad en cuanto a la relación entre sitios y variables. Es decir, zonas donde las correlaciones entre las variables ambientales y los sitios arqueológicos poseen los valores más altos de correlación. En términos arqueológicos, el mapa permite visualizar que la más alta densidad de sitios relacionados con actividades de habitación se encuentra, como es de esperar,

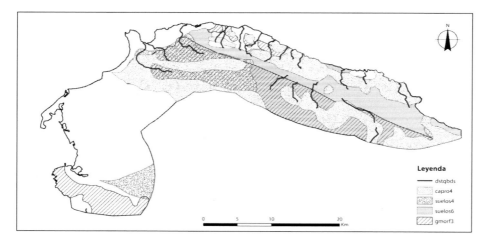

Figura 90. Covariables con significancia para los Sitios de Habitación luego de estimar el Criterio de Información de Akaike (CIA).

al Norte de la poligonal de estudio, y principalmente en la zona montañosa. Con este resultado se confirma estadísticamente las impresiones y observaciones realizadas en el campo y, más importante, permite continuar al segundo paso de este grupo de análisis.

Luego de esto se calculó el índice de Vecino más Cercano de Clark y Evans (1954) para conocer si el patrón de distribución de sitios es agrupado, aleatorio o regular. En este caso el patrón fue agrupado ya que el resultado fue *k=0.55*. Sobre la base de la existencia de un patrón agrupado en la distribución, se decidió ahondar más y estimar un histograma de vecino más cercano para conocer las distancias de dichos agrupamientos. Para evaluar la significancia del resultado se consideraron los datos dentro de un sobre de Monte Carlo para validar las distancias. En el figura 92 se aprecia que las mayores concentraciones de sitios se dan en distancias menores a 1000 m, y tienden a ser significativas cuando se encuentran más de 10 sitios de habitación en conjunto. La distribución interna al sobre creado por el método Monte Carlo (líneas rojas) aunque se presenta como agrupada no es significativa.

En base a estos resultados se calculó una Función de Correlación de Pares igualmente con una envoltura Monte Carlo condicionando: a) un modelo nulo basado en una Distribución de Poisson y b) un modelo fundado en la tendencia de primer orden resultante de los cálculos del modelo de procesos de puntos. El resultado del Modelo Nulo (fig. 93) indica que la distribución de sitios de habitación es significativa cuando alcanza alrededor de 6000 m de distancia entre puntos, aunque tiene su valor más alto alrededor de los 1000 m de distancia entre puntos, como ya había sido indicado por el histograma de vecino más cercano.

Este resultado también indica la varianza de la densidad de sitios cuando la variable *distancia* es considerada, y su importancia de acuerdo a la propia distribución arqueológica. Es decir, la distribución y densidad de los sitios puede verse afectada por Efectos de Segundo Orden (en este caso, aspectos de carácter cultural). Luego, se calculó el FCP con la tendencia de primer orden, proveniente del resultado del modelo de proceso de puntos. Esta estimación consideró la correlación entre la distribución de sitios de habitación con las variables ambientales significativas (fig. 94).

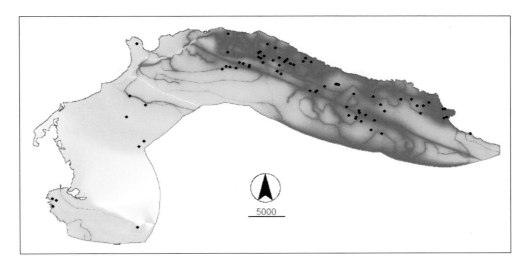

Figura 91. Superficie de Intensidad para los Sitios de Habitación (n=74), costa de la Provincia de Montecristi, República Dominicana.

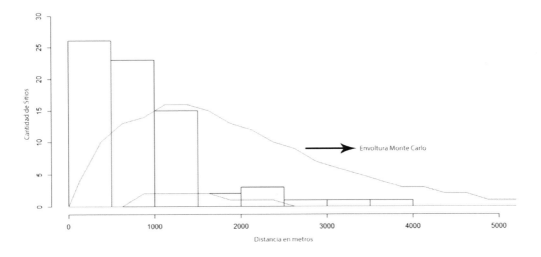

Figura 92. Histograma de Vecino más Cercano para los Sitios de Habitación.

El resultado de este análisis muestra que la densidad de sitios arqueológicos sigue siendo significativa a distancias menores de 1000 m, e incluso lo es hasta distancias de +/- 3000 m. Más allá de esta medida la tendencia de primer orden pareciera tener un efecto sobre la densidad y distribución. Esta gráfica lleva a considerar que la posible razón detrás de la distribución de los sitios dentro del área de investigación podría no ser el resultado de la influencia de características ambientales, y en cambio su patrón podría responder a aspectos de carácter cultural (Efectos de Segundo Orden). Después de estos resultados, se estimó otro histograma de vecino más cercano considerando una aleatoriedad en base al método Monte Carlo, pero esta vez teniendo en cuenta la tendencia de primer orden (es decir, el resultado del modelo de procesos de punto) para

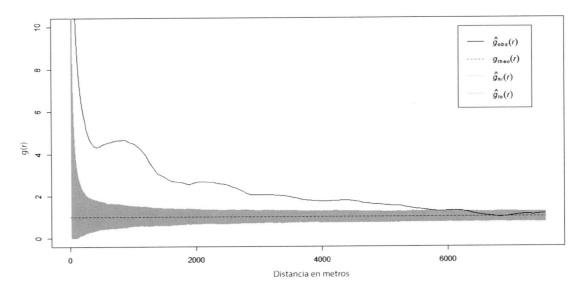

Figura 93. Función de Correlación de Pares para los Sitios de Habitación sobre la base del Modelo Nulo.

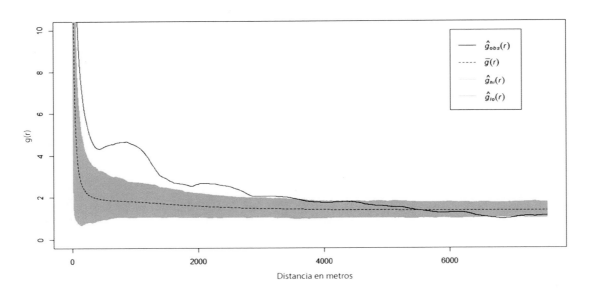

Figura 94. Función de Correlación de Pares para los Sitios de Habitación sobre la base del Modelo de Primer Orden.

evaluar si esto afecta a los resultados (fig. 95). El gráfico resultante muestra que existe poca diferencia entre este resultado y el anterior, lo que confirma la conclusión de que las variables ambientales no parecieran estar afectando la densidad y distribución de sitios arqueológicos, por lo que la explicación debe ser buscada dentro de procesos de Segundo Orden. Esto significa que el patrón podría haber sido el resultado de decisiones culturales sobre el uso humano del medio ambiente.

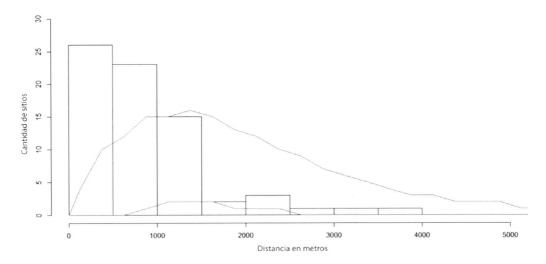

Figura 95. Histograma de Vecino más Cercano para los Sitios de Habitación sobre la base de la Tendencia de Primer Orden.

6.2.3.2. Distribución General de Sitios Arqueológicos

El segundo modelo calculado fue para toda la muestra de sitios arqueológicos (n = 102). Como en el caso anterior, primero se realizó el Criterio de Información Akaike (CIA) sobre la base de las variables ambientales significativas seleccionadas por la regresión logística (tabla 12). El paso CIA descartó algunas variables y estableció como significativas las siguientes: *capro2* (Distancia a Suelos limitados para cultivo y no aptos para riego), *dstsal* (Distancia a Salinas), *suelos2* (Suelos aluviales recientes), *suelos4* (Distancia a Suelos de sabana: arenosos, de zonas áridas), *suelos6* (Suelos de origen calcáreo: sobre caliza y material calcáreo no consolidado), *cuenca1* (cuenca del Rio Masacre), *cuenca2* (cuenca del Rio Chacuey). En la figura 96 se puede observar que estas variables se localizan a lo largo de toda el área de estudio, lo que dificulta su interpretación. Sin embargo hay dos elementos a considerar, en primer lugar, entre las variables significativas en este segundo análisis, se encuentran variables como Distancia a Salinas y Suelos aluviales recientes, que se localizan en la zona donde el análisis previo no había seleccionado ninguna variable. Esto podría estar relacionado con la presencia de sitios de explotación de recursos marinos en esta base de datos, cuyas ubicaciones podrían estar más relacionadas con este tipo de variables.

Una vez más, se calcularon los dos modelos, el "modelo nulo" basado sólo en la distribución de sitios y el modelo basado en las variables ambientales significativas. El resultado de los modelos (Nulo = 3432.916 y Variables = 3375.117) indica, que el segundo es el más apto para continuar los cálculos. La figura 97 muestra la superficie de intensidad resultante de estos cálculos. Aquí se ubica el segundo punto de la discusión iniciada más arriba, además del hecho de que la presencia de ciertas variables puede estar relacionada con los sitios de explotación de recursos marinos; las zonas destacadas como de alta densidad, son muy limitadas. Es decir, a pesar de que para este grupo de sitios más variables fueron significativas, el área geográfica de alta densidad pareciera ser más específica que para los sitios de habitación. Además, se incluye el área relacionada con las salinas al Oeste de la poligonal de estudio.

Este resultado pareciera estar discriminando diversas zonas, relacionadas tanto con los sitios de habitación, como con los sitios de explotación de recursos. Como para el caso anterior, luego de esto, se exploró índice de vecino más cercanos de Clark y Evans y se determinó que existe agrupamiento en los datos (*k=0.6021193*). En la figura 98 se muestra el resultado del histograma de vecino más cercano considerando el sobre de significancia del método Monte Carlo.

Como era de esperarse se observa una concentración significativa de sitios en distancias menores a 1000 m. En especial cuando se consideran de 10 a 15 sitios para la distribución menor a 500 m y más de 20 para las distancias entre 500 m y 1000 m. A distancias mayores de los 1000 m la distribución no es significativa. En las figuras 99 y 100 se presenta la función de correlación de pares con el sobre de

Coeficientes	Estimado	Error Est.	Valor z	p-value
(Intercept)	-1.339e+01	3.497e+00	-3.828	0.000129 ***
capro2	-1.956e-03	6.615e-04	-2.957	0.003106 **
capro3	7.653e-04	3.522e-04	2.173	0.029813 *
dstsal	-6.702e-04	2.028e-04	-3.305	0.000951 ***
suelos2	1.884e-03	6.329e-04	2.976	0.002919 **
suelos3	-5.084e-04	2.375e-04	-2.141	0.032314 *
suelos4	2.423e-04	7.316e-05	3.312	0.000925 ***
suelos6	5.009e-04	1.851e-04	2.706	0.006803 **
cuenca1	1.316e-03	3.411e-04	3.859	0.000114 ***
cuenca2	-7.523e-04	2.740e-04	-2.746	0.006031 **
cuenca4	-7.898e-04	3.035e-04	-2.602	0.009267 **

Códigos de significancia: 0.0001 '***' 0.001 '**' 0.01 '*' 0.05 '.'

Tabla 12. Variables Ambientales con Significancia para la Distribución General de Sitios Arqueológicos según la Regresión Logística y resaltando el resultado del Criterio de Información de Akaike (n=102).

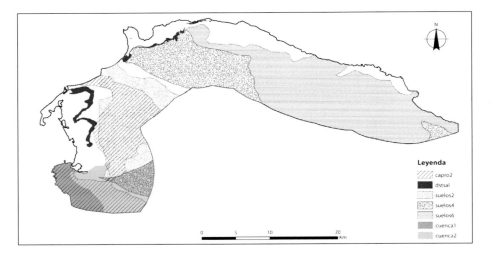

Figura 96. Covariables con Significancia – Distribución General de Sitios Arqueológicos (después del Criterio de Información de Akaike).

significancia del método Monte Carlo, que condiciona: a) al modelo nulo basado en una Distribución de Poisson (fig. 99) y b) al modelo con la tendencia de primer orden resultante de los cálculos del modelo de procesos de puntos (fig. 100). Como en el caso anterior, el resultado del modelo nulo indica que la distribución de sitios arqueológicos es significativa hasta casi 6000 m, aunque tiene su puntaje alrededor de 1000 m. De manera similar, este resultado indica que la varianza en la densidad de sitios, cuando la variable distancia es considerada, puede verse afectada por Efectos de Segundo Orden. Al estimar la función de correlación de pares en base a la tendencia de primer orden (fig.112), el resultado mostró que la densidad de sitios arqueológicos sigue siendo significativa a distancias más bajas, incluso hasta +/- 3000 m. Esto podría estar indicando la presencia de Efectos de Segundo orden

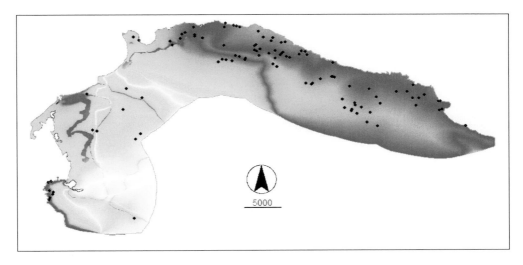

Figura 97. Superficie de Intensidad para la Distribución General de Sitios Arqueológicos (n=102), costa de la Provincia de Montecristi, República Dominicana.

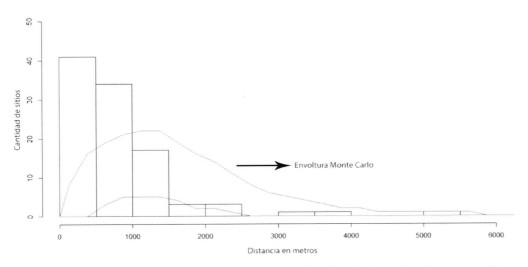

Figura 98. Histograma de Vecino más Cercano para la Distribución General de Sitios Arqueológicos sobre la base del Modelo Nulo.

influyendo en la distribución y en la densidad. Este resultado sugiere que si bien existe una relación entre la distribución y las variables ambientales, la explicación del patrón no se encuentra en las variables ambientales sino en las intencionalidades que dirigieron a la gente del pasado a asentarse en las cercanías de zonas con ciertas variables ambientales.

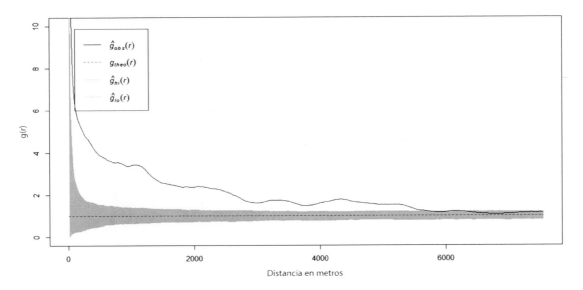

Figura 99. Función de Correlación de Pares para la Distribución General de Sitios Arqueológicos sobre la base del Modelo Nulo.

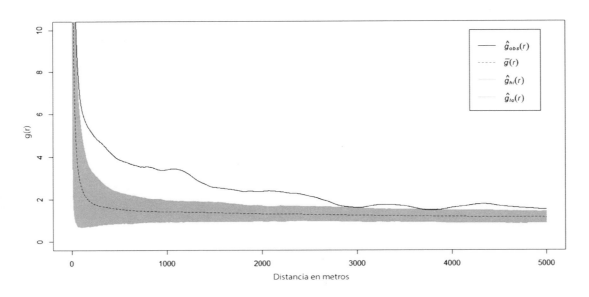

Figura 100. Función de Correlación de Pares para la Distribución General de Sitios Arqueológicos sobre la base del Modelo de Primer Orden.

Finalmente, y como en el caso anterior, se estimó el histograma del vecino más cercano con la aleatorización Monte Carlo y con base a la tendencia de primer orden. El resultado de este análisis fue un modelo exactamente igual al presentado en la figura 98. Este modelo resultante mostró que no hay diferencia entre este resultado y el anterior basado solamente en la distribución de los sitios (modelo nulo); por lo que se puede considerar que las variables ambientales no redujeron la significancia de la distribución (fig. 101). En concordancia con las consideraciones anteriores, la explicación de la densidad en la distribución de los sitios puede ser vista como resultado de Efectos de Segundo Orden.

6.2.3.3. Comentarios

Este conjunto de análisis destacó varios elementos de interés en cuanto a la relación de las variables ambientales consideradas y la distribución de sitios arqueológicos. En primer lugar, del mapa de intensidad del Modelo de Procesos de Puntos se pudo apreciar que para el caso de los sitos de habitación, el resultado está focalizado al Norte del área de investigación. En el sector Norte además de encontrarse la mayor cantidad de sitios, se encuentran las variables ambientales que, según el ACP, están mejor relacionadas con actividades de vivienda permanente. El mapa de intensidad calculado para la muestra general de sitios mostró un panorama más ambiguo en términos del área de estudio, pero destacó la significancia de las variables ambientales relacionadas con los trabajos de explotación de recursos marinos.

Otro aspecto de interés es que tanto para los sitios de habitación, como para la distribución general el patrón de distribución de sitios en el área se basa en concentraciones significativas a distancias menores de 1000 m cuando se encuentran entre 10 y 20 sitios arqueológicos. Esto podría estar relacionado con patrones de distribución de asentamientos y áreas de actividades específicas a nivel del área, ya que como fue destacado en el capítulo descriptivo los sitios varían en tamaño y función.

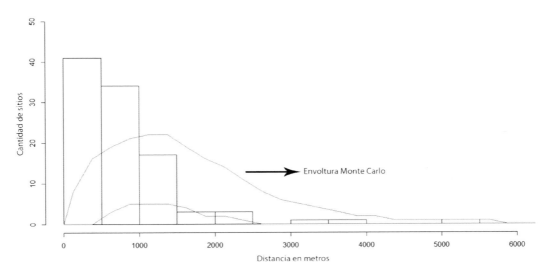

Figura 101. Histograma de Vecino más Cercano para la Distribución General de Sitios Arqueológicos sobre la base del Modelo Nulo.

Finalmente, con la Función de Correlación de Pares fue posible confirmar la significancia en los patrones de dispersión de sitios a lo largo del área, pero más aún determinar que no pareciera haber una influencia de las variables ambientales en esta dispersión. De ser esto así, este resultado sugiere que las razones detrás de las actividades y los movimientos cotidianos en el pasado pudieron estar afectados por la presencia de características ambientales específicas, aunque esto no fue el factor determinante.

6.2.4. Regresión Geográficamente Ponderada[38]

Este análisis está basado en la idea de que los procesos sociales tienden a ser *no-estacionarios*, es decir, que la fuerza en la relación entre variables depende del lugar geográfico donde fueron tomadas las medidas (Fotheringham *et al.* 2002: 9). Cuando se trata de procesos espaciales este fenómeno es denominado *espacialidad no-estacionaria*. En el caso de esta investigación, donde las variables ambientales han sido consideradas en función de la distancia de los distintos sitios a éstas, es relevante evaluar las ubicaciones específicas donde la relación entre las variables es más o menos fuerte. Los tipos de análisis realizados hasta el momento presentaron una visión *global* de las relaciones entre la distribución de sitios arqueológicos (habitación y general) y las distintas variables ambientales. Con la Regresión Geográficamente Ponderada (RGP) se puede conocer las relaciones *locales* entre estas correlaciones espaciales (Fotheringham *et al.* 2002: 27). Para estimar la RGP se utilizaron las variables con significancia ya establecidas en la regresión logística, de manera de explorarlas más ampliamente. Sin embargo, ya que para este análisis se redujo la base de datos en un sitio, se recalculó la relación entre la distribución de sitios y las variables ambientales. Para proceder adecuadamente con la RGP se aplicó un modelo de *Regresión Lineal*, en vez de la regresión logística. Como ya se ha explicado, los análisis de regresión se enfocan en comprender la *dependencia* entre una variable dependiente y una o varias independientes (Weisberg 2005: 1). La regresión lineal se caracteriza por determinar la relación lineal entre las variables, y generalmente es representada a través de un gráfico donde se destaca la línea conectora. El resultado de la regresión lineal para el grupo de sitios de habitación (n=73) desechó la mayoría de las variables, dejando sólo dos (tabla 13): *gmorf3* (Distancia a Zonas de lomas y plataformas) y *soils4* (Suelos de sabana: arenosos, de zonas áridas). Para el caso de la muestra de la distribución general de sitios, el resultado de la regresión lineal mantuvo las variables ya especificadas.

6.2.4.1. Sitios de Habitación

El primer paso luego de estimar la regresión lineal fue explorar la relación entre las variables dependientes y las independientes a través de un gráfico de dispersión (fig. 102). En la gráfica se presentan dos variables, por un lado los *residuales estandarizados*, que es una media de la fuerza de la diferencia entre los valores observados y los esperados. Conocer estos residuales permite además, identificar errores en el resultado del modelo. El otro aspecto de la gráfica son los *valores ajustados*, los cuales representan el resultado

---

38   Para estos análisis fue necesario remover el sitio MC-21, ya que se encuentra muy cerca del borde de la poligonal en su sector Este. Al cortar las capas raster para los análisis, éstas quedaron unos metros más cortas en el sector Este y el sitio quedó fuera de las capas, por lo cual sus valores sobre las variables ambientales resultaron en Nulos.

Coeficientes	Estimado	Error Sta.	Valor z	Valor p
(Intercept)	79.6410512	5.4278096	14.673	< 2e-16 ***
gmorf3	0.0086803	0.0016941	5.124	9.53e-07 ***
suelos4	-0.0042834	0.0008897	-4.814	3.72e-06 ***
Códigos: 0.0001 '***' 0.001 '**' 0.01 '*' 0.05 '.' 0.1 ' '				

Tabla 13. Variables Ambientales con Significancia para la Distribución de Sitios de Habitación (n=73).

del modelo sobre los datos observados. En la figura 114 se puede apreciar que no existe ningún patrón discernible en la nube de puntos, por lo cual y en función de las características de este análisis el modelo está correctamente especificado.

Considerando este resultado, se realizó un mapa basado en los residuales estandarizados y la distribución de sitios arqueológicos para explorar si existe algún tipo de patrón espacial. En la figura 103 se aprecia que existe cierto tipo de patrón en los datos, ya que los puntos de distintos colores tienden a agruparse en diversos sectores del área de investigación. Con esta base considerada fue posible estimar la RGP (tabla 14).

Las dos variables seleccionadas como significativas para la distribución de sitios de habitación muestran variabilidad desde sus valores mínimos hasta los máximos, lo que indica que, de hecho, sí existe variación espacial local. Por otro lado, el valor *Global* de cada variable es exactamente igual al valor del *Estimado* resultante de la regresión lineal (tabla 13) lo que reafirma que los modelos están correctamente ejecutados.

El siguiente paso fue explorar a través de la creación de mapas, los sectores específicos del área de investigación donde la relación entre la distribución de sitios de habitación y las distintas variables tiene mayor fuerza, así como el tipo de correlación (positiva/negativa). Para el caso de la variable *gmorf3* (Zonas de lomas y plataformas), el primer elemento a considerar es que la correlación entre las variables es positiva. Esto implica que la relación entre esta variable y los sitios es más fuerte a medida que los sitios se encuentran cerca de la poligonal de esta variable. Así en la figura 104 se observa que los sitios (punto negros) ubicados en las zonas geográficas donde esta variable tiene sus valores mayores son los que tienen una relación más fuerte, mientras que los sitios con relaciones menores están ubicados en los extremos de la poligonal del área (puntos grises, azules y la mayoría de rojos).

Es importante destacar que este resultado no implica significancia, sino fortaleza en las relaciones. Aunque la variable ya fue señalada como significativa por los otros análisis de regresión en términos globales, en términos locales por ahora sólo se está midiendo la fuerza en la variación espacial. Para conocer las zonas donde la relación entre los sitios y la variable *gmorf3* es significativa, se estimó las medidas de significancia estadística al considerar los valores del Estimado y los del Error Estándar. Para esto se consideró un valor crítico de $\alpha = 0.1$ para la significancia estadística, lo que significan un nivel de confianza del 90% de rechazar la hipótesis nula.

En cuanto a la segunda variable con significancia para los sitios de habitación, *suelos4* (Suelos de sabana: arenosos, de zonas áridas), la figura 105 muestra el resultado de la distribución. En primer lugar hay que destacar que los valores resultantes son tanto negativos como positivos, por lo que la interpretación del mapa es diferente que el anterior. El grupo de sitios (puntos negros) cuyos valores se encuentran en la transición

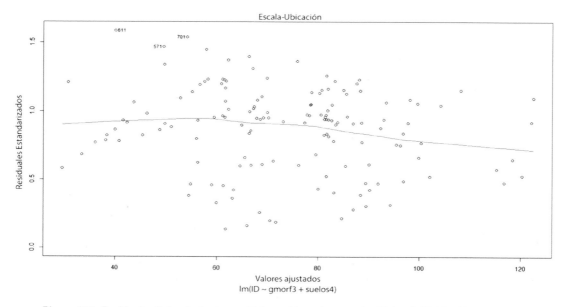

Figura 102. *Residuales Estandarizados vs. Valores Ajustados para los Sitios de Habitación.*

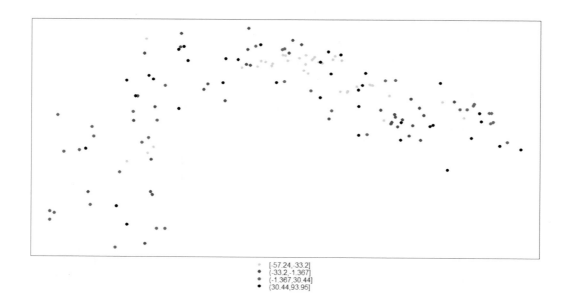

	[-57.24,-33.2]	
	(-33.2,-1.367]	
	(-1.367,30.44]	
	(30.44,93.95]	

Figura 103. *Residuales Estandarizados vs Distribución de Sitios de Habitación y Variables Ambientales.*

Variables	Min.	1st Cu.	Median	3rd Cu.	Max.	Global
X.Intercept.	3.037e+01	5.665e+01	8.807e+01	9.461e+01	1.213e+02	79.6411
gmorf3	7.362e-04	4.806e-03	7.402e-03	1.459e-02	2.998e-02	0.0087
suelos4	-7.881e-03	-6.107e-03	-3.996e-03	-1.790e-03	5.115e-03	-0.0043

Tabla 14. *Resultado de la estimación de la RGP para los Sitios de Habitación.*

de valores negativos a positivos podrían no ser significativos, ya que pasan por valores iguales a "0". Aunque en este punto no se está midiendo significancia, los valores cercanos a "0" implican que no existe correlación entre las variables. En segundo lugar, el resto de los valores, particularmente los puntos grises, muestran una correlación negativa fuerte, implicando que a medida que los sitios se alejen de esa variable su relación es más fuerte. Igual que en el caso anterior se estimó la significancia del resultado, lo que indicó que los sitios con una relación significativa con la variable a esta escala local son aquellos representados por los puntos rojos. Este resultado, sin embargo, mantiene la idea general ya planteada donde a medida que los sitios se alejan de la zona "central" de distribución de esta variable adquieren mayor fuerza en la relación con la misma, y en este caso para los sitios del Oeste, mayor significancia.

Figura 104. RGP: Variación espacial de la correlación entre los Sitios de Habitación y la variable gmorf3 (Zonas de lomas y plataformas).

6.2.4.2. Distribución General de Sitios Arqueológicos

Como ya se mencionó, al estimar la regresión lineal sobre las variables destacadas como significativas por la regresión logística, todas resultaron significativas (tabla 15).

Al explorar la relación entre la variable dependiente y las independientes a través del gráfico de dispersión, basado en el resultado de la regresión lineal (fig. 106), se pudo constatar que no existe ningún patrón distintivo en la nube de puntos, por lo que el modelo está correctamente especificado. Sobre la base de estos valores se realizó el mapa de los residuales estandarizados y la distribución de sitios arqueológicos, como en el caso anterior. En la figura 107 se puede observar que aunque algunos sitios parecen agruparse en distintas zonas de la poligonal, no aparece ningún patrón claro y discernible para el área. Esto, sin embargo, no representa un problema, ya que el mapa está mostrando la relación de los sitios con las siete variables ambientales, tal como resultaron de la estimación de la RGP destacó (tabla 16).

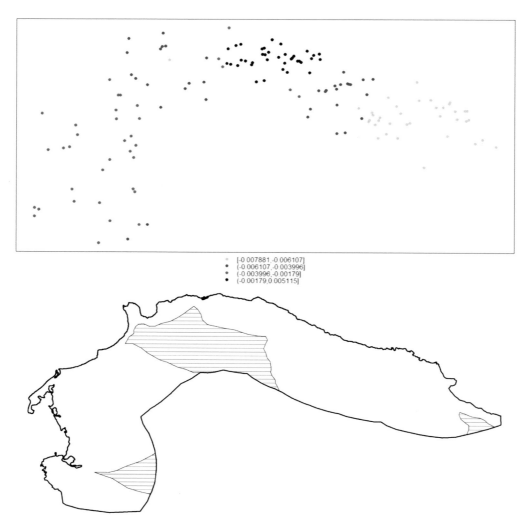

Figura 105. RGP: Variación espacial de la correlación entre los Sitios de Habitación y la variable suelos4 (Suelos de sabana: arenosos, de zonas áridas).

La primera variable considerada para la RGP fue *capro2* (Distancia a Suelos limitados para cultivo y no aptos para riego). En la figura 108 se puede apreciar que existe variación espacial en la relación de los distintos sitios con esta variable. En primer lugar, los puntos grises poseen una la correlación negativa, confirmándose visualmente esta relación ya que son los sitios que están más lejos de la ubicación de la poligonal de la variable. Los puntos azules presentan la variación de la correlación negativa a positiva, y de hecho estos puntos se observan tanto alejados de la variable, como dentro de la misma. Los sitios con correlaciones positivas, puntos rojos y negros, están como es de esperar, cerca de la zona de presencia de esta variable. De hecho, al calcular los sitios con relación significativa con la variable, el resultado apuntó a los sitios representados por los puntos rojos y negros, es decir los sitios que se encuentran cerca o dentro de la zona geográfica de esta variable. E igualmente, algunos sitios con relación negativa resultaron significativos.

La segunda variable considerada para este grupo fue *dstsal* (distancia a salinas). Como en el caso anterior se observa que la variación especial de la relación entre las variables abarca valores negativos a positivos (fig. 109). Observándose en el mapa, como es de esperar, que los puntos grises están alejados de la variable, mientras los negros están más cerca de ésta. Los sitios con relación significativa con la distribución local abarcan tanto los valores negativos como los positivos, lo que sugiere que además de existir una relación fuerte y diversa en términos espaciales, en su mayoría también es significativa.

Coeficientes	Estimado	Error Sta.	Valor t	Valor p
(Intercept)	388.972464	68.870462	5.648	5.72e-08 ***
capro2	0.011649	0.004940	2.358	0.01936 *
dstsal	0.007411	0.001221	6.070	6.60e-09 ***
suelos2	-0.011079	0.004206	-2.634	0.00912 **
suelos4	-0.003948	0.001193	-3.310	0.00111 **
suelos6	-0.008177	0.002634	-3.104	0.00220 **
cuenca1	-0.018033	0.003961	-4.552	9.36e-06 ***
cuenca2	0.008240	0.002648	3.112	0.00214 **
Códigos de significancia: 0.0001 '***' 0.001 '**' 0.01 '*' 0.05 '.' 0.1 ' '				

Tabla 15. Coeficientes de la Regresión Lineal – Distribución General de Sitios Arqueológicos.

Variables	Min.	1st Cuantil	Median	3rd Cuantil	Max.	Global
X.Intercept.	-3.633e+03	1.574e+02	4.971e+02	1.970e+03	1.472e+04	388.9725
capro2	-8.801e+00	-2.967e-01	6.126e-03	1.618e-02	1.138e+00	0.0116
dstdal	-2.726e-01	-4.418e-02	-3.611e-03	2.430e-03	6.398e-02	0.0074
suelos2	-8.099e-01	-8.268e-03	7.117e-03	2.772e-01	7.032e+00	-0.0111
suelos4	-2.514e-02	-6.699e-03	-1.408e-03	2.069e-02	8.532e-02	-0.0039
suelos6	-5.663e-02	-1.353e-02	-4.061e-03	3.745e-03	3.866e-02	-0.0082
cuenca1	-3.161e-01	-1.324e-02	1.918e-03	6.632e-02	3.579e-01	-0.0180
cuenca2	-3.635e-01	-7.881e-02	-3.385e-03	3.637e-03	2.228e+00	0.0082

Tabla 16. Resultado de los RGP para los sitios.

La tercera variable fue *suelos2*. Como en los casos anteriores existe una relación negativa y positiva en la distribución lo que indica una clara variabilidad espacial (fig. 110). Las relaciones más fuertes entre la distribución de sitios y la variable se observan en los puntos grises y los negros.

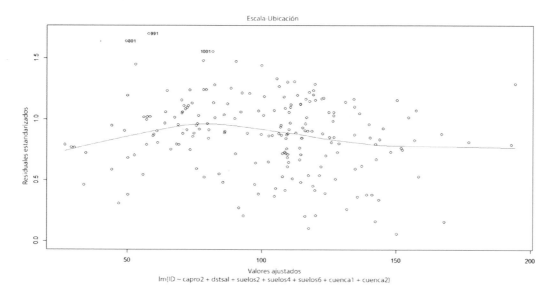

Figura 106. *Residuales Estandarizados vs. Valores Ajustados para la distribución General de Sitios Arqueológicos.*

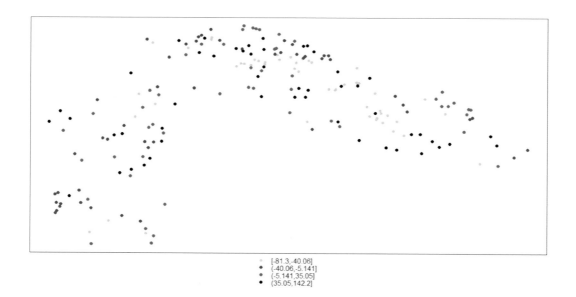

Figura 107. *Residuales Estandarizados vs Distribución General de Sitios Arqueológicos y Variables Ambientales.*

En el caso de los primeros, su relación negativa marca que la mayor fuerza se da a medida que una variable crece, la otra decrece. En el caso de los puntos negros esta explicación no encuentra sentido, pues estos deberían estar dentro o cerca del área de la variable para justificar su relación positiva. Posiblemente una explicación se encuentre en que estos puntos no son significativos para la relación.

La cuarta variable fue *suelos4*. Como en el caso de esta variable para el grupo de sitios de habitación, se observa (fig. 111) que los sitios que se encuentran lejos de la zona de aparición de esta variable tienden a tener una relación fuerte en cuanto a su estado de correlación negativa, y lo mismo ocurre con los sitios que están en correlación positiva. Esto es particularmente significativo cuando se consideran todos los puntos menos los grises.

Figura 108. RGP: Variación espacial de la correlación entre la Distribución General de Sitios Arqueológicos con la variable capro2 (Distancia a Suelos limitados para cultivo y no aptos para riego).

Para la quinta variable *suelos6*, se observa que, como en los casos anteriores, existe variabilidad en la distribución de los sitios con respecto de esta variable ambiental. Los valores que definen la relación son tanto negativos como positivos, estando las relaciones más fuertes en los puntos grises y negros (fig. 112). La gran mayoría de los puntos de esta distribución son significativos al considerar un rango de valores del 10%.

Las relaciones más fuertes con la sexta variable, *cuenca1*, están representadas por los puntos grises y negros (fig. 113), aunque la mayoría de la distribución está dentro de la significancia estadística.

La última variable fue *cuenca2*. En la figura 114 parece que la relación de mayor fuerza está dada por la correlación negativa de los puntos grises, indicando que la distribución de sitios tiene mayor fuerza a medida que se aleja de esta variable ambiental; además el cálculo de la significancia estadística señalo estos puntos como significativos.

[-0.2726,-0.04418]
(-0.04418,-0.003611]
(-0.003611,0.00243]
(0.00243,0.06398]

Figura 109. RGP: Variación espacial de la correlación entre la Distribución General de Sitios Arqueológicos con la variable dstsal (Distancia a Salinas).

6.2.4.3. Comentarios

El análisis de RGP aportó un entendimiento de la relación entre las variables ambientales y la distribución de sitios arqueológicos más detallada que con los análisis de regresión. Debido a su condición de análisis local, los resultados permitieron entender que, si bien hay variables ambientales en relación de significancia con los sitios, esas relaciones no se dan a escala *global*, es decir a nivel del área de estudio. Las relaciones, en cambio, se dan a escalas locales y con grupos de sitios específicos. Por ejemplo, para los sitios de habitación la regresión lineal consideró sólo dos variables, una relacionada con zonas de lomas y plataformas (gmorf3), que es un aspecto geomorfológico donde se registraron un gran número de sitios de habitación. Pero también señaló una variable relacionada con zonas de suelos áridos, donde de hecho no se registraron muchos sitios. La perspectiva local proporcionada por la RGP permitió entender cuáles eran los sitios

Figura 110. RGP: Variación espacial de la correlación entre la Distribución General de Sitios Arqueológicos con la variable suelos2 (Distancia a Suelos aluviales recientes).

que además de tener una correlación significativa con la variable tenían una relación fuerte en cuando a su conexión espacial. Por otro lado, la RGP determinó que muchas de las variables, especialmente para la distribución general de sitios, tenían correlaciones positivas y negativas, lo que reafirmó que, dentro de la distribución de sitios y su relación con las variables ambientales, hay conjuntos de sitios cuya correlación con una variable determinada no es fuerte o incluso casos donde no existe correlación.

En términos generales, estos resultados permitieron: 1) evaluar la relevancia de aplicar análisis *locales* a este tipo de relaciones entre variables; 2) conocer que, así como con la cultura material, ciertas relaciones entre variables en el área se dan en términos locales, y 3) afinar la idea de que ciertos sitios pudieron tener funciones específicas tanto para la explotación de recursos marinos como para las actividades relacionadas con el habitar.

Figura 111. RGP: Variación espacial de la correlación entre la Distribución General de Sitios Arqueológicos con la variable suelos4 (Distancia a Suelos de sabana: arenosos, de zonas áridas).

6.3. CRUCE DE VARIABLES Y CATEGORÍAS

6.3.1. Grupos Estadísticos – Variables Ambientales

Con el objetivo de contextualizar los resultados estadísticos y explorar sus implicaciones para las interpretaciones y modelos a ser planteados en el próximo capítulo, en esta sección se revisarán los resultados de los análisis descritos hasta ahora. Igualmente, se crearán grupos sensibles de ser interpretados arqueológicamente, en la búsqueda de explicaciones sobre el uso del ambiente en el pasado por parte de los indígenas que habitaron esta área. Comenzando con las variables ambientales, en la tabla 17 se muestra las variables que fueron seleccionadas por los distintos análisis y su repetición en otros. Del resultado representado en la figura 115, se puede destacar en primer lugar la recurrencia de ciertas variables en distintos análisis. La mayoría de éstas, sobre todo aquellas

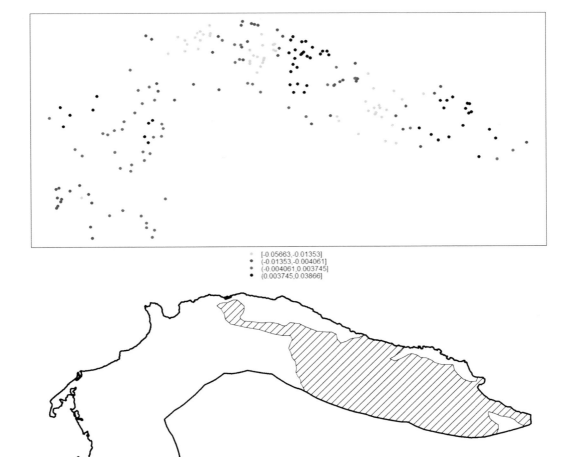

Figura 112. *RGP: Variación espacial de la correlación entre la Distribución General de Sitios Arqueológicos con la variable suelos6 (Distancia a Suelos de origen calcáreo: sobre caliza y material calcáreo no consolidado).*

destacadas por el Análisis de Componentes Principales (ACP) no se repitieron en otros análisis. Sin embargo, algunas fueron señaladas como significativas por los tres tipos de análisis de regresión estimados (Regresión Logística, Regresión Lineal y Regresión Geográficamente Ponderada). Otro aspecto a destacar de esta tabla es que aunque los análisis de regresión indicaron casi las mismas variables ambientales como significativas, para los casos de la regresión logística y lineal la correlación fue por lo general opuesta, es decir cuando uno destacó una correlación negativa, el otro la señaló como positiva, y viceversa. Este fenómeno fue esclarecido con la Regresión Geográficamente Ponderada donde, con excepción de una variable, todas resultaron con valores conjuntos negativos y positivos. Esto significa que, si bien existe correlación significativa entre la distribución de sitios y las variables ambientales a nivel *global*, la consideración de la

Figura 113. RGP: Variación espacial de la correlación entre la Distribución General de Sitios Arqueológicos con la variable cuenca1 (Distancia a la cuenca del Rio Masacre).

relación en términos *locales* es la que permite conocer realmente la condición de esas correlaciones, y las áreas donde las relaciones tienen mayor fuerza.

Otro aspecto de interés en estos resultados es que las distintas variables y su combinación parecen indicar dos grupos principales. El primero relacionado con la zona Norte de la poligonal de estudio, cuyas variables tienen que ver con los sectores montañosos, las quebradas y los suelos aptos para agricultura no intensiva; y el segundo, con variables localizadas en el Oeste de la poligonal de estudio y con los suelos aluviales producto de los grandes ríos, las salinas que se encuentran cercanas a la costa y las cuencas hidráulicas de los Ríos Masacre y Chacuey. Si se toman estas variables en conjunto, lo que destaca son dos grandes grupos geográficos y ecológicos dentro de la poligonal de estudio: 1) el sector montañoso del Norte y 2) los valles inundables del

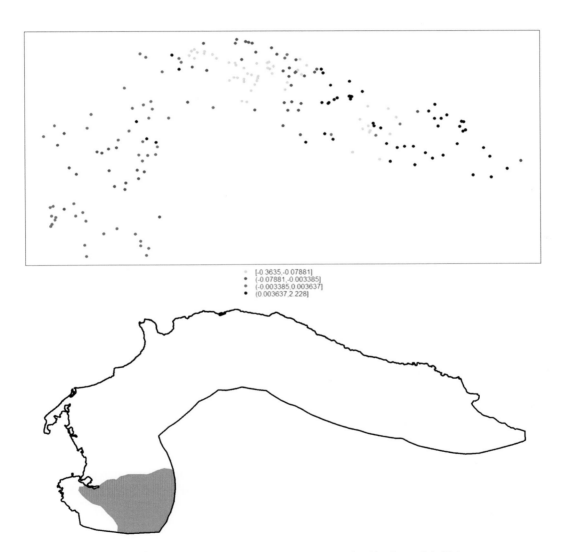

Figura 114. *RGP: Variación espacial de la correlación entre la Distribución General de Sitios Arqueológicos con la variable cuenca2 (Distancia a la cuenca del Río Chacuey).*

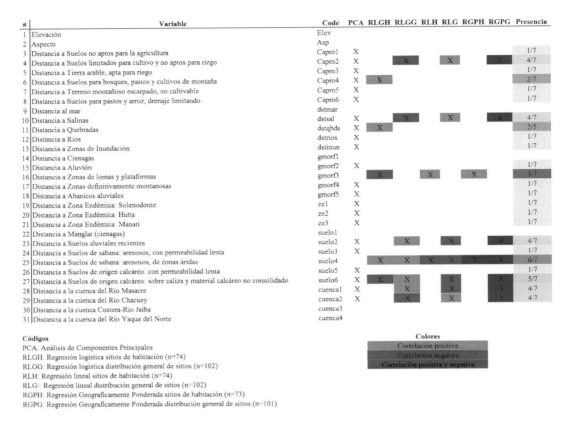

#	Variable	Code	PCA	RLGH	RLGG	RLH	RLG	RGPH	RGPG	Presencia
1	Elevación	Elev								
2	Aspecto	Asp								
3	Distancia a Suelos no aptos para la agricultura	Capro1	X							1/7
4	Distancia a Suelos limitados para cultivo y no aptos para riego	Capro2	X		X		X	X		4/7
5	Distancia a Tierra arable, apta para riego	Capro3	X							1/7
6	Distancia a Suelos para bosques, pastos y cultivos de montaña	Capro4	X	X						2/7
7	Distancia a Terreno montañoso escarpado, no cultivable	Capro5	X							1/7
8	Distancia a Suelos para pastos y arroz, drenaje limitando	Capro6	X							1/7
9	Distancia al mar	dstmar								
10	Distancia a Salinas	dstsal	X		X		X	X		4/7
11	Distancia a Quebradas	dstqbds	X	X						2/5
12	Distancia a Rios	dstrios	X							1/7
13	Distancia a Zonas de Inundación	dstinun	X							1/7
14	Distancia a Cienagas	gmorf1								
15	Distancia a Aluvión	gmorf2	X							1/7
16	Distancia a Zonas de lomas y plataformas	gmorf3		X		X	X			3/7
17	Distancia a Zonas definitivamente montanosas	gmorf4	X							1/7
18	Distancia a Abanicos aluviales	gmorf5	X							1/7
19	Distancia a Zona Endémica: Solenodonte	ze1	X							1/7
20	Distancia a Zona Endémica: Hutia	ze2	X							1/7
21	Distancia a Zona Endémica: Manati	ze3	X							1/7
22	Distancia a Manglar (cienagas)	suelo1								
23	Distancia a Suelos aluviales recientes	suelo2	X		X			X		4/7
24	Distancia a Suelos de sabana: arenosos, con permeabilidad lenta	suelo3	X							1/7
25	Distancia a Suelos de sabana: arenosos, de zonas áridas	suelo4		X	X	X	X	X	X	6/7
26	Distancia a Suelos de origen calcáreo: con permeabilidad lenta	suelo5	X							1/7
27	Distancia a Suelos de origen calcáreo: sobre caliza y material calcáreo no consolidado	suelo6	X	X		X		X		5/7
28	Distancia a la cuenca del Rio Masacre	cuenca1	X		X	X		X		4/7
29	Distancia a la cuenca del Rio Chacuey	cuenca2	X		X	X		X		4/7
30	Distancia a la cuenca Costera-Rio Jaiba	cuenca3								
31	Distancia a la cuenca del Rio Yaque del Norte	cuenca4								

Códigos
PCA: Análisis de Componentes Principales
RLGH: Regresión logística sitios de habitación (n=74)
RLGG: Regresión logística distribución general de sitios (n=102)
RLH: Regresión lineal sitios de habitación (n=74)
RLG: Regresión lineal distribución general de sitios (n=102)
RGPH: Regresión Geograficamente Ponderada sitios de habitación (n=73)
RGPG: Regresión Geograficamente Ponderada distribución general de sitios (n=101)

Colores
Correlación positiva
Correlación negativa
Correlación positiva y negativa

Figura 115. Variables Ambientales con Significancia para las distintas distribuciones de sitios arqueológicos en el área de estudio.

Oeste. Si se comparan estos grupos con los presentados en la tabla 6 resultantes del ACP, se evidencia que éstos agrupan a los cinco destacados en esa tabla. Sobre la base de estos resultados, un nuevo agrupamiento podría estar identificando dos posibles zonas ecológicas en el área de estudio (tabla 17)[39].

Cada zona ecológica además de señalar una zona geográfica particular dentro de la poligonal de estudio, podría estar implicando igualmente un conjunto de actividades específicas. En la *zona ecológica A* (tabla 18) las variables están relacionadas con quebradas con lluvias estacionales, es decir con acceso limitado a recursos hidrológicos durante periodos del año; zonas propicias para la agricultura no industrializada, es decir, agricultura de conucos; presencia de los únicos dos mamíferos terrestres de la isla; y por supuesto zonas de montaña. Evidentemente, esto no implica que las antiguas poblaciones de esta zona no explotaran los recursos marinos, sino que estadísticamente la relación más significativa parece estar en las actividades descritas. La *zona ecológica B* (tabla 18) se presenta principalmente como el segmento de la poligonal relacionado con el río Yaque y su espectro de inundación. Con

---

39   Sólo tres variables fueron excluidas de este agrupamiento: capro6, gmorf3 y suelo4. La razón de esto fue que sólo el ACP las destacó dentro de sus grupos y no tienen repetición. Además su presencia geográfica abarca tanto la zona Norte como el extremo Oeste, haciendo ambigua su inclusión dentro de un sólo grupo.

Zona Ecológica	Variables	Ubicación	Contenido
A	capro4, capro5, capro6, distqbds, gmorf4, gmorf5, ze1, ze2, suelos5, suelo6	Zona Norte de costa y tierra firme	Relación con las zonas montañosas, la agricultura a baja escala y zonas endémicas de hutía y solenodonte.
B	capro1, dstsal y ze3, capro2, capro3, dstrios, dstinun, gmorf2, suelo2, suelo3, cuenca1 y cuenca2	Zona Oeste de costa y tierra firme	Valles inundables relacionados con los grandes ríos y sus cuencas hidrográficas, las zonas de presencia de salinas y áreas endémicas del manatí

Tabla 17. Zonas Ecológicas en la poligonal del área de investigación en la costa de la provincia de Montecristi.

excepción de localidades muy específicas en la cercanía del río, la mayor parte de esta zona no es apta para la agricultura tanto por los terrenos de aluvión como por sus suelos áridos.

Sin embargo, además del sector donde hay posibilidades para la agricultura, en esta zona destaca la presencia de zonas endémicas del manatí, mamífero marino consumido en el pasado, y los sectores de salinas naturales y artificiales más importantes de la Provincia de Montecristi. Finalmente, esta zona contiene las variables relacionadas con las cuencas hidrográficas de los ríos Masacre y Chacuey. Un último aspecto a subrayar en este punto es que ningún análisis destacó las variables relacionadas con el manglar o las ciénagas, áreas donde arqueológicamente se ubican la mayoría de los sitios de explotación de recursos marinos. Este punto se retomará más adelante.

6.3.2. Grupos Estadísticos – Variables de Cultura Material

El segundo aspecto a considerar son los resultados del ACM sobre las variables de la cultura material. Como se mencionó anteriormente, todos los grupos creados por el ACM son pequeños, teniendo sólo dos o tres variables, con la excepción de un grupo que posee nueve. Este tipo de método busca reducir las variables de una base de datos a un grupo que explique la variabilidad de la data. Si expresamos esta idea en términos arqueológicos, los objetos agrupados por la combinación de las distintas dimensiones representan la variabilidad de posibles combinaciones en la cultura material de la base de datos creada por lo materiales recolectados en la costa de la Provincia de Montecristi. Esto podría implicar que, las 'actividades' o 'tareas' que podrían estar relacionadas con estos objetos explican, a su vez, la variabilidad de actividades que pudieron haber sido desarrolladas por la gente del pasado. Partiendo de esta idea, el ejercicio que se presentará a continuación busca relacionar estos grupos de materiales con actividades concretas que, según la literatura especializada, podrían tener relación con el tipo de objetos y materiales de la base de datos. La tabla 19[40] muestra el ejercicio de interpretación/relación de objetos a ciertas tareas generales relacionadas con el habitar y la explotación/producción de recursos. De los siete grupos, cuatro están relacionados con la explotación de recursos marinos.

La relación de estos grupos con esta actividad se basa en la presencia de especies de conchas de moluscos en sitios arqueológicos. De los cuatro grupos restantes, un caso interesante es el grupo 2 por la relación entre dos tipos de almejas y un artefacto lítico, que podría haber sido utilizado en los trabajos de abrir las conchas y extraer la carne. En el caso del grupo 5 la interpretación es más difícil pues el uso de las limas de coral podría haber sido utilizado en el trabajo de madera, a modo de afilador, raspador o alisador.

---

40   Esta tabla está inspirada en la realizada por Castilla Beltrán (2014).

Zona Ecológica A: Montañas del Norte

#	Variable	Código	Explicación	Relación
1	Distancia a Quebradas	dstqbds	Quebradas (con agua sólo cuando llueve)	Quebradas/agua
2	Distancia a Abanicos aluviales	gmorf5	Terreno de aluvión de ciertas quebradas	Quebradas/agua
3	Distancia a Suelos para bosques, pastos y cultivos de montaña	capro4	Cultivos de montaña / agricultura no industrial	Agricultura no industrial
4	Distancia a Suelos de origen calcáreo: con permeabilidad lenta	suelo5	Suelos poco aptos para agricultura pero común hábitat de animales herbívoros (misma zona que ze1 y ze2)	Agricultura no industrial
5	Distancia a Suelos de origen calcáreo: sobre caliza y material calcáreo no consolidado	suelo6	Suelos buenos para la agricultura cuando tienen acceso a agua	Agricultura no industrial
6	Distancia a Zona Endémica: Solenodonte	ze1	zona endémica	Mamíferos de caza
7	Distancia a Zona Endémica: Hutía	ze2	zona endémica	Mamíferos de caza
8	Distancia a Terreno montañoso escarpado, no cultivable	capro5	Terreno montañoso escarpado	Zona de montaña
9	Distancia a Suelos para pastos y arroz, drenaje limitando	Capro6	Drenaje limitando	Zona de montaña
10	Distancia a Zonas definitivamente montañosas	gmorf4	Montañas	Zona de montaña

Zona Ecológica B: Sabana del Oeste

#	Variable	Código	Explicación	Relación
1	Distancia a Suelos no aptos para la agricultura	capro1	No agricultura	No agricultura
2	Distancia a Suelos limitados para cultivo y no aptos para riego	capro2	No agricultura	No agricultura
3	Distancia a Suelos de sabana: arenosos, con permeabilidad lenta	suelo3	Suelo árido/vegetación seca	No agricultura
4	Distancia a Ríos	dstrios	Río Yaque	Ríos/agua
5	Distancia a Zonas de Inundación	dstinun	Zona de Inundación del río Yaque	Inundación/agua
6	Distancia a Aluvión	gmorf2	Suelos recientes, resultado de inundaciones	Terreno de aluvión
7	Distancia a Suelos aluviales recientes	suelo2	Suelos recientes, resultado de inundaciones	Terreno de aluvión
8	Distancia a Salinas	dstsal	Salinas	Salinas
9	Distancia a Zona Endémica: Manatí	ze3	Zona endémica	Mamíferos marinos de caza
10	Distancia a Tierra arable, apta para riego	capro3	Agricultura	Agricultura industrial
11	Distancia a la cuenca del Rio Masacre	cuenca1	Drenaje de ríos grandes	Ríos/agua
12	Distancia a la cuenca del Rio Chacuey	cuenca2	Drenaje de ríos grandes	Ríos/agua

Tabla 18. Explicación de Zonas Ecológicas y su contenido.

Grupo	Objeto	Código	Material	Actividad
1	Isognomon alatus	sp17	Ostras	Recolección de moluscos
	Crassostrea rhizophorae	sp9		
2	Tivela mactroides	sp13	Almejas	Explotación de recursos marinos
	Anadara transversa	sp14		
	Lasca	l10	Lítica	
3	Arca zebra	sp10	Almejas	Recolecciún de moluscos
	Chione elevata	sp16		
4	Piedra de Martillo	l3	Lítica	Manufactura de objetos
	Núcleo	l12		
5	Lima	o2	Coral	Recolección de moluscos
	Vasum muricatum	sp12	Caracoles de	
	Caracol de tierra	sp15	agua dulce y salada	
6	Mano de moler	l2	Lítica	Agricultura
	Martillo	s5	Objeto de Concha	Procesamiento de plantas
	Gubia	s1		Trabajo de madera
	Objeto de punta	s7		Tareas generales
	Cerámica mixta Meillacoide-Chicoide	c2	Cerámica	
	Chicoide	c3		
	Guayo	o1	Objeto de Coral	
	Charonia variegata	sp2	Caracoles de agua	
	Cittarium pica	sp6	salada	
7	Hacha	s2	Concha	Trabajo de madera
	Hachuela	s3		

Tabla 19. Relación Tipos de Cultura Material General – Actividades.

Otro elemento característico de los grupos creados por el ACM, es que las especies de moluscos en cada grupo pertenecen a un mismo tipo, es decir los conjuntos fueron de: 1) almejas; 2) ostras, y 3) caracoles tanto de agua salada como dulce. La clave para la explicación de este resultado no radica en que este tipo de conchas pudieran estar siempre en asociación en cada sitio, en cambio, en que estos conjuntos explican la variabilidad en el consumo de especies de moluscos. En la siguiente sección, estos grupos, así como los grupos ecológicos creados más arriba, serán utilizados como base de las exploraciones con otras variables y categorías culturales.

En cuanto a los grupos que tienen relación con actividades generales del habitar y de la producción de ciertos recursos: en primer lugar, destaca el grupo 4 compuesto por dos artefactos líticos que, en función del conocimiento arqueológico general, podrían estar relacionados con actividades de manufactura de otros artefactos líticos. El grupo 6 es el que posee mayor cantidad de variables de distintos tipos de cultura material en combinación. El rango de actividades que se puede reconstruir a partir de la presencia de estos objetos es amplia, pero dada la presencia de ciertos artefactos dos actividades principales podrían destacarse: la agricultura y el procesamiento de plantas. En el caso de la cerámica, este grupo destacó dos expresiones cerámicas presentes en el

Grupo	Material	Código	Tipo	Actividad
1	Meillacoide-Chicoide	c2	Cerámica	Relación cultural
	Chicoide	c3		
2	No identificada	c4	Cerámica	Relación cultural
	Sin cerámica	c5		
3	Hacha	l1	Lítica	Trabajo de madera
	Mano de moler	l2		Procesamiento de Plantas
4	Gubia	s1	Concha	Trabajo de madera
	Martillo	s5		Tareas generales
	Objeto de punta	s7		(Actividades del habitar)
5	Hacha	s2	Concha	Trabajo de madera
	Hachuela	s3		
6	Tivela mactroides	sp13	Especie de molusco	Recolección de moluscos
	Anadara transversa	sp14		(almejas)
7	Codakia orbicularis	sp3	Especie de molusco	Recolección de moluscos
	Lobatus costatus	sp4		(moluscos comunes)
8	Cittarium pica	sp6	Especie de molusco	Recolección de moluscos
	Phyllonotus pomum	sp11		(Caracoles de Agua salada)
9	Charonia variegata	sp2	Especie de molusco	Recolección de moluscos
	Cassis tuberosa	sp7		(Caracoles de agua salada de gran tamaño)

Tabla 20. Relación Tipos de Cultura Material Específica – Actividades.

área de estudio pero que no son comunes, como es el caso de la cerámica Chicoide y Meillacoide-Chicoide. Finalmente, los artefactos del grupo 7 podrían estar relacionados con el trabajo de cortar y procesar madera.

Ahora bien, en cuanto a los grupos creados por el ACM, particular a cada tipo de cultura material (tabla 20), es posible observar algunas repeticiones con la tabla anterior, con la mayor diferencia de que este agrupamiento no combina tipos distintos.

Como para el caso del resultado anterior, a manera de hipótesis de trabajo se están asumiendo tareas específicas para cada grupo de cultura material. Estos grupos, así como los señalados anteriormente serán utilizados para realizar el cruce de variables en el siguiente capítulo.

SOBRE LA CONSTRUCCION DEL PAISAJE INDÍGENA

ARQUEOLOGÍA DE PATRONES ESPACIALES, LUGARES Y *TASKSCAPES*

7.1. INTRODUCCIÓN

A lo largo de esta disertación se han articulado y organizado teorías, métodos y evidencias arqueológicas, y en menor medida documentales y cartográficas. Esto, con el fin de proponer de forma explícita y estructurada líneas interpretativas vinculadas al objetivo general de la disertación: *estudiar la transformación del paisaje indígena al colonial, en la isla de Haytí/La Española en el contexto de los conflictos suscitados después de 1492.* Conjuntamente con los capítulos 4 y 6, donde se abordaron aspectos de orden contextual y de análisis, con éste se han desarrollado los tres objetivos específicos planteados al inicio: 1) *Estudiar las distribuciones de sitios y cultura material en la costa de la provincia de Montecristi*; 2) *Evaluar las relaciones entre las variables ambientales, la distribución de sitios y la cultura material en el área de estudio*; 3) *Explorar una muestra de mapas y crónicas coloniales tempranas del Norte de La Española como representación de las primeras construcciones españolas del paisaje y el "Nuevo Mundo".* Finalmente, de las seis preguntas de investigación, las dos primeras fueron abordadas en el capítulo descriptivo y las cuatro siguientes serán tratadas en este capítulo; éstas son: 3) ¿En qué medida se relacionan la distribución de sitios y los tipos específicos de cultura material?; 4) ¿En qué medida la distribución de sitios y la cultura material se relacionan con las características ambientales?; 5) ¿Cómo representaron las primeras cartografías y crónicas las concepciones españolas sobre el territorio y la distribución espacial de las poblaciones indígenas?; 6) *A partir de las evidencias trabajadas cómo se puede conceptualizar la transformación del paisaje indígena al colonial en la región de estudio?*

El presente capítulo se divide en tres secciones. Primero se discuten las evidencias arqueológicas y sus resultados en función de las tres escalas espaciales: nivel de los sitios arqueológicos donde se presenta el debate sobre los patrones espaciales de la cultura material y las variables ambientales; el nivel del área de investigación donde se tratan los patrones espaciales de los sitios resaltantes y las zonas ecológicas; y el nivel de la Región Arqueológica donde se discuten los patrones espaciales comparativos con las áreas de Puerto Plata y Fort Liberté. En segundo lugar, se presenta la interpretación de datos y resultados, enfocando la estructura en el desarrollo de los conceptos de lugar, taskscape y paisaje indígena. En tercer lugar, se resume el capítulo y en general todo lo concerniente a la investigación arqueológica en el apartado sobre comentarios finales. Aquí se presentarán respuestas concisas a los objetivos y preguntas de investigación arqueológicas planteadas al inicio de la disertación.

7.2. DISCUSIÓN DE DATOS Y RESULTADOS ARQUEOLÓGICOS

A partir de los datos presentados y analizados en el capítulo anterior, se pueden resaltar cinco resultados. En *primer* lugar, estos resultados destacaron que tanto las variables ambientales como las culturales se agrupan en categorías con una carga geográfica clara (i.e. regiones ecológicas). En *segundo* lugar, los conjuntos de cultura material se distribuyen y agrupan a escala local. No se observaron agrupamientos, de este tipo de evidencias, que expliquen la variabilidad a escala regional. En cambio los resultados indicaron que aunque existe variabilidad, los conjuntos que pueden explicarla se dan a nivel local. *Tercero*, la distribución de sitios es significativa y agrupada sólo cuando se consideran pequeñas escalas espaciales (+/- 1km de distancia entre grupos de sitios) y grupos entre un rango de 15 a 20 sitios. *Cuarto*, los análisis destacaron que si bien podrían existir relaciones entre las variables ambientales y la distribución de sitios arqueológicos, la distribución de éstos responde a factores de segundo orden. Es decir, que la presencia/ausencia de un sitio arqueológico en la topografía podría tener mayor relación con la presencia/ausencia de otro que, con la presencia/ausencia de una variable ambiental. *Quinto*, la relación entre los sitios arqueológicos y las variables ambientales ocurre a escala local, por lo que si bien la presencia de un sitio esta mayormente afectada por otro, éstos aún pueden mantener una relación con, o estar influenciados por, ciertas variables ambientales. Sin embargo, esto ocurre exclusivamente a nivel *local*, es decir, de los sitios, y no *global*, es decir del área de investigación.

En términos generales, estos resultados indican que cada sitio arqueológico contiene materiales diversos y relaciones diversas con el ambiente, lo que genera que a nivel del área de investigación se observe una alta diversidad de cultura material y relaciones con variables ambientales que representan relaciones generales con el ambiente del área de estudio. En las secciones siguientes, se realizarán una serie de comparaciones entre los resultados de los análisis estadísticos y con otras áreas arqueológicas con el fin de comprender mejor estos patrones.

7.2.1. Nivel de los Sitios Arqueológicos: Patrones espaciales de la cultura material y las variables ambientales

El eje de las comparaciones en este apartado se basa en las categorías de sitios arqueológicos definidas anteriormente: 1) *sitios de habitación*, en los tres tamaños considerados (grande, mediano, pequeño), 2) *sitios de explotación de recursos*, y 3) *sitios con montículos artificiales de tierra*. Estas categorías de sitios serán comparadas con a) las variables arqueológicas generales consideradas en esta investigación y divididas aquí como: *Aspectos Generales* que incluye: tamaño de sitio y elevación, y la *Cultura Material* que abarca: los grupos cerámicos, artefactos líticos, artefactos de concha, especies de moluscos; y b) con los grupos resultantes de los análisis estadísticos, es decir: b1) las Zonas Ecológicas, b2) los grupos de cultura material resultantes del Análisis de

Correspondencias Múltiples (ACM) general a toda la base de datos, y b3) los grupos de cultura material del Análisis de Correspondencias Múltiples (ACM) particular a cada tipo de cultura material.

Debido a que las comparaciones entre las áreas arqueológicas se hicieron dentro de un formato de Sistema de Información Geográfica y análisis espacial, para evaluar las relaciones una gran cantidad de mapas fueron creados[41].

7.2.1.1. Sitios de habitación grandes (>3 ha)

Descripción General. De los 102 sitios arqueológicos registrados dentro de la poligonal de estudio, ocho tienen tamaños superiores a las 3 ha. De estos ocho, cuatro tienen tamaños entre 3 y 3.5 ha, dos entre 3.5 y 4.5 ha, y dos superiores a las 4.5 ha. Estos sitios tienen una distribución característica ya que seis se encuentran en el Norte del área y dos en el Oeste. Cinco de los seis sitios ubicados en el Norte se encuentran en alturas superiores a 150 m de elevación, y el sexto alrededor de los 80 m. Los dos ubicados al Oeste están en elevaciones de menores a los 10 m, lo que es de esperar ya que con la excepción de zonas específicas las elevaciones en el Oeste de la poligonal de estudio no superan 15 m.s.n.m. Los sitios del Norte se encuentran en valles intermontanos o en las lomas, mientras que los sitios del Oeste en las sabanas inundables del río Yaque (Herrera Malatesta 2018, mapa 1).

Cerámica. Con la excepción del sitio MC-84, todos los sitios poseen cerámica Meillacoide. De hecho, en la mitad de éstos se registró únicamente este tipo de cerámica. Los cuatro sitios restantes poseen cerámica Meillacoide en asociación con 1) el grupo cerámico que comparte atributos estilísticos y/o formales de las series Meillacoide-Chicoide (n= 3), 2) cerámica Chicoide (n=3), y sólo en uno se registraron los tres grupos cerámicos (MC-44). Es interesante resaltar que de los dos sitios más grandes registrados en el área (MC-44 y MC-84), uno tiene los tres grupos cerámicos y otro solo Chicoide y expresiones del conjunto que presenta la mezcla estilística Meillacoide-Chicoide (Herrera Malatesta 2018, mapa 2).

Lítica. Con excepción del sitio MC-29, en todos los sitios se registraron más de tres artefactos líticos, observándose la mayor variabilidad en los sitios MC-44 y MC-84, con nueve y ocho artefactos respectivamente (Herrera Malatesta 2018, mapa 3).

Concha. En cuanto a los tipos de artefactos en concha, en cinco de ellos se registró este tipo de evidencia. Sin embargo, en la mayoría sólo se registraron uno o dos objetos, sin observarse un patrón similar, siendo sólo el sitio MC-44 dónde se registró 6 objetos de concha diferentes (Herrera Malatesta 2018, mapa 4).

Especies de Moluscos. La distribución de esta variable en los distintos sitios de habitación grandes mostró que en cinco de ellos se registraron hasta cinco tipos distintos de especies de moluscos, y en el resto más de 8 tipos. Como es de esperar, el sitio MC-44 es el que tiene la mayor diversidad con un total de 13 tipos. Luego, en MC-33 se registraron 9 tipos, en MC-74 ocho tipos y en MC-84 cinco tipos (Herrera Malatesta 2018, mapa 5).

---

41 Los mapas de las variables mencionadas pueden ser accesados en la referida base de datos KNAW/DANS. Ver https://doi.org/10.17026/dans-xyn-cu72. Para facilitar la identificación de cada mapa en la secuencia entre este documento y la base de datos, su número fue dejado en el texto.

Zonas Ecológicas. De estos sitios la mayoría se encuentra en la Zona Ecológica A y dos en la Zona B. Un aspecto interesante en el patrón de distribución, es que la mayoría se encuentra a más de 1 km de las fuentes de agua, y pocos a distancias de menos de 500 m. En el caso de los sitos al Oeste ambos se encuentran a casi 4 y 5 km de los ríos. De igual manera, los sitios del Oeste se encuentran a similares distancias de las zonas óptimas de agricultura, que se encuentran cerca de los ríos, y las zonas de salinas y presencia de manatís cercanas a las costas. Estos sitios podrían haber estado localizados de forma equidistante de estos elementos naturales por el riesgo de las inundaciones estacionales de los grandes ríos (Yaque y Chacuey) que desaguan en el Oeste de la provincia. Los sitios del Norte, aunque cercanos a los ríos, se encuentran por lo general a mayor altura que éstos. Estos sitios se encuentran sobre los suelos y geomorfologías de zonas aptas para la agricultura y en el borde de las zonas endémicas de hutías y solenodontes (Herrera Malatesta 2018, mapa 6 y 7). Durante las excavaciones en el sitio MC-44 se recolectó una gran cantidad de huesos de peces, aves y mamíferos, lo que confirma la caza de aves y roedores posiblemente con fines alimenticios y como materia prima. Aunque todavía falta una identificación formal de estas evidencias, entre la muestra se pudo identificar varias mandíbulas y dientes de hutías y solenodontes.

En cuanto a los grupos generales destacados por el ACM (tabla 19). En primer lugar se compararon los sitios con los grupos 1 y 2 que poseen exclusivamente especies de moluscos, estos son: *Isognomon alatus/Crassostrea rhizophorae* (ostras) y *Arca zebra/Chione elevata* (almejas) (Herrera Malatesta 2018, mapa 8). Estos grupos de especies de moluscos fueron registradas únicamente en cuatro sitios, teniendo dos de ellos presencia de una sola especie (MC-33 y MC-84). En los otros dos sitios: en MC-44 se registró el grupo *de Arca zebra/Chione elevata* y en MC-74 los dos grupos de especies de moluscos. Esta imagen es coherente con la diversidad de especies de moluscos observada para el área, ya que las ostras fueron principalmente registradas al Oeste. Luego los grupos 3 y 4 que sugieren posibles actividades de explotación y recolección de recursos marinos (Herrera Malatesta 2018, mapa 9). El grupo está 3 está compuesto por las especies de moluscos *Tivela mactroides* y *Anadara transversa* (almejas) y el artefacto lítico *lasca*. En cuatro sitios se registraron estos materiales MC-44, MC-84, MC-74 y MC-27, aunque sólo MC-84 presenta el grupo completo. Para el grupo 4 compuesto por las especies *Vasum muricatum* y Caracol de tierra (caracoles de agua salada y dulce, respectivamente) y el objeto de coral Lima, los materiales del conjunto aparecen en una mayor cantidad de sitios. Sin embargo, el grupo completo sólo está presente en MC-44, y en MC-33 se registró la Lima y el Caracol de tierra. En cuanto al grupo 5 que posee la mayor diversidad de materiales se observó que de los ocho sitios de habitación grandes, en seis fueron registrados los materiales destacados en el grupo (Herrera Malatesta 2018, mapa 10). Cuatro de éstos cuentan menos de tres de los materiales (MC-37, MC-42, MC-27 y MC-84), habiendo sido registradas cinco en MC-33 y en ocho en MC-44. De los objetos presentes, la mano de moler se registró en 5 de los seis sitios, en dos asociadas a otros objetos relacionados con actividades de procesamiento de alimentos como el guayo en MC-37 y MC-33. Se podría interpretar que, en general todos los artefactos dentro de este grupo están relacionados con actividades de trabajo en madera (gubia, martillo, objeto de punta), procesamiento de plantas (mano de moler, guayo) y tareas generales de manufactura de artefactos o trabajos cotidianos del asentamiento (martillo de concha, objeto de punta). La presencia de dos de las cerámicas dentro de este grupo evidencia la variabilidad estilística, ya que la cerámica Meillacoide es la predominante en el área. Las dos especies de moluscos son caracoles de gran tamaño, especialmente la *Charonia variegata*. Estas especies, así como las mencionadas anteriormente representan la variabilidad en los datos, por lo que no necesariamente definen las especies de consumo común, pero si indican las variedades consumidas que son significativas en relación con la distribución de sitios arqueológicos. Esto podría indicar que si bien no fueron de consumo común, si formaron parte del "ajuar" de recursos marinos explotados con regularidad, y cuya concha era llevad al asentamiento. El grupo 6 compuesto por Piedra de Martillo/Núcleo, se registró completo en los sitios MC-44 y MC-84, en cuatro sólo uno de los dos materiales, y en dos ninguno. El último grupo 7 está formado por Hacha/Hachuela de concha, materiales que pudieron haber estado relacionados con el trabajo de la madera o de otros artefactos. Los artefactos fueron registrados en tres sitios, aunque el conjunto sólo en MC-44 (Herrera Malatesta 2018, mapa 11).

En cuanto al ACM particular a cada tipo de cultura material (tabla 20). El 1 Hacha/ Mano de moler, se encuentra distribuido equitativamente entre los distintos sitios, habiendo cuatro con presencia de un solo objeto y tres con dos. Como es de esperar luego de las descripciones previas, los sitios con los dos objetos son MC-44, MC-84 y MC-27. El grupo 2, está compuesto por Hacha/Hachuela, que ya fueron explicados ya que este grupo se repite en los dos resultados del ACM. El grupo 3 corresponde a los artefactos de concha Gubia/Martillo/Objeto de punta(perforador). La distribución de estos objetos, como la mayoría de objetos en concha se registró en los sitios del sector Norte de la poligonal (Herrera Malatesta 2018, mapa 12). De los tres sitios con los materiales MC-44 tiene presencia de los tres, teniendo MC-27 y MC-33 sólo un objeto. Los grupos 4 a 6 compuestos por especies de moluscos: *Codakia orbicularis/Lobatus costatus, Cittarium pica/Phyllonotus pomum* y *Charonia variegata/Cassis tuberosa* (Herrera Malatesta 2018, mapa 13). De los ocho sitios cinco presentan en combinación las mismas dos especies de moluscos: *Codakia orbicularis* y *Lobatus costatus*, y estas están también presentes en los otros tres sitios. Este resultado es esperado, ya que durante los trabajos de campo estas fueron las especies de moluscos presentes en la mayoría de los sitios. Otro elemento evidente es la ausencia de la *Cassis tuberosa* en todos los sitios.

7.2.1.2. Sitios de habitación medianos (>1 y <3 ha)

Descripción General. Los sitios medianos (n=17) oscilan entre 1 y 3 hectáreas, encontrándose los más grandes en el sector Norte del área (Herrera Malatesta 2018, mapa 14). La mayoría (n=11) de éstos se encuentra por debajo de 80 m.s.n.m., la mayor parte de los restantes (n=5) está entre 100 y 210 m.s.n.m., y sólo uno se encuentra por encima de los 300 m de altura. Curiosamente, este último es uno de los de menor tamaño (MC-39).

Cerámica De los 17 sitios (Herrera Malatesta 2018, mapa 15), 15 tienen cerámica Meillacoide exclusivamente o en combinación con otros grupos cerámicos. Un solo sitio presentó cerámica Chicoide y en otro no se pudo identificar la afiliación estilística. Es interesante observar que en cinco sitios se registró presencia de los tres grupos cerámicos, en cuatro presencia de Meillacoide y Meillacoide-Chicoide, y en uno cerámicas tanto Meillacoides como Chicoides. Esto señala que hay mayor variabilidad cerámica en los sitios medianos que en los grandes.

Lítica. Los sitios medianos no muestran mucha variabilidad en cuanto a artefactos líticos cuando la muestra general es considerada (Herrera Malatesta 2018, mapa 16). De hecho de los 17 sitios, en 14 se registró entre uno y dos artefactos, en dos no se reportó nada, y sólo en uno (MC-89) se evidenciaron cuatro artefactos.

Concha. Los sitios medianos no muestran una gran variabilidad de objetos de concha (Herrera Malatesta 2018, mapa 17), habiéndose registrado este tipo de evidencia en 9 de los 17 sitios. Sólo en dos sitios MC-115 y MC-52 se registraron dos y cinco artefactos, respectivamente. Destaca en esta distribución que el artefacto Objeto de Punta está presente en seis de los nueve sitios con artefactos de concha.

Especies de Moluscos. En cuanto a la presencia de las distintas especies de moluscos en los sitios medianos (Herrera Malatesta 2018, mapa 18), se puede apreciar que ocho sitios tienen hasta tres especies registradas, tres con cuatro especies, cuatro sitios con seis especies (MC-41, MC-32, MC-34, MC-115) y en dos no se reportó este tipo de evidencia. Este patrón es similar al de los sitios grandes, donde se podía apreciar diversidad de especies en cada sitio. Sin embargo, en ningún sitio mediano se observa la diversidad de especies de algunos sitios grandes, y aquí parece más estandarizado. Es relevante anotar que las especies más comunes en estos sitios fueron *Lobatus gigas*, *Charonia variegata*, *Codakia orbicularis* y *Lobatus costatus*. Así mismo, muchas especies están totalmente ausentes de estos sitios.

Zonas Ecológicas. En cuanto a la relación de estos sitios con las zonas ecológicas (Herrera Malatesta 2018, mapa 19 y 20), se puede observar que se encuentran en las dos definidas. Un aspecto que resalta en la distribución de estos sitios es su cercanía a las fuentes de agua. La mayoría de estos sitios se encuentra a menos de 500 m de los ríos y quebradas y pocos a más de esta distancia, representado esto un patrón opuesto con respecto de los sitios grandes. Otra característica es que la mitad de los sitios ubicados en el Norte están dentro o en la frontera de las poligonales de las zonas endémicas de solenodonte y hutía. Dos sitios están ubicados en la zona ecológica B, uno se encuentra muy cerca del río Yaque por lo que está en su zona de inundación, aunque también se encuentra dentro de la estrecha poligonal de suelos aptos para agricultura intensiva. Con respecto al resto de variables de la zona B su ubicación es lejana de la costa. El segundo sitio, se encuentra dentro de la cuenca del río Masacre a menos de 800 m de este río.

En cuanto a la relación con el ACM para toda la base de datos de cultura material (tabla 19). Para los grupos 1 y 2 relacionados con actividades de recolección de moluscos (Herrera Malatesta 2018, mapa 21), compuesto las especies *Isognomon alatus/ Crassostrea rhizophorae* y *Arca zebra/Chione elevata*, respectivamente, se observa un patrón particular ya que en sólo tres se registró presencia de una de estas cuatro especies. Para el tercer grupo (Herrera Malatesta 2018, mapa 22), relacionado con la explotación de recursos marinos y compuesto por las especies *Tivela mactroides/Anadara transversa* y el artefacto lítico *lasca*, se observa el mismo patrón de ausencia, solo dos sitios presentan evidencia de una de las variables. El cuarto grupo, igualmente vinculado a la explotación de recursos marinos, y compuesto por el artefacto de coral Lima y las especies *Vasum muricatum/*Caracol de tierra mantiene la misma presencia escasa en los distintos sitios medianos. El grupo 5 (Herrera Malatesta 2018, mapa 23), y el más abundante en términos materiales, cambia el panorama previamente descrito. De los 17 sitios de este grupo sólo uno (MC-128) no posee información de estas variables. Del resto, en 11 se registraron cuatro o menos variables, principalmente asociadas con artefactos líticos y presencia de grupos cerámicos. Los cinco restantes (MC-39, MC-41, MC-32, MC-115, MC-52) presentan entre 5 y 7 variables con distintas combinaciones de los artefactos líticos y de concha, la cerámica y las dos especies de moluscos. El grupo 6 compuesto por Piedra de Martillo/Núcleo fue registrado en 10 de los 17 sitios (Herrera Malatesta 2018, mapa 24). En un solo sitio (MC-112) estos objetos fueron registrados en conjunto, presentándose en el resto de manera individual, y con predominancia de la piedra de martillo. El último grupo compuesto por los artefactos de concha Hacha/Hachuela, tiene una presencia muy limitada en los sitios de habitación medianos, habiéndose registrado sólo en dos (MC-52 y MC-115), y sólo en el primero en conjunto.

En cuanto al ACM específico (tabla 20). Para estos grupos se observó que, para el 1 Hacha/Mano de moler hay presencia en 13 de los 17 sitios. Sólo en dos es éstos se registró el grupo (MC-58, MC-115), habiéndose registrado en el resto principalmente la mano de moler y en menor medida el hacha de piedra. Ya que el grupo 2, Hacha/Hachuela de concha, está presente en el grupo general no es necesario describirlo nuevamente. El tercer grupo, también compuesto por artefactos de concha, Gubia/Martillo/Objeto de punta, se registró únicamente en el sitio MC-52, y en el resto sólo se observó un objeto o ninguno, siendo el Objeto de punta el más común (Herrera Malatesta 2018, mapa 25). Los grupos 4, 5 y 6 corresponden a combinaciones de las especies de moluscos *Codakia orbicularis/Lobatus costatus*, *Cittarium pica/Phyllonotus pomum* y *Charonia variegata/Cassis tuberosa*. La mayoría de los sitios presentan materiales de estos grupos, aunque el grupo más común es el compuesto por los moluscos *Codakia orbicularis/Lobatus costatus*, presente en 13 de los 15 sitios donde se reportaron estas evidencias. Estos moluscos son un tipo de almeja y un caracol de agua salada, respectivamente, y fueron los moluscos más ampliamente registrados durante los trabajos de campo. El grupo compuesto por *Cittarium pica/Phyllonotus pomum* se presenta en dos sitios (MC-32 y MC-115), y en el resto aparece únicamente el *Phyllonotus pomum*. El último de estos grupos de moluscos aparece en conjunto en dos sitios MC-41 y MC-32 (Herrera Malatesta 2018, mapa 26).

La relación de los sitios medianos con los grupos establecidos por el ACM parece estar indicando que éstos no son los principales contribuyentes a estos grupos. Su relación más explícita parece estar con las zonas ecológicas, con la variabilidad de cerámicas en los distintos sitios medianos que, de hecho supera a aquella de los sitios grandes y con las especies de moluscos de mayor presencia en el área de estudio.

7.2.1.3. Sitios de habitación pequeños (menos de 1 ha)

Descripción General. En total se registraron 49 sitios pequeños, de los cuales ocho superan los 6000 m², 15 sitios tienen medidas entre 3000 y 6000 m², y el resto mide menos de 3000 m² (Herrera Malatesta 2018, mapa 27). En términos de la ubicación de estos sitios con respecto al nivel del mar, es interesante notar que estos sitios presentan un patrón de alturas variado ya que 18 sitios se encuentran por debajo de 100 m.s.n.m., 11 entre 100 y 200 m.s.n.m., 14 entre 200 y 300 m.s.n.m. y 6 sitios entre 300 y 480 m.s.n.m.

Cerámica. En términos cerámicos (Herrera Malatesta 2018, mapa 28), en 28 de estos sitios fue posible identificar la afiliación estilística teniendo 27 sitios presencia de cerámica Meillacoide, 8 sitios cerámica Meillacoide-Chicoide, y 6 presencia de cerámica Chicoide. De éstos, 6 sitios comparten cerámicas Meillacoide y Meillacoide-Chicoide, tres comparten Meillacoide y Chicoide y en dos (MC-68, MC-71) se registraron los tres grupos cerámicos. En los 21 sitios restantes no fue posible identificar grupos cerámicos.

Lítica. En 27 de los 49 sitios de este grupo se registró evidencia de, al menos, un artefacto lítico (Herrera Malatesta 2018, mapa 29). Los objetos más comunes en este grupo son las hachas (n=16), la manos de moler (n=10), y luego en menor medida la lasca (n=5), los raspadores (n=6) y los núcleos (n=5). La mayor diversidad de materiales se observó en el sitio MC-76 (n=5) y en el MC-111 (n=4), mientras que en los sitios MC-50, MC-71 y MC-113 se registraron tres artefactos líticos.

Concha. Los artefactos de concha no fueron comunes en estos sitios (Herrera Malatesta 2018, mapa 30), encontrándose ausentes en la mayoría. La gubia (n=7) y los martillos (n=4) fueron los artefactos con un registro mayor, apareciendo el resto muy escuetamente en los sitios.

Especies de Moluscos. En cuanto a la distribución de las especies de moluscos (Herrera Malatesta 2018, mapa 31), se puede observar que en la mayoría de estos sitios (n=35) se registraron entre 1 y tres especies, y en ocho sitios entre cuatro y cinco especies. Luego en seis sitios se registraron más de seis especies: MC-7, MC-28, MC-76 (n=6), MC-31 (n=8), MC-50, MC-88 (n=7). Siendo las más comunes *Lobatus gigas*, *Charonia variegata*, *Codakia orbicularis*, *Lobatus costatus* y en menos medida las demás. Es interesante destacar que los sitios con mayor diversidad de especies de moluscos tienden a estar más cercanos al mar. Como en el caso anterior, estos sitios están distribuidos a lo largo de toda el área de investigación, teniendo su mayor concentración al Norte. Un elemento interesante en su distribución es que estos sitios parecen estar siempre agrupados.

Zonas Ecológicas. Los sitios de la Zona Ecológica A (Herrera Malatesta 2018, mapa 32), parecen agruparse cerca de las fuentes de agua. Esta distribución pareciera combinar las dos distribuciones previas, observándose los sitios dentro de las poligonales de las áreas aptas para la agricultura, y las zonas de animales endémicos. Los sitios de la Zona Ecológica B (Herrera Malatesta 2018, mapa 33), aunque en la zona de inundación del río Yaque, su ubicación está cercana a las zonas aptas para la agricultura, las salinas y la zona endémica de manatí.

En cuanto a la relación con los grupos generales de cultura material desatacados por el ACM (tabla 19). En primer lugar, los grupos 1 y 2 (Herrera Malatesta 2018, mapa 34) relacionados con las especies de moluscos *Isognomon alatus*/*Crassostrea rhizophorae* y *Arca zebra*/*Chione elevata*, están presentes en un solo caso (MC-98) y únicamente el grupo 1. Luego las variables se observan en sólo siete sitios. Sin embargo, destaca que la presencia de estas conchas para este grupo de sitios está distribuida en los del Oeste exclusivamente.

Ahora bien, en cuanto a los grupos 3 y 4 (Herrera Malatesta 2018, mapa 35) relacionados con la explotación de recursos. El grupo 3 compuesto por Lasca/*Tivela mactroides*/*Anadara transversa* presenta una distribución dispersa para las variables y un solo sitio (MC-76) con el grupo completo y dos (MC-50, MC-88) con dos variables. Para el grupo 4, Lima/*Vasum muricatum*/Caracol de tierra, se observa un patrón similar al anterior pero más reducido ya que en ningún sitio aparece el grupo completo, únicamente en el MC-111 se observaron dos de las tres variables. Como es de esperar para el grupo 5 (Mano de moler/Martillo/Gubia/Objeto de punta-perforador/cerámica mixta Meillacoide-Chicoide/Chicoide/Guayo/*Charonia variegata/Cittarium pica*) se observa un mayor registro de variables (Herrera Malatesta 2018, mapa 36), aunque ningún sitio con el grupo completo. En dos sitios (MC-7, MC-68) se registraron cuatro variables, pero no parece haber ningún patrón claro en la distribución. El grupo 6 Piedra de Martillo/Núcleo fue registrado únicamente en el sitio MC-111, y del resto sólo en seis sitios más se registró una sola variable. El último grupo, Hacha/Hachuela, relacionado con el trabajo de madera, tampoco muestra un patrón distintivo habiéndose registrado artefactos aislados en sólo cuatro sitios (Herrera Malatesta 2018, mapa 37).

En cuanto a la relación con los grupos particulares de cultura material creados por el ACM (tabla 20). El primer grupo Hacha/Mano de moler de piedra, se puede apreciar que, aunque sólo en la mitad de los sitios se hayan reportados estos materiales, en cuatro de ellos (MC-60, MC-67, MC-31, MC-76) se presenta el grupo completo. Luego, en la mayoría de los sitios se registró presencia de hachas, y en menor cantidad de manos de moler. El grupo 2, siendo igual al grupo 2 del ACM general, ya fue descrito antes. La combinación de materiales del grupos 3, Gubia/Martillo/Objeto de punta, sólo se registró en el sitio MC-28, y en el resto de sitios se reportó un solo artefacto o ninguno (Herrera Malatesta 2018, mapa 38). Los últimos tres grupos están relacionados con la recolección de moluscos marinos (4: *Codakia orbicularis/Lobatus costatus*, 5: *Cittarium pica/Phyllonotus pomum*, 6: *Charonia variegata/Cassis tuberosa*). El grupo 4 es el que posee mejor distribución en toda el área, habiéndose registrado completo en la mayor cantidad de sitios pequeños (n=30). El grupo 5 se registró completo solo en el sitio MC-31 y en el resto sólo una especie o ninguna. El sexto grupo, se registró completo en MC-7 y MC-50, y de resto este grupo tiene poca o ninguna presencia en el área (Herrera Malatesta 2018, mapa 39).

La distribución de los sitios pequeños y su relación con los distintos grupos parece contener elementos de las distribuciones de sitios grandes y medianos, más que un patrón particular. Como se esperaba, son los sitios con menor complejidad en cuanto a cultura material.

7.2.1.4. Sitios de explotación de recursos

Descripción General. Aunque a los sitios de este grupo no se le aplicó la misma categorización en tamaño que a los sitios de habitación, la mayoría de éstos posee dimensiones menores a las 3 ha (Herrera Malatesta 2018, mapa 40). Sin embargo, el patrón de distribución de estos sitios es totalmente distinto al de los sitios de habitación, ya que la distancia que los separa entre ellos, así como su distancia al mar, es menor que para los sitios de habitación. Esto puede tener relación con dos aspectos, 1) que los sitios de explotación de recursos pudieron haber sido "zonas de explotación" más que lugares particulares, y esto produjo que la cultura material se encuentre hoy en día esparcida a lo largo de la costa y que, de hecho, 2) la separación entre sitios sea más el resultado de la erosión en la costa de la provincia que a puntos de explotación particulares[42]. Como es de esperar, todos estos sitios están ubicados en alturas bajas con respecto al nivel del mar, de hecho el 90% de éstos se encuentran por debajo de 25 m.s.n.m.

---

42 Nótese que Ulloa Hung (2014) reportó para el área vecina de Punta Rucia zonas de explotación de recursos con alrededor de 7 kilómetros de largo.

Cerámica. En cuanto a la presencia de grupos cerámicos en estos sitios (Herrera Malatesta 2018, mapa 41), es interesante observar que en ningún sitio se registró más de un grupo cerámico. En la mayoría (n=17) no se registró cerámica de ningún grupo; en cuatro sitios no fue posible identificar alguna afiliación estilística, y en siete se registró cerámica Meillacoide (MC-9, MC-72, MC-36, MC-46, MC-77, MC-102, MC-75). Aunque la presencia de cerámica Meillacoide no está en la mayoría de los sitios, este panorama guarda relación con la presencia mayoritaria de esta serie cerámica en el área de investigación. La ausencia de cerámica en la mayoría de sitios podría estar relacionada con el hecho de que la distancia desde los distintos sitios de habitación hasta las zonas de explotación de recursos marinos no superó los 5 km, distancia que puede ser fácilmente recorrida ida y vuelta varias veces en un mismo día. Lo que pudo resultar en el transporte exclusivo de objetos directamente relacionados con la explotación de recursos marinos.

Lítica. Al observar la presencia de artefactos líticos (Herrera Malatesta 2018, mapa 42) en estos sitios destaca que sólo en cinco se registró este tipo de evidencia (MC-48, MC-90, MC-79, MC-101, MC-82), específicamente lascas, raspadores, puntas de proyectil y núcleos. Los primeros tres artefactos son materiales que podrían haber sido utilizados en el procesamiento de recursos del mar como descamar pescados y abrir bivalvos para el consumo o posterior procesamiento.

Concha. La presencia de artefactos en concha (Herrera Malatesta 2018, mapa 43) es un poco más abundante, habiéndose registrado en ocho de estos sitios (MC-9, MC-36, MC-46, MC-120, MC-118, MC-119, MC-77, MC-127), siendo MC-77 donde se registraron más artefactos (n=3). De los artefactos registrados, el más común es el Perforador (n=4), el Martillo (n=3) y la Gubia (n=3). Artefactos que pudieron haber sido utilizados para el procesamiento de recursos del mar, o incluso manufacturados *in situ*, donde la presencia de artefactos como el objeto de punta adquiere un contexto de trabajo específico. Lo que se evidencia en este punto es que en los sitios de explotación de recursos se registró una baja cantidad de materiales. En cuando a la presencia de especies de moluscos (Herrera Malatesta 2018, mapa 44) en los distintos sitios se puede apreciar que las especies con mayor presencia son: *Lobatus costatus* (n=23), *Lobatus gigas* (n=17), y *Codakia orbicularis* (n=16), teniendo el resto de las especies de moluscos bajas presencias en los distintos sitios. Por otro lado, el sitio MC-101 es que el posee la mayor diversidad de especies presentes (n=10), luego cuatro sitios poseen presencias entre 6 y 7 especies (MC-86, MC-120, MC-118, MC-51), y el resto igual o menor de cinco.

Zonas Ecológicas. Los sitios de explotación de recursos se ubican en su mayoría en el extremo Oeste del Norte del área de estudio, y la minoría en el Oeste. No se encontró ninguna evidencia que indicara que estos sitios fueran de habitación permanente o tuvieran alguna relación con actividades de agricultura o de otro tipo de trabajo además de la explotación y procesamiento de recursos marinos. Como es de esperarse, la principal relación de estos sitios con variables ambientales está en su cercanía a la línea de costa, a las distintas quebradas y ríos del área, a las zonas de salinas Herrera Malatesta 2018, mapa 45 y 46). Igualmente, dada su ubicación geográfica estos sitios se encuentran en cercanía y posiblemente relación con las zonas de ciénagas y manglares, de donde muchas especies de moluscos son recolectadas, mamíferos marinos como el manatí son cazados, y otro tipo de alimentos del mar como cangrejos y peces son explotados (Herrera Malatesta 2018, mapa 47).

La relación entre estos sitios con los grupos destacados por el ACM para la cultura material general (tabla 19), mostró que para los primeros dos grupos, las especies no están presentes en la mayoría de los sitios. Sólo en dos (MC-101, MC-75) se registró el grupo 1. De las cuatro especies, la *Crassostrea rhizophorae* es la más común, en sitios ubicados en el Noroeste y Oeste del área de estudio (Herrera Malatesta 2018, mapa 48). En cuanto al grupo 3, sólo en MC-101 se registró este ajuar, reportándose las especies de moluscos solo en tres sitios más. Un escenario similar se observa para el grupo 4, donde sólo en dos sitios se registró materiales aislados de este conjunto, estando totalmente ausentes en la mayoría de los sitios (Herrera Malatesta 2018, mapa 49). Para el grupo con más diversidad materiales, el 5 (Herrera Malatesta 2018, mapa 50), se observa que la mayoría de sitios no presenta ninguna de estas evidencias, seis de éstos tienen presencia de un objeto, y tres de más de dos, siendo el sitio MC-77 el que más posee con cuatro artefactos (Gubia, martillo de concha, perforador de concha y *Cittarium pica*). Aunque es interesante que los artefactos Gubia y Perforador hayan sido registrados en conjunto en los tres sitios con más de dos artefactos. Los materiales de los grupos 6 y 7 se registraron en muy bajas cantidades en este tipo de sitios (Herrera Malatesta 2018, mapa 51), habiendo sido encontrados dos y uno, respectivamente, para estos sitios en toda el área de investigación.

Para los grupos del ACM particulares a cada grupo de cultura material (tabla 20), el (Herrera Malatesta 2018, mapa 52) combina los tres primeros grupos, allí se puede observar que solo en el sitio MC-77 se registró uno de los grupos (3), el compuesto por los artefactos de concha Gubia, Martillo y Objeto de punta. De resto, en sólo seis sitios se registró uno o dos de estos artefactos, lo podría afirmar la funcionalidad de estos sitios. Los siguientes tres grupos, repiten la imagen mostrada al considerar todos las especies de moluscos. El grupo 4, compuesto por las especies *Codakia orbicularis y Lobatus costatus*, fue el más común (n=10) en los distintos sitios. Luego el grupo compuesto por *Charonia variegata y Cassis tuberosa* (n=2). Los demás presentan otras combinaciones, aunque en su mayoría aparece sólo una especie (Herrera Malatesta 2018, mapa 53).

7.2.1.5. Sitios con montículos y/o espacios nivelados

Descripción General. Los sitios con presencia de montículos artificiales de tierra (n=18) están todos ubicados en el Norte del área de estudio, y la mayoría en el Noreste (Herrera Malatesta 2018, mapa 54). Dado que se han registrado en sitios de diversos tamaños, no pareciera que ésta sea una variable que determine su presencia/ausencia. Los sitios con montículos están sobre los 100 m de altura, con excepción del sitio MC-11 que se encuentra a 30 m.s.n.m. Casualmente, este sitio es el que está ubicado en el extremo occidental de la zona donde se presenta este tipo de sitios. Una recurrencia es que todos parecieran ser sitios de habitación, por el tipo de materiales registrados.

Cerámica. En los sitios con montículos se reportó mayormente cerámica Meillacoide (n=14), con la excepción de MC-16, MC-61, MC-63 cuyas cerámicas no pudieron ser identificadas, y MC-5 donde sólo se registró cerámica Chicoide (Herrera Malatesta 2018, mapa 55).

Lítica. En cuanto a todos los tipos líticos (Herrera Malatesta 2018, mapa 56), se observa que el sitio con mayor diversidad de artefactos líticos fue MC-44 (n=9), luego MC-33 y MC-37 (n=4), y MC-71 y MC-115 (n=3); en el resto sólo se registraron uno o dos artefactos.

Concha. Algo similar ocurrió con los objetos de concha (Herrera Malatesta 2018, mapa 57), sólo en MC-44 se registraron 7 objetos; en seis sitios se registraron entre 2 y 3 artefactos, y en el resto ninguno.

Especies de Moluscos. En cuanto a la presencia de las distintas especies de moluscos (Herrera Malatesta 2018, mapa 58), se puede observar que en la mayoría de los sitios se registraron especies, siendo los sitios con la mayor diversidad MC-33 (n=9), MC-44 (n=13) y MC-41, MC-115, MC-7 (n=6), y el resto con menos de cinco especies.

Zonas Ecológicas. Todos estos sitios se encuentran ubicados en la zona ecológica de montaña Herrera Malatesta 2018, mapa 59). Estos sitios suelen estar cerca de las fuentes de agua, aunque se encuentran más elevados de las mismas ya que su ubicación es mayor a los 100 m.s.n.m. Además, la mayoría de ellos se encuentra en la las zonas aptas para agricultura de montaña.

En cuanto a los grupos generales destacados por el ACM (tabla 19), se puede apreciar que con el grupo 1 y 2 (*Isognomon alatus* y *Crassostrea rhizophorae*, *Arca zebra* y *Chione elevata*, respectivamente), la presencia es baja y en ningún sitio se presenta alguno de los grupos (Herrera Malatesta 2018, mapa 60). Esta escasa presencia de materiales ocurre igualmente con el grupo 3 y el 4, con la excepción de que este último aparece completo en el sitio MC-44 (Herrera Malatesta 2018, mapa 61). Los artefactos del grupo 5 se registraron en la mayoría de sitios con montículos (Herrera Malatesta 2018, mapa 62), aunque sólo en MC-44 (n=8), MC-115 (n=7) MC-39 (n=6) y MC-33, MC-41 (n=5) se registraron casi todos las variables, quedando el resto con un registro menos a cuatro variables. Los últimos dos grupos (Herrera Malatesta 2018, mapa 63), sólo se registraron en el sitio MC-44, y en el resto de los sitios donde se registró alguno de estos materiales, aparecieron aislados o en dúo con material del otro grupo.

En cuanto a los grupos particulares del ACM (tabla 20, Herrera Malatesta 2018, mapa 64), se aprecian los tres primeros grupos, y como es de esperar, sólo en MC-44 se registraron los tres grupos, en MC-115 sólo el 1, y en el resto de los sitios, materiales combinados o individuales. De los grupos 4, 5 y 6 (Herrera Malatesta 2018, mapa 65), relacionados con actividades de explotación de recursos, sólo el grupo *Codakia orbicularis*/*Lobatus costatus* está presente en la mayoría de los sitios (n=10), luego el grupo *Cittarium pica*/*Phyllonotus pomum* se registró en MC-115, y el grupo 6 se registró en MC-41 y MC-7. El resto de sitios presenta algunos materiales en combinación o individuales.

Estos resultados parecieran indicar que la presencia de montículos no es un rasgo que necesariamente implique mayor variedad de cultura material o sitios más grandes. Es decir, en función de estos resultados no se puede aseverar que, para esta área de investigación, los sitios con montículos hayan sido necesariamente los más importantes desde ningún aspecto material, que sería la interpretación clásica para sitios con este tipo de características. Por ejemplo, el sitio MC-44 resalta dentro de la muestra de sitios por el conjunto de las evidencias presentes, donde sus montículos son un rasgo más.

7.2.2. Nivel del Área de Investigación: Patrones Espaciales de los Sitios Resaltantes y las Zonas Ecológicas

La discusión precedente destacó los elementos particulares a cada conjunto de sitios arqueológicos y en esta sección se llevarán estos resultados a nivel del área de investigación. Del apartado anterior, se puede resumir que los *Sitios de Habitación Grandes* se encuentran por encima de los 150 m.s.n.m.. En todos se registró cerámica Meillacoide y se observó diversidad de artefactos líticos, aunque no mucha variedad de objetos de concha. La mayoría mostró gran diversidad de conchas de moluscos. Estos sitios se encuentran separados de las fuentes de agua por, al menos, 500 m. Los *Sitios de Habitación Medianos* se encuentran por debajo de 80 m.s.n.m.; presentan una variada evidencia de grupos cerámicos; no poseen diversidad de artefactos líticos, de concha o especies de moluscos; y por lo general, se encuentran cerca de las fuentes de agua. Las características poco diversas de la cultura material en estos sitios lleva a considerar que no son los responsables de la diversidad de cultura material local del área de estudio. En cuanto a los *Sitios de Habitación Pequeños* se puede resumir que presentan alturas variadas, sin observarse un patrón específico. Tienen una alta diversidad cerámica y no se registró presencias considerables de artefactos líticos, de concha o especies de moluscos. Los sitios del Norte del área parecen estar agrupados cerca de las fuentes de agua, mientras que los del sector occidental se concentran cerca de las zonas de agricultura y la costa. Los *Sitios de Explotación de Recursos* se caracterizan por la ausencia de cerámica u otros artefactos líticos y de concha. Finalmente los *Sitios con Montículos y/o Espacios Nivelados*, no parecieran indicar una relación entre esta evidencia y el tamaño de la distribución de materiales en superficie. Todos estos sitios son de habitación y generalmente contienen presencia de cerámica Meillacoide. No pareciera existir una relación entre la presencia de montículos y la cantidad/diversidad de cultura material en la superficie de los sitios. Finalmente, pareciera existir una relación entre la presencia de montículos y la cercanía a fuentes de agua.

Estos resultados fueron integrados en una tabla comparativa que permitió, además, obtener un resultado importante para el entendimiento de los patrones espaciales y culturales del área de investigación (fig. 116). Esta tabla permitió pensar en las características sobre las que se está comenzando a formar el modelo interpretativo, y considerar aspectos comparativos que podrían estructurar este modelo.

En la figura 116 es posible observar que, en primer lugar, hay un grupo de sitios que se destacan por encima de la muestra general. Estos *sitios resaltantes* presentan la mayor variabilidad en cuanto a cultura material y, en general, son los que tienen mayor tamaño. En el mapa 66 de la base de datos KNWA/DANS (Herrera Malatesta 2018) se muestra la relación de estos sitios con diversas variables representativas de la arqueología de la región, tales como: función, tamaño, variedad de cultura material y presencia/ausencia de montículos. De esta combinación de variables destaca, en primer lugar, que los *sitios resaltantes* están compuestos tanto por sitios de habitación como por sitios de explotación de recursos marinos. En segundo lugar, pareciera haber una diferencia entre los sitios del Norte y del Oeste en cuanto a la presencia de montículos y la variedad de tipos de cultura material presente en cada grupo se refiere, habiéndose registrado mayor diversidad en los sitios del Norte. Por otro lado, los *sitios resaltantes* se pueden dividir en dos grupos: el primero, representa los sitios con mayor variabilidad de cultura material del área (en negritas en la tabla); y el segundo, representa la variabilidad de cultura material del área pero sólo en conjunto, pues cada sitio individual no posee la diversidad de aquellos del grupo 1. En el grupo 1, compuesto de nueve sitios, destacan particularmente dos, MC-44 al Norte y MC-84 al Oeste. Estos son los dos sitios con mayor tamaño en la poligonal de estudio y, de manera interesante, poseen características disimiles. En el mapa 67 de la base de datos

KNWA/DANS (Herrera Malatesta 2018) se ilustran estas diferencias. En MC-44 se registraron los tres grupos cerámicos presentes en la región, mientras que en MC-84 no se registró cerámica Meillacoide, sino los grupos cerámicos: Chicoide y la cerámica mezclada Meillacoide-Chicoide. Ambos sitios poseen una diversidad similar en cuanto al número y tipos de artefactos líticos (MC44=9 y MC-84=8). En cuanto a la diversidad de artefactos de concha, MC-44 supera a MC-84 considerablemente, y lo mismo ocurre en cuanto a la diversidad de especies de moluscos. Ahora bien, cuando estos dos sitios son considerados en conjunto con los otros *sitios resaltantes* cercanos espacialmente, pareciera que éstos últimos complementan su ajuar y variabilidad, particularmente para MC-84. Sin que esto implique una contemporaneidad, la relativamente baja diversidad de especies de moluscos en MC-84 se ve complementada cuando se observa la alta diversidad del sitio de explotación de recursos MC-101 (n=10) ubicado a casi 6 km al Oeste de MC-84. Por otro lado, este sitio, MC-101, pareciera ser el candidato más factible para haber sido el punto de recolección y distribución de ciertas especies de moluscos incluso al Norte del área, ya que especies de moluscos sólo registradas allí se encuentran también en MC-44 (fig. 57-61). En cuanto a la distribución de los grupos cerámicos en los *sitios resaltantes* definidos anteriormente, si bien la ausencia de cerámica Meillacoide del sitio MC-84 puede ser resultado de la recolección de materiales durante la prospección, también podría estar indicando un cambio de patrón cultural expresado, entre otros aspectos, por su ubicación geográfica, la ausencia de montículos y la presencia cerámica.

Otro aspecto que se formalizó durante la exploración de los distintos resultados expresados hasta ahora es: ¿cómo el resultado del concepto de *sitio* de esta investigación, que buscó explorar patrones y tendencias más que sitios individuales, permite observar las distribuciones?. Por ejemplo, los *sitios* de explotación de recursos deben ser entendidos más en el contexto de *zonas* de explotación de recursos. Estas zonas de explotación de recursos no pareciera que fueran eventos independientes en lugares particulares, sino el resultado de interacciones entre los grupos humanos y su ambiente durante periodos de tiempo e intensidades variables a lo largo de la línea costera, así como con ciertas variables ambientales como las ciénagas, manglares y salinas.

Otro aspecto a considerar es la relación entre la distribución de sitios y la elevación. Con excepción del sitio MC-29 (83 m.s.n.m.) y los sitios del Oeste de la poligonal, todos los sitios grandes están ubicados por encima de 180 m.s.n.m. Incidentalmente, el sitio MC-29 es el más pequeño de los sitios grandes, en cuanto a su ubicación e incluso diversidad de cultura material, comparte más con los sitios medianos que con los grandes. De hecho, el 82% de los sitios medianos se encuentra por debajo de 180 m.s.n.m. Los sitios pequeños, como ya fue explicado presentan un patrón combinado, habiendo sido registrados a diversas alturas, a lo largo de toda la poligonal. Un relación particular con la elevación se observó entre los sitios con montículos/plataformas artificiales de tierra, los cuales en un 95% se encuentran sobre los 100 m.s.n.m., lo que colabora en la interpretación de que los montículos pudieron haber estado relacionados con procesos de construcción del asentamiento más que con otras explicaciones (Hofman y Hoogland 2015b; Hofman *et al.* 2016; Hofman *et al.* 2017; Sonnemann *et al.* 2016).

Figura 116. Comparaciones entre las variables arqueológicas y los resultados estadísticos.

Sitios/Categorias	Cantidad	Ubicación	Tamaño	Elevación	Grupos Cerámicos
SHG	8	Norte valles intermontanos / Oeste sabanas	3-5 ha	Norte > 100m / Oeste > 25m	> Meillacoide / < MxMCh/Ch
SHM	17	Norte los mas grandes / Oeste los mas peq.	1-3 ha	Norte < 80m / Oeste < 25m	> Meillacoide / > MxMCh/Ch
SHP	49	Norte los mas grandes / Oeste los mas peq.	<1 ha	Norte 10-480m / Oeste 10-100m	> Meillacoide / < MxMCh/Ch
SER	28	Norte los mas grandes / Oeste los mas peq.	< 3 ha	Norte y Oeste < 25m	> Sin cerámica / < Meillacoide
SMP	18	Sólo en el Norte / Principalmente Noreste	1-3 ha	> 100m	> Meillacoide / 1 Ch
DGSA	102				

Sitios/Categorias	Cantidad	Sitios Resaltantes	Lítica	Concha	Especies
SHG	8	MC-44/MC-84/MC-74/MC-33	> 3 artefactos p/s /StsRes >8	1y2 artefactos / StsRes >6	<5 / StsRes > 8
SHM	17	MC-115/MC-52/MC-41/MC-32	< 2 artefactos p/s /StsRes n4	1 artefacto/ StsRes n2-5	<4 / StsRes n6
SHP	49	MC-76/MC-111/MC-68/MC-71/MC-31/MC-50/MC-7/MC-88/MC-28	n1 artefacto p/s / StsRes n5-6	<1 artefacto p/s	<3 / StsRes n6-8
SER	28	MC-77/MC-101/MC-9/MC-36/MC-46/MC-75/MC-120/MC-118	< 1 artefacto p/s	< 1 artefacto p/s	<5 / StsRes >6
SMP	18	MC-44/MC-115/MC-33/MC-41/MC-7	<2 p/s / StsRes >3	< 2 p/s / StsRes > 3	< 5 p/s / StsRes > 6
DGSA	102				

Sitios/Categorias	Cantidad	Zonas Ecológicas
SHG	8	Lejania a fuentes de agua/Relac.Agricultura
SHM	17	Cercania a fuentes de agua/presencia en ze1-2
SHP	49	Cercania a fuentes de agua/Agricultura/Salinas/presencia en ze1-2-3
SER	28	Mar, quebradas, rios, salinas, manglar, cienagas
SMP	18	Las mismas que para cada grupo anterior
DGSA	102	

Sitios/Categorias	Cantidad	ACMG1	ACMG2	ACMG3
SHG	8	1/8 (StsRes)	2/8 (StsRes)	1/8 (StsRes)
SHM	17	0/17	0/17	0/17
SHP	49	1/49 (StsRes)	0/49	1/49 (StsRes)
SER	28	2/28 (StsRes)	0/28	1/28 (StsRes)
SMP	18	0/18	0/18	0/18
DGSA	102	4/102	2/102	3/102

Sitios/Categorias	Cantidad	ACMG4	ACMG5	ACMG6	ACMG7
SHG	8	1/8 (StsRes)	2/8 (StsRes)	2/8 (StsRes)	1/8 (StsRes)
SHM	17	0/17	5/17 (StsRes)	1/17	1/17 (StsRes)
SHP	49	0/49	0/49	1/49 (StsRes)	0/49
SER	28	0/28	0/28	0/28	0/28
SMP	18	1/18 (StsRes)	5/18 (StsRes)	1/18 (StsRes)	1/18 (StsRes)
DGSA	102	2/102	12/102	5/102	3/102

Sitios/Categorias	Cantidad	ACMP1	ACMP2	ACMP3	ACMP4
SHG	8	3/8 (StsRes)	1/8 (StsRes)	1/8 (StsRes)	5/8 (StsRes)
SHM	17	2/17 (StsRes)	1/17 (StsRes)	1/17 (StsRes)	13/17
SHP	49	4/49 (StsRes)	0/49	1/49 (StsRes)	30/49 (StsRes)
SER	28	0/28	0/28	1/28	10/28 (StsRes)
SMP	18	2/18 (StsRes)	1/18 (StsRes)	1/18 (StsRes)	10/18 (StsRes)
DGSA	102	11/102	3/102	5/102	68/102

Sitios/Categorias	Cantidad	ACMP5	ACMP6
SHG	8	0/8	0/8
SHM	17	2/17 (StsRes)	2/17 (StsRes)
SHP	49	1/49 (StsRes)	2/49 (StsRes)
SER	28	0/28	2/28 (StsRes)
SMP	18	2/18 (StsRes)	2/18 (StsRes)
DGSA	102	4/102	8/102

Leyenda
SHG: Sitios de Habitación Grandes
SHM: Sitios de Habitación Medianos
SHP: Sitios de Habitación Pequeños
SER: Sitios de Explotación de Recursos
SMP: Sitios con Montículos y Plataformas
DGSA: Distribución General de Sitios Arqueológicos

En cuanto a la distribución de los grupos cerámicos se ha podido observar que de los 16 sitios con cerámica Chicoide en la poligonal de estudio, sólo en dos se registró esta cerámica aislada, y fue en sitios del Este de la poligonal (Herrera Malatesta 2018, mapa 68). Es decir cercanos al área de Puerto Plata, donde se han registrado mayor cantidad de sitios con cerámica Chicoide (*cf.* Ulloa Hung 2014). En el resto, esta cerámica se encontró en contextos de cerámica Meillacoide o a través de combinaciones estilísticas Meillacoide-Chicoide. Algo similar ocurrió con la cerámica del grupo Meillacoide-Chicoide, la cual siempre fue registrada en conjunto con otras cerámicas. Es interesante observar que la presencia de cerámica Meillacoide-Chicoide se dio principalmente en el Norte del área, y en un solo sitio del Oeste. La cerámica Meillacoide por otro lado se registró sola o en conjunto con las otras, y en la mayoría de los sitios. Finalmente, y de manera similar que con los análisis estadísticos, los *sitios resaltantes* significan un grupo que explica y representa la diversidad en el área de estudio en términos cerámicos. Esto quiere decir que este grupo de sitios expresa la variabilidad en los datos y puede ser tomado como explicativo de la base de datos de sitios arqueológicos. La imagen que presenta el Herrera Malatesta 2018, mapa 68 cuando se consideran los *sitios resaltantes* y los *sitios no resaltantes*, es que los primeros expresan la variabilidad total en los datos, la 'esencia' en la distribución de los sitios arqueológicos y cultura material. Ahora bien, en el caso de los artefactos líticos (Herrera Malatesta 2018, mapa 69), si se excluyen los sitios MC-44 y MC-84, la variabilidad de los artefactos líticos en los distintos *sitios resaltantes* y *no resaltantes* es similar, aunque en los primeros se observa mayor diversidad. Una imagen similar se observa cuando los artefactos de concha y las especies de moluscos marinos presentes en los dos grupos son comparados (Herrera Malatesta 2018, mapa 70 y 71).

Finalmente, en cuanto al patrón de los distintos grupos de sitios (habitación y sus tres tamaños y explotación de recursos), tres aspectos parecen destacarse como aspectos a tomar en consideración para el entendimiento de los patrones espaciales en el área: 1) la cercanía a agua; 2) la diversidad de cultura material; y 3) la relación ubicación-elevación. De estos resultados se puede considerar un modelo preliminar: 1) los sitios grandes parecen estar relacionados con lugares de habitación permanente, donde se realizaban actividades cotidianas comunes, pero al mismo tiempo posiblemente fueron los espacios donde se gestaron las redes de intercambio a nivel local y posiblemente regional. Esto dado por la diversidad de cultura material. 2) Los sitios medianos parecen haber estado relacionados con actividades de vivienda temporal o permanente, y por su tamaño posiblemente con una menor población, ya que tanto las evidencias materiales como su diversidad es menor. Tal vez estos sitios medianos hayan estado relacionados con actividades más específicas como *conucos* para las actividades agrícolas o *rancherías* de pescadores cercanas a la costa. ¿Pudieron estos sitios ser lugares de producción cerámica, de intercambio, o sencillamente donde no habían restricciones en cuanto a la manufactura de vasijas? 3) Los sitios pequeños pudieron estar relacionados con lugares de tareas específicas, posiblemente de actividades cotidianas y mantenidas a lo largo del tiempo, pero no necesariamente vinculadas a lugares particulares. Por ejemplo, un lugar donde una sola vez o unas pocas veces se procesaron productos marinos antes de ser transportados a la ranchería o al poblado principal. Todos los sitios, pero particularmente estos sitios pequeños destacan la movilidad de las personas en su paisaje y las decisiones relacionadas con este movimiento.

7.2.3. Nivel de la Región Arqueológica: Patrones espaciales comparativos con las áreas de Puerto Plata y Fort Liberté

Para lograr un modelo regional, los resultados del área de investigación fueron comparados con aquellos presentados por Ulloa Hung (2014) para el área de Puerto Plata al Norte de la Republica Dominicana. Así como, con los patrones destacados por Koski-Karell (2002) sobre la base de sitios reportada por Moore (Moore y Tremell 1997), para el área de Fort Liberté, al Noreste de Haití. En primer lugar, de los patrones identificados por Ulloa Hung para *Puerto Plata*, tres aspectos son de interés para la presente comparación: 1) la distribución de sitios con relación a características ambientales; 2) la distribución de sitios con respecto a los grupos cerámicos, la elevación y la intervisibilidad; y 3) sus interpretaciones sobre la identidad de los grupos étnicos del Norte de la isla.

Ulloa Hung (2014) destacó que en el área de Puerto Plata las ocupaciones indígenas predominantes presentan cerámica de las series Meillacoide y Chicoide o expresiones de la combinaciones de estas (p. ej. Meillacoide-Chicoide), habiéndose registrado un solo sitio vinculado con cerámica exclusivamente Ostionoide. Un patrón similar se observó en el área estudiada en Montecristi. En el 40% de los sitios se registró cerámica Meillacoide (fig. 25), en 14% el grupo de atributos integrados Meillacoide-Chicoide (fig. 27) y en 11% se registró cerámica Chicoide (fig. 26). Del 35% restante no fue posible identificar la afiliación cerámica o no se registró cerámica. Para la zona de Punta Rucia Ulloa Hung (2014) reporta que sus datos indican que la distribución de los sitios con cerámica Meillacoide es dispersa, mientras que la distribución de sitios con cerámica Chicoide tiende a ser agrupada, y afirma que "ese fenómeno parece ser una característica recurrente para todo el sector occidental del Norte de La Española…" (Ulloa Hung 2014: 276). Para el área de Puerto Plata, este patrón pareciera repetirse en función de los sitios registrados inmediatamente después del trabajo en Punta Rucia (Ulloa Hung y Herrera Malatesta 2015: 85).

Para el área de Montecristi ese no parece ser el caso. En la figura 117 se puede apreciar que la distribución de sitios con cerámica Meillacoide es dispersa a lo largo del área de estudio, pero agrupada en el Norte de la misma. Los sitios con cerámica Chicoide presentan pequeñas agrupaciones especialmente en el Norte del área, y también aparecen como contextos aislados al Oeste. La distribución de sitios con cerámica que integra atributos Meillacoide-Chicoide presenta un escenario similar al Chicoide pero con mayor número de sitios. De estos patrones lo que podría sugerirse es que dependiendo de la escala de medición de las distribuciones se verán dispersiones y/o agrupamientos. Desde el caso particular de la costa de la Provincia de Montecristi se podría sugerir que las distribuciones y sus agrupamientos responden más a zonas topográficas, que a patrones regionales de distribución, aunque esto será tratado nuevamente al final de esta sección.

Por otro lado, de los datos de Puerto Plata Ulloa Hung (2014: 276) concluyó que los sitios con presencia de cerámica Meillacoide tienden a estar más cercanos a los recursos marinos que los sitios Chicoides. El autor propone que este patrón puede ser el resultado de la llegada en distintos periodos de tiempo de los grupos humanos portadores de esta cerámica. De manera que al comenzar a presentarse en la región los grupos portadores de cerámica Chicoide, se encontraron con asentamientos ya establecidos cerca del mar de grupos portadores de cerámica Meillacoide (Ulloa Hung 2014: 276).

En el caso del área de estudio en la costa de la Provincia de Montecristi, a pesar de no tener la cronología de Puerto Plata, se puede observar que no pareciera haber una diferenciación en términos de distancia de los sitios con presencia de cerámica Chicoide de aquellos con cerámica Meillacoide (fig. 118). Incluso cuando se consideran los sitios con presencia de cerámica Chicoide o Meillacoide exclusivamente, se puede observar que si bien los Chicoides están a distancias de aproximadamente 2 a 3 km (5,5 km en promedio para el caso de Puerto Plata, Ulloa Hung 2014: 276), también lo están la gran mayoría de los Meillacoides. Esto indica que en el área de la costa de la Provincia de Montecristi la distancia al mar podría no haber sido un condicional en la presencia de sitios Chicoides. Sin embargo, considerando la mayor cantidad de sitios con cerámica Meillacoide, varios de ellos datados por C^{14} en el Periodo Cerámico Tardío (tabla 4), es posible que los grupos humanos portadores de esta cerámica tuvieran el "control" sobre el área hasta la llegada de los Españoles.

En términos de la relación ubicación/elevación, los sitios con cerámica Chicoide en el área de estudio de la costa de la Provincia de Montecristi se encuentran: un sitio por encima de 50 m.s.n.m. y otro por encima de 170 m.s.n.m. lo que no destaca ningún patrón particular comparable. Por otro lado, de manera similar que en Puerto Plata la presencia de montículos y 'áreas aplanadas'[43] artificiales de tierra está presente en sitios con ambas cerámicas, lo que reafirma las impresiones en los sitios de Puerto Plata, de que este tipo de evidencias (o tecnología) no era exclusiva de un grupo. En general, dada la reducida cantidad de sitios con cerámica exclusivamente Chicoide, las comparaciones con el área vecina de Puerto Plata no pueden ser tan complejas como las descripciones presentadas por Ulloa Hung (2014).

En cuanto al patrón Meillacoide, de manera similar que en el área vecina de Puerto Plata los sitios con esta cerámica constituyen la mayoría, por lo que se podría mantener la hipótesis de que los grupos portadores de esta cerámica estaban controlando el área costera. Como se puede observar en los distintos mapas presentados más arriba, los sitios con cerámica Meillacoide se encuentran a distintas distancias del mar, y tienden a concentrarse en el Norte del área. Ulloa Hung (2014) reporta que los sitios Meillacoides de Puerto Plata presentan una gran diversidad en su elevación sobre el nivel del mar. En el caso de Montecristi es similar, aunque como ya fue comentado anteriormente las diferencias en elevación parecen tener una relación con el tamaño de los sitios, elemento que no se observó en Puerto Plata.

En términos de visibilidad, aunque en el área de la costa de la Provincia de Montecristi esta no fue una variable a considerar, durante los trabajos de campo se pudo apreciar que los sitios más grandes están ubicados en las zonas que dan más espacio para asentarse pero que, por lo general, tienden a tener menor potencial de visibilidad del entorno. Recientemente Ransijn (2017) realizó un análisis de visibilidad a una muestra de sitios al Norte del área de estudio en la costa de la Provincia de Montecristi. A pesar de que las características de cada consideración de visibilidad son distintas, algunas comparaciones pueden ser consideradas. La evaluación de visibilidad realizada por De Ruiter (2012) y Ulloa Hung (2014) en Puerto Plata estuvo basada en observaciones de

---

43 Hofman *et al.* (2016) proponen este término como alternativa al genérico "plataforma" ya que es más adecuado con respecto al tipo de construcción que ha sido registrada durante sus excavaciones en el sitio de El Flaco.

campo y el cruce de estos datos en tablas comparativas basadas en un Modelo Digital de Elevación (De Ruiter 2012: 87-89; Ulloa Hung 2014: 268-269). Por otro lado, aquella efectuada para una muestra en la costa de la Provincia de Montecristi, estuvo basada en estimaciones matemáticas calculadas dentro de un Sistema de Información

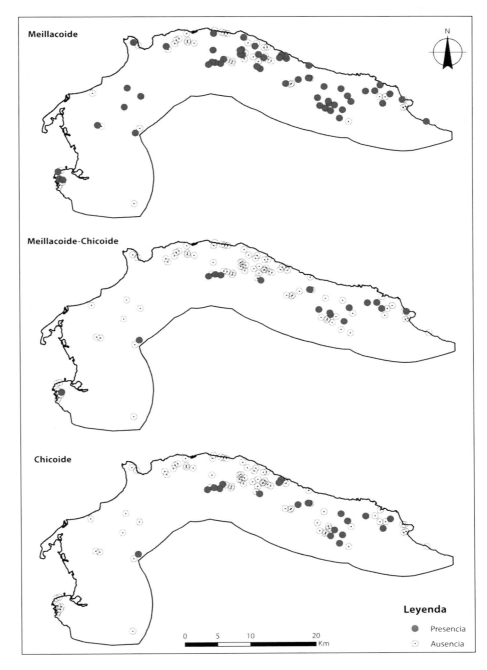

Figura 117. Distribución de grupos cerámicos en los distintos sitios arqueológicos de la costa de la provincia de Montecristi, Noroeste de la actual República Dominicana.

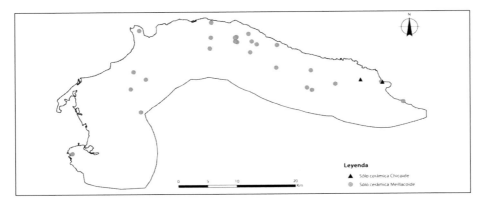

Figura 118. Distribución de sitios arqueológicos con cerámica exclusivamente Meillacoide o Chicoide en la costa de la provincia de Montecristi, Noroeste de la actual República Dominicana.

Geográfica (Ransijn 2017: 34). Como se comentó anteriormente, en el área de Puerto Plata se registraron una mayor cantidad de sitios con cerámica Chicoide, mientras que en la muestra trabajada por Ransijn, por estar en el Norte del área de investigación, se consideraron únicamente sitios con cerámica Meillacoide.

Ransijn (2017) utilizó un análisis de visibilidad simple desde varios sitios, lo que implica que las cuencas visuales determinadas como resultado de la estimación del modelo están construidas sobre la base de la cuenca visual de cada uno de los sitios considerados. Si bien por un lado, esto permite tener una idea del área visual perceptible desde todos los sitios, y conocer los intereses visuales de una comunidad determinada. Por otro, se pierde el detalle de las posibles diferencias en áreas visuales entre sitios distintos, lo que puede acarrear generalizaciones no realistas. En términos generales, Ransijn (2017: 49-65) concluyó que los sitios de mayor altura poseen rangos visuales mayores a los sitios de menor altura. Esto contrasta con el patrón de Puerto Plata donde los sitios con cerámica Chicoide ubicados en la Cordillera Septentrional a mayor altura y en relación agrupada entre ellos, poseen un rango de visibilidad menor que el de los sitios con cerámica Meillacoide localizados a menor altura y con un patrón disperso (Ulloa Hung 2014: 276). En cuanto al tamaño de los sitios, Ransijn observó que los sitios pequeños tienen una cuenca visual acumulada mayor que la de los sitios medianos y grandes. Sin lugar a dudas, la consideración y análisis de la visibilidad es un elemento que debe ser explorado con más detenimiento en el futuro, particularmente complejizando los cálculos y las particularidades estilísticas, cronológicas y de cultura material.

Por último, una diferencia interesante entre las dos áreas es que los sitios grandes de Puerto Plata están localizados en las llanuras cercanas a la costa, mientras que los medianos y pequeños en la zona montañosa alejados del mar. En el área explorada, de 10 km desde la línea costera a tierra adentro, a lo largo de la costa de la Provincia de Montecristi, se observó lo contrario, los sitios pequeños están en las lomas cerca de la costa y los grandes en los valles intermontanos más alejados del mar. Muy posiblemente, la geomorfología de cada área jugó un rol importante en estos patrones. Sin embargo, estos patrones diferentes pero con rasgos similares podrían significar que el modelo no está en la ubicación de los sitios en términos geomorfológicos, por ejemplo:

sitios grandes a baja altura y pequeños a mayor altura (Puerto Plata), o sitios pequeños cerca del mar y los grandes más alejados de la línea costera (Montecristi). En cambio, el patrón está en la estructura de apropiación del espacio. Por ejemplo: sitios grandes que aglomeran la mayor cantidad de cultura material, y posiblemente de población, y sitios pequeños posiblemente especializados en tareas específicas de procesamiento de recursos (recolección de productos del mar y pesca, agricultura, etc.). De ser esta interpretación acertada, esto quiere decir que los asentamientos de mayor tamaño en el área de la actual provincia de Montecristi, tuvieron sitios intermedios entre los recursos de explotación marinos y el asentamiento. Mientras que los asentamientos mayores en el área costera de la actual provincia de Puerto Plata, interactuaron directamente con esos recursos, y los sitios intermedios parecieran estar más relacionados con las interacciones con otros grupos humanos. Sin lugar a dudas, las distribuciones en la costa de la Provincia de Montecristi evidencian y avalan la idea propuesta por Ulloa Hung para Puerto Plata sobre que estos patrones "no avalan las ideas de un esquema lineal donde todos sus componentes tienen un origen común o donde uno desplaza o sustituye al otro." (Ulloa Hung 2014: 422).

En cuanto a los patrones identificados por Koski-Karell para el área de *Fort Liberté*, dos aspectos fueron considerados de interés para la presente comparación y relacionados con la distribución de sitios de distintas series cerámicas y su relación con: 1) las características ambientales y 2) el tamaño de los sitios (fig. 119). Es importante considerar que dadas las características de la disertación de Koski-Karell, principalmente un estudio de patrón de asentamiento sin considerar el resto de cultura material, las comparaciones serán más específicas que las ya planteadas para el área de Puerto Plata. Comenzando con los sitios relacionados con la serie Meillacoide, Koski-Karell (2002: 199) explica que éstos son los más abundantes del área de Fort Liberté y de toda la costa Norte de la actual Haití. Esto mantiene relación con lo explicado hasta ahora de los patrones en las áreas ubicadas en la actual República Dominicana. Aunque muchos de los sitios se encuentran en contextos costeros, este autor no observó una diferencia tajante entre éstos y aquellos ubicados al interior. Koski-Karell (2002) reportó que la mayoría de los sitios Meillacoides del área son de reducidas dimensiones. Sin embargo, es necesario apuntar que Koski-Karell (2002) utilizó una categorización de tamaño en su disertación, no relacionada con sus datos, en cambio definida por otros autores para otras zonas del Caribe y Suramérica[44]. En la tabla 23 se presenta la comparación de los tamaños utilizados en esta disertación y aquellos utilizados por Koski-Karell (ver tabla en Koski-Karell 2002: 77). Si bien esto no representa un problema en sí mismo, es posible que categorías de tamaño tomadas de contextos como aquellos de las tierras bajas Suramericanas no tengan las mismas implicaciones en esa región que en el Caribe.

Un elemento que destaca es que Koski-Karell comenta que el 80% de los sitios Meillacoides de mayor tamaño se encuentran en contextos costeros, y el resto en áreas de tierra adentro. Esto refleja más el patrón descrito por Ullua Hung (2014) para el área de Puerto Plata que para el descrito en Montecristi. En la figura 119 se presenta la dispersión de los sitios de habitación en la *región arqueológica* (compuesta por las áreas de Fort Liberté, Montecristi y Puerto Plata), considerando las categorías de tamaño usadas en esta investigación, añadiendo una más para los sitios mayores a 6 ha (60000 m²) y

---

44   El autor se basó en Roosevelt (1980), Widmer (1988) y Keegan (1992).

Área en Disertación	Categoría de Tamaño	Área Koski-Karell	Tipo de Asentamiento
0.1 a 1 ha	Pequeños	0.2 a 0.8 ha	Campamento
1.1 a 3 ha	Medianos	20 a 89 metros a lo largo de la costa	Casa
		90 a 199 metros a lo largo de la costa	Caserío
3.1 a 5 ha	Grandes	3 a 4 ha	Villa pequeña
	200 metros a lo largo de la costa	Villa mediana	
	10 ha	Villa grande	
	16 ha	*Villa Grande*	

Tabla 21. Comparación entre los tamaños de sitios arqueológicos del área de investigación en la costa de la provincia de Montecristi y el área de Fort Liberté.

dividos por presencias cerámicas. Es decir, cada mapa muestra los sitios con presencia exclusiva de las cerámicas Meillacoide, Chicoide y de los sitios multicomponentes.

En la figura 119 se puede apreciar que los sitios que superan las 6 ha de tamaño se encuentran en el rango de 5 km de la costa, y específicamente a distancias menores de 2.5 km. Curiosamente, hay un sitio que supera las 6 ha para cada conjunto de sitios evaluado. De los sitios, definidos como grandes en esta disertación, que poseen tamaños entre 3 y 6 ha, la mayoría (n=6) se encuentra dentro del rango de 5 km de la costa y dos en el rango de 10 km. Todos estos sitios se encuentran dentro, o muy cerca, del área de la costa de la Provincia de Montecristi, y corresponden a sitios Meillacoides y Multicomponentes. Del grupo de sitios Chicoides presentes en la región arqueológica uno supera las 6 ha, pero el resto tiene medidas menores a las 3 ha, y como ya se ha hecho referencia anteriormente sólo se registraron dos sitios con cerámica exclusivamente Chicoide en el área de Montecristi y ambos se encontraban al Este de la misma. El patrón que se destaca al combinar el tamaño y las series cerámicas es altamente significativo y será desarrollado con otros elementos en la siguiente sección.

En cuanto al patrón de dispersión de sitios con cerámica Chicoide, Koski-Karell (2002) destaca que, así como fue descrito por Ulloa Hung (2014) para el área de Puerto Plata, la mayoría de los sitios pequeños están ubicados en las montañas cercanas. Sin embargo, los sitios de gran tamaño se encuentran cerca de la costa. Koski-Karell (2002: 201) comenta que los sitios Chicoides son cuantitativamente menos que los Meillacoides y que la mayoría se ubica concentrada en el área de Fort Liberté, aunque el autor observó otros grupos a lo largo de la costa Norte de Haití (Koski-Karell 2002: figura 40-42). En este sentido, la idea de que los sitios con presencia de cerámica Chicoide tienden a estar agrupados es adecuada para las áreas de Fort Liberté y Puerto Plata, pero no para la de Montecristi. Este patrón característico podría estar indicando que a nivel regional se estuvieron conformando procesos socio-culturales distintos que no afectaron a las comunidades ubicadas a lo largo de toda la costa, o al menos, la mayor parte de la costa considerada en esta investigación. En el figura 120 se puede apreciar que existen dos grandes concentraciones de sitios Chicoides en la Región Arqueológica, uno alrededor de la zona de Punta Rucia, incluyendo un fragmento del sector Este del área de la costa de la Provincia de Montecristi, y otro en el área de Fort

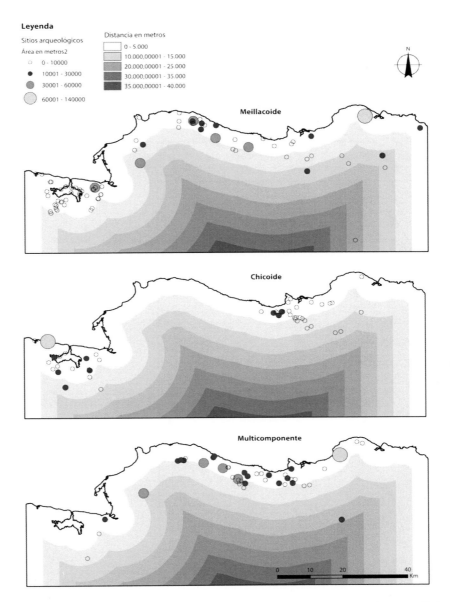

Figura 119. Distribución de sitios por grupos cerámicos y tamaños en la Región Arqueológica, destacando el área de la costa de la provincia de Montecristi.

Liberté. En el área de estudio de esta investigación, la presencia de cerámica Chicoide está asociada a sitios Meillacoides, con excepción de un sitio ubicado al Oeste del área.

Otro elemento a ser considerado, es que Koski-Karell (2002: 218) explica que en función de sus evidencias en el Norte de Haití, los sitios Chicoides parecieran mostrar una mayor inclinación hacia asentamientos grandes que los sitios Meillacoides. Sin embargo, si bien ese es el patrón para el área de Fort Liberté, esto no se repite en las áreas de la costa de la Provincia de Montecristi o en Puerto Plata (fig. 119).

El último aspecto a destacar sobre el modelo de sitios Chicoides en el área de Fort Liberté, es que Koski-Karell (2002: 218) destaca que los sitios Chicoides parecen demostrar ventajas socio-políticas y de asentamiento sobre los Meillacoides. Sin embargo, esto nuevamente es una interpretación que no puede ser tomada para todo el Norte de la isla, ya que en el área de estudio de esta investigación se observa todo lo contrario, y los modelos de Ulloa Hung (2014) destacan un mayor dominio de los sitios con cerámica Meillacoide.

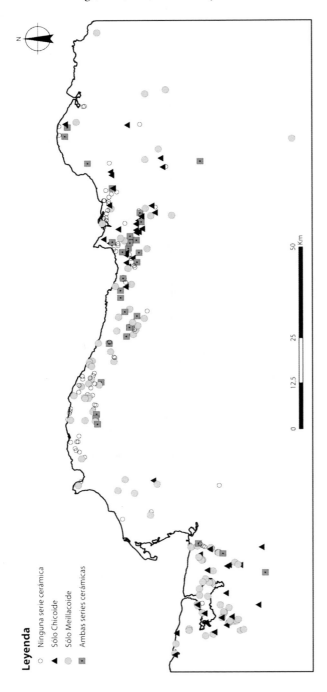

Figura 120. Distribución de sitios arqueológicos con cerámica Meillacoide y Chicoide en la Región Arqueológica.

| UNA ISLA, DOS MUNDOS

7.2.4. Comentarios Generales sobre los Patrones Espaciales de la Región Arqueológica

Las comparaciones presentadas en los tres apartados precedentes, han resaltado los resultados de los análisis en el área de investigación y los han contextualizado en un marco regional. Igualmente los resultados y modelos planteados por Koski-Karell (2002) y Ulloa Hung (2014) han adquirido una nueva luz al ser comparados con los resultados de la costa de la Provincia de Montecristi. Hasta ahora, y por mantener una coherencia metodológica, se han tratado los conjuntos de datos de cada área dentro de sus definiciones y fronteras cartográficas contemporáneas, es decir área de Puerto Plata, Montecristi y Fort Liberté. Sin embargo, en este punto ya es posible eliminar estas fronteras de Provincias/países y considerar la distribución arqueológica dentro del marco del Centro-Norte de la isla de Haytí. Los resultados de las comparaciones reflejan cinco aspectos esenciales en los análisis arqueológicos, particularmente en la arqueología del Caribe que combinan elementos del espacio, el tiempo y las series cerámicas.

En *primer* lugar, en cuanto a las distribuciones espaciales de los sitios. Los patrones de distribución de los sitios con cerámica Chicoide y aquellos Meillacoides en las tres áreas presentados en la figura 119 parecieran estar influenciados, de alguna manera, por las propias áreas arqueológicas. Sin embargo, al considerar la misma evidencia sobre un mapa de elevación estos patrones adquieren otra connotación. En la figura 121 se puede apreciar que, al menos hasta el momento de esta investigación, los sitios con cerámica exclusivamente Chicoide no se encuentran en el extremo Oeste de la Cordillera Septentrional, o como es llamada localmente, la Cordillera de Montecristi. Sin embargo, esto no parece estar necesariamente relacionado con un aspecto de altura, ya que como ha reportado Ulloa Hung (2014) la mayoría de los sitios Chicoides del área de Puerto Plata se encuentra en la Cordillera Septentrional. Incluso al calcular el promedio de altura en la muestra de sitios de la Región Arqueológica (n=263) los sitios Chicoides tienen un promedio mayor que los sitios Meillacoides (tabla 22).

En la tabla 22 se observa que el promedio general de elevación de los sitios Chicoides es mayor que el Meillacoide, aunque no por mucho. En el caso de los sitios multicomponentes es resaltante que el promedio general es considerablemente mayor que de los otros dos grupos.

Sin embargo, tanto para los sitios Chicoides como los Meillacoides, más del 70% de los sitios se encuentran por debajo de 40 m.s.n.m., mientras que sólo el 17% de los Multicomponentes se encuentra por debajo de 45 m.s.n.m. De este patrón se pueden destacar dos aspectos relevantes. En primer lugar, la elevación o la topografía no parecen haber sido un elemento que haya "detenido" a los portadores de la cerámica Chicoide para habitar la Cordillera de Montecristi, ya que lo estaban haciendo en la Cordillera

Tipo de Sitio	Altura de Promedio	Cantidad de sitios	Sitios < 100m.s.n.m.	Promedio de Altura
Chicoide	91,5 m.s.n.m.	48	36 (73%)	40 m.s.n.m.
Meillacoide	86,5 m.s.n.m.	80	63 (79%)	39 m.s.n.m.
Multicomponente	153 m.s.n.m.	44	17 (36%)	45 m.s.n.m.

Tabla 22. Relación del total de sitios arqueológicos con respecto a su elevación por series cerámicas en la Región Arqueológica del Centro-Norte de la isla de Haytí.

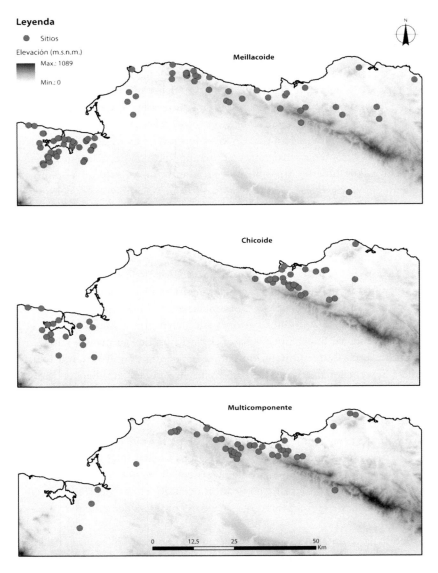

Figura 121. Relación de sitios por series cerámicas con respecto a la elevación/topografía en la Región Arqueológica.

Septentrional. Esto podría añadir otro argumento a que las poblaciones portadores de la cerámica Meillacoide en la Cordillera de Montecristi, mantuvieron el control de esa área hasta probablemente la llegada de Colón en 1492[45]. A pesar de esto, la presencia Chicoide estuvo en esta área y se corrobora con la cantidad de sitios Multicomponentes presentes en la misma. Sin lugar a dudas, investigaciones futuras corroborarán o rechazarán esta hipótesis, aunque la gran cantidad de sitios Meillacoides en el área de

---

45   Aunque se fecharon pocos sitios en la costa de la Provincia de Montecristi, las fechas más tardías están alrededor de 1485. Ver tabla 4 en el capítulo descriptivo.

Montecristi sugiere que, incluso de registrarse sitios exclusivamente Chicoides en el área, la Cordillera de Montecristi pareciera haber sido un "territorio" Meillacoide.

Un *segundo* aspecto es que, como ya han apuntado Koski-Karell (2002) y Ulloa Hung (2014), el patrón de sitios Chicoides, e incluso se puede añadir el de los sitios Multicomponentes, tiende a ser más agrupado que el Meillacoide en términos de su dispersión regional. Incluso sin considerar la ausencia de sitios Chicoides en la Cordillera de Montecristi, sus distribuciones reflejan patrones agrupados en zonas específicas. Sin embargo, cuando se considera que los sitios multicomponentes suelen ser principalmente Meillacoides, particularmente en el área de estudio, entonces este patrón desaparece para dar cabida a un patrón Meillacoide de sitios agrupados en zonas particulares. Este asunto tiene que ver tanto con la definición de cuál es la serie cerámica predominante en un sitio, como con la escala. A través de prospecciones superficiales es muy difícil hablar de predominancia estilística, debido a que la muestra de materiales no es representativa del universo de estudio, por lo que incluir a los sitios Multicomponentes como principalmente relacionados con la cerámica Meillacoide no sería prudente. Por lo tanto, y hasta que investigaciones más detalladas sobre cada sitio sean llevadas a cabo, es mejor utilizar sólo los sitios donde se ha registrado presencia de una sola serie cerámica. Por otro lado, si se observa el patrón Meillacoide en la figura 121, se puede apreciar que pareciera haber un patrón disperso en lo correspondiente a las áreas de la costa de la Provincia de Montecristi y Puerto Plata, pero no se da lo mismo en el área de Fort Liberté. En esa área se presenta un patrón agrupado de sitios Meillacoide, por lo que la agrupación/dispersión también tiene que ver con la escala de la observación.

Con estos dos puntos se puede considerar la hipótesis de que las razones de la ausencia de sitios Chicoides y las diferencias en los patrones Meillacoides entre las áreas de Puerto Plata y Montecristi, pueden estar fundamentadas en diferencias sociopolíticas o incluso económicas entre las poblaciones que habitaron la Cordillera de Montecristi y aquellas que habitaron los valles costeros del Norte de la Cordillera Septentrional. Por otro lado, y aunque la evidencia no es contundente, se podría considerar que la zona del valle del río Yaque (sector Oeste del área de la costa de Montecristi) tiene un patrón más relacionado con las distribuciones de sitios en Haití que con el patrón en la cordillera de Montecristi. Si este es el caso, entonces las poblaciones que habitaron esta cordillera podrían haber sido realmente "diferentes" de aquellas de las zonas de los valles circundantes.

Un *tercer* aspecto, se refiere a la relación entre los sitios con distintas cerámicas y la elevación. Como se observó en la tabla 22 la diferencia en el promedio de alturas de los sitios Multicomponentes es considerable con el promedio de los sitios que contienen cerámicas exclusivamente Chicoides o Meillacoides. Esto podría estar sugiriendo que, por razones no conocidas hasta el momento, los sitios ubicados a mayor altura en la Región Arqueológica pudieron haber sido lugares donde se desarrollaron actividades relacionadas con el comercio o el intercambio entre distintas comunidades, y de aquí la presencia de estas variedades cerámicas.

El *cuarto* aspecto a tomar en consideración en cuanto a las relaciones entre la distribución de sitios y las características ambientales tiene que ver con las distancias al mar. Tanto en los trabajos de Koski-Karell (2002) como en los de Ulloa Hung (2014), y en este propio se ha considerado la distancia al mar como un elemento importante para los análisis. Sin embargo, la idea de "cercanía" es variable, ya que en los tres trabajos cada autor se refiere a valores distintos. Por otro lado, la topografía y la vegetación juegan un rol importante, ya que no será lo mismo caminar 3 km en valle a hacerlo en un terreno montañoso o con vegetación densa. Sin embargo, asumiendo que en el pasado los indígenas se movilizaron exclusivamente por caminos, la vegetación no necesariamente afecta el desplazamiento, siendo sólo la topografía el aspecto a considerar. Koski-Karell (2002) no es explícito en cuanto a la distancia en metros de los sitios al mar, y se refiere únicamente a categorías como "cerca/lejos de" o "presencia en" zonas ambientales. Ulloa Hung (2014) explica que la distancia promedio de los sitios Meillacoides al mar es de 1,9 km, mientras que de los sitios Chicoides es de 5,5 km (Ulloa Hung 2014: 268, 276). De la base de datos considerada para la Región Arqueológica, la tabla 23 (fig. 122) muestra el promedio de distancias de los sitios de los distintos grupos cerámicos hasta la línea costera. Como se puede apreciar en esta tabla, en términos regionales no pareciera existir una diferencia considerable entre el promedio de distancias de los sitios Chicoides, los Meillacoides y los Multicomponentes a nivel regional. Por lo que, nuevamente el panorama de la distribución de sitios y sus relaciones con distintos elementos se mantiene en términos del área y no de la región. En este punto se podría considerar la hipótesis de que las distribuciones de sitios arqueológicos, y posiblemente de asentamientos indígenas del pasado, estaban dictadas por contextos locales en cuanto a las decisiones y acciones en el terreno.

El *quinto* punto a destacar en esta sección se refiere a la temporalidad, y particularmente a los momentos cercanos a, o durante la llegada de los españoles. En su texto, Koski-Karell (2002: 167; *cf.* Moore y Tremmel 1997) presenta una tabla con algunos fechados de C^{14} realizados a sitios Meillacoides. De esos sitios sólo el sitio de Meillac está dentro del área de Fort Liberté y se encuentra entre el 960 y 1470 d.C. A pesar de no señalar más sitios fechados, Koski-Karell (2002: 219) afirma que "la evidencia disponible indica que el Norte de Haití estuvo habitado tanto por grupos Chicoides como Meillacoides durante 1492." Un escenario similar se aprecia para el área de la costa de la Provincia de Montecristi, donde los sitios fechados (tabla 4) oscilan entre 1200 y 1485 d.C. Ulloa Hung (2014: 546-551) compiló en su trabajo todos los fechados conocidos para los sitios del Norte de la isla, y en términos generales se observa que los sitios Meillacoides se encuentran entre 770 y 1523 d.C. Por otro lado, los Chicoides se ubican entre 1000 y 1420 d.C. La cantidad de sitios fechados no es estadísticamente representativa de la muestra total de sitios arqueológicos registrados para el Norte de la isla. Sin embargo, estos rangos temporales refuerzan la idea de que las poblaciones hacedoras de cerámica Meillacoide y Chicoide estuvieron compartiendo y/o compitiendo por ciertos espacios en la región. Por lo que, los patrones espaciales arriba descritos además de destacar tendencias en el uso humano del espacio, también podrían estar reflejando relaciones interétnicas de diversas índoles entre estas comunidades antes y después de la llegada de los europeos.

Sitio	Cantidad de Sitios	Promedio de Distancia Regional
Chicoide	48	3519 m
Meillacoide	80	3501 m
Multicomponente	44	3938 m

Tabla 23. Relación de sitios arqueológicos, grupos cerámicos y la distancia al Mar en la Región Arqueológica.

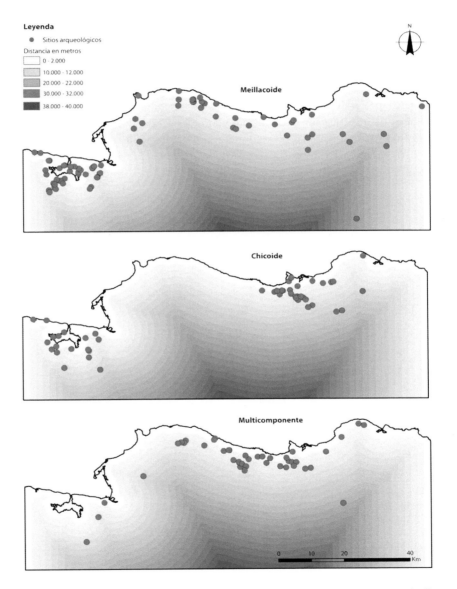

Figura 122. Distribución de sitios arqueológicos por grupos cerámicos con respecto a la distancia con la línea costera en la Región Arqueológica.

7.3. INTERPRETACIÓN DE RESULTADOS: LUGARES, TASKSCAPES Y LA CONSTRUCCIÓN DEL PAISAJE INDÍGENA

7.3.1. De Sitios Resaltantes a Lugares de Acción

En la figura 116 se destacaron dos resultados de los análisis estadísticos que son fundamentales para la construcción del paisaje indígena en la región de estudio. Estos son los *sitios resaltantes* y las *regiones ecológicas*. Como se explicó anteriormente, los *sitios resaltantes* están compuestos por distintas categorías arqueológicas y pueden ser divididos en dos grupos (fig. 123).

El primero (marcado con negritas en la figura 116) está compuesto por 9 sitios, cuya cultura material asociada engloba la variabilidad de toda la cultura material registrada en el área de estudio para todos los sitios arqueológicos. Es decir que, por ejemplo, los sitios de explotación de recursos (SER) MC-77 y MC-101, contienen una muestra de especies de moluscos que representa la variabilidad de este tipo de evidencia para el área de investigación, y lo mismo ocurre para los sitios de habitación con los otros tipos de cultura material. El segundo grupo de *sitios resaltantes* (sin negritas en la figura 116) contiene 16 sitios. En este caso, estos sitios representan la variabilidad de la cultura material del área como grupo, a diferencia del caso anterior que la variabili-

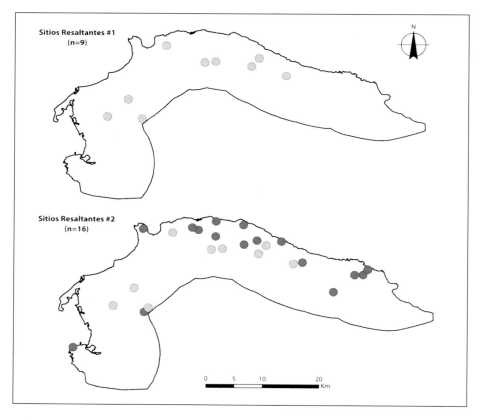

Figura 123. Distribución de los sitios resaltantes en el área de la costa de la provincia de Montecristi, Noroeste de la actual República Dominicana.

dad está representada en cada sitio individual. Es decir, estos 25 sitios contienen una muestra de materiales que explica la variabilidad de cultura material de los 102 sitios arqueológicos del área. Siguiendo la propuesta de la definición de *sitios como tendencias* planteada en el capítulo teórico, la cultura material asociada a cada uno de los sitios, y a los grupos de *sitios resaltantes*, es evidencia de las acciones y tareas llevadas a cabo por la gente del pasado en lugares de importancia estratégica para determinadas actividades relacionadas con la vivienda o la explotación de ciertos recursos. En el capítulo teórico se explicó que el concepto de *lugar* utilizado en esta investigación se basa en la propuesta de Ingold (2007, 2011), donde *lugar* es el resultado de la suma de la intencionalidad humana sobre una locación en particular. Para Ingold (2007), el lugar se crea por la superposición del movimiento humano en el terreno y la recurrencia en la confluencia de este movimiento sobre locaciones particulares. La definición de sitio usada aquí, se basó en la idea de tendencias de acciones humanas en el terreno, y estas tendencias son evidencia de la creación de *lugares de acción* y su repetido uso a lo largo del tiempo, como resultado de los movimientos y conocimientos del ambiente de los distintos grupos a lo largo del tiempo. Con esto se propone, dentro de los parámetros establecidos en esta investigación, que *sitio* es *lugar*.

En las tablas 19 y 20, se presentaron diversas actividades posiblemente relacionadas con el tipo de cultura material registrada en el área, y para el caso de esas tablas, de la cultura material con relaciones de significancia para la muestra material del área. En estas tablas se presenta una imagen general del tipo de actividades que se pudieron llevar a cabo en estos lugares en el pasado. Los grupos de cultura material, con asociaciones de significancia para el área, destacados por los análisis estadísticos indica actividades posiblemente relacionadas con: 1) la explotación de recursos marinos, 2) la manufactura de objetos líticos, 3) el trabajo con madera, 4) el procesamiento de plantas, 5) la agricultura, 6) la recolección y procesamiento de moluscos marinos y 7) tareas generales. Si se considera este resultado con la idea de los *sitios resaltantes*, se pueden considerar que estos sitios explican la variabilidad de estas actividades, y por ende, contienen información sobre las habilidades que tuvieron los pobladores del pasado para producir artefactos necesarios para interactuar con el ambiente. Así como, del conocimiento y tradición para ubicar y mantener los lugares en las locaciones relacionadas con la intencionalidad de sus acciones en el terreno.

Además, los resultados de los análisis estadísticos y las comparaciones a nivel de la Región Arqueológica, resaltaron continuamente que las relaciones entre la cultura material, las variables ambientales y la distribución de sitios se fundamentan en relaciones de tipo *local*. En términos humanos, esto podría significar que los grupos que habitaron esta región en el pasado, fueron comunidades donde las acciones sobre los lugares y sus movimientos en el terreno fueron independientes, pero relacionadas a nivel regional a través de la similitud en los patrones espaciales y la cultura material. Igualmente, esto podría indicar, y considerando las comparaciones con las áreas de Puerto Plata y Fort Liberté, que -si bien estos grupos pudieron pertenecer a la misma cultura y/o sociedad, con conocimientos similares del ambiente y habilidades para la manufactura de cultura material-, las relaciones e intercambios estuvieron gestionados a nivel comunitario, donde el paisaje se construía por las acciones y tareas particulares que individuos o comunidades particulares realizaron de manera recurrente a lo largo del tiempo, en lugares específicos.

Esto lleva a la consideración del segundo resultado a ser destacado, las *regiones ecológicas*. Esta categoría está dividida en dos regiones, una al Norte (fig. 124) y otra al Oeste (fig. 125). Como se apreció en los análisis, esta categoría es el resultado de las variables ambientales que tuvieron una relación de significancia entre la muestra total de variables ambientales con la distribución de sitios arqueológicos. Sin lugar a dudas, las regiones ecológicas marcan las asociaciones espaciales entre los datos arqueológicos utilizados en esta investigación y las variables ambientales seleccionadas, y no necesariamente la totalidad del conocimiento y uso del ambiente por parte de la gente del pasado.

La Zona Ecológica A (fig. 124), se compone de suelos aptos para la agricultura no intensiva (o de conuco), y las zonas endémicas de hutía y solenodonte. Aunque en el Norte de la poligonal de estudio se encuentra la mayor cantidad de sitios registrados, y el área en general es un ambiente costero, las variables ambientales relacionadas con aspectos marinos no fueron resaltadas por los distintos análisis estadísticos. De hecho, el resultado de las variables con asociaciones radicó en aspectos relacionados con la agricultura y la caza de mamíferos. En términos de cultura material estas actividades puede ser confirmada, en base a investigaciones recientes en zonas vecinas, donde se ha propuesta la presencia de actividades agrícolas llevadas a cabo dentro del propio asentamiento, en forma de agricultura de "jardín" (Hofman *et al.* 2016; Ulloa Hung 2014). Por otro lado, durante las excavaciones del sitio MC-44 en el Norte del área se recolectó una gran variedad de material zooarqueológico, compuesto principalmente por huesos de aves, mandíbulas y dientes de hutías y solenodontes, así como una gran cantidad de restos de peces. Igualmente, la presencia de artefactos como hachas líticas y de concha, sugiere, entre otras tareas, el trabajo de cortar árboles para limpiar los terrenos para la agricultura. La combinación de este resultado con aquel de la cultura material, propor-

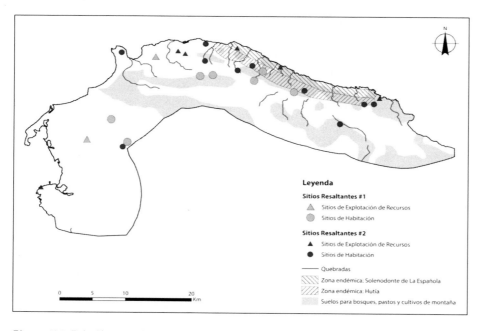

Figura 124. Relación entre la Zona Ecológica A y la distribución espacial de los sitios resaltantes en el área de la costa de la provincia de Montecristi, Noroeste de la actual República Dominicana.

UNA ISLA, DOS MUNDOS

ciona una imagen más completa del tipo de actividades que se pudieron llevar a cabo en el pasado en el sector Norte del área de estudio.

La Zona Ecológica B (fig. 125) indica actividades relacionadas con la explotación de recursos marinos, la producción de sal y la agricultura en zonas limitadas pero con buena irrigación. Las actividades inferidas a partir de las combinaciones de la cultura material refuerzan la importancia de estas variables, ya que en este sector del área se registraron los sitios de explotación de recursos con la mayor variabilidad de conchas de especies de moluscos. Con esto se puede interpretar que la combinación de los *sitios resaltantes* con las regiones ecológicas proporciona una imagen de lugares de acción conectados con los recursos ambientales directamente accesibles. Ahora bien, las diferencias espaciales entre las regiones ecológicas no necesariamente implican que éstas hayan estado dominadas o exclusivamente controladas por los sitios presentes en ellas. Sin embargo, es interesante reconsiderar la distribución de conchas de moluscos marinos, particularmente *Lobatus gigas, Phyllonotus pomun, Charonia variegata, Cittarium pica* (fig. 51), *Anandara transversa, Cassis tuberosa, Tivela mactroides, Codakia distinguenda* y *Lobatus raninus* (fig. 52-53), pues estas son evidencia de la presencia de conchas de moluscos en sitios de explotación en el sector Oeste del área de estudio, y de sitios de habitación en el sector Norte con esas mismas conchas, las cuales no fueron registradas en ningún sitio de explotación de recursos del sector Norte. Esto podría estar señalando que la explotación de recursos marinos también ocurría de manera *local*, y la redistribución y comercio de ciertos moluscos se gestionada a escala *global* (en términos del área de estudio). Las evidencias de otros productos como la sal y los mamíferos en esta investigación son más complicados de relacionar con la cultura material por el momento, ya que este tipo de registro se colecta principalmente en contextos de excavaciones.

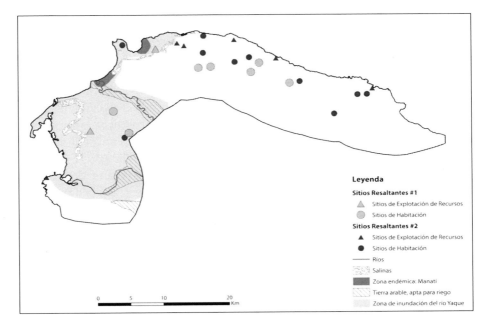

Figura 125. Relación entre la Zona Ecológica B y distribución espacial de los sitios resaltantes en el área de la costa de la provincia de Montecristi, Noroeste de la actual República Dominicana.

El patrón que se destaca en el área de la costa de la provincia de Montecristi es de relaciones a escalas diversas, desde lo *local* hasta lo *global*, en cada uno de los aspectos considerados. Esto es un resultado directo de la estrategia para la recolección de datos, la metodología y la teoría en esta disertación. El sistema aplicado aquí permitió ver el dinamismo de las actividades del pasado a múltiples escalas. Particularmente, se logró entender que las poblaciones del pasado no fueron conjuntos culturales homogéneos, a pesar de compartir rasgos materiales evidentes, como la forma de hacer cerámica. Incluso, las peculiaridades de la propia manufactura cerámica ya destacada por Ulloa Hung (2014), basadas en las relaciones estilísticas y formales entre las distintas series, son otra evidencia más sobre la toma de decisiones a nivel *local* y las acciones relacionadas con esto.

7.3.2. Del taskscape al paisaje indígena

El taskscape se refiere a la suma de todas las tareas realizadas en el terreno y a su movimiento inherente, y constituyen el elemento que proporciona acción y tiempo al paisaje (Ingold 1993, 2017). La combinación de los *sitios resaltantes* con las *regiones ecológicas* permite presentar una imagen de las acciones humanas en el terreno, y en conjunto esta imagen representa los distintos *taskscapes* indígenas en esta área de estudio. Dadas las condiciones de los datos arqueológicos utilizados y procesados en este trabajo, los *taskscapes* reconstruidos se refieren a una serie limitada de actividades, pero que muestra cómo están integradas desde la cultura material presente en cada sitio, la propia distribución de sitios, hasta la relación de estos dos aspectos culturales con diversas características ambientales.

Ahora bien, el *taskscape* puede ser estudiado en conjunto y relacionarlo directamente con la idea de paisaje tal como ha sido planteado por Ingold en sus distintos trabajos. Otra alternativa, que ha surgido a raíz de las exploraciones teóricas y metodológicas realizadas en este trabajo es considerar el *taskscape* como una capa dentro de la complejidad del paisaje (*cf.* Thomas 2017: 273). Es decir, está claro que el *taskscape* es la suma de todas las tareas, pero Ingold nunca ha hecho referencia a la repetición de esas tareas en distintos lugares[46]. Recientemente, Ingold (2017: 17) utilizó una pintura de Brueghel -que muestra la vida cotidiana en una villa europea del siglo XVI- para ejemplificar la idea de *taskscape*. De esta pintura, un aspecto que resalta a los ojos arqueológicos, especialmente cuando se está pensando en las relaciones espaciales, es ¿cuál es la escala utilizada para definir lugar? De esta imagen se puede considerar que lugar (y utilizando la definición de Ingold planteada anteriormente) es tanto la locación donde se están realizando una tarea específica como el pueblo entero. La definición de Ingold se ajustaría a cualquiera de las dos escalas, por lo que la idea de *taskscape* también es multiescalar. En este sentido, tal vez la escala no sea un problema cuando se está haciendo crítica de arte o etnografía y se tiene acceso a la "imagen" completa para hacer la reconstrucción o interpretación del *taskscape*. Sin embargo, para la arqueología es un desafío pues la escala de análisis afecta la reconstrucción o interpretación de cualquier elemento que se quiera considerar dentro del paisaje, como ya se hizo evidente con las comparaciones para la Región Arqueológica.

---

46 De aquí la relevancia de los aportes arqueológicos al concepto de *taskscape*. Ver por ejemplo las contribuciones en el libro de Rajada y Mills (2017), así como las citas colocadas en la nota al pie 9 del capítulo teórico.

Cuando la información faltante para reconstruir completamente un *taskscape* y un paisaje es considerable la escala es un elemento a tomar en cuenta. Para la consideración del *taskscape* en arqueología regional se podría utilizar el concepto como una capa analítica, así como Thomas (2017: 273) sugiere que el paisaje está compuesto por una serie de capas superpuestas, cada una relacionada con aspectos distintos de las acciones y relaciones entre los seres humanos, los seres no-humanos y la naturaleza. Con esto, para el caso de estudio presentado aquí, fue posible considerar *taskscapes* a distintas escalas y relacionados con las tareas y el movimiento de las personas en el pasado, y el conjunto de esto implica la "imagen" del paisaje indígena antes de la llegada de los europeos.

Taskscapes nivel sitios. La primera escala donde se puede identificar un conjunto de tareas que, además están íntimamente interrelacionadas, fue en los dos sectores del área de investigación. Las actividades generales que se pueden resumir de los patrones de cada sector están relacionadas con la explotación de recursos y otro con las actividades generales de vivienda, donde se incluyen tareas de producción/trabajo/uso de objetos y actividades de agricultura/caza/pesca. Este primer nivel del *taskscape* indígena tiene que ver directamente con actividades cotidianas y con decisiones y acciones a escala de comunidades particulares y su habitar en el mundo.

Taskscapes nivel áreas. Otra escala del *taskscape* indígena ocurre a nivel del área de investigación. En esta escala fue posible identificar tareas que vinculan los dos sectores. Por ejemplo, la presencia de materiales específicos en sitios particulares de los dos sectores (p. ej. conchas de moluscos y conjuntos de materiales líticos) indican tareas relacionadas con explotación especializada de recursos y actividades de intercambio y/o comercio. Este *taskscape* sugiere actividades cotidianas pero entre comunidades y/o poblados diferentes, e posiblemente entre poblaciones culturalmente diferentes.

Taskscapes nivel región. La tercera escala del *taskscape* se presentó al realizar las comparaciones entre las distintas áreas arqueológicas. Aunque la resolución y objetivos de las investigaciones tratadas no fueron similares, los patrones espaciales destacados en este capítulo presentan una imagen que aunque similar al primer *taskscape*, presenta uno nuevo al considerar otro tipo de aspectos, lo que implica un escenario de relaciones y acciones distinto. En primer lugar, la tareas relacionadas con el habitar y la explotación de recursos parecen mantenerse a nivel regional, dadas las evidencias de sitios y materiales de distintos tipos (cerámica, lítica, etc.). En segundo lugar, los patrones particulares de distribución de los sitios relacionados con la cerámica Meillacoide entre las áreas de la costa de la provincia de Montecristi y Puerto Plata, así como, los característicos patrones de distribución de los sitios Chicoides en la región, presentan un posible *taskscape* político. Este taskscape pudo haber estado basado en las relaciones e interacciones entre las comunidades y los "derechos" de habitar ciertas zonas. Como se mencionó anteriormente, razones socio-políticas y culturales pudieron ser las principales causas de la ausencia de poblados de grupos portadores de cerámica Chicoide en el área de la costa Norte de Montecristi. Este sector, además, tiene particularidades topográficas (final de la Cordillera Septentrional) y ecológicas (zonas endémicas de los únicos mamíferos de la isla, manglares), que pudieron haber representado la razón del interés de las poblaciones portadoras de la cerámica Meillacoide de mantener el control de estos recursos. Sin embargo, razones de conflictos entre poblaciones indígenas también podrían haber jugado un rol en estos patrones tan característicos, aunque la evidencia actual impide desarrollar esta idea. Finalmente, estos patrones espaciales representan tendencias en el uso humano del espacio, relacionadas con tareas que involucraron el conocimiento y los movimientos en el terreno necesarios para llevarlas a cabo. Como argumenta Thomas (2017: 273) el movimiento en el paisaje significa conocerlo y estar familiarizado con sus particularidades históricas y ecológicas.

Paisaje Indígena. Esta investigación ha demostrado que el paisaje indígena que se puede construir a partir de los distintos conjuntos de evidencias, está compuesto por una diversidad de lugares y artefactos que indican las distintas actividades realizadas por los grupos del pasado para habitar y relacionarse con su entorno ambiental. La distribución de los lugares y sus tendencias revelaron que los pobladores del pasado del área tuvieron una estructura para distribuirse en el terreno ubicando lugares de habitación principales. Éstos, estrechamente relacionados con una serie de lugares menores, ubicados en los alrededores inmediatos y relacionados con otras actividades no relacionadas con la vivienda como: la explotación/procesamiento de recursos marinos, la agricultura y, posiblemente, otro tipo de actividades como tala de madera y/o producción de artefactos líticos. Además, estos lugares de habitación no permanente tienden a ser los que poseen mejor visibilidad del entorno terrestre y marino como ya ha sido planteado para el área vecina de Puerto Plata (De Ruiter 2012; Ulloa Hung 2014) y Montecristi (Ransijn 2017). Finalmente, estos patrones a escala menor se repiten en otras áreas con particularidades relacionadas con la topografía y la cultura de los grupos. Esto, complementado con las relaciones entre comunidades a distintas escalas presenta un paisaje indígena dinámico y diverso, cuya reconstrucción desde las escalas menores a las mayores describe algunos aspectos de la cultura y la historia de los grupos que habitaron justo antes de la llegada de los españoles.

UNA ISLA, DOS MUNDOS
SOBRE LAS TRANSFORMACIONES DEL PAISAJE INDÍGENA AL MOMENTO DE CONTACTO

8.1. INTRODUCCIÓN

Este último capítulo buscará relacionar a nivel de la macro-región de estudio, los resultados y modelos creados a partir de las evidencias arqueológicas y documentales presentadas hasta ahora. Esta discusión proveerá argumentos para desarrollar el objetivo general de: *estudiar la transformación del paisaje indígena al colonial en la isla de Haytí/La Española en el contexto de los conflictos suscitados después de 1492.* Igualmente, con este último capítulo se responderá a la última pregunta de investigación: *a partir de las evidencias trabajadas, ¿cómo se puede conceptualizar la transformación del paisaje indígena al colonial en la región de estudio?* Sobre la base de las evidencias documentales revisadas, y el conocimiento arqueológico adquirido, en esta investigación se llegó a la idea de que la transformación del paisaje indígena se dio en dos niveles analíticos. Estos niveles han sido conceptualizados aquí como, *nivel cotidiano* y *nivel del imaginario.* El primero, explica el cambio ocurrido en las poblaciones indígenas en términos de las tareas, prácticas y movimientos que caracterizaron el quehacer indígena cotidiano antes de la llegada de los Españoles, y que fue (re)construido a lo largo de esta disertación al utilizar evidencias desde la arqueología y compararlas en este capítulo con evidencias documentales y la cartografía histórica. Este aspecto se desarrollará a través del desarrollo del concepto de los *taskscapes en conflicto.* El segundo nivel, *el del imaginario,* tiene que ver con la representación que hicieron los primeros españoles del mundo indígena y cómo ese modelo colaboró en la propia transformación del paisaje indígena. Para esta parte se utilizaron igualmente los resultados de la investigación arqueológica presentada aquí, así como las referencias en las crónicas y mapas tempranos.

En este capítulo primero se presentará el debate sobre el paisaje colonial Español, a partir del debate de ideas como *terra nullius* y la creación del "Nuevo Mundo" y de la consideración de la creación colonial de lugares y taskscapes. Posteriormente, y sobre esta base, se presentan los dos niveles donde se considera se puede observar una transformación del paisaje indígena. Primero se discute sobre el nivel cotidiano donde se desarrolla el concepto de taskscapes en conflicto y posteriormente, el nivel del imaginario donde se discuten ideas sobre las homogeneidades históricas y las diversidades arqueológicas. Finalmente, se presentará una evaluación de los aportes del trabajo a la arqueología del Caribe, así como algunos caminos de investigación que se abren a partir de la presente investigación.

8.2. TRANSFORMACIÓN DEL PAISAJE INDÍGENA

8.2.1. Lugares, Taskscapes y Paisajes del Mundo Español

8.2.1.1. Terra Nullius y la Creación del "Nuevo Mundo"

En el capítulo contextual se presentaron las evidencias disponibles en las crónicas y la cartografía temprana sobre el uso del espacio por parte de los primeros conquistadores, así como un inicio del debate sobre la representación que se hizo en estas fuentes del paisaje y el mundo indígena. En esta sección se plantearán una serie de interpretaciones sobre los patrones espaciales españoles basadas en estas evidencias. En primer lugar, se considerarán los mapas tempranos, los cuales han sido evaluados desde dos perspectivas, primero los mapas como herramientas de colonización y segundo la posible influencia indígena en la cartografía.

La idea principal a considerar en este punto es que las representaciones cartográficas realizadas en las primeras décadas de la conquista de los distintos territorios indígenas estuvo basada en la idea de *terra nullius* (Gosden 2004)[47]. La idea de base es que, al minimizar los primeros españoles la importancia y presencia de las poblaciones indígenas, éstos crearon una representación del terreno que negó a las pobladores indígenas el derecho a sus tierras, lo que permitió que se perpetuara en el tiempo la representación del paisaje y del territorio desde la óptica del conquistador (*cf.* Quijano y Wallerstein 1992; Harley 2001a; Oliver 2007; Hauser y Hicks 2007; Keehnen 2012; Ulloa Hung 2016). Gosden (2004: 28) explica que la idea de *terra nullius* es una forma de colonialismo que ignora y repudia todas las modalidades extranjeras de sociabilidad. A su vez, este mecanismo estableció y fomentó la creación de un "nuevo mundo", el cual estaba regido bajo leyes y esquemas socio-culturales y políticos españoles, que fueron radicalmente distintos a aquellos existentes antes de 1492. En este contexto, la idea de lo "prístino" es parte de la construcción colonial en el nuevo mundo y de la tendencia de los primeros europeos en representarlo, junto a sus pobladores indígenas, como naturaleza virgen (Todorov 2003). De hecho, la propia idea de "nuevo mundo" trae consigo una negación a la presencia e historia de las poblaciones indígenas (O'Gorman 1995). Y es justamente en esta idea que parte el segundo punto. A pesar de que con los mapas se invisibilizó la presencia indígena de manera sistemática, muchos de éstos, posiblemente, fueron creados con la colaboración de las propias comunidades que estaban siendo omitidas. Los primeros conquistadores, colonos y cartógrafos indudablemente interactuaron con diversos grupos indígenas, sin embargo sus representaciones del terreno proporcionaban una imagen de la tierra vacía, natural y prístina (*cf.* Harley 2001a;

---

47 Para una revisión detallada de las implicaciones del colonialismo europeo, y particularmente del impacto de la cultura material europea en las poblaciones indígenas de la isla de Haytí/La Española durante el periodo colonial temprano ver Keehnen (2012).

Oliver 2011; Oliver y Edwald 2016; Hauser y Hicks 2007; Gruzinski 1987; Mundy 1996; Fernández-Christlieb 2015, para ejemplos en otras regiones de América).

Para el caso particular de la isla objeto de este estudio, y desde la idea base de que los mapas y documentos producidos por los españoles durante el primer siglo de colonización fueron un reflejo de su propia cosmovisión (Ingold 1997; Olwig 2005; Cosgrove 2008; Oliver 2007, 2011). La estructura espacial del movimiento y la invisibilización inicial se pueden explorar centrándose en: 1) la agenda española de explotación de recursos; 2) sus necesidades específicas de desplazamiento por el territorio; y 3) su propia definición de territorio. Además, estos tres puntos están fuertemente ligados a la percepción española de la naturaleza y la cultura (Descola 1996) y sus formas de construcción del mundo (Goodman 1978).

El mapa creado por Andrés de Morales, así como el resto de mapas explicados en el capítulo Contextual, pueden ser "leídos" a partir de su división en dos capas analíticas, una natural y otra cultural. Aunque, como ya lo ha explicado Ingold (2000) la percepción de la naturaleza siempre va acompañada de una interpretación cultural, por lo que la "capa natural" mantiene implicaciones culturales. Si se dejan sobre el mapa sólo los elementos con topónimos indígenas, se apreciará que éstos se refieren a nombres de áreas y regiones, ríos y zonas costeras (fig. 126a). Es decir, elementos naturales del

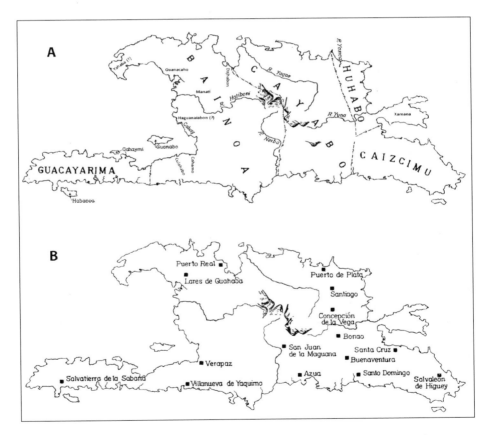

Figura 126. Topónimos Indígenas de Haytí y Asentamiento Españoles en La Española (Modificado de Sauer 1966: 46).

terreno. De hecho, aunque el mapa de Morales fue poco conocido después de su creación, ya que Mártir de Anglería solo publicó su informe, ciertos topónimos presentes en ese mapa fueron replicados en mapas posteriores (fig. 17 a 22). En éstos se observa principalmente el mantenimiento de los topónimos Caizimú y Guacayarima los cuales según el reporte de Mártir de Anglería corresponden a divisiones geográficas ancestrales de la isla, no necesariamente vinculadas a unidades políticas. Sin embargo, los nombres de estos elementos naturales llevaban consigo, para las comunidades indígenas, una carga cultural. Sin implicar que estas áreas hayan sido territorios cacicales como lo planteó Vega (1990 [1980]), evidencian la presencia de grupos indígenas en la isla. Además, éstos sectores pudieron haber tenido alguna relación con las comunidades que los habitaban, ya que en ambas, según las descripciones de las crónicas, las poblaciones indígenas fueron las últimas en desaparecer.

Otro elemento resaltante en estos mapas, que no está presente en el mapa de Morales es la inclusión del término "Macorís" en el Norte de la isla. Como se puede apreciar en los mapas (fig. 17 a 22), esta referencia aparece rodeado de montañas en el área que corresponde a la actual Provincia de Montecristi. Aunque los escritos de Pané y Las Casas no hacen referencia directa a que la zona del Morro de Montecristi estaba incluida en la provincia de Macorís, si lo hacen para las montañas de la Cordillera Septentrional, cuyo extremo occidental termina cerca del Morro, por lo cual este sector pudo haber sido parte de la mencionada provincia.

Estos ejemplos de ciertos topónimos indígenas pudieran sugerir que si bien los indígenas fueron representados como seres más cercanos al mundo de la naturaleza que al de la cultura, también son un reflejo de la influencia indígena en los propios mapas.

Al realizar una segunda lectura, donde sólo se consideran las referencias explícitas a lugares de asentamiento (fig. 126b), dos claros elementos culturales se pueden apreciar: 1) sólo asentamientos españoles están presentes en el mapa y 2) no hay ningún topónimo español que se refiera a elementos naturales del terreno. Al estudiar la distribución de asentamientos españoles en esta macro-región, se puede apreciar en la figura 126b la perspectiva española de moverse en la isla, y la clara orientación de los conquistadores en dominar y controlar las fuentes de oro. De las 15 ciudades representadas en el mapa de Morales, diez se encuentran localizadas en el sector de la isla donde se estaban explotando las minas de oro y los principales puertos. El resto de poblados estaban dispersos en la isla de manera de controlar a la población indígena, y tener distintos puertos para el comercio con Europa.

Del mapa de Morales se puede discernir el conflicto entre el paisaje indígena y el español, ya que a pesar de tratar de omitir el mundo indígena, el mapa lo sigue destacando. Uno de los ejemplos clave para observar la transformación del paisaje y del mundo indígena al colonial, es el cambio de nombre de la isla de *Haytí* a *La Española*. En las crónicas es evidente como los cronistas reconocen que antiguamente la isla era llamada de una manera, pero no vacilan al evidenciar que el lugar desde donde ellos escriben es La Española. Incluso Las Casas, quien fue un fuerte defensor de las poblaciones indígenas de la isla y otras regiones, nunca cuestiona la transformación del "viejo mundo" indígena al "nuevo mundo" Español. Su crítica estuvo dirigida a los salvajismos llevados a cabo por los conquistadores, pero no al proceso de conquista en sí mismo, o a la evangelización de los indígenas. Finalmente, esta transformación, como se ampliará en la próxima sección, se puede explicar en dos aspectos, la implementación del sistema colonial que rompió con las actividades cotidianas de las poblaciones indígenas y el cambio del mundo indígena a la visión que tuvieron los españoles de ese mundo indígena.

8.2.1.2. Lugares y *Taskscapes* Españoles

Concentrándose en la ya definida Región Histórica, si se considera la llamada Ruta de Colón (Morison 1942; Ortega 1988) como un ejemplo de la intencionalidad española por movilizarse para acceder a regiones de interés, es posible discernir un patrón (fig. 137). Al considerar desde la creación de villas y fuertes españoles la definición de *lugar* de Ingold (2011), se destaca que su ubicación son los 'nodos' resultantes del repetido interés y uso de ciertos lugares como consecuencia de su movimiento. Este movimiento era iniciado en la villa de La Isabela y se dirigía principalmente hacia el valle del Cibao, donde se encontraban las minas de oro, así como algunos asenta-

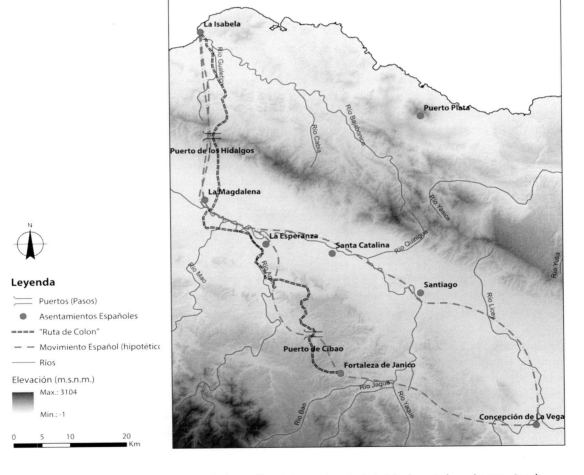

Figura 127. Asentamientos y movimientos Españoles en el norte de la isla durante los primeros años de conquista y colonización (ubicaciones aproximadas).

mientos indígenas importantes y el control de parte del río Yaque. De la figura 137 se puede considerar que las 'líneas' creadas por el movimiento español son evidencia de sus intenciones por dominar el territorio. La creación de nodos resultantes de esos movimientos, podría estar sugiriendo que los lugares españoles se ubicaron tanto cercanos a zonas de explotación de recursos de interés como a zonas para el control de la población. Los fuertes se construyen cerca de ciudades conflictivas o importantes para los grupos indígenas (control de la población/comercio), tal es el caso del fuerte de La Magdalena el cual fue construido en el valle del Cibao justo frente al Puerto de Los Hidalgos, dentro de la zona conocida como provincia de Macorís, y cercano a la zona de residencia del cacique Caonabó. Este fuerte fue destruido por los indígenas de la zona y, poco después, otro fuerte (La Esperanza) lo reemplazó. El hecho de construir otro fuerte en el mismo sector evidencia el interés o la necesidad por un control militar. Por otro lado, algunas villas fueron construidas cerca de áreas naturales clave (minas de oro, ríos, costa), así como de poblados indígenas importantes. Por ejemplo, la fundación de la Concepción de la Vega se hizo cerca del poblado del cacique Guarionex, con el cual lo españoles inicialmente tuvieron alianzas y posteriormente fuertes batallas.

Como ya es sabido, el paisaje colonial inicial fue de explotación de los recursos minerales y humanos de la isla a través del sistema de *factorías* (Cassá 1995; Moya 2010), el cual fue un sistema colonialista desarrollado originalmente en Portugal y que a los españoles aplicaron en la conquista de las islas Canarias. Se podría considerar que este paisaje estuvo conformado, en parte, por dos *taskscapes*. Uno basado en la explotación de recursos y el otro en el control del territorio. Estos *taskscapes* permiten entender parte de las bases de la lógica española para conquistar el mundo indígena, e igualmente constituyen, en parte, la transformación del paisaje indígena al español durante los primeros años de la conquista. El paisaje español de los primeros años de conquista de la isla de Haytí se caracterizó por, en primer lugar, asentamientos ubicados a distancias cortas entre ellos de manera de agilizar el movimiento de tropas y apaciguar los constantes levantamientos indígenas, como aquel que destruyó el fuerte La Magdalena o el levantamiento de Guarionex y Mayobanex. En segundo lugar, estos asentamientos, fuesen villas o fuertes, sirvieron como formas de control y dominación de la población local.

8.2.2. Nivel Cotidiano: Taskscapes en Conflicto

Durante el proceso de conquista y colonización de la isla, los españoles realizaron diversos intentos por entender a las poblaciones locales. Ejemplos de esto fueron las estadías en comunidades indígenas de padres jesuitas como Fray Ramón Pané y Fray Bartolomé de Las Casas. Sin embargo, a pesar de los esfuerzos realizados por éstos y otros cronistas de registrar el mundo indígena, pareciera que el proceso colonialista prevaleció sobre los registros, pues las particularidades históricas de los grupos colonizados fueron presentadas como rasgos negativos necesitados de ser transformados (por ejemplo, la religión). Para esto se desarrolló desde el inicio un proceso de fundación de fuertes y villas orientados explícitamente en el foco principal de la conquista de la isla, la explotación del oro. A la par de esto, se enviaron misioneros y exploradores para contactar, comerciar y hacer pactos con las distintas comunidades indígenas.

Una manera para entender la conquista del mundo indígena y su inicial transformación es a partir de la idea de los *taskscapes en conflicto*. En los primeros años del proceso de conquista, cuando los españoles todavía dependían de la población local para surtirse de ciertos productos, las tareas cotidianas llevadas a cabo por ambas sociedades parecieran no haber estado en conflicto directo, en términos de los lugares para su ejecución. Un ejemplo de esto fue, la demanda por parte de los españoles a las distintas comunidades indígenas a pagar tributos en oro y alimentos. En el caso del oro, las poblaciones indígenas fueron obligadas a la realización de tareas de explotación en lugares conocidos y donde la actividad seguía siendo la misma. No obstante, la intensidad en la recurrencia de esta tarea fue cambiada radicalmente, así como el contexto de los trabajos, hasta el punto que los indígenas preferían suicidarse, o las mujeres abortar, antes de seguir trabajando como esclavos en las minas de oro (Mártir de Anglería 1964 [1514-1516], Década 3, Libro 8: 363; Moya Pons 2010b: 34). En este sentido, aunque la tarea seguía siendo la misma y su realización en los mismos lugares, el *taskscape* -los actos constitutivos de las tareas- cambiaron radicalmente y en consecuencia se creó un conflicto.

Para el caso de la producción de alimentos algo similar ocurrió, estos siguieron siendo producidos por los indígenas manteniendo sus conocimientos y prácticas tradicionales en los lugares acostumbrados. Como en el caso anterior, el conflicto en las tareas cotidianas que conformaron los *taskscapes agrícolas* indígenas se dio a partir del cambio de motivación en la realización de esas mismas tareas. Un ejemplo histórico de esto fue la intención del cacique Guarionex en aumentar la producción de yuca para pagar los impuestos españoles y satisfacer la demanda de los conquistadores. Sin embargo, poco después de estas negociaciones, Guarionex entraría en guerra con los hermanos Colón, y terminaría siendo derrotado en conjunto con el cacique Mayobanex.

Un tercer conflicto en los *taskscapes* indígenas se originó en la medida en que los conquistadores se asentaron y afianzaron en la isla, aproximadamente alrededor del periodo en que Nicolás de Ovando fue gobernador de la isla (1502-1509), cuando se implementaron otros mecanismos de explotación humana que implicaron movilidad y traslado de comunidades enteras hacia otros espacios para cumplir o desarrollar tareas similares (producción de alimentos, explotación de oro, entre otros) pero alejados de sus lugares tradicionales e insertados en las villas españolas.

Un ejemplo arqueológico que se puede utilizar para contextualizar los dos últimos taskscapes explicados se observó durante los trabajos de campo en la costa de la provincia de Montecristi. Como se ha mencionado varias veces, durante las exploraciones en esta área no se recolectó o registró ninguna evidencia de cultura material europea ubicada cronológicamente en la primera mitad del siglo XVI. De hecho, como se ejemplifica con la figura 34, todos los materiales son posteriores al siglo XVII. El único lugar donde se pudo observar cultura material relacionada con la segunda mitad del siglo XVI, fue en la propia ciudad de Montecristi, donde todavía en algunos sectores se aprecian evidencias de la primera fundación de la ciudad. Una explicación para este fenómeno, aunque preliminar y tentativa, es que durante los inicios del proceso de conquista y colonización, las villas españolas no tenían áreas "rurales", en cambio fueron las propias comunidades indígenas el equivalente a comunidades rurales de producción de alimentos. En este sentido, los *taskscapes agrícolas* indígenas se mantuvieron en sus lugares tradicionales, bajo las características ya mencionadas, hasta que las poblaciones fueron integradas a las villas españolas.

Con lo discutido hasta ahora, se puede plantear que la idea de los *taskscapes* en conflicto se divide en dos niveles: 1) el físico, referido a los conflictos ocurridos en la materialidad de los lugares; y 2) el mental, que afecta la condición de los individuos que habitan y crean esos taskscapes. Bender (2001a) explica que los estudios de conflictos y diásporas generalmente se enfocan en escalas políticas y sociales amplias "sin demasiada consideración de lo que esto podría implicar en términos de compromiso íntimo y personal." (Bender 2001a: 75, traducción del autor). En este sentido, la realización de tareas cotidianas, que constituyeron la base del conocimiento y habilidades culturales de una comunidad o de un individuo, al ser realizadas bajo la fuerza y la esclavitud, debieron haber cambiado tanto la percepción de esas tareas en sí, como la propia percepción del paisaje donde esas tareas eran realizadas. Esto, a su vez, debió haber generado tanto un conflicto personal, con la tarea en particular, como con los "actos constitutivos del habitar" (Ingold 2017: 158), es decir, con el *taskscape*. Con el desarrollo del estado colonial la presión sobre los indígenas aumentó, e incluso fueron integrados a las comunidades españolas bajo los regímenes de la *encomienda* y los *repartimientos*. Nuevamente citando a Bender (2006: 308, traducción del autor) "la incomprensión mutua engendrada por prácticas sociales, políticas y económicas totalmente diferentes abarca la incapacidad de reconocer o al menos tolerar un entendimiento completamente diferente del lugar y el paisaje." En este sentido, los *taskscapes* indígenas a distintas escalas entraron en conflicto inmediato y directo tanto con los *taskscapes* españoles, como con la idea que los españoles tenían del espacio, de los lugares y del paisaje.

Lo mismo ocurrió con los nuevos *taskscapes* españoles. Las zonas donde se comenzaron a gestar los *taskscape* españoles ocuparon sectores y lugares que ya estaban siendo habitados o utilizados por los grupos indígenas por centurias. La llegada de los europeos a la isla irrumpió las redes existentes entre las comunidades indígenas ya que su presencia en el terreno significó un freno a cualquier dinámica socio-cultural y política que existiera previamente. La construcción de villas y fuertes modificó las redes de intercambio a escalas locales y regionales, y las balanceó al beneficio del conquistador. Las actividades sobre las que se fundamentan estos *taskscapes* estuvieron irremediablemente en conflicto desde el momento en que los españoles comenzaron a esclavizar la mano de obra indígena para la explotación de oro. El *taskscape* español no sólo entro en conflicto inmediato con cualquier otro *taskscape* indígena, sino que los quebró en sus bases esenciales, al romper la cotidianidad de las personas para llevar a cabo las tareas que componían el desarrollo del mundo indígena previo. Por ejemplo, al comparar el mapa de Morales (fig. 17) con la distribución de sitios en la Región Arqueológica (fig. 130) es evidente el cambio y la imposición de los *taskscapes* españoles sobre el paisaje indígena. A medida que las nuevas villas y fuertes siguieron la lógica de la relación entre los españoles con el nuevo ambiente natural y humano, se expone el *taskscape* de explotación de recursos (incluyendo recursos humanos) y el de control del territorio. Además de la fundación de nuevos lugares con nuevas dinámicas, este proceso estuvo acompañado de guerras y esclavitud, lo que dislocó las dinámicas indígenas previas y creó una nueva idea del territorio. El sistema de movimiento de los españoles en el terreno fue, además, acompañado por un trascurso natural y necesario de familiarización con la nueva tierra, razón por la cual la cartografía significó un elemento esencial en la construcción del paisaje colonial. Este nuevo paisaje produjo un cambio de mundo, al que los indígenas sobrevivientes de Haytí y las nuevas poblaciones indígenas/españolas de La Española tuvieron que, o fueron forzados a identificarse.

Aunque la imposición de nuevos patrones y tareas conllevó a la imposición de nuevas prácticas espaciales y culturales. La transformación de los distintos *taskscapes* y del paisaje indígena al colonial no implicó una desaparición absoluta de las prácticas, conocimientos y patrones espaciales indígenas. Los sobrevivientes de estas poblaciones al integrarse al sistema colonial, comenzaron un proceso de asimilación de rasgos culturales europeos y africanos, pero también de aporte de elementos culturales indígenas al paisaje colonial del "nuevo mundo", el cual fue el resultado directo de la combinación de culturas, dentro de un régimen de invisibilización y homogeneización promovido por los sesgos y patrones culturales europeos en América (ver por ejemplo debates en Rodríguez Ramos y Pagán Jiménez 2016; Pesoutova y Hofman 2016; Curet 2016; Ulloa Hung 2016).

8.2.3. Nivel del Imaginario: Homogeneidades Históricas y Diversidades Arqueológicas

Los comentarios anteriores se enfocaron en lo que se podría considerar el cambio "tangible" para el paisaje indígena. Es decir, algunos aspectos relacionados con el efecto de la llegada de Colón y el posterior proceso de colonización en el mundo de los grupos indígenas del Norte de la isla de Haytí. Sin embargo, esta no fue la única transformación del paisaje y del mundo indígena, ya que las representaciones que se hicieron de los grupos indígenas por parte de los primeros exploradores, conquistadores y cronistas también implicaron una transformación. La imagen que crearon estos primeros españoles transfiguró el paisaje y el mundo indígena para las poblaciones futuras que se desarrollaron teniendo una imagen distorsionada de lo pudo haber sido la isla de Haytí antes de 1492. En este apartado se tratarán dos aspectos donde se puede observar cómo las representaciones europeas afectaron el paisaje indígena, y el contraste que se puede apreciar desde la perspectiva de los modelos creados en esta disertación.

Invisibilización de comunidades indígenas y sus presencias en el paisaje. En primer lugar, las crónicas tempranas, fuese por dificultad de entender las culturas indígenas o falta de interés oscurecieron a las culturas indígenas. Esto se dio, entre otros factores, debido a que los primeros españoles trataron de identificar en las comunidades indígenas patrones jerárquicos y espaciales similares a los existentes en Europa para ese momento. En términos espaciales esto llevó a la creación de "territorios" indígenas que en función de los datos arqueológicos analizados en el capítulo anterior no parecieran reflejar la diversidad cultural antes de 1492. Para el Norte de la isla, y la isla en general, el ejemplo básico se observa en los mapas de Morales y de Charlevoix. En primer lugar, Morales en su mapa presenta cinco regiones, que Mártir de Anglería (1964[1493-1525]) identificó como regiones naturales y posteriormente Vega (1990 [1980]) interpretó como territorios cacicales. Sin embargo, el mapa de Morales (fig. 17) no contiene una división por fronteras de estos territorios, sino que sólo los registra por escrito. A lo cual Mártir de Anglería refiere diciendo que: "El piloto Morales me trae una nueva *descripción que desde el tiempo inmemorial usaron los indígenas.*" (Mártir de Anglería, Década 3, Libro 7 [1515-1516]: 354, sin cursivas en el original). La evidencia presente en el mapa y en el registro documental no sugiere que la descripción estuviera ligada a un territorio cacical, como sugiere Vega (1990 [1980]). De hecho, la propuesta de considerar estas posibles regiones o divisiones naturales -que muy posiblemente tuvieron una carga cultural e histórica- como territorios cacicales invisibiliza más la diversidad indígena, de lo que la puede explicar. Lo mismo ocurrió con el mapa de Charlevoix explicado anteriormente, donde se señalan los cinco cacicazgos de la isla y sus caciques. Sin dudar de la existencia de sociedades jerárquicas, ya que este no es un objetivo de esta disertación, sí es importante reconocer que la homogeneización de los patrones de asentamientos indígena dentro de un grupo reducido de territorios facilitó la explicación de la complejidad cultural indígena para los primeros observadores. A pesar de que el mapa y las fronteras fueron creados por Charlevoix en el siglo XVIII, la base de las informaciones proviene de las descripciones realizadas en el siglo XVI.

En la figura 16 se hizo el ejercicio de colocar en un mapa las referencias a los "territorios" y/o "etnias" indígenas en el espacio geográfico de la Región Arqueológica definida para esta disertación. Si se compara ese mapa con el presentado en la figura 17 se puede apreciar que la distribución de estos grupos indígenas ocurre en los cacicazgos de Marién (al Este) y Magua (al Oeste). Como fue explicado anteriormente, la presencia de la palabra "Ciguayo" justo en la frontera de estos dos cacicazgos creó en las investigaciones del siglo XX reinterpretaciones de los territorios cacicales sin ninguna base histórica confiable. Esto porque Charlevoix en su mapa estaba repitiendo un error cometido por Mártir de Anglería en su descripción de la ubicación de los Ciguayos. En su texto Mártir de Anglería escribe: "sólo distantes de la Isabela diez leguas hacia *occidente* en la costa septentrional. A esos montes y a sus habitantes les dan el mismo nombre de Ciguayos…" (Mártir de Anglería, Década 1, Libro 5 [1493-1510]: 159, sin cursivas en el original). De hecho, la ubicación de los montes de los Ciguayos y del asentamiento del cacique Mayobanex estaba al *oriente* de la Isabela (Las Casas 1875 [1552-1561], Vol. II: 165-167, Vol. IV: 291/481-484; Oviedo 1851 [1535]: 60-61/65). Este pequeño fallo geográfico originó una confusión histórica que fue incluso repetida por los arqueólogos del siglo XX quienes muy posiblemente hubiesen creado mapas distintos de haber considerado que en ese sector del Norte de la isla, de hecho, ningún cronista refirió la presencia de Ciguayos. Aunque Veloz Maggiolo (1973) incluyó al "grupo" Macorís en su sub-área (fig. 16), no existe ningún tipo de informaciones históricas que puedan vincular a los grupos Ciguayos con la provincia de Macorís, y menos aseverar que de haber sido los Macorís realmente una unidad étnica, tuvieron relaciones de alianza política con los Ciguayos. Incluso, se ha propuesto, aunque sobre una base que todavía necesita más evidencias, que los habitantes de la provincia de Macorís y los Ciguayos tuvieron lenguas distintas (Granberry y Vescelius 2004).

Los patrones de distribución arqueológicos que se presentaron en esta investigación muestran un paisaje indígena diverso, con particularidades a pequeña escala y que podrían estar más relacionados con la presencia de grupos multiétnicos y políticamente descentralizados que, con grandes cacicazgos de territorios homogéneos. Con esto lo que se quiere destacar es que la primera transformación del paisaje indígena por parte de las representaciones españolas se dio a nivel de la homogeneización de patrones espaciales diversos, en cinco grandes bloques que oscurecieron el dinamismo que se puede conocer a través de la arqueología.

Invisibilización de la diversidad de comunidades al crear etnicidades homogéneas. La segunda transformación del paisaje indígena está íntimamente conectada con este punto. En el capítulo contextual se inició esta observación al exponer la complejidad de las nociones sobre los Taínos, explicando que diversos autores han llegado a la consideración de que para realmente abarcar la complejidad de estos grupos étnicos sin oscurecer sus dinámicas culturales, términos como "Tainidad" (Rodríguez Ramos 2007, 2010; Oliver 2009) o reservorio simbólico (Curet 2014), son más adecuados. De hecho, la crítica planteada por estos autores y su búsqueda por esclarecer los patrones del pasado es similar a la planteada más arriba sobre las cuestiones cartográficas. La representación que hicieron los primeros observadores españoles de las comunidades indígenas estuvo marcada por su propio entendimiento y clasificación del mundo. Este "orientalismo ambiental" (Pálsson 1996) fue un proceso que se originó desde la Edad Media. Las formas radicalmente diferentes de clasificar y entender el mundo por parte de los grupos indígenas y los españoles se ve expresado en la simplicidad con la que los españoles presentaron el mundo indígena. Lo que se puede destacar es que la transformación del paisaje diverso y multiétnico indígena, al paisaje "indígena" homogéneo y de grandes territorios creado por las crónicas se siguió transformado y homogeneizando con algunos trabajos y modelos arqueológicos del siglo XX.

Un caso clásico para el Norte de la isla, y también mencionado en el capítulo contextual, es el del "grupo étnico" Macorís y la cerámica Meillacoide. Para resumir la discusión ya planteada, Vega (1990 [1980]) propuso, que el área geográfica -donde Pané y Las Casas ubicaron la provincia de Macorís- coincide con la zona donde se encuentran los principales sitios arqueológicos con cerámica Meillacoide y asumió la provincia Macorís como representación de un grupo étnico. Esta hipótesis fue posteriormente ampliada con una base de datos arqueológica mayor por Veloz Maggiolo *et al.* (1981). Sin embargo, en años posteriores la hipótesis fue criticada (Cassá 1995; Ulloa Hung 2014), sobre la base de que el modelo asume un sentido de continuidad lineal desde el registro arqueológico hasta el documental. De manera similar al caso anterior, tomando en cuenta los patrones arqueológicos destacados en esta investigación, así como lo ya explicado sobre los territorios indígenas en la cartografía, en este punto se observa algo similar. La búsqueda de definir territorios culturales sobre la base de presencia de series cerámicas, es una interpretación que oscurecerá más de lo que explicará, particularmente en regiones como el Norte de la isla, donde se ha registrado evidencia de más de una serie de cerámica. Tomando la base de las distribuciones de los sitios arqueológicos y las series cerámicas asociadas a estos, se pudo observar que, de hecho, en el Norte de la isla los patrones Meillacoides varían a lo largo de la costa y se combinan con otras distribuciones cerámicas. Igualmente, la distribución de sitios con cerámica Chicoide presenta patrones de dispersión muy particulares que podrían estar relacionados, entre otras cosas, tanto con comunidades étnicas independientes de aquellas productores de cerámica Meillacoide, o incluso con comunidades étnicas similares, pero diferenciadas por aspectos políticos.

De hecho, en la fracción Oeste de la Cordillera Septentrional, donde Pané y Las Casas reportaron la existencia de la provincia de Macorís, se han registrado tanto sitios con cerámica Meillacoide como Chicoide, siendo sólo el área de la costa de la Provincia de Montecristi donde hay una mayoría evidente de sitios Meillacoides sobre aquellos Chicoides (fig. 128). En la figura 128 se presenta una imagen de la distribución de sitios arqueológicos, la ubicación de los grupos étnicos según las crónicas (y sus reinterpretaciones del siglo XIX) y la presencia de villas y fuertes españoles (circa 1508). Como ejercicio interpretativo, en la figura 128 se colocaron los grupos étnicos creados por las crónicas y durante el siglo XIX, así como la distribución de series cerámicas. Una mirada a este mapa destaca que la idea del área Meillacoide-Macorís de Vega (1990 [1980]) y Veloz Maggiolo *et al.* (1981), incluso asumiendo las etnicidades de las comunidades indígenas, sobre la luz de los nuevos hallazgos no es un modelo que explique la diversidad de los grupos indígenas tanto en el periodo precolombino como en el colonial temprano. Lo que las evidencias arqueológicas y documentales destacan es que el paisaje indígena

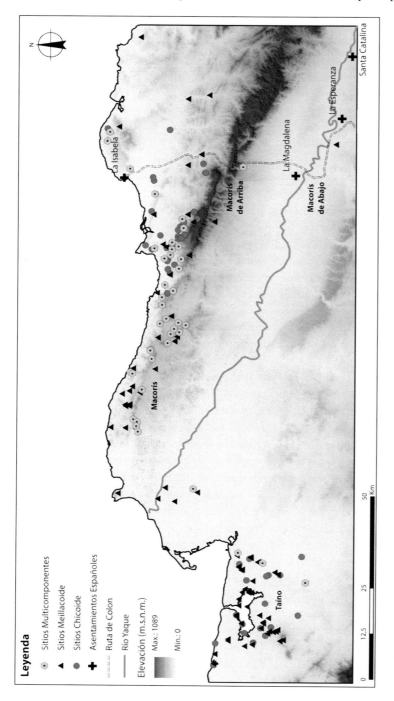

Figura 128. Patrones de sitios arqueológicos, "grupos étnicos" y asentamientos Españoles de la Región Arqueológica y parte de la Región Histórica tratadas en la disertación.

del Norte de Haytí antes de 1492 estuvo caracterizado por poblaciones diversas, posiblemente multiétnicas y poli-lingüísticas, donde pereciera que la toma de decisiones se dio a nivel comunitario, aunque estas comunidades mantuvieron relaciones con otras a distintas escalas espaciales. Estas comunidades parecen haber tenido patrones de dispersión de lugares con funcionalidades específicas en áreas particulares, que podrían sugerir tradiciones sobre el uso del ambiente por comunidades históricamente relacionadas pero independientes. Incluso, donde los "territorios", en caso de haber existido, estuvieron marcados por otro tipo de relaciones políticas más allá fronteras rígidas y estáticas. La diversidad y dinamismo de estas comunidades fue homogeneizado e invisibilizado por las representaciones que los españoles hicieron de realidades complejas, lo que significó otra forma de transformación del paisaje indígena.

Finalmente, con la discusión de las evidencias arqueológicas en un contexto regional se ha podido, con un conjunto de datos mayor, contribuir a la crítica de Cassá (1995) y Ulloa Hung (2014) de que las relaciones entre series cerámicas y grupos étnicos en el Norte de la isla. La búsqueda de relaciones entre patrones arqueológicos y ciertas categorías históricas pierde el sentido al considerar la poca fiabilidad existente sobre el significado que se atribuye en las crónicas al termino Macorís, sobre si fue una provincia, un territorio, una lengua o un grupo étnico. Las etnicidades indígenas del Norte de la isla son una creación de los registros sesgados de los primeros cronistas del siglo XVI, y de los historiadores y naturalistas de los siglos XVIII y XIX. Posteriormente, esta creación fue afianzada y popularizada por el uso que los arqueólogos, desde mediados del siglo XX, dieron a estas referencias históricas. Sin embargo, investigaciones regionales con énfasis en el análisis espacial, como la presente, podrían colaborar en el futuro en el esclarecimiento de patrones culturales y espaciales oscurecidos por los sesgos históricos.

Recientemente, Ulloa Hung (2016: 203) destacó que la llegada de Colón al Caribe produjo más un *encubrimiento* de las sociedades indígenas, que su supuesto *descubrimiento*. A lo largo de esta disertación, se pudo determinar a partir de las evidencias y patrones espaciales generados desde la arqueología, y de forma secundaria, desde las evidencias proporcionadas por las crónicas y la cartografía histórica, algunos aspectos de este *encubrimiento*.

De la consideración y estudio de los patrones de distribución indígena para la Región Arqueológica de investigación y, en menor medida, el español para la Región Histórica, se pudieron argumentar algunos aspectos relacionados con el cambio de tareas y las particulares intencionalidades culturales detrás de ellos. Y lo que es más importante, representan la forma en que estos procesos construyeron el paisaje no solo desde una perspectiva visual, sino desde acciones concretas de creación, modificación y transformación del paisaje y del mundo (*cf.* Ingold 2017 con la idea del *land-schaped*), desde *Haytí* a *La Española*.

8.3. CAMINOS FUTUROS

En esta última sección se resumirán los aportes de este trabajo a la arqueología del Caribe, principalmente con respecto a las investigaciones sobre arqueología del paisaje y análisis espacial. Seguido a esto, se delinearán algunos caminos de investigación que se podrían desarrollar en el futuro como resultado de los modelos y las conclusiones planteadas.

8.3.1. Arqueología del Paisaje en el Caribe

En esta disertación se realizó un énfasis en los análisis espaciales y de Sistemas de Información Geográfica desde perspectiva regional. Con esto se desarrolló una alternativa a los análisis arqueológicos donde la cerámica (estilos y series) y el registro de sitios 'aislados', es decir, sin definir áreas o regiones de estudio, han marcado la pauta de las investigaciones arqueológicas. Con esto se confirmó las posibilidades y capacidades de la reconstrucción del pasado desde una perspectiva basada en teorías y métodos provenientes de la estadística espacial y la arqueología del paisaje. Aunque este tipo de trabajos se han realizado ampliamente a nivel mundial, en el Caribe, y particularmente en la Republica Dominicana, todavía están en desarrollo.

En términos metodológicos, un avance importante en cuanto al desarrollo de nuevos métodos y análisis para el estudio del pasado, se presentó en forma de los diversos métodos provenientes de la estadística y la estadística espacial. A pesar de que las evidencias utilizadas para los diversos análisis provenían de contextos de recolección oportunista, los métodos aplicados y los resultados obtenidos demostraron ser viables tanto en su aplicación como en los modelos generados.

En cuanto al avance en los estudios de arqueología del paisaje en el Caribe, se avanzó teóricamente en tres puntos principales: primero, se creó y desarrolló la noción de *sitio como tendencias*, la cual permitió una mejor integración analítica de las evidencias espaciales desde la recolección de materiales en campo, la creación de categorías en el laboratorio, hasta la interpretación de las nociones de *sitio* y *lugar*. Esto permitió estructurar las evidencias trabajadas, desde una perspectiva de los estudios de paisaje en arqueología. Siguiendo el ejemplo de Foley (1981), con su concepto de *off-site*, quien trató de avanzar y resolver un problema de definición de dispersión de materiales en contextos arqueológicos africanos. La noción de sitio trabajada aquí, fue el resultado directo de las necesidades y particularidades surgidas durante los trabajos de prospección en el área de estudio. En este caso, dado que las prospecciones sistemáticas resultaron una opción no viable en el área, se buscó una solución que permitiera mantener una alta resolución de recolección de materiales arqueológicos para el análisis espacial. El avance en cuanto a este concepto se puede resumir en la necesidad de crear y utilizar categorías conceptuales que puedan ser aplicadas a diversos contextos de investigación.

En segundo lugar, la noción de *taskscapes en conflicto*, la cual integró de manera novel la propuesta de Ingold y Bender, permitió un mejor entendimiento y comparación entre los paisajes indígenas y españoles desde una perspectiva de las acciones humanas como creadoras de cada paisaje. Estos dos conceptos, además de permitir el desarrollo de los modelos e interpretaciones realizados en este trabajo colaboran con el avance de los análisis de paisaje en la arqueología del Caribe, y que podrían ser aplicados en diversas áreas y regiones de estudio en el futuro. Este concepto y su ampliación, para considerar los conflictos entre grupos culturales, permitió considerar las distribuciones de sitios arqueológicos y su cultura material desde una perspectiva alternativa a la tradicional búsqueda de jerarquías sociales. Como recientemente Walker (2017:1) ha comentado "la comparación de dos "taskscapes" revela detalles de la vida cotidiana (…) que son oscurecidos por la clasificación de las sociedades como estados o cacicazgos."

El último aspecto teórico que resulta de esta investigación es que, si bien se está de acuerdo con Ingold (2017) en que la "promiscuidad" del uso de aditivos al concepto de paisaje (*landscape*, en inglés) ha generado una multiplicidad conceptual que ha reducido el poder interpretativo de la idea de paisaje. Se considera aquí que estos *Xscapes* (*cf.* Criado Boado 2015) pueden ser pensados como herramientas heurísticas en la búsqueda de la (re)construcción del paisaje de las sociedades del pasado.

8.3.2. Retos Futuros de Investigación

Aunque con esta investigación en la costa de la Provincia de Montecristi se logró alcanzar todos los objetivos planteados al inicio, los resultados de la misma abren nuevos caminos de investigación para el futuro. Dentro de la gama de futuras investigación en la región y con los métodos y teorías considerados se puede hacer referencia a algunas líneas clave. En primer lugar, para corroborar los modelos planteados en esta investigación, sería importante realizar excavaciones extensivas y/o pozos de sondeo en los *sitios resaltantes* 1, con el fin de ratificar los patrones regionales con evidencias provenientes de contextos estratigráficos, que permitan la creación de modelos regionales temporales. Este tipo de comparación, entre resultados regionales superficiales y una muestra de sitios excavados dentro del contexto de un estudio regional, podría incluso servir como ensayo para determinar la eficiencia y precisión de los registros superficiales regionales en la isla y el Caribe. Igualmente, esto permitiría recolectar materiales para 1) entender con más detalle el rol de la cultura material en la conformación de *taskscapes* locales y regionales; 2) obtener fechados de C^{14} para poder observar los cambios y permanencias en cuanto a los distintos *taskscapes* indígenas, y 3) entender los procesos de formación de sitios para así afinar prospecciones regionales futuras en áreas similares.

También sería conveniente ampliar las prospecciones al interior de la provincia, es decir en los valles del río Yaque para considerar las similitudes/diferencias entre los modelos planteados para el área costera con los de un sector tierra adentro de la provincia. Como se pudo observar en las comparaciones con las áreas de Fort Liberté y Puerto Plata, parecieran existir diferencias en cuanto a la cultura material y los patrones de distribución de sitios en las zonas de montañas y aquellas localizadas en los valles. De esta misma manera, sería igualmente importante prospectar de manera regional otras zonas cercanas como las áreas de la Cordillera Central en las provincias de Dajabón y Santiago Rodríguez. Esto para observar el tipo de cultura material de esas áreas y las posibles relaciones con el área costera del Norte de la isla.

Finalmente, en conjunto con futuras investigaciones arqueológicas, sería conveniente continuar y ampliar las revisiones y estudios de la cartografía histórica, para complementar el uso que se le dio a los mapas tempranos europeos en esta investigación. La creación de una base de datos digital, utilizando Sistemas de Información Geográfica, para la cartografía colonial temprana de la región Norte de la isla, de la isla entera, y del Caribe colaborará profundamente en el esclarecimiento de los patrones espaciales indígenas, españoles y europeos en general. La investigación en la provincia de Montecristi ha sido solo el comienzo de posibles proyectos de investigación con una orientación espacial explícita dirigida al entendimiento de la creación y transformación del paisaje por distintos grupos humanos y cómo esos procesos colaboran en el entendimiento de los mundos en conflicto antes y después de la era colonial.

BIBLIOGRAFÍA.

Abbott, R. Tucker and, Percy A. Morris. 1995. *Shells of the Atlantic and Gulf Coasts and the West Indies*. Houghton Mifflin Harcourt, USA.

Abbott, R. Tucker and S. Peter Dance. 2000. *Compendium of Seashells*. 4th Edition. Odyssey Publishers.

Abdi, H. y D. Valentin. 2007. Multiple Correspondence Analysis. En: Neil Salkind (Ed.) *Encyclopedia of Measurement and Statistics*. Thousand Oaks (CA): Sage. P: 1-13.

Abdi, H., & Williams, L. J. 2010. Principal component analysis. *Wiley interdisciplinary reviews: computational statistics*, 2(4): 433-459.

Abreu Collado, D. and Harold Olsen Bogaert. 1989. La prospección: elemento indispensable para la arqueología científica. *Boletín del Museo del Hombre Dominicano*, 22.

Allen, M. and D. Tildesley. 1987. *Computer Simulation of Liquids*. Oxford University Press, New York.

Alvarez Chança, Diego. 1992 [1493]. Letter to the Mayor of Seville. En: Anna Unali (ditor), *Christopher Columbus's Discoveries in the Testimonials of Diego Alvarez Chanca and Andres Bernaldez*. Istituto Poligrafico E Zecca Dello Stato, Libreria Dello Stato, Roma. pp. 12-58.

Anschuetz, Kurt F., Richard H. Wilshusen y Cherie L. Scheick. 2001. An Archaeology of Landscapes: Perspectives and Directions. *Journal of Archaeological Research*, 9 (2): 157-211.

Andrzej Antczak, Juan, M. Posada, Diego Schapira, Ma.Magdalena Antczak, Roberto Cipriani E Irene Montaño. 2008. A History of Human Impact on the Queen Conch (Strombus gigas) in Venezuela. En: Andrzej Antczak y Roberto Cipriani (editores), *Early Human Impact on Megamolluscs*. BAR International Series 1865, Oxford. 49-64.

Antczak, Andrzej, Konrad A. Antczak y Ma. Magdalena Antczak. 2015. Risky business: historical archaeology of the Dutch salt enterprise on La Tortuga Island, Venezuela (1624-38). *Post-Medieval Archaeology*, 49(2): 189-219.

Antczak, Andrzej y Maria M. Mackowiak de Antczak. 2005. Pre-Hispanic Fishery of the Queen Conch, Strombus gigas, on the Islands off the Coast of Venezuela. En: P. Miloslavich y E. Klein (editores), *Caribbean Marine Biodiversity: the Known and Unknown*. DEStech Publications, Inc., Lancaster, Pennsylvania. pp. 213-243.

Antczak, Maria M. y Andrzej Antczak. 2006. *Los Ídolos de las Islas Prometidas: Arqueología Prehispánica del Archipiélago de Los Roques*. Caracas: Editorial Equinoccio.

Antczak, Ma. Magdalena, Andrzej Antczak y Juan M. Posada. 2012. El Botuto: Sobreviviendo a la milenaria actividad pesquera. *Revista RioVerde*, 8: 131-138.

Arranz, Luis. 2006. *Cristóbal Colón. Diario de Abordo*. Biblioteca Edaf, Madrid.

Arrom, Juan José (editor). 2001. *Fray Ramón Pané: Relación acerca de las antigüedades de los indios*. Undécima Edición, Siglo XXI Ediciones, México.

Barrett, John C. e Ilhong Ko. 2009. A phenomenology of landscape: A crisis in British landscape archaeology? *Journal of Social Archaeology*, 9: 275-294 DOI: 10.1177/1469605309338422.

Battista Ramusio, Giovanni. 1534. *Summario de la generale historia de l'Indie Occidentali cauato da libri scritti dal signor Don Pietro Martyre ... et da molte altre particulari relationi*. Mapa obtenido de la colección digital de John Carter Brown Library Map Collection: http://jcb.lunaimaging.com/luna/servlet/detail/JCBMAPS-1-1-1762-103930001:Isola-Spagnuola.

Baxter, M. 2003. *Statistics in Archaeology*. Arnold, London.

Bender, Barbara. 1993. Landscape – Meaning and Action. En: Barbara Bender (editor), Landscape. Politics and Perspectives. Berg, Providence. pp. 1-17.

Bender, Barbara. 1998. *Stonehenge: Making Space*. Bloomsbury Academic: Oxford: Berg.

Bender, Barbara. 2001a. Landscapes on-the-move. *Journal of Social Archaeology*. 1: 75-89 DOI: 10.1177/146960530100100106.

Bender, Barbara. 2001b. Introduction. En: Barbara Bender y Margot Winer (editoras), *Contested Landscapes: Movement, Exile and Place*. Berg, Oxford. pp. 1-18.

Bender, Barbara. 2002. Time and Landscape. *Current Anthropology*, 43(S4): 103-112.

Bender, Barbara. 2006. Place and Landscape. En: Chris Tilley, Webb Keane, Susan Küchler, Mike Rowlands and Patricia Spyer (editores), *Handbook of Material Culture*. Sage, London. pp. 303-314.

Bender, Barbara y Margot Winer (editoras). 2001. *Contested Landscapes: Movement, Exile and Place*. Berg, Oxford.

Bevan, A. n/d. Archaeological Sites and a Return to the Humble Point Pattern, (under review for) E. Deweirdt y J. Bourgeois (editores) *Spatial Analysis Applied to Archaeological Sites from Protohistory to the Roman Period*.

Bevan, Andy y James Conolly. 2006. Multiscalar Approaches to Settlement Pattern Analysis. Gary Lock y Brian L. Molyneaux (editores) *Confronting scale in archaeology: Issues of Theory and Practice*. Springer: New York. pp. 217-234.

Bevan, Andy y James Conolly. 2009. Modelling spatial heterogeneity and nonstationarity in artifact-rich landscapes. *Journal of Archaeological Science*, 36: 956-964.

Bevan, Andy y James Conolly. 2013. *Mediterranean Islands, Fragile Communities and Persistent Landscapes: Antikythera in Long-term Perspective*. Cambridge University Press, Cambridge.

Bevan, Andy, Enrico Crema, Xiu Li, Alessio Palmisano. 2013. Intensities, interactions and uncertainties: some new approaches to archaeological distributions. En: Andy Bevan y Mark Lake (editores), *Computational Approaches to Archaeological Spaces*. Left Coast Press, Walnut Creek.

Bevan, Andy y Alam Wilson. 2013. Models of settlement hierarchy based on partial evidence. *Journal of Archaeological Science*, 40: 2415-2427.

Billman, Brian R. 1999. Settlement Pattern Research in the Americas. Past, Present, and Future. En: Brian R. Billman y Gary M. Feinman (editors), *Settlement Pattern Studies in the Americas Fifty Years since Virú*. Smithsonian Institution Press, Washington. pp. 1-5.

Billman, Brian R. y Gary M. Feinman (editors), *Settlement Pattern Studies in the Americas Fifty Years since Virú*. Smithsonian Institution Press, Washington.

Binford, Lewis R. 1964. A Consideration of Archaeological Research Design. *American Antiquity*, 29 (4): 425-441.

Binford, Lewis R. 1978. *Nunamiut ethnoarchaeology*. Academic Press, New York.

Binford, Lewis R. 1980. Willow Smoke and Dogs' Tails: Hunter-Gatherer Settlement Systems and Archaeological Site Formation. *American Antiquity*, 45 (1): 4-20.

Binford, Lewis R. 1982. The Archaeology of Place. *Journal of Anthropological Archaeology*, 1: 5-31.

Binford, Lewis R. 1988. *En Busca del Pasado*. Editorial Crítica, Barcelona.

Bintliff, John L. 1977. *Natural environment and human settlement in prehistoric Greece*. British Archaeological Reports International Series 28.

Bintliff, John L. 1997. The role of Science in Archaeological Regional Surface Artefact Survey. En: D. Dirksen y G. von Bally (editors), Optical Technologies in the Humanities. Berlin: Springer. pp. 9-28.

Bintliff, John L. 1982. Settlement patterns, land tenure and social structure: a diachronic model. En: Colin Renfrew y Stephen Shennan (editors), *Ranking, Resource and Exchange: Aspect of the Archaeology of Early European Society*. Cambridge University Press, Cambridge. pp. 106-111.

Bintliff, John L. y A. M. Snodgrass. 1988. Off-site pottery distributions: a regional and interregional perspective. En: *Current Anthropology* 29: 506-513.

Bivand, R. S., E. J. Pebesma y V. Gómez-Rubio. 2008. *Applied Spatial Data Analysis with R*. Springer, New York.

Blanton, R. E. 2001. Mediterranean Myopia. *Antiquity* 75: 627-629.

Booy, Theodore de. 1915. Pottery from certain caves in eastern Santo Domingo, West Indies. *American Anthropologist*: 17(1), 69-97.

Boyrie Moya, Emile. 1960. Cinco Años de Arqueología Dominicana. En: *Anales de la Universidad de Santo Domingo*, Vol. XXVI, Universidad de Santo Domingo, Santo Domingo. pp. 33-86.

Bright, A. J. 2011. *Blood is thicker than water: Amerindian intra- and inter-insular relationships and social organization in the pre-Colonial Windward Islands*. Sidestone Press, Leiden.

Buisseret, David. 2007. Spanish Colonial Cartography, 1450 -1700. En: *The History of Cartography: Cartography in the European Renaissance*, Vol. 3, David Woodward (editor), The University of Chicago Press, Chicago. pp. 1143-1171.

Burnham, Kenneth P. y David R. Anderson. 2002. *Model Selection and Multimodel Inference. A Practical Information-Theoretic Approach*. Springer, New York.

Butzer, K. W. 1982, *Archaeology as Human Ecology: Method and Theory for a Contextual Approach*. Cambridge University Press, Cambridge.

Cassá, Roberto. 1974. *Los Taínos de la Española*. Publicaciones de la Universidad Autónoma de Santo Domingo, Santo Domingo.

Cassá, Roberto. 1995. *Indios de las Antillas*. Ediciones Abya-Yala, Quito.

Chanlatte-Baik, L.A. 2000. Los arcaicos y el formativo antillano. *Boletín del Museo del Hombre Dominicano*, 28: 29-42.

Chang, Kwang C. (editor) 1968. Settlement Archaeology. National Press, Palo Alto.

Charlevoix, Pedro Francisco Javier de,. 1977. *Historia de la Isla de la Española o de Santo Domingo. Escrita particularmente sobre las memorias manuscritas del Padre Jean Bautista Le Pers, jesuita, misionero en Santo Domingo y sobre los documentos originales que se conservan en el Depósito de la Marina*. Tomo I. Sociedad Dominicana de Bibliófilos, Editora de Santo Domingo S.A., Santo Domingo.

Charlton, M., & Fotheringham, A. S. 2009. *Geographically weighted regression (White Paper)*. National Centre for Geocomputation, National University of Ireland, Maynooth, Co Kildare, Ireland. http://www.geos.ed.ac.uk/~gisteac/fspat/gwr/gwr_arcgis/GWR_WhitePaper.pdf Accessed October, 2016.

Cherry, John F. 2003. Archaeology Beyond the Site: Regional Survey and its Future. J. K. Papadopoulos and R. M. Leventhal (eds.) *Theory and Practice in Mediterranean Archaeology: Old World and New World Perspectives*. Los Angeles: Cotsen Institute of Archaeology, UCLA, pp. 137-159.

Cherry, John F., J. L. Davis, A. Demitrack, E. Mantzourani, T. F. Strasser and L. E. Talalay. 1988. Archaeological Survey in an Artifact-Rich Landscape: A Middle Neolithic Example from Nemea, Greece. *American Journal of Archaeology*, 92(2): 159-176.

Clark, J. G. D. 1955. Excavations at Star Carr: An Early Ceso-lithic Site at Seamer near Scar-borough, Yorkshire. Cambridge University Press, London.

Clarke, Philip y Francis Evans. 1954. Distance to Nearest Neighbor as a Measure of Spatial Relationships in Populations. *Ecology*, 35(4): 445-453.

Clifford, James y George E. Marcus (editores). 1986. *Writing Cultures. The poetics and politics of ethnography*. University of California Press, Berkeley.

Conolly, James y Mark Lake. 2006. *Geographical Information Systems in Archaeology*. Cambridge University Press, Cambridge.

Cook, Noble D. 1993. Disease and the Depopulation of Hispaniola, 1492-1518. *Colonial Latin American Review*, 2(1-2): 213-245.

Cook, Sherburne F. y Woodrow Borah. 1971. *Essays in Population History: Mexico and the Caribbean*, Vol 1. University of California Press, Berkeley.

Cosgrove, Denis. 2008. *Geography and Vision. Seeing, Imagining and Representing the World*. I.B.Tauris & Co Ltd., London.

Crema, E. R., A. Bevan, M. W. Lake. 2010. A probabilistic framework for assessing spatio-temporal point patterns in the archaeological record. *Journal of Archaeological Science*, 37: 1118-1130.

Criado Boado, Felipe. 2015. Arqueológicas del espacio: aproximación a los modos de existencia de los "xscapes". Artículo en prensa a ser publicado en: Luis Flores Blanco (editor), *Monumentos, ancestros, tiempo. Por una Arqueología Sudamericana del paisaje*. Editorial Horizonte, Perú. Descargado de http://digital.csic.es/handle/10261/118251.

Crumley, Carole L. y William H. Marquardt. 1990. Landscape: A Unifying Concept in Regional Analysis. En: Kathleen M.S. Allen, Stanton W. Green y Ezra B.W. Zubrow (editors), *Interpreting Space: GIS and Archaeology*. Taylor & Francis, London. pp. 73-79.

Cruz, A. 2002. Resultado de una excursión a la loma El Guazábaro: Hallan piezas taínas en Montecristi. *El Caribe*, viernes 6 de septiembre de 2002.

Cruz Mendéz, M. 1999. *Historia Social Dominicana*. Impresora Soto Castillo, S.A.

Cruxent, J. M. and I. Rouse. 1982 [1958]. *Arqueología Cronológica de Venezuela*. Caracas: Armitano Editores.

Curet, L. Antonio. 1992. *The developments of Chiefdoms in the Greater Antilles: A regional study of the Valley of Maunabo, Puerto Rico*. Disertación doctoral, Arizona State University, University Microfilms, Ann Arbor.

Curet, L. Antonio. 2003. Issues on the Diversity and Emergence of Middle-Range Societies of the Ancient Caribbean: A Critique. *Journal of Archaeological Research*, 11(1): 1-42.

Curet, L. Antonio. 2014. The Taíno: Phenomena, Concepts, and Terms. *Ethnohistory*, 61(3): 467-495 DOI 10.1215/00141801-2681759.

Curet, L. Antonio. 2016. El colonialismo y las arqueologías del Caribe Hispano. En: *Indígenas e Indios en el Caribe. Presencia, legado y estudio*. Jorge Ulloa Hung y Roberto Valcárcel Rojas (editores), Instituto Tecnológico de Santo Domingo, República Dominicana. pp. 151-201.

Daniels, Stephen y Denis Cosgrove. 1988. Iconography and landscape. En: Denis Cosgrove y Stephen Daniels (editores), The Iconography of Landscape: Essays on the Symbolic Representation, Design and Use of Past Environments. Cambridge University Press, Cambridge. pp. 1-10.

Deagan, Kathleen (editor). 1995. *Puerto Real: The Archaeology of a Sixteenth-Century Spanish Town in Hispaniola*. University of Florida Press, Gainsville.

Deagan, Kathleen. 2002. *Artifacts of the Spanish Colonies of Florida and the Caribbean, 1500-1800: Portable Personal Possessions*. Smithsonian Institution Press, Washington.

Deagan, Kathleen. 2003. *Artifacts of the Spanish Colonies of Florida and the Caribbean, 1500-1800: Ceramics, Glassware and Beads*. Smithsonian Institution Press, Washington.

Deagan, Kathleen. & J. M. Cruxent. 2002. *Archaeology at La Isabela. America's First European Town*. New Haven: Yale University Press.

Deetz, J. 1967. *Invitation to Archaeology*. New York: Natural History Press.

De Goede, Steven. En curso. *Combining straight-chain lipid biomarkers, hydrogen isotope ratios of n-alkanes and sediment pollen from a meander infill to study late Holocene environmental change in the dry northern Dominican Republic*. Tesis de maestría, University of Amsterdam.

Demšar, Urška, Paul Harris, Chris Brunsdon, A. Stewart Fotheringham y Sean McLoone. 2013. Principal Component Analysis on Spatial Data: An Overview. *Annals of the Association of American Geographers*, 103 (1): 106-128, DOI: 10.1080/00045608.2012.689236.

De Ruiter, S. 2012. *Mapping History: An analysis of site locations in the northwestern Dominican Republic*. RMA thesis, Faculty of Archaeology, Leiden University, Leiden.

Descola, Philippe. 1992. Societies of Nature and the Nature of Society. En: Adam Kuper (editor), *Conceptualizing Society*. Routledge, London. pp. 107-126.

Descola, Philippe. 1996. Constructing natures: symbolic ecology and social practice. En: Philippe Descola y Gísli Pálsson (editores), *Nature and Society. Anthropological perspectives*. New York: Routledge. pp. 82-102.

Descola, Philippe. 2013. *Beyond Nature and Culture*. The University of Chicago Press: Chicago.

Descola, Philippe y Gísli Pálsson (editores). 1996. *Nature and Society. Anthropological perspectives*. Routledge, New York.

Díaz-Andreu, Margarita y Tommaso Mattioli. 2015. Archaeoacoustics of Rock Art: Quantitative Approaches to the Acoustics and Soundscape of Rock Art. En: Stefano Campana, Roberto Scopigno, Gabriella Carpentiero y Marianna Cirillo (editores), *Proceedings of the 43rd Annual Conference on Computer Applications and Quantitative Methods In Archaeology, Vol. 1*. Archaeopress Publishing Ltd, Oxford. pp. 1049-1058.

Diez, David M., Christopher D Barr y Mine Çetinkaya-Rundel. 2015. *OpenIntro Statistics*. Creative Commons license, openintro.org.

Diggle, Peter. 2010. Historical Introduction. En: Gelfand, Alan E., Peter J. Diggle, Monserrat Fuentes y Peter Guttorp (editores). *Handbook of Spatial Statistics*. CRC/Taylor and Francis, London. pp. 3-14.

Drennan, R. D. 2009. *Statistics for Archaeologists. A Commonsense Approach*, Springer, New York.

Drewett, P. L. 1991. *Prehistoric Barbados*. Archetype Publictions Ltd., Wales.

Drewett, P. L. 1995. The prehistoric settlement of Tortola, British Virgin Islands. In *Proceedings of the XVIth International Congress for Caribbean Archaeology*, Part 2: 207-215. Le Conseil Regionale de la Guadalupe, Mission Archaeologique et du Patrimoine, Basse-Terre, Guadalupe.

Drewett, P. L. 2004. Post-Saladoid society on Barbados. En: André Delpuech y Corinne L. Hofman (editores) *Late Ceramic Age Societies in the Eastern Caribbean*. Paris Monographs in American Archaeology, BAR international series 1273, Oxford. pp. 215-230.

Dunnell, Robert. 1971. *Systematics in Prehistory*. Free Press, New York.

Dunnell, Robert. 1992. The Notion of Site. En: Jacqueline Rossignol y Luann Wandsnider (editoras), *Space, Time, and Archaeological Landscapes*. New York: Springer Science+Business Media. pp. 21-41.

Dunnell, R. and W. S. Dancey. 1983. The Siteless Survey: A Regional Scale Data Collection Strategy. *Advances in Archaeological Method and Theories*, M. Schiffer (editor), Vol. 6, New York: Academic Press. pp. 267-287.

Eagleton, Terry. 2001. *La idea de Cultura. Una Mirada política sobre los conflictos culturales*. Barcelona: Paidós.

Eliot Morrison, Samuel. 1942. *Admiral of the Ocean Sea. A life of Christopher Columbus*. Vol. II. Little, Brown and Company, Boston.

Erickson, Clark L. 2010. The Transformation of Environment into Landscape: The Historical Ecology of Monumental Earthwork Construction in the Bolivian Amazon. *Diversity*, 2: 618-652. DOI:10.3390/d2040619.

Everitt, Brian S. y Torstern Hothorn. 2006. *A Handbook of Statistical Analyses Using R*. Chapman & Hall/CRC, Taylor & Francis Group, Boca Raton.

Feld, Steven. 1996. Waterfalls of Song: An Acoustemology of Place Resounding in Bosavi, Papua New Guinea. En: Steven Feld y Keith H. Basso (editores), *Senses of Place*. School of American Research Press, Santa Fe. pp. 91-135..

Fernández-Christlieb, Federico. 2015. Landschaft, pueblo and altepetl: a consideration of landscape in sixteenth-century Central Mexico. *Journal of Cultural Geography*, 32 (3): 331-361 DOI: 10.1080/08873631.2015.1041307.

Fewkes, J. Walter. 1891. On Zemes from Santo Domingo. *American Anthropologist*, 4(2): 167-176.

Fewkes, J. Walter. 1919. A Carved Wooden Object from Santo Domingo. *Man*, 78: 145-149.

Finke, Peter A., E. Meylemans y J. van de Wauw. 2008. Mapping the possible occurrence of archaeological sites by Bayesian inference. *Journal of Archaeological Science*, 35: 2786-2796.

Fish, Suzanne K. 1999. Conclusions: The Settlement Pattern Concept from an Americanist Perspective. En: Brian R. Billman y Gary M. Feinman (editors), *Settlement Pattern Studies in the Americas Fifty Years since Virú*. Washington: Smithsonian Institution Press. pp. 203-208.

Fish, Suzanne K. y Stephen A. Kowalewski. 1990. *The Archaeology of Regions. A Case for Full-Coverage Survey*. Smithsonian Institution Press, Washington D.C.

Fisher, Joseph y Franz Von Wieser. 1907. *The Cosmographie Introductio of Martin Waldseemuller, in Facsimile. Followed by the Four Voyages of Amerigo Vespucci, with their Translation into English; to which are added Waldseemüller's Two World Maps of 1507 With an Introduction*. Monograph IV, United States Catholic Historical Society, New York.

Flannery, Kenneth V. 1976. *The Early Mesoamerican Village*. Academic Press, New York.

Fleming, Andrew. 2005. Megaliths and post-modernism: the case of Wales. *Antiquity*, 79, 921-32.

Fleming, Andrew. 2006. Post-processual Landscape Archaeology: a Critique. *Cambridge Archaeological Journal*, 16(3): 267-280.

Frati, Carlo. 1929. *El mapa más antiguo de la isla de Santo Domingo (1516) y Pedro Mártir de Anglería*. Leo S. Olschki Editore, Firenze.

Foley, Robert. 1981. Off-site archaeology: an alternative approach for the short-sited. En: Ian Hodder, Glynn Isaac y Norman Hammond (editores), *Pattern of the Past. Studies in honour of David Clarke*. Cambridge: Cambridge University Press.

Forlano Veronese, Paulo. 1564. *L'Isola Spagnola una delle prime che Colombo trouasse, hoggi è detta L'Isola di S. Dominico, el' habitano Spagnoli, per cioche pochi Isolani uisoni rimasi, È fertilissima di molte cose, come di Cottone, Mastice, Aloe, Cannella, Zanzero, et altre Speciari ... Venetia l'anno 1564. Paulo Forlano Veronese .f.* Mapa obtenido de la colección digital de John Carter Brown Library Map Collection: http://jcb.lunaimaging.com/luna/servlet/detail/JCBMAPS-1-1-3154-101465:L-Isola-Spagnola-una-delle-prime-ch.

Fotheringham, A. S., Brunsdon, C., & Charlton, M. 2002. *Geographically Weighted Regression, the analysis of spatially varying relationships*. John Wiley & Sons, Limited.

Frieman, Catherine. 2008. Islandscapes and 'Islandness': The Prehistoric Isle of Man in the Irish Seascape. *Oxford Journal of Archaeology*, 27(2): 135-151.

García Arévalo, Manuel. 2002. Los Ciguayos: Un enigma Antillano. En: *IV Encuentro de Investigadores*. Programa de Arqueología, Instituto de Cultura Puertorriqueña. Publicación Ocacional, San Juan. pp. 59-68.

García Sánchez, Jesús, y Miguel Cisneros. 2013. An off-site approach to Late Iron Age and Roman landscapes in the Northern Plateau, Spain. *European Journal of Archaeology*, 16(2): 289-313.

Geertz, Clifford. 2003. *La Interpretación de las Culturas*. Duodécima reimpresión. Editorial Gedisa, Barcelona.

Geggus, David. 1997. The naming of Haiti. *New West Indian Guide/Nieuwe West-Indische Gids*, 71 (1/2): 43-68.

Goodman, Nelson. 1978. *Ways of Worldmaking*. USA: Hackett Publishing Company.

Goodwin, R. C. 1979. *The prehistoric cultural ecology of St. Kitts, West Indies: A case study in Island Archaeology*. Disertación doctoral, Arizona State University, University Microfilms, Ann Arbor.

Gordon Childe, Vere. 1973 [1956]. *Introducción a la Arqueología*. Editorial Ariel, Barcelona.

Gosden, Chris. 2004. *Archaeology and Colonialism: Cultural Contact from 5000 BC to the Present*. Cambridge University Press, Cambridge.

Gosden, Chris. Y L. Head 1994. Landscape – A Usefully Ambiguous Concept. *Archaeology in Oceania*, 29: 113-116.

Gosden, C Chris y Christina Pavlides. 1994. Are Islands Insular? Landscape vs. Seascape in the Case of the Arawe Islands, Papua New Guinea. *Archaeology in Oceania*, 29 (3): 162-171.

Granberry, Julian y Gary S. Vescelius. 2004. *Languages of the Pre-Columbian Antilles*. The University of Alabama Press, Tuscaloosa.

Graves, D. 2011. The use of predictive modelling to target Neolithic settlement and occupation activity in mainland Scotland. *Journal of Archaeological Science*, 38: 633-656.

Graybill, Franklin A. y Hariharan K. Iyer. 1994. *Regression Analysis. Concepts and Applications*. Duxbury Press, Pacific Grove.

Greenacre, M. 2006. From Simple to Multiple Correspondence Analysis. En: Michael Greenacre y Jörg Blasius (eds.), *Multiple Correspondence Analysis and Related Methods*, Chapman & Hall/CRC, Boca Ratón, pp. 41-76.

Greenacre, M. 2008. *La Práctica del Análisis de Correspondencias*. Fundación BBVA, Bilbao.

Gruzinski, Serge. 1987. Colonial Indian Maps in Sixteenth-Century Mexico: An Essay in Mixed Cartography, *RES Anthropology and Aesthetics*, 13: 46-61.

Haas, Tymon. 2012. Beyond dots on the map: intensive survey data and the interpretation of small sites and off-site distributions. En: Attema, P. & G. Schörner (editores), *Comparative issues in the archaeology of the Roman rural landscape, site classification between survey, excavation and historical categories*. JRA supplementary series vol. 88 Portsmouth, 55-79.

Harley, John B. 1988. Maps, knowledge, and power. En: Denis Cosgrove y Stephen Daniels (editores), The Iconography of Landscape. Cambridge University Press, Cambridge. pp. 277-312.

Harley, John B. 2001a. New England Cartography and the Native Americans. En: Paul Laxon (ed.) *J. B. Harley. The New Nature of Maps. Essays in the History of Cartography.* The Johns Hopkins University Press, Baltimore, pp. 169-195.

Harley, John B. 2001b. New England Cartography and the Native Americans. En: Paul Laxon (ed.) *J. B. Harley. The New Nature of Maps. Essays in the History of Cartography.* The Johns Hopkins University Press, Baltimore, pp. 169-195.

Harrower, Michael J. 2013. Methods, Concepts and Challenges in Archaeological Site Detection and Modelling. En: Douglas C. Comer and Michael J. Harrower (editores), *Mapping Archaeological Landscapes from Space.* Springer, New York. pp. XXX.

Hauser, Mark y Dan Hicks. 2007. Colonialism and Landscape: Power, Materiality and Scales of Analysis in Caribbean Historical Archaeology. En: Dan Hicks, Laura McAtackney y Graham Fairclough (editores), *Envisioning Landscape: Situations and Standpoints in Archaeology and Heritage.* Left Coast Press, Inc., Walnut Creek. pp. 251-274.

Haviser, J. 1985a. An inventory of prehistoric resources on St. Eustatius, Netherlands Antilles. En *Proceeding of the Tenth International Congress for the Study of the Pre-Columbian Cultures of the Lesser Antilles.* Centre de Recherches Caraibes, Universite de Montreal, Montreal. pp. 61-81.

Haviser, J. 1985b. *An archaeological survey of Saba, Netherlands Antilles. Phase I Report.* Reports of the Institute of Archaeology and Anthropology of the Netherlands Antilles, No. 3.

Haviser, J. 1988. *An archaeological survey of St. Martin – St. Maarten.* Reports of the Institute of Archaeology and Anthropology of the Netherlands Antilles, No. 7.

Herrera Malatesta, Eduardo. 2017. Understanding ancient patterns: Predictive Modeling for field research in Northern Dominican Republic. Christopher B. Velasquez & Jay B. Haviser (editors), *Proceedings of the 26th Congress of the IACA,* SIMARC Heritage Series No.15, Sint Maarten, pp. 88-97.

Herrera Malatesta, Eduardo. 2018. *Indigenous to Colonial Landscape Transformation of the northwestern coast of the island of Haytí/La Española.* DANS https://doi.org/10.17026/dans-xyn-cu72.

Hicks, Dan. 2016. The Temporality of the Landscape Revisited. *Norwegian Archaeological Review,* 49(1): 5-22 DOI: 10.1080/00293652.2016.1151458.

Hicks, Dan y Laura McAtackney. 2007. Introduction: Landscapes as Standpoints. En: Dan Hicks, Laura McAtackney y Graham Fairclough (editors), *Envisioning Landscape: Situations and Standpoints in Archaeology and Heritage.* Left Coast Press, Inc., Walnut Creek. pp. 13-29.

Hicks, Dan, Laura McAtackney y Graham Fairclough (editores). 2007. *Envisioning Landscape: Situations and Standpoints in Archaeology and Heritage.* Left Coast Press, Inc., Walnut Creek.

Hinojosa Baliño, I. 2011. *Iyolloco in altepetl: Tlapa-Tlachinollan's polity through GIS and spatial analysis. La Montaña of Guerrero, Mexico.* MSc. Dissertation, Institute of Archaeology, University College London.

Hodder, Ian. 1988. *Interpretación en Arqueología.* Editorial Crítica, Barcelona.

Hodder, I. 1999. *The Archaeological Process. An Introduction*. Blackwell, Oxford.

Hodder, Ian. 2002. Introduction: A Review of Contemporary Theoretical Debates in Archaeology. En: *Archaeological Theory Today*. Ian Hodder (editor). Polity Press, Cambridge. pp. 1-13.

Hodder, Ian. 2004. British Prehistory: Some Thoughts Looking In. En: Ian Hodder (compilador), Archaeology Beyond Dialogue. University of Utah Press, Salt Lake City. pp. 125-239.

Hodder, Ian. 2012. *Entangled. An Archaeology of the Relationships between Humans and Things*. Wiley-Blackwell, UK.

Hofman, Corinne L. 2015. *Archaeological Investigations along the Ruta de Colon, northwestern Dominican Republic: The sites of La Luperona, El Flaco and El Carril*. Ponencia presentada en el 26vo congreso de la Asociación Internacional de Arqueología del Caribe, Sint Maarten, 19-25 de julio.

Hofman, Corinne L. y Alistair J. Bright. 2010. Towards a pan-Caribbean perspective of pre-colonial mobility and exchange: preface to a special volume of the journal of Caribbean archaeology. *Journal of Caribbean Archaeology*, (3): i-iii.

Hofman, Corinne L., Alistair J. Bright y Reniel Rodríguez Ramos. 2010. Crossing the Caribbean Sea: towards a holistic view of pre-colonial mobility and exchange. *Journal of Caribbean Archaeology*, (3): 1-18.

Hofman, Corinne L. y Eithne B. Carlin. 2010. The ever-dynamic Caribbean: exploring new approaches to unraveling social networks in the pre-colonial and early colonial periods. En: Eithne B. Carlin y Simon van de Kerke (editores), *Linguistics and archaeology in the Americas: The horizon of language and society*. Brill, Leiden. pp. 107-122.

Hofman, Corinne L., Gareth R. Davies, Ulrik Brandes y Willem J.H. Willems. 2013. *NEXUS 1492: New World Encounters in a Globalising World*. Propuesta de Investigación presnetada al European Research Council, dentro del Séptimo Programa Marco de la Unión Europea (FP7/2007-2013) / ERC acuerdo de financiamiento N° 319209.

Hofman, Corinne L. y M. L. P. Hoogland. 2011. Unravelling the multi-scale networks of mobility and exchange in the pre-colonial circum-Caribbean. Corine L. Hofman & Anne van Duijvenbode (editores). *Communities in Contact: Essays in Archaeology, Ethnohistory & Ethnography of the Amerindian circum-Caribbean*. pp. 15-43.

Hofman, Corinne L. y M. L. P. Hoogland. 2015ª. Investigaciones Arqueológicas en los Sitios El Flaco (Loma de Guayacanes) y La Luperona (Unijica). Informe Preliminar. *Boletín del Museo del Hombre Dominicano*, 46 (XLII): 61-72.

Hofman, Corinne L. y M. L. P. Hoogland. 2015b. Beautiful tropical islands in the Caribbean Sea. Human responses to floods and droughts and the indigenous archaeological heritage of the Caribbean. En: Willems, W.J.H. y H.P.J. van Schaik (editores), *Water & Heritage. Material, conceptual and spiritual connections*. Leiden: Sidestone Press. pp. 99-119.

Hofman, Corinne L., Menno L. P. Hoogland y William F. Keegan. 2004. *Archaeological Reconnaissance at Saint Lucia, West Indies, 4-18-2004 to 5-12-2004. Annual Report*. http://www.archeologie.leidenuniv.nl/index.php3?c=109.

Hofman Corinne L., A. Mol, M. Hoogland y R. Valcárcel Rojas. 2014. Stage of encounters: migration, mobility and interaction in the pre-colonial and early colonial Caribbean. *World Archaeology*, 46: 4, 590-609, DOI: 10.1080/00438243.2014.925820.

Hofman, Corinne. L., J. Ulloa Hung y M.L.P. Hoogland. 2016. El paisaje social indígena al momento del encuentro colonial: nuevas investigaciones en el norte de la República Dominicana. *Boletín del Museo del Hombre Dominicano*, 47: 300-310.

Hofman, Corinne L., Jorge Ulloa Hung, Eduardo Herrera Malatesta, Joseph Sony Jean, Till Sonnemann y Menno Hoogland. en prensa. Indigenous Caribbean perspectives. Archaeologies and legacies of the first colonized region in the New World. Aceptado para ser publicado en *Antiquity.*

Hosmer, David W. y Stanley Lemeshow. 2000. *Applied Logistic Regression*. John Wiley & Sons, Inc., New York.

Hurst Thomas, David. 1975. Nonsite Sampling in Archaeology: up the Creek Without a Site? En: James W. Mueller (editor), *Sampling in Archaeology*. The University of Arizona Press, Tucson. pp. 61-81.

Illian, Janine, Antti Penttinen, Helga Stoyan y Dietrich Stoyan. 2008. *Statistical Analysis and Modelling of Spatial Point Patterns*. Wiley-Interscience, New York.

Ingold, Tim. 1993. The Temporality of the Landscape. *World Archaeology*, 25 (2): 152-174.

Ingold, Tim. 1996. The optimal forager and economic man. En: Philippe Descola y Gísli Pálsson (editores), *Nature and Society. Anthropological perspectives*. Routledge, London. pp. 25-44.

Ingold, Tim. 1997. The picture is not the terrain. Maps, paintings and the dwelt-in world. Comments to Ton Lemaire's 'Archaeology between the invention and the destruction of the landscape'. *Archaeological Dialogues*, 4 (1): 29-31.

Ingold, Tim. 2000. *The Perception of the Environment: Essays on livelihood, dwelling and skill*. Routledge, London.

Ingold, Tim. 2005. Comments on Christopher Tilley 'The Materiality of Stone: Explorations in Landscape Phenomenology' (with Reply to Comment by Chris Tilley). *Norwegian Archaeological Review*, 38(2): 122-129.

Ingold, Tim. 2007. *Lines. A brief history*. Routledge, London.

Ingold, Tim. 2011. *Being Alive. Essays on Movement, Knowledge and Description*. Routledge, London.

Ingold, Tim. 2017. Taking taskscape to task. En: Ulla Rajada y Philip Mills (editores), *Forms of Dwelling. 20 years of taskscapes in archaeology*. Oxbow, Oxford. pp. 16-27.

Ingold, Tim y Jo Lee Vergunst. 2008. *Ways of Walking. Ethnography and Practice on Foot*. Ashgate, Aldershot.

Ingram, David. 1978. An Evaluation of Procedures Utilised in Nearest-Neighbour Analysis. Geografiska Annaler. Series B, *Human Geography*. 60(1): 65-70.

Isham, V. 2010. Spatial Point Process Models. En: Gelfand, Alan E., Peter J. Diggle, Monserrat Fuentes y Peter Guttorp (editores). *Handbook of Spatial Statistics*. CRC/Taylor and Francis, London. pp. 283-298.

Jaroslaw, J. And I. Hildebrandt-Radke. 2009. Using multivariate statistics and fuzzy logic system to analyse settlement preferences in lowland areas of the temperate zone: an example from the Polish Lowlands. *Journal of Archaeological Science*, 36: 2096-2107.

Jin, Liang, Nick Koudas y Chen Li. 2004. NNH: Improving Performance of Nearest-Neighbor Searches Using Histograms. En: Bertino E. *et al.* (editores) *Advances in Database Technology – EDBT 2004*. Lecture Notes in Computer Science, vol 2992. Springer, Berlin. pp. 385-402.

Johnson, E. 2009. *Life Between the Cracks: Uses and Meanings of a Past Hispaniolan Landscape At El Cabo, The Dominican Republic*. Tesis de RMA, Faculty of Archaeology, Leiden University.

Johnson, Matthew H. 2005. On the Particularism of English Landscape Archaeology. *International Journal of Historical Archaeology*, 9(2): 111-122.

Jolliffe, I.T. 2002. *Principal Component Analysis*. Springer, New York.

Kamermans, Hans. 2000. Land evaluation as predictive modelling: a deductive approach. En: Gary Lock (editor) *Beyond the Map: Archaeology and Spatial Technologies*, pp. 124-146. IOS Press, Amsterdam.

Kamermans, Hans. 2008. Smashing the Crystal Ball. A Critical Evaluation of the Dutch National Archaeological Predictive Model (IKAW). *International Journal of Humanities and Arts Computing*, 1(1): 71-84 DOI: 10.3366/E1753854808000116.

Kamermans, Hans, Marteen van Leusen y Phillipe Verhagen (editores). 2009. *Archaeological Prediction and Risk Management. Alternatives to current practices.* Archaeological Studies Leiden University 17, Leiden.

Kaye, Q. P., M. Kappers and S. M. Fitzpatrick. 2003. Archaeological survey of Carriacou, West Indies. En *Proceedings of the XXth International Congress for Caribbean Archaeology*. Vol. 1. Publication of the Museo del Hombre Dominicano and the Fundación García Arévalo. Santo Domingo, Republica Dominicana. pp. 91-398.

Keegan, William F. 1992. *The People Who Discovered Columbus : The Prehistory of the Bahamas*. University Press of Florida, Gainsville.

Keegan, William F. 1997. No man [or woman] is an island: elements of Taino social organization. En: Samuel M. Wilson (editor), *The Indigenous People of the Caribbean*. University Press of Florida, Gainesville. pp. 109-116.

Keegan, William F. 2004. Islands of Chaos. En: André Delpuech y Corinne L. Hofman (editores), *Late Ceramic Age Societies in the Eastern Caribbean*. BAR International Series 1273. Archaeopress, Oxford. pp. 33-44.

Keegan, William F. 2007. *Taíno Indian Myth and Practice*. University Press of Florida, Gainesville.

Keegan, William F. y Corinne L. Hofman. 2017. *The Caribbean before Columbus*. Oxford University Press, Oxford.

Keegan, William F., Corinne L. Hofman y Menno L. P. Hoogland. 2002. *Archaeological reconnaissance at Saint Lucia, West Indies. Preliminary Report*. http://www.flmnh.ufl.edu/anthro/caribarch/slucia.htm (accessed on October 2014).

Keehnen, Floris. 2012. *Trinkets (f)or Treasure? The role of European material culture in intercultural contacts in Hispaniola during early colonial times*. Tesis de Maestría, Facultad de Arqueología, Universidad de Leiden, Países Bajos.

Kohn, Alan J. 2014. *Conus of the Southeastern United States and Caribbean*. Princeton University Press, Princeton.

Kolen, Jan, Eduardo Herrera Malatesta, Martti Veldi y Anne Brysbaert. 2016. *"Landscape": Archaeology critically contextualizes one of its key concepts*. Ponencia presentada en el IV Landscape Archaeology Conference, 23 al 25 de Agosto, Uppsala University, Uppsala, Suecia.

Kolen, Jan y Johannes Renes. 2015. Landscape Biographies: Key Issues. En: Jan Kolen, Johannes Renes y Rita Hermans (editors), *Landscape Biographies. Geographical, Historical and Archaeological Perspectives on the Production and Transmission of Landscapes*. Amsterdam University Press, Amsterdam. pp. 21-47.

Koski-Karell, Daniel A. 2002. *Prehistoric Northern Haiti: Settlement in Diachronic Ecological Context*. PhD Thesis, Department of Anthropology, The Catholic University of America, Washington D.C.

Kowalewski, Stephen A. 1990. Merits from Full-Coverage Survey: Examples from the Valley of Oaxaca, Mexico. Suzan K. Fish & Stepen A. Kowalewski (editores) *The Archaeology of Regions: A Case for Full-Coverage Survey*. Smithsonian Institution Press, Washington D.C. pp. 33-85,.

Kowalewski, Stephen A. 2008. Regional Settlement Pattern Studies. *Journal of Archaeological Research*, 16: 225-285 DOI 10.1007/s10814-008-9020-8.

Krieger, Herbert. 1929. *Archeological and historical investigations in Samaná, Dominican republic*. Smithsonian Institution, 147, Washington.

Krieger, Herbert. 1931. *Aboriginal Indian Pottery of the Dominican Republic*. Smithsonian Institution, 156, Washington.

Kroeber, Alfred L. y Clyde Kluckhohn. 1952. *Culture. A Critical Review of Concepts and Definitions*. Cambridge: Papers of the Peabody Museum, Harvard University Press, Vol 47, No1.

Kuper, Adam. 2001. *Cultura. La version de los antropólogos*. Barcelona: Paidós.

Kvamme, Kenneth. 1988. Development and Testing of Quantitative Models. W. James Judge & L. Sebastian (editores), *Quantifying the Present and Predicting the Past: Theory, Method and Application of Archaeological Predictive Modeling*. U.S. Department of Interior, Bureau of Land Management, Denver. pp. 325-428.

Kvamme, K. 1995. A view from across the water: the North American experience in archaeological GIS. G. Lock & Z. Stancic (eds.) *Archaeology and Geographical Information Systems: A European Perspective*. London: Taylor & Francis. pp. 1-14.

Lake, Mark W. y Patricia E. Woodman. 2000. Viewshed analysis of site location on Islay. En: Mithen, SJ, (ed.) *Hunter-Gatherer Landscape Archaeology: The Southern Hebrides Mesolithic Project, 1988-98*, Vol. 2: Archaeological Fieldwork on Colonsay, Computer Modelling, Experimental Archaeology, and Final Interpretations. (pp. 497-503). McDonald Institute for Archaeological Research, Cambridge.

Las Casas, Bartolomé de. 1821 [1552]. *Breve relación de la destrucción de las indias occidentales*. Juan F. Hurtel, Filadelfia.

Las Casas, Bartolomé de. 1875 [1552-1561]. *Historia de las Indias*. Tomo I, Imprenta de Miguel Ginesta, Madrid.

Lemaire, Ton. 1997a. Archaeology between the invention and the destruction of the landscape. *Archaeological Dialogues*, 4(1): 5-21.

Lemaire, Ton. 1997b. Discussion: Ambiguous landscape(s). *Archaeological Dialogues*, 4(1): 32-38.

Leusen, Martijn van y Hans Kamermans (editores). 2005. *Predictive Modelling for Archaeological Heritage Management: a research agenda*. Rijksdienst voor het Oudheidkundig Bodemonderzoek, Amersfoort.

Lévi-Strauss, Claude. 1970. *Tristes Trópicos*. EUDEBA-Editorial Universitaria de Buenos Aires, Buenos aires.

Lock, Gary y Brian L. Molyneaux. 2006. Introduction: Confronting Scale. Gary Lock y Brian L. Molyneaux (editores), *Confronting Scale in Archaeology: Issues of Theory and Practice*, Springer, New York. pp. 1-14.

Logan, Amanda L. y M. Dores Cruz. 2014. Gendered Taskscapes: Food, Farming, and Craft Production in Banda, Ghana in the Eighteenth to Twenty-first Centuries. *African Archaeological Review*, 31(2): 203-231 DOI 10.1007/s10437-014-9155-6.

Loven, Sven. 2010. *Origins of the Tainan Culture, West Indies*. The University of Alabama Press.

Lyman, R. Lee, Michael J. O'Brien y Robert C. Dunnell. 1997. *The Rise and Fall of Culture History*. Plenum Press, New York.

Maindonald, J. & J. Braun. 2010. *Data Analysis and Graphics using R: An Example-based Approach*. Cambridge University Press, Cambridge.

Mans, Jimmy. 2012. Amotopoan Trails. A recent archaeology of Trio movements. Sidestone Press, Leiden.

Mártir de Anglería, Pedro. 1964[1493-1525]. *Décadas del Nuevo Mundo, por Pedro Mártir de Anglería, primer cronista de Indias*, Vol. 1. Jose Porrua e Hijos, Sucs., México.

Massey, Doreen. 2006. Landscape as a Provocation. Reflections on Moving Mountains. *Journal of Material Culture*, 11(1/2): 33-48.

Mazerolle, M. J. 2004. *Making sense out of Akaike's Information Criterion (AIC): its use and interpretation in model selection and inference from ecological data*. World Wide Web, http://www.theses.ulaval.ca/2004/21842/apa.html. Revisado el 11 de enero de 2017.

McGinnis, Shirley A. 1997. *Ideographic Expression in the Precolumbian Caribbean*. Disertación doctoral, Manuscrito inédito, University of Texas at Austin. University Microfilms, Ann Arbor.

McKinnon, Jennifer, Julie Mushynsky y Genevieve Cabrera. 2014. A Fluid Sea in the Mariana Islands: Community Archaeology and Mapping the Seascape of Saipan. *Journal of Maritime Archaeology*, 9: 59-79 DOI 10.1007/s11457-014-9126-8.

McNiven, Ian J. 2003. Saltwater People: Spiritscapes, Maritime Rituals and the Archaeology of AustralianIndigenous Seascapes. *World Archaeology*, 35(3): 329-349.

Michelaki, Kostalena, Gregory V. Braun y Ronald G. V. Hancock. 2015. Local Clay Sources as Histories of Human – Landscape Interactions: a Ceramic Taskscape Perspective. *Journal of Archaeological Method and Theory*, 22: 783-827 DOI 10.1007/s10816-014-9204-0.

Ministerio de Medio Ambiente y Recursos Naturales [MMARN]. 2012. *Atlas de Biodiversidad y Recursos Naturales de la República Dominicana*. Ministerio de Medio Ambiente y Recursos Naturales, Santo Domingo.

Mira Caballos, Esteban. 1997. *El Indio Antillano. Repartimiento, Encomienda y Esclavitud (1492- 1542)*. Muñoz Moya Editor, Sevilla.

Moore, C. and N. Tremmel. 1997. *Settlement patterns in Pre-Columbian Haiti: an inventory of archaeological sites*. Unpublished manuscript, 156pp.

Mori, Y., M. Kuroda y N. Makino. 2016. *Nonlinear Principal Component Analysis and Its Applications*. Springer Nature Singapore Pte Ltd., Singapore.

Morsink, Joost. 2012. *The Power of Salt: A Holistic Approach to Salt in the Prehistoric Circum-Caribbean Region*. Disertación doctoral, University of Florida.

Moscoso, Franciso. 2008. *Caciques, Aldeas y Población Taína de Boriquén. Puerto Rico 1492-1582*. Academia Puertorriqueña de la Historia, San Juan.

Moya Pons, Frank. 1977. *Historia Colonial de Santo Domingo*. Tercera Edición. Universidad Católica Madre y Maestra, República Dominicana.

Moya Pons, Frank. 1986. *Después de Colón: Trabajo, sociedad y política en la economía del oro*. Alianza Editorial, Madrid.

Moya Pons, Frank (editor). 2004. *Atlas de los Recursos Naturales de la República Dominicana*. Secretaría de Estado de Medio Ambiente y Recursos Naturales, Santo Domingo.

Moya Pons, Frank. 2010a. *Historia de la República Dominicana*. Academia Dominicana de la Historia, Ediciones Doce Calles, República Dominicana.

Moya Pons, Frank. 2010b. *The Dominican Republic. A National History*. Markus Wiener Publishers, Princeton.

Mundy, Barbara. 1996. *The Mapping of New Spain: Indigenous Cartography and the Maps of the Relaciones Geograficas*. University of Chicago Press, Chicago.

Navarrete, Rodrigo. 2007. *La Arqueología Social Latinoamericana: Una meta, múltiples perspectivas*. Colección cuadernos CODEX, Facultad de Ciencias Económicas y Sociales, Universidad Central de Venezuela, Caracas.

Nenadić, O., & Greenacre, M. 2005. *Computation of multiple correspondence analysis, with code in R*. Working Papers, Universitat Pompeu Fabra. Departamento de Economía y Empresa, 887, 23pp.

O'Gorman, Edmundo. 1995. *La Invención de América. Investigación acerca de la estructura histórica del nuevo mundo y del sentido de su devenir*. 4ta Reimpresión, Fondo de Cultura Económica, México.

Ortega, Elpidio J. 1987. *Ensayo Histórico y Arquitectónico de la Ciudad de Montecristi*. Museo del Hombre Dominicano, Fundación Ortega Alvarez, INC. Vol V, Santo Domingo.

Ortega, Elpidio J. 1988. *La Isabela y la Arqueología en la Ruta de Colón*. Ediciones de la Universidad Central del Este, República Dominicana.

Ortega, Elpidio. J. 2001. *Los Objetos de Conchas de la Prehistoria de Santo Domingo*. Publicaciones de la Academia de Ciencias de la República Dominicana – Publicaciones de la Fundación Ortega Alvarez, Inc. Vol VIII, Santo Domingo.

Ortega, Elpidio J. 2002. *Artefactos en Concha. Arqueología en Coral Costa Caribe, Juan Dolio, R. D.* Publicaciones de la Fundación Ortega Alvarez, Inc. Vol IX, Santo Domingo.

Ortega, Elpidio. 2005. *Compendio General Arqueológico de Santo Domingo*. Volumen I. Santo Domingo: Academia de Ciencias de la República Dominicana.

Oliver, Jeff. 2007. Beyond the Water's Edge: Towards a Social Archaeology of Landscape on the Northwest Coast. *Canadian Journal of Archaeology*, 31: 1-27.

Oliver, Jeff. 2011. On mapping and its afterlife: unfolding landscapes in northwestern North America. *World Archaeology*, 43(1): 66-85 DOI: 10.1080/00438243.2011.544899.

Oliver, Jeff. y Ágústa Edwald. 2016. Between islands of ethnicity and shared landscapes: rethinking settler society, cultural landscapes and the study of the Canadian West, *Cultural Geographies*, 23(2): 199-219.

Oliver, José R. 2005. The Proto-Taíno Monumental Cemís of Caguana: A Political-Religious "Manifesto". En: Peter E. Siegel (editor), *Ancient Borinquen: Archaeology and Ethnohistory of Native Puerto Rico*. The University of Alabama Press, Tuscaloosa. pp. 230-284.

Oliver, José R. 2008. El universo material y espiritual de los Taínos. En: José R. Oliver, Colin McEwan y Anna Casas Gilberga (editores), *El Caribe precolombino: Fray Ramón Pané y el universo taíno*. Subdirección General de Publicaciones, Información y Documentación, Ministerio de Cultura, España; Museu Barbier-Mueller d'Art Precolombí; Fundación Caixa Galicia. pp. 136-221.

Oliver, José R. 2009. *Caciques and Cemí Idols. The Web Spun by Taíno Rulers between Hispaniola and Puerto Rico*. The University of Alabama Press, Tuscaloosa.

Olsen Bogaert, Harold. 2004. Prospección y Sondeos Arqueológicos en la Isla Saona. *Boletín del Museo del Hombre Dominicano*, 36: s/p.

Olsen Bogaert, Harold. 2006. Prospección Arqueológica en el Proyecto CADAQUÉS, Bayahibe, provincia La Altagracia, República Dominicana. *Boletín del Museo del Hombre Dominicano*, 40: s/p.

Olsen Bogaert, Harold. 2013. Prospección registro de sitios arqueológicos en Pueblo Viejo de Cotuí. *Boletín del Museo del Hombre Dominicano*, 45: s/p.

Olwig, Kenneth R. 1996. Recovering the Substantive Nature of Landscape. *Annals of the Association of American Geographers*, 86(4): 630-653.

Olwig, Kenneth R. 2002. *Landscape, Nature, and the Body Politic. From Britain's Renaissance to America's New World*. The University of Wisconsin Press, Madison.

Olwig, Kenneth R. 2005. Liminality, Seasonality and Landscape. *Landscape Research*, 30 (2): 259-271 DOI: 10.1080/01426390500044473.

Orton, C. 2000. *Sampling in Archaeology*. Cambridge University Press, Cambridge.

O'Sullivan, David y David Unwin. 2003. *Geographic Information Analysis*. John Willey and Sons, New Jersey.

Oviedo y Valdés, Gonzalo Fernández de. 1851[1535]. *Historia General y Natural de las Indias, islas y tierra-firme del Mar Océano*. Imprenta de la Real Academia de la Historia, Madrid.

Padrón, Ricardo. 2004. *The Spacious Word: Cartography, Literature, and Empire in Early Modern Spain*. University of Chicago Press, Chicago.

Pagán Jimenez, Jaime. 2002. El concepto de "paisaje" como traslación de "landscape" en arqueología. *Diálogo Antropológico*, 1(1): 7-12.

Pagán Jimenez, Jaime R. 2004. Is all archaeology at present a postcolonial one? Constructive answers from an eccentric point of view. *Journal of Social Archaeology*, 4(2): 200-213 DOI: 10.1177/1469605304041075.

Paliou, Eleftheria. 2013. Reconsidering the concept of visualscape: Recent advances in three-dimensional visibility analysis. En: Andrew Bevan y Mark Lake (editores), Computational Approaches to Archaeological Spaces. Institute of Archaeology Publications 60, London. pp. 243-263.

Pálsson, Gísli. 1996. Human-environmental relations: orientalism, paternalism and communalism En: Philippe Descola y Gísli Pálsson (editores), *Nature and Society. Anthropological perspectives*. New York: Routledge. pp. 63-81.

Pardoe, Colin. 1994. Bioscapes: the evolutionary landscape of Australia. *Archaeology in Oceania*, 29 (3): 182-190.

Parsons, Jeffrey R. 1972. Archaeological Settlement Patterns. *Annual Review of Anthropology*, 1: 127-150.

Parsons, Talcott. 1951. *The Social System*. Glencoe: Free Press.

Petersen, James B., Corinne L. Hofman, y L. Antonio Curet. 2004. Time and Culture: Chronology and Taxonomy in the Eastern Caribbean and the Guianas. En: A.ndré Delpuech y Corinne L. Hofman (editores), *Late Ceramic Age Societies in the Eastern Caribbean*. BAR International Series 1273. Archaeopress, Oxford. pp. 17-32.

Petitjean Roget, Henry. 1997. The Taino Vision: A Study in the Exchange of Misunderstanding. En: Samuel M. Wilson (editor), *The Indigenous People of the Caribbean*. University Press of Florida, Gainesville. pp. 169-175.

Petitjean Roget, Henry. 2015. *Les Tainos, les Callinas des Antilles*. Association Internationale d'Archéologie de la Carafbe IACA, Guadeloupe.

Pesoutova, Jana y Corinne L. Hofman. 2016. La contribución indígena a la biografía del paisaje cultural de la Republica Dominicana. Una revisión preliminar. En: *Indígenas e Indios en el Caribe. Presencia, legado y estudio*. Jorge Ulloa Hung y Roberto Valcárcel Rojas (editores), Instituto Tecnológico de Santo Domingo, República Dominicana. pp. 115-148.

Phillips, Philip, James A. Ford, James B. Griffin. 1951. *Archaeological Survey in the Lower Mississippi Alluvial Valley, 1940-1947*. Paper of the Peabody Museum of Archaeology and Ethnology, Harvard University, 25.

Plog, Stephen, Fred Plog y Walter Wait. 1978. Decision Making in Modern Surveys. Michael Schiffer (editor), *Advances in Archaeological Method and Theories*, 1: 383-421. Academic Press, New York.

Porcacchi, Thomaso. 1576. *Hispaniola*. Mapa obtenido de la colección digital de Norman B. Leventhal Map Center: http://maps.bpl.org/explore/location/hispaniola-6?page=1.

Quijano, Anibal e Immanuel Wallerstein. 1992. La americanidad como concepto, o América en el moderno sistema mundial. *Revista Internacional de Ciencias Sociales*, 134: 583-591.

Rainey, F.G. 1941. *Excavations in the Ft. Liberte Region. Haiti*. Yale University Press, New Haven.

Rajada, Ulla y Philip Mills. 2017. *Forms of Dwelling. 20 years of taskscapes in archaeology*. Oxbow, Oxford.

Ransijn, Sven. 2017. *The (Re)construction of Ancient Indigenous Landscapes through Visibility Analyses. Analysing visibility patterns from multiple viewsheds during the Late Ceramic Age (AD 800-1500) in the coastal zone of the Montecristi Province, Dominican Republic*. Tesis de Pregrado, Faculty of Archaeology, Leiden University, Leiden.

Reynoso, Carlos. 1998. Presentación. En: *El Surgimiento de la Antropología Posmoderna*. Editorial Gedisa, Barcelona. pp. 11-60.

Rímoli, R., M. Veloz Maggiolo, E. Ortega and P. Marichal. 1974. Buen Hombre: Un Poblamiento Ceramista En La Costa Noroeste. *Boletín del Instituto Montecristeño de Arqueología*. 1: 14-33.

Roberts, Brian K. 1996. *Landscapes of Settlement. Prehistory to the present*. Routledge, New York.

Robiou Lamarche, Sebastian. 2005. *Tainos y Caribes. Las culturas aborígenes antillanas*. Editorial Punto y Coma, San Juan.

Rodríguez Ramos, Reniel. 2007. *Puerto Rican Precolonial History Etched in Stone*. Disertación doctoral, Manuscrito inédito. Graduate School of the University of Florida, Gainesville.

Rodríguez Ramos, Reniel. 2010. *Rethinking Puerto Rican Precolonial History*. The University of Alabama Press, Tuscaloosa.

Rodríguez Ramos, Reniel y Jaime R. Pagán Jimenez. 2016. Sobre nuestras identidades boricuas. En: *Indígenas e Indios en el Caribe. Presencia, legado y estudio*. Jorge Ulloa Hung y Roberto Valcárcel Rojas (editores), Instituto Tecnológico de Santo Domingo, República Dominicana. pp. 97-114.

Roosevelt, Anna C. 1980. *Parmana: Prehistoric Maize and Manioc Subsistence along the Amazon and the Orinoco*. Academic Press, New York.

Rosenblat, Ángel. 1976. The Population of Hispaniola at the Time of Columbus. En: William M. Denevan (editor), *The Native Population of the Americas in 1492*. The University of Wisconsin Press, Madison. pp. 43-66.

Rossignol, Jacqueline. 1992. Concepts, Methods, and Theory Building: A Landscape Approach. En: Jacqueline Rossignol y Luann Wandsnider (editoras), *Space, Time, and Archaeological Landscapes*. Springer Science+Business Media, New York. pp. 3-16.

Rouse, Irving. 1939. *Prehistory in Haiti: a study in method*. Yale University Press, New Haven.

Rouse, Irving. 1941. *Culture of The Ft. Liberté Region, Haiti. Department of Anthropology*. Yale University Press, New Haven.

Rouse, Irving. 1948. The Arawak. En: Julian Steward (editor), *Handbook of South American Indians: The Circum-Caribbean Tribes, Vol. 4*. Smithsonian Institution, Bureau of American Ethnology, 143. pp. 507-539.

Rouse, Irving. 1952. *Scientific Survey of Puerto Rico and the Virgin Islands*. The New York Academy of Sciences. Vol. XVIII parte 3. New York Academy of Science, New York.

Rouse, Irving. 1973. *Introducción a la Prehistoria*. Ediciones Bellatera, Barcelona.

Rouse, Irving. 1986. *Migrations in Prehistory. Inferring Population Movement from Cultural Remains*. Yale University Press, New Haven.

Rouse, Irving. 1992. *The Taínos: Rise and Decline of the people who Greeted Columbus.* Yale University Press, New Haven.

Ruscelli, Girolamo. 1561. *Isola Spagnola nova. Ysla Espaniola nveva, Trentesimaqvarta tavola nvova. (To accompany) La geografia di Claudio Tolomeo Alessandrino, nuouamente tradotta di Greco in Italiano, da Girolamo Ruscelli ... In Venetia, Appresso Vincenzo Valgrisi, M.D.LXI. (1561).* Mapa obtenido de la colección digital de David Rumsey Historical Map Collection: http://www.davidrumsey.com/luna/servlet/detail/RUMSEY~8~1~286444~90058939:Isola-Spagnola-nova?sort=Pub_List_No_InitialSort?&qvq=q:hispaniola;sort:Pub_List_No_InitialSort;lc:RUMSEY~8~1&mi=9&trs=23.

Said, Edward. 2002. *Orientalismo.* Editorial Debate, Madrid.

Sauer, Carl O. 1931. Cultural Geography. En: William M. Denevan y Kent Mathewson (editores), *Carl Sauer on Culture and Landscape. Readings and Commentaries.* Louisiana State University Press, Baton Rouge. pp. 136-143.

Sauer, Carl O. 1960. Letter to Landscape [on Past and Present American Culture]. En: William M. Denevan y Kent Mathewson (editores), *Carl Sauer on Culture and Landscape. Readings and Commentaries.* Louisiana State University Press, Baton Rouge. pp. 390-391.

Sauer, Carl O. 1966. *The Early Spanish Main.* University of Californi Press, Berkeley.

Schiffer, M. B. 1987. *Formation Processes of the Archaeological Record,* Albuquerque: University of New Mexico Press.

Schomburgk, Robert. 1854. Ethnological researches in Santo Domingo. *Journal of the Ethnological Society of London* (1848-1856), 3: 115-122.

Shanks, Michael. 1992. *Experiencing the Past: On the Character of Archaeology.* Routledge, London.

Shanks, Michael. 2002. Culture/Archaeology: The Dispersion of a Discipline and its Objects. En: *Archaeological Theory Today.* Ian Hodder (editor). Polity Press, Cambridge.

Shennan, S. 1988. *Quantifying Archaeology.* Edinburgh University Press, Edinburgh.

Shlens, J. 2014. A tutorial on principal component analysis. *arXiv preprint arXiv*:1404.1100.

Skinner, Jonathan. 2007. From the Pre-Colonial to the Virtual: The Scope and Scape of Land, Land use and Land loss on Montserrat. En: Jean Besson y Janet Momsen (editoras), *Caribbean Land and Development Revisited,* 219-232.

Sonnemann, Till F., Eduardo Herrera Malatesta y Corinne L. Hofman. 2016a. Applying UAS Photogrammetry to Analyze Spatial Patterns of Indigenous Settlement Sites in the Northern Dominican Republic. En: Maurizio Forte y Stefano Campana (editores), *Digital Methods and Remote Sensing in Archaeology. Archaeology in the Age of Sensing.* Springer, Switzerland. pp. 71-87.

Sonnemann, Till F., Jorge Ulloa Hung y Corinne L. Hofman. 2016b. Mapping Indigenous Settlement Topography in theCaribbean Using Drones. *Remote Sensing,* 8(791):1-17, DOI:10.3390/rs8100791.

Stancic, Z. and T. Veljanovski. 2000. Understanding Roman settlement patterns through multivariate statistics and predictive modelling. En: Gary Lock (editor) *Beyond the Map: Archaeology and Spatial Technologies.* IOS Press, Amsterdam. pp. 147-156.

Stanish, C. 2003. A Brief Americanist Perspective on Settlement Archaeology. En: J. K. Papadopoulos and R. M. Leventhal (editores) *Theory and Practice in Mediterranean Archaeology: Old World and New World Perspectives*. Los Angeles: Cotsen Institute of Archaeology, UCLA, pp. 161-171.

Sutty, L. 1990. *Seashells of the Caribbean*. Macmillan Caribbean Natural History, London.

Tejera, Apolinar. 1976. *Rectificaciones Históricas*. Biblioteca Nacional Vol. 3, Santo Domingo.

Thomas, Julian. 1993a. The Hermeneutics of Megalithic Space. En: *Interpretative Archaeology*. Christopher Tilley (editor). Berg, Oxford. pp. 73-97.

Thomas, Julian. 1993b. The politics of vision and the archaeologies of landscape. En: Barbara Bender (editor), Landscape. Politics and Perspectives. Berg, Providence. pp. 19-48.

Thomas, Julian. 1996. *Time, Culture and Identity. An interpretative archaeology*. Routledge, London.

Thomas, Julian. 2001. Archaeologies of Place and Landscape. En: Ian Hodder (editor), *Archaeological theory Today*. Polity Press, Cambridge. pp. 165-186.

Thomas, Julian. 2017. Concluding Remarks: landscape, taskscape, life. En: Ulla Rajada y Philip Mills (editors), *Forms of Dwelling. 20 years of taskscapes in archaeology*. Oxbow, Oxford. pp. 268-279.

Tilley, Christopher. 1994. *A Phenomenology of Landscape. Places, paths and monuments*. Berg: Oxford.

Todorov, Tzvetan. 2003. *La Conquista de América. El problema del otro*. Siglo XXI Editores, Buenos Aires.

Torres, Joshua M. 2012. *The social construction of community, polity, and place in ancient Puerto Rico (AD 600 – AD 1200)*. Disertación Doctoral, University of Florida.

Torres Etayo, Daniel. 2006. *Tainos: Mitos y realidades de un pueblo sin rostro*. Asesor Pedagógico, Ciudad de Mexico.

Trigger, Bruce G. 1968. The determinants of settlement patterns. En: Kwang C. Chang (editor), *Settlement Archaeology*. National Press, Palo Alto. pp. 53-78.

Trigger, Bruce G. 1989. *A History of Archaeological Thought*. Cambridge: Cambridge University Press.

Ulloa Hung, Jorge. 2014. *Arqueología en la Línea noroeste de La Española. Paisajes, Cerámicas e Interacciones*. Instituto Tecnológico de Santo Domingo, Santo Domingo.

Ulloa Hung, Jorge. 2015. *Comentarios en Documental "La Ruta de Colón: Historic Importance and Heritage"*. Documental dirigido por Till Sonnemann. Proyecto NEXUS 1492: New World Encounters in a Globalising World, Universidad de Leiden, Paises Bajos.

Ulloa Hung, Jorge. 2016. Colonialismo, Indigenismo y Arqueología en la República Dominicana: Silencios confusos y encubrimientos diversos. En: *Indígenas e Indios en el Caribe. Presencia, legado y estudio*. Jorge Ulloa Hung y Roberto Valcárcel Rojas (editores), Instituto Tecnológico de Santo Domingo, República Dominicana. pp. 203-246.

Ulloa Hung, Jorge y Eduardo Herrera Malatesta. 2015. Investigaciones Arqueológicas en el Norte de la Española, entre viejos esquemas y nuevos datos. *Boletín del Museo del Hombre Dominicano*, 46 (XLII): 75-107.

Ulloa Hung, Jorge y Till Sonnemann. 2017. Exploraciones arqueológicas en la Fortaleza de Santo Tomás de Jánico: Nuevos aportes a su comprensión histórica. *Ciencia y Sociedad*, 42(3): 11-27.

Van Lieshout, M. C. 2010. Spatial Point Process Theory. En: Gelfand, Alan E., Peter J. Diggle, Monserrat Fuentes y Peter Guttorp (editores). *Handbook of Spatial Statistics*. CRC/Taylor and Francis, London. pp. 263-282.

Vargas Arenas, I., M. I. Toledo, L. Molina & C. E. Montcourt. 1997. *Los Artífices de la Concha. Ensayo sobre tecnología, arte y otros aspectos socio-culturales de los antiguos habitantes del Estado Lara*. FaCES-UCV, Alcaldía del Municipio Jiménez-Lara, Fundacultura-Museo Arqueológico de Quibor, Venezuela.

Vega, Bernardo. 1990. *Los Cacicazgos de la Hispaniola*. Fundación Cultural Dominicana, Santo Domingo.

Vega, Bernardo. 1992. *La verdadera Ubicación del Golfo de Las Flechas*. Fundación Cultural Dominicana, Santo Domingo.

Veloz Maggiolo, Marcio. 1973. *Arqueología Prehistórica de Santo Domingo*. McGraw-Hill Far Fastern PubHshers, Singapore.

Veloz Maggiolo, Marcio. 1984. Para una definición de la cultura Taina. En: Comisión del Quinto Centenario (editor), *Las culturas de América en la época del descubrimiento: La cultura Taína*. Turner Libros, Madrid. pp. 17-23.

Veloz Maggiolo, Marcio. 1993. *La Isla de Santo Domingo antes de Colon*. Banco Central de la Republica Dominicana, Santo Domingo.

Veloz Maggiolo, Marcio, Elpidio Ortega and Ángel C. Fuentes. 1981. *Los Modos de Vida Mellacoides y sus posibles orígenes. Un estudio interpretativo*. Santo Domingo: Museo del Hombre Dominicano.

Venables, W. N. y B. D. Ripley. 2002. *Modern Applied Statistics with S*. Springer.

Verhagen, Phillip. 2007. Predictive Models Put to the Test. En: Verhagen, Phillip (editor), *Case Studies in Archaeological Predictive Modelling*, ASLU 14, Leiden. pp. 115-168.

Verhagen, Phillip, Hans Kamermans & Martijn van Leusen. 2009. The future of archaeological predictive modeling. En: H. Kamermans, M. van Leusen and P. Verhagen (eds.), *Archaeological Prediction and Risk Management. Alternatives to current practices*. Archaeological Studies Leiden University 17, Leiden. pp. 19-25.

Verhagen, Phillip, Hans Kamermans, Martijn van Leusen, J. Deeben, D. Hallewas y P. Zoetbrood. 2010a. First Thoughts on the Incorporation of Cultural Variables into Predictive Modelling. F. Niccolucci y S. Hermon (eds.), *Beyond the Artifact. Digital Interpretation of the Past. Proceedings of CAA2004 Prato 13-17 April 2004*. Archaeolingua, Budapest.

Verhagen, Philip, Hans Kamermans, Martijn van Leusen y Benjamin Ducke. 2010b. New developments in archaeological predictive modelling. En: Tom Bloemers, Henk Kars, Arnold Van der Valk y Mies Wijnen (editores), *The Cultural Landscape & Heritage Paradox*. Amsterdam University Press, Amsterdam. pp. 429-442.

Verhagen, Phillip y T. G. Whitley. 2011. Integrating Archaeological Theory and Predictive Modeling: a Live Report from the Scene. *Journal of Archaeological Methods and Theory*. Publish online. DOI10.1007/s10816-011-9102-7.

Voorrips, A., S. H. Loving, H. Kamermans. 1991. *The AgroPontino Survey Project: Methods and preliminary results*. Offprint, Amsterdam.

Waagen, Jitte. 2014. Evaluating background noise: Assessing off-site data from field surveys around the Italic sanctuary of S. Giovanni in Galdo, Molise, Italy. *Journal of Field Archaeology*, 39 (4): 417-429 DOI 10.1179/0093469014Z.0000000099.

Waal, Maaike S. de. 2006. *Pre-Columbian Social Organization and Interaction Interpreted through the Study of Settlement Patterns: An archaeological case-study of the Pointe des Châteaux, La Désirade and Les Îles de la Petite Terre micro-region, Guadeloupe, F.W.I.* Disertación Doctoral, Faculty of Archaeology, Leiden University, Leiden.

Waal, Maaike S. de, J. Lesparre, R. Espersen, R. Stelten & Menno L.P. Hoogland. Manuscrito Inédito. *The effectiveness of archaeological predictive maps. Management and protection of archaeological sites in St. Eustatius and Saba, Caribbean Netherlands*.

Walker, Jhon H. 2011. Social implications from agricultural taskscapes in the southwestern Amazon. *Latin American Antiquity*, 22(3): 275-295.

Waller, L. 2010. Point Process Models and Methods in Spatial Epidemiology. En: Gelfand, Alan E., Peter J. Diggle, Monserrat Fuentes y Peter Guttorp (editores). *Handbook of Spatial Statistics*. CRC/Taylor and Francis, London. pp. 403-423.

Wandsnider, LuAnn. 1992. Archaeological Landscape Studies. En: Jacqueline Rossignol y Luann Wandsnider (editoras), *Space, Time, and Archaeological Landscapes*. Springer Science+Business Media, New York. pp. 285-292.

Warmke, Germaine L. y R. Tucker Abbott. 1975. *Caribbean Seashells. A Guide to the Marine Mollusks of Puerto Rico and Other West Indian Islands, Bermuda and the Lower Florida Keys*. Dover Publications, INC., New York.

Warren, R. E. 1990a. Predictive modelling in archaeology: a primer. En: Allen, K. M. S., S. W. Green y E. B. W. Zubrow (editores) *Interpreting Space: GIS and Archaeology*. Taylor & Francis, London. pp. 90-111.

Warren, R. E. 1990b. Predictive modelling of archaeological site location: a case study in the Midwest. In: Allen, K. M. S., S. W. Green y E. B. W. Zubrow (editores) *Interpreting Space: GIS and Archaeology*. Taylor & Francis, London. pp. 201-215.

Warren, R. E. and D. L. Asch. 2000. A Predictive Model of Archaeological Site Location in the Eastern Prairie Peninsula. En: K. Wescott & J. Brandon (eds.), *Practical Applications of GIS for archaeologist. A predictive modelling kit*. Taylor & Francis, London. pp. 5-32.

Watters, D. R. 1980. *Transect survey and prehistoric site locations on Barbuda and Monserrat, Leeward Islands, West Indies*. Disertación doctoral, University of Pittsburg, University Microfilms, Ann Arbor.

Watters, D. R. and R. Scaglion. 1980. Utility of a Transect Survey Technique in Caribbean Prehistoric Studies: Applications on Barbuda and Montserrat. *Proceedings of the Eighth International Congress for the Study of the Pre-Columbian Cultures of the Lesser Antilles*. Arizona State University, Anthropological Research Papers No. 22, pp. 338-347.

Weisberg, Sanford. 2005. *Applied Linear Regression*. John Wiley & Sons, Inc., Hoboken.

Wescott, K. L. 2000. Introduction. K. Wescott & J. Brandon (eds.), *Practical Applications of GIS for archaeologist. A predictive modeling kit*. London: Taylor & Francis. pp. 1-4.

Wheatley, D. and M. Gillings. 2002. *Spatial Technology and Archaeology. The archaeological applications of GIS*. London: Taylor & Francis.

Widmer, Randolph F. 1988. *The evolution of the Calusa: a non-agricultural chiefdom on the southwest Florida coast*. University of Alabama Press, Tuscaloosa.

Wilkinson, T. J. 1989. Extensive Sherd Scatters and Land Use Intensity: Some Recent Results. Journal of Field Archaeology, 16: 31-46.

Willey, Gordon R. 1953. *Prehistoric Settlement Patterns in the Virú Valley, Peru*. Bureau of American Ethnology, Bulletin 155.

Willey, Gordon R. 1956. *Prehistoric Settlement Patterns in the New World*. Viking Fund Pubtications in Anthropology, 23, Wenner-Gren Foundation for Anthropological Research, New York.

Willey, Gordon R., and Phillips, P. 1958. *Method and Theory in American Archaeology*, University of Chicago Press, Chicago.

Willey, Gordon R. y Jeremy A. Sabloff. 1980. *History of American Archaeology*. W.H.Freeman & Co Ltd., New York.

Wilson, Samuel M. 1989. The prehistoric settlement pattern of Nevis, West Indies. *Journal of Field Archaeology*, 16(4): 427-450.

Wilson, Samuel M. 1990. *Hispaniola. Caribbean Chiefdoms in the Age of Columbus*. The University of Alabama Press, Tucaloosa.

Wilson, Samuel M. 1991. The Archaeological Settlement Survey of Nevis: 1984-1988. En: E. N. Ayubi Anü J. B. Haviser (Eds). *Proceedings of the Thirteenth International Congress for Caribbean Archaeology*, Reports of the Archaeological-Anthropological Institute of The Netherlands Antilles, No. 9: 269-279.

Wilson, Samuel M. 1993. The Cultural Mosaic of the Prehistoric Caribbean. *Proceedings of the British Academy*, 81: 37-66.

Wilson, Samuel M. 2007. *The Archaeology of the Caribbean*. Cambridge University Press, New York.

Wolf, Eric. 1987. *Europa y la Gente sin Historia*. Fondo de Cultura Económica, México.

Woodman, P. E. y M. Woodward. 2002. The use and abuse of statistical methods in archaeological site location modelling. En: D. Wheatley, G. Earl y S. Poppy (eds.), *Contemporary Themes in Archaeological Computing*. University of Southampton, Southampton. pp. 22-27.

Wytfliet, Corneille. 1597. *Descriptionis Ptolemaicæ augmentum., siue Occidentis notitia : breui commentario illustrata studio et opera Cornely Wytfleit Louaniensis*. Mapa obtenido de la colección digital de John Carter Brown Library Map Collection: http://jcb.lunaimaging.com/luna/servlet/detail/JCBMAPS-1-1-4464-102574:Hispaniola-insula-.

Zent, Egleé L. 2014. Ecogonía I. Desovillando la noción de naturaleza en la tradición occidental. *Etnoecológica*, 10(6): 1-13.

APÉNDICES

Apéndice 1

Listado de sitios arqueológicos utilizados para las evaluaciones y comparaciones de la Región Arqueológica (áreas de Fort Liberté, Montecristi y Puerto Plata). Leyenda de Fuentes:

PhD = Esta investigacion
Ulloa PhD = Ulloa Hung (2014)
Art-MHD = Ulloa Hung y Herrera Malatesta (2015)
Moore = Moore y Tremell (1997)
Rainey-Rouse = Moore y Tremell (1997).

	Sitio	Meillacoide	Meillacoide-Chicoide	Chicoide	Ostionoide	No Identificado	Sin-Cerámica	Área	Función	Fuente
1	MC-27	1	0	0	0	0	0	32976,78	HAB	PhD
2	MC-57	0	0	0	0	1	0	1217,319	HAB	PhD
3	MC-125	0	0	0	0	1	0	3087,73	HAB	PhD
4	MC-33	1	1	0	0	0	0	33955,74	HAB	PhD
5	MC-72	1	0	0	0	0	0	7945,086	SER	PhD
6	MC-67	1	1	0	0	0	0	5542,554	HAB	PhD
7	MC-68	1	1	1	0	0	0	4343,719	HAB	PhD
8	MC-70	0	0	0	0	1	0	3031,772	HAB	PhD
9	MC-62	1	0	0	0	0	0	8568,390	HAB	PhD
10	MC-114	1	0	1	0	0	0	1399,964	HAB	PhD
11	MC-113	1	0	0	0	0	0	5069,992	HAB	PhD
12	MC-100	1	0	0	0	0	0	4426,946	HAB	PhD
13	MC-63	0	0	0	0	1	0	4057,654	HAB	PhD
14	MC-85	1	1	0	0	0	0	4091,227	HAB	PhD
15	MC-64	1	0	1	0	0	0	5828,287	HAB	PhD
16	MC-42	1	0	1	0	0	0	44755,70	HAB	PhD
17	MC-40	1	1	0	0	0	0	4389,323	HAB	PhD

	Sitio	Meillacoide	Meillacoide-Chicoide	Chicoide	Ostionoide	No Identificado	Sin-Cerámica	Área	Función	Fuente
18	MC-41	1	1	1	0	0	0	13076,48	HAB	PhD
19	MC-60	1	1	0	0	0	0	3752,457	HAB	PhD
20	MC-61	0	0	0	0	1	0	1542,866	HAB	PhD
21	MC-37	1	0	0	0	0	0	34050,24	HAB	PhD
22	MC-39	1	1	1	0	0	0	11276,90	HAB	PhD
23	MC-38	1	1	0	0	0	0	29761,58	HAB	PhD
24	MC-71	1	1	1	0	0	0	9911,149	HAB	PhD
25	MC-73	1	1	0	0	0	0	2201,348	HAB	PhD
26	MC-66	1	0	0	0	0	0	10554,69	HAB	PhD
27	MC-36	1	0	0	0	0	0	2949,145	SER	PhD
28	MC-34	1	1	0	0	0	0	23301,03	HAB	PhD
29	MC-35	1	1	0	0	0	0	28827,68	HAB	PhD
30	MC-65	0	0	0	0	1	0	2600,124	HAB	PhD
31	MC-111	0	0	0	0	1	0	5628,861	HAB	PhD
32	MC-44	1	1	1	0	0	0	50740,71	HAB	PhD
33	MC-112	1	0	0	0	0	0	20708,99	HAB	PhD
34	MC-56	0	0	0	0	1	0	2242,500	HAB	PhD
35	MC-54	0	0	0	0	1	0	1387,062	HAB	PhD
36	MC-53	1	0	0	0	0	0	1425,028	HAB	PhD
37	MC-58	0	0	0	0	1	0	22766,59	HAB	PhD
38	MC-32	1	0	0	0	0	0	25290,15	HAB	PhD
39	MC-104	0	0	0	0	1	0	489,77	HAB	PhD
40	MC-31	0	0	0	0	1	0	8414,52	HAB	PhD
41	MC-47	1	0	0	0	0	0	1000,91	HAB	PhD
42	MC-48	0	0	0	0	0	1	5609,50	SER	PhD
43	MC-45	0	0	0	0	1	0	2811,00	HAB	PhD
44	MC-46	1	0	0	0	0	0	12258,64	SER	PhD
45	MC-103	0	0	0	0	1	0	7141,28	HAB	PhD
46	MC-49	1	0	0	0	0	0	1217,19	HAB	PhD
47	MC-30	1	0	0	0	0	0	4299,15	HAB	PhD
48	MC-109	0	0	0	0	1	0	312,56	HAB	PhD
49	MC-110	0	0	0	0	1	0	1506,46	HAB	PhD
50	MC-107	0	0	0	0	1	0	2158,55	HAB	PhD
51	MC-108	1	1	0	0	0	0	5957,78	HAB	PhD
52	MC-115	1	1	1	0	0	0	16404,54	HAB	PhD
53	MC-117	1	1	1	0	0	0	10474,75	HAB	PhD
54	MC-116	1	0	0	0	0	0	2567,03	HAB	PhD
55	MC-52	1	1	1	0	0	0	16889,81	HAB	PhD
56	MC-28	1	0	0	0	0	0	8717,95	HAB	PhD
57	MC-122	0	0	0	0	0	1	1446,79	SER	PhD

UNA ISLA, DOS MUNDOS

	Sitio	Meillacoide	Meillacoide-Chicoide	Chicoide	Ostionoide	No Identificado	Sin-Cerámica	Área	Función	Fuente
58	MC-90	0	0	0	0	1	0	5085,56	SER	PhD
59	MC-123	0	0	0	0	0	1	9064,46	SER	PhD
60	MC-124	0	0	0	0	0	1	504,00	SER	PhD
61	MC-50	1	0	0	0	0	0	1506,75	HAB	PhD
62	MC-120	0	0	0	0	0	1	24308,96	SER	PhD
63	MC-119	0	0	0	0	0	1	8195,79	SER	PhD
64	MC-118	0	0	0	0	0	1	16210,66	SER	PhD
65	MC-91	0	0	0	0	0	1	11185,69	SER	PhD
66	MC-87	0	0	0	0	0	1	8634,46	SER	PhD
67	MC-92	0	0	0	0	1	0	6940,62	SER	PhD
68	MC-86	0	0	0	0	0	1	27017,89	SER	PhD
69	MC-106	0	0	0	0	0	1	986,78	SER	PhD
70	MC-77	1	0	0	0	0	0	41567,98	SER	PhD
71	MC-79	0	0	0	0	0	1	3282,65	SER	PhD
72	MC-88	1	0	0	0	0	0	2935,22	HAB	PhD
73	MC-78	1	0	0	0	0	0	3034,84	HAB	PhD
74	MC-89	1	0	0	0	0	0	10972,96	HAB	PhD
75	MC-76	1	0	0	0	0	0	7643,35	HAB	PhD
76	MC-84	0	1	1	0	0	0	48497,76	HAB	PhD
77	MC-74	1	0	0	0	0	0	44343,11	HAB	PhD
78	MC-105	0	0	0	0	0	1	78,14	SER	PhD
79	MC-101	0	0	0	0	1	0	11254,92	SER	PhD
80	MC-102	1	0	0	0	0	0	16912,44	SER	PhD
81	MC-82	0	0	0	0	1	0	1219,28	SER	PhD
82	MC-75	1	0	0	0	0	0	745,45	SER	PhD
83	MC-81	1	0	0	0	0	0	2030,90	HAB	PhD
84	MC-80	1	0	1	0	0	0	15348,37	HAB	PhD
85	MC-126	0	0	0	0	0	1	35,79	SER	PhD
86	MC-93	0	0	0	0	1	0	2650,76	HAB	PhD
87	MC-98	0	0	0	0	1	0	3984,68	HAB	PhD
88	MC-51	0	0	0	0	0	1	5332,02	SER	PhD
89	MC-59	0	0	0	0	0	1	9081,17	SER	PhD
90	MC-127	0	0	0	0	0	1	28,13	SER	PhD
91	MC-1	0	0	1	0	0	0	16745,63	HAB	PhD
92	MC-5	0	0	1	0	0	0	5046,33	HAB	PhD
93	MC-7	1	0	1	0	0	0	6735,24	HAB	PhD
94	MC-9	1	0	0	0	0	0	3278,98	SER	PhD
95	MC-10	1	0	0	0	0	0	3993,36	HAB	PhD
96	MC-21	1	0	0	0	0	0	8544,18	HAB	PhD
97	MC-13	0	0	0	0	1	0	703,27	HAB	PhD

	Sitio	Meillacoide	Meillacoide-Chicoide	Chicoide	Ostionoide	No Identificado	Sin-Cerámica	Área	Función	Fuente
98	MC-15	0	0	0	0	1	0	703,27	HAB	PhD
99	MC-16	0	0	0	0	1	0	703,27	HAB	PhD
100	MC-11	1	1	0	0	0	0	18473,70	HAB	PhD
101	MC-29	1	0	0	0	0	0	31879,22	HAB	PhD
102	MC-128	1	0	0	0	0	0	19048,25	HAB	PhD
103	Cristóbal Gómez	0	0	1	0	0	0	20850	HAB	Ulloa-PhD
104	Edilio Cruz	1	0	1	0	0	0	28000	HAB	Ulloa-PhD
105	El Coronel	1	0	1	0	0	0	6000	HAB	Ulloa-PhD
106	El Lucio	0	0	1	0	0	0	0	HAB	Ulloa-PhD
107	El Rastrillo	0	0	1	0	0	0	0	HAB	Ulloa-PhD
108	Elida	0	0	1	0	0	0	0	HAB	Ulloa-PhD
109	Elto	0	0	1	0	0	0	0	HAB	Ulloa-PhD
110	Jacinto Aracena	0	0	1	0	0	0	11370	HAB	Ulloa-PhD
111	La Mara	0	0	1	0	0	0	0	HAB	Ulloa-PhD
112	La Muchacha	1	0	1	0	0	0	0	HAB	Ulloa-PhD
113	La Tierra Blanca	0	0	1	0	0	0	10896	HAB	Ulloa-PhD
114	Los Corniel	1	0	1	0	0	0	9000	HAB	Ulloa-PhD
115	Los Muertos	1	0	1	0	0	0	18000	HAB	Ulloa-PhD
116	Los Piñones	0	0	1	0	0	0	0	HAB	Ulloa-PhD
117	María Rosa	0	0	1	0	0	0	0	HAB	Ulloa-PhD
118	Percio Polanco	0	0	1	0	0	0	0	HAB	Ulloa-PhD
119	Rafo	0	0	1	0	0	0	5000	HAB	Ulloa-PhD
120	Tiburcio	0	0	1	0	0	0	0	HAB	Ulloa-PhD
121	Laguna Grande	0	0	1	0	0	0	0	HAB	Ulloa-PhD
122	Paradero	1	0	1	0	0	0	0	HAB	Ulloa-PhD
123	Loma de los Judíos	1	0	1	0	0	0	0	HAB	Ulloa-PhD

	Sitio	Meillacoide	Meillacoide-Chicoide	Chicoide	Ostionoide	No Identificado	Sin-Cerámica	Área	Función	Fuente
124	Arturo Payero	0	0	1	0	0	0	0	HAB	Ulloa-PhD
125	Don Julio	1	0	1	0	0	0	0	HAB	Ulloa-PhD
126	Humilde López	1	0	1	0	0	0	22000	HAB	Ulloa-PhD
127	La Tina	1	0	0	0	0	0	5640	HAB	Ulloa-PhD
128	Los Mangos	1	0	0	0	0	0	3708	HAB	Ulloa-PhD
129	Los Pachecos	1	0	0	0	0	0	2068	HAB	Ulloa-PhD
130	Los Pérez	1	0	1	0	0	0	6000	HAB	Ulloa-PhD
131	Papolo	1	0	0	0	0	0	4960	HAB	Ulloa-PhD
132	Popi	1	0	1	0	0	0	26250	HAB	Ulloa-PhD
133	Puerto Juanita	1	0	1	0	0	0	18500	HAB	Ulloa-PhD
134	Guzmancito	1	0	0	1	0	0	29000	HAB	Ulloa-PhD
135	Caonao	1	0	0	1	0	0	0	HAB	Ulloa-PhD
136	Loma Perenal	1	0	1	0	0	0	139000	HAB	Ulloa-PhD
137	Los Patos	0	0	0	1	0	0	1470	HAB	Ulloa-PhD
138	El Solar de Zepelín	0	0	0	0	1	0	0	HAB	Ulloa-PhD
139	Gregorio	0	0	0	0	1	0	0	HAB	Ulloa-PhD
140	José Enrique Quiñones	0	0	0	0	1	0	0	HAB	Ulloa-PhD
141	Juan Antonio	0	0	0	0	1	0	0	HAB	Ulloa-PhD
142	La Cota	0	0	0	0	1	0	0	HAB	Ulloa-PhD
143	La Mina de Adolfo	0	0	0	0	1	0	0	HAB	Ulloa-PhD
144	Las Cuevas de Rafo	0	0	0	0	1	0	0	HAB	Ulloa-PhD
145	Los Bros	0	0	0	0	1	0	0	HAB	Ulloa-PhD
146	Nino Acosta	0	0	0	0	1	0	0	HAB	Ulloa-PhD
147	Rafael Quiñones	0	0	0	0	1	0	0	HAB	Ulloa-PhD

	Sitio	Meillacoide	Meillacoide-Chicoide	Chicoide	Ostionoide	No Identificado	Sin-Cerámica	Área	Función	Fuente
148	Playa Brimbale	0	0	0	0	1	0	0	SER	Ulloa-PhD
149	Los Manatís	0	0	0	0	1	0	0	HAB	Ulloa-PhD
150	Laguna Grande	0	0	1	0	0	0	0	HAB	Art-MHD
151	José Brito	0	0	0	0	1	0	1606	HAB	Art-MHD
152	Caño Quintana I	0	0	0	0	0	1	13600	SER	Art-MHD
153	Caño Quintana II	0	0	0	0	1	0	20300	HAB	Art-MHD
154	Los Balatases	1	0	0	0	0	0	98000	HAB	Art-MHD
155	Abrigo Rocoso I (El Flaire)	0	0	0	0	1	0	0	ARC	Art-MHD
156	Juan Alonso Indio	1	0	0	0	0	0	24035	HAB	Art-MHD
157	Cerro del Higo	0	0	1	0	0	0	0	HAB	Art-MHD
158	La Piragua I	0	0	1	0	0	0	0	HAB	Art-MHD
159	La Piragua II	0	0	0	0	1	0	0	HAB	Art-MHD
160	La Piragua III	0	0	1	0	0	0	1050	HAB	Art-MHD
161	La Joya	0	0	0	0	1	0	0	HAB	Art-MHD
162	Alto de los Gómez	1	0	1	0	0	0	0	HAB	Art-MHD
163	César Gómez	1	0	0	0	0	0	9000	HAB	Art-MHD
164	Jacinto Gómez I	0	0	0	0	1	0	1920	HAB	Art-MHD
165	Jacinto Gómez II	0	0	1	0	0	0	0	HAB	Art-MHD
166	Leonido Gómez I	1	0	1	0	0	0	0	HAB	Art-MHD
167	Leonido Gómez II	0	0	1	0	0	0	0	HAB	Art-MHD
168	Los Muertos II	0	0	1	0	0	0	0	HAB	Art-MHD
169	Rosa Gómez	0	0	0	0	1	0	2100	HAB	Art-MHD
170	Rosa Gómez II	0	0	1	0	0	0	1260	HAB	Art-MHD
171	Juan Gómez	1	0	0	0	0	0	10000	HAB	Art-MHD

	Sitio	Meillacoide	Meillacoide-Chicoide	Chicoide	Ostionoide	No Identificado	Sin-Cerámica	Área	Función	Fuente
172	Jeiron Alvarez	0	0	1	0	0	0	0	HAB	Art-MHD
173	Víctor Gómez	0	0	1	0	0	0	1914	HAB	Art-MHD
174	Félix Molina	1	0	1	0	0	0	8400	HAB	Art-MHD
175	Negrito	0	0	1	0	0	0	9900	HAB	Art-MHD
176	Norita	0	0	0	0	0	1	250	SER	Art-MHD
177	Abrigo Rocoso Los Pilones II	0	0	0	0	1	0	0	ARC	Art-MHD
178	Conchero Los Pozos Amarillos	0	0	0	0	1	0	0	ARC	Art-MHD
179	Dieguito	0	0	0	0	1	0	0	HAB	Art-MHD
180	Cuevas Las Abejas	0	0	0	0	1	0	0	ARC	Art-MHD
181	Bololón	1	0	0	0	0	0	14000	HAB	Art-MHD
182	Guaconejal	0	0	0	0	1	0	0	HAB	Art-MHD
183	El Estero. Pozos Amarillos	0	0	0	0	1	0	3082	HAB	Art-MHD
184	Los Patos II	0	0	0	0	0	1	57400	SER	Art-MHD
185	Alto de Teto. Finca Bisono	0	0	0	0	1	0	0	HAB	Art-MHD
186	Arismendi	0	0	0	0	1	0	5904	HAB	Art-MHD
187	Rafelito Rosa	0	0	1	0	0	0	4836	HAB	Art-MHD
188	Abrigo Rocos Loma de Los Toros	0	0	0	0	1	0	0	ARC	Art-MHD
189	Abrigo Rocoso Caño Miguel	0	0	0	0	1	0	0	ARC	Art-MHD
190	Conchal I. Caño Miguel	0	0	0	0	0	1	600	SER	Art-MHD
191	Conchal II. Caño Miguel	0	0	0	0	0	1	242	SER	Art-MHD

Sitio	Meillacoide	Meillacoide-Chicoide	Chicoide	Ostionoide	No Identificado	Sin-Cerámica	Área	Función	Fuente
192	Conchal III. Caño Miguel	0	0	0	0	0	1	120	SER	Art-MHD
193	Conchal IV. Caño Miguel	0	0	0	0	0	1	340	SER	Art-MHD
194	Nereyda Rosario	0	0	0	0	1	0	150	HAB	Art-MHD
195	Ramón Antonio Ulloa	0	0	1	0	0	0	0	HAB	Art-MHD
196	Conchales Boca de Estero Hondo I	1	0	0	1	0	0	7000000	SER	Art-MHD
197	El Flaco	1	0	1	0	0	0	17827	HAB	Art-MHD
198	Arroyo Caña	1	0	0	0	0	0	11640	HAB	Art-MHD
199	Amina	1	0	0	1	0	0	5194	HAB	Art-MHD
200	Boca de Unijica	1	0	0	0	0	0	770	HAB	Art-MHD
201	La Luperona	1	0	0	0	0	0	0	HAB	Art-MHD
202	Meillac	1	0	0	0	0	0	0	HAB	Moore
203	Lagon aux Boeufs I	1	0	0	0	0	0	35200	HAB	Moore
204	Ile-a-Boucanier	0	0	0	1	0	0	4900	HAB	Moore
205	Mapou	0	0	1	0	0	0	20000	HAB	Moore
206	Devant Ft. Joseph	1	0	0	0	0	0	5625	HAB	Moore
207	Angot I	1	0	0	0	0	0	500	HAB	Moore
208	Meillac (Rainey* Rouse)	1	0	0	0	0	0	5000	HAB	Rainey-Rouse
209	Fredouches	0	0	1	0	0	0	3500	HAB	Moore
210	Angot II	0	0	1	0	0	0	30000	HAB	Moore
211	Fou Lachau II	1	0	0	0	0	0	2500	HAB	Moore
212	Passe Fond Blanc I	1	0	0	0	0	0	2400	HAB	Moore
213	La Baie I	1	0	0	0	0	0	600	HAB	Moore
214	Ferrier	1	0	0	0	0	0	600	HAB	Moore
215	Mapou II	0	0	1	0	0	0	7500	HAB	Moore
216	Burjo	0	0	1	0	0	0	600	HAB	Moore
217	La Baie II	1	0	0	0	0	0	25	HAB	Moore

	Sitio	Meillacoide	Meillacoide-Chicoide	Chicoide	Ostionoide	No Identificado	Sin-Cerámica	Área	Función	Fuente
218	Passe Fond Blanc II	0	0	1	0	0	0	25	HAB	Moore
219	Ille-a-Cabrite	0	0	0	1	0	0	5000	HAB	Moore
220	Nan Blanc I	0	0	1	0	0	0	100	HAB	Moore
221	Derrier Morne (NE)	0	0	1	0	0	0	75000	HAB	Moore
222	299-1-7	1	0	0	0	0	0	6	HAB	Moore
223	Nan Blanc III	1	0	0	0	0	0	400	HAB	Moore
224	299-1-8	1	0	0	0	0	0	400	HAB	Moore
225	299-1-9	1	0	0	0	0	0	400	HAB	Moore
226	Meillac II	1	0	0	0	0	0	900	HAB	Moore
227	Meillac III	1	0	0	0	0	0	225	HAB	Moore
228	299-1-11	1	0	0	0	0	0	3000	HAB	Moore
229	299-1-13	1	0	0	0	0	0	1600	HAB	Moore
230	Meilac V	1	0	0	0	0	0	225	HAB	Moore
231	Redoubt St. Frederic	1	0	0	0	0	0	25	HAB	Moore
232	Meillac VI	0	0	1	0	0	0	225	HAB	Moore
233	Gillote II	1	0	1	0	0	0	1500	HAB	Moore
234	Lagon aux Boeufs II	1	0	0	0	0	0	400	HAB	Moore
235	Depe	1	0	1	0	0	0	25	HAB	Moore
236	Moyeaux Enbas (Rainey* Rouse)	1	0	0	0	0	0	8000	HAB	Rainey-Rouse
237	Moyeaux Enhaut (Rainey* Rouse)	1	0	0	0	0	0	1200	HAB	Rainey-Rouse
238	Macady (Rainey* Rouse)	1	0	0	0	0	0	2500	HAB	Rainey-Rouse
239	299-2-8	1	0	0	0	0	0	900	HAB	Moore
240	Diale I (Rainey* Rouse)	1	0	0	0	0	0	7000	HAB	Rainey-Rouse
241	Diale II (Rainey* Rouse)	0	0	1	0	0	0	3750	HAB	Rainey-Rouse
242	299-2-11	1	0	0	0	0	0	25	HAB	Moore
243	299-2-12	0	0	1	0	0	0	200	HAB	Moore
244	Enbas Romeo	1	0	0	0	0	0	300	HAB	Moore
245	La Source II	1	0	0	0	0	0	750	HAB	Moore

	Sitio	Meillacoide	Meillacoide-Chicoide	Chicoide	Ostionoide	No Identificado	Sin-Cerámica	Área	Función	Fuente
246	Morne Savanne Carree	1	0	0	0	0	0	1200	HAB	Moore
247	Zwazo I	1	0	0	0	0	0	400	HAB	Moore
248	Zwazo II	1	0	0	0	0	0	400	HAB	Moore
249	Phaeton (NE)	0	0	1	0	0	0	22500	HAB	Moore
250	Carrier (Rainey* Rouse)	0	0	1	0	0	0	8000	HAB	Rainey-Rouse
251	Paulette II	1	0	0	0	0	0	2250	HAB	Moore
252	Enbas La Source I	1	0	0	0	0	0	100	HAB	Moore
253	Enbas La Source II	0	0	1	0	0	0	100	HAB	Moore
254	Ridge Maurice	0	0	1	0	0	0	1500	HAB	Moore
255	Bayaha	0	0	1	0	0	0	20000	HAB	Moore
256	Romeo	1	0	0	0	0	0	0	HAB	Moore
257	Malfety	0	0	1	0	0	0	400	HAB	Moore
258	Deligne I	1	0	0	0	0	0	100	HAB	Moore
259	Enbas Morne Drapeau	1	0	0	0	0	0	400	HAB	Moore
260	Morne Despadel Est	0	0	1	0	0	0	15000	HAB	Moore
261	Morne Derrier Savanne	1	0	0	0	0	0	25	HAB	Moore
262	Morne Drapeau Ouest	1	0	0	0	0	0	750	HAB	Moore
263	Morne Despadel Est II	1	0	0	0	0	0	450	HAB	Moore

Apéndice 2

Sitios Arqueológicos mencionados y utilizados en los análisis e interpretaciones de la investigación (n=102).

ID	ID Anterior	Este	Norte
MC-1	Cristóbal Gómez	264593,00	2192331,00
MC-5	Rafo	260811,00	2192784,00
MC-7	Don Julio	260071,00	2193739,00
MC-9	La Tina	260885,00	2194650,00
MC-10	Papolo	264287,00	2192340,00
MC-11	Puerto Juanita	262405,00	2193238,00
MC-13	José Enrique Quinones	264800,00	2191227,00
MC-15	Las Cuevas de Rafo	261666,00	2192784,00
MC-16	Rafael Quinones	264478,00	2191075,00
MC-21	La Paloma I	268013,00	2188846,00
MC-27	Las Canas	246401,00	2194934,00
MC-28	El Lechosal	235171,00	2200243,00
MC-29	Lucrecio González	239299,00	2200265,00
MC-30	Rufino Martínez	239354,00	2199599,00
MC-31	Pedrito Martínez	239960,00	2198849,00
MC-32	Victoriano	242123,00	2199624,00
MC-33	Juan de Dios Rosario	248227,00	2195625,00
MC-34	La Poza	245718,00	2199479,00
MC-35	La Poza 2	245374,00	2199084,00
MC-36	La Piedra	246265,00	2199429,00
MC-37	El Peñón	256372,00	2192041,00
MC-38	El Cayal I	254894,00	2194091,00
MC-39	El Cayal II	255877,00	2192943,00
MC-40	Cesar Gonzáles	253874,00	2191517,00
MC-41	Percio Cruz	255106,00	2190735,00
MC-42	La Parcela	252890,00	2192150,00
MC-44	MC-143	242386,99	2197366,07
MC-45	MC-153	240551,03	2201405,10
MC-46	MC-163	239974,86	2202256,17
MC-47	MC-164	241598,01	2200895,61
MC-48	MC-166	241909,47	2201343,51
MC-49	MC-170	239666,15	2199492,98
MC-50	MC-173	235249,92	2202910,97
MC-51	MC-181	243489,58	2200726,09
MC-52	MC-187	234373,40	2197986,59
MC-53	MC-188A	243002,39	2199073,66
MC-54	MC-189A	242895,39	2198958,15
MC-56	MC-191A	242122,20	2198444,31
MC-57	MC-192	247258,19	2194978,08
MC-58	MC-193A	243230,03	2199379,37

ID	ID Anterior	Este	Norte
MC-59	MC-194A	242976,66	2200644,29
MC-60	MC-195A	254701,20	2189374,12
MC-61	MC-196A	256001,21	2188875,96
MC-62	MC-197A	252213,25	2194421,82
MC-63	MC-198A	252485,59	2191188,36
MC-64	MC-199A	253013,74	2191807,95
MC-65	MC-200A	244079,12	2198528,02
MC-66	MC-201A	246476,86	2198891,14
MC-67	MC-202A	250008,77	2195833,08
MC-68	MC-203A	249849,92	2195820,27
MC-70	MC-205B	250125,20	2195773,07
MC-71	MC-206A	258634,02	2193665,19
MC-72	MC-207A	249993,39	2197722,55
MC-73	MC-208A	261332,34	2191699,50
MC-74	MC-209A	223238,92	2187216,55
MC-75	MC-210A	211166,31	2180939,74
MC-76	MC-211A	221431,55	2191176,64
MC-77	MC-212A	227732,06	2200916,60
MC-78	MC-213A	221912,55	2194261,54
MC-79	MC-214A	223646,29	2201065,38
MC-80	MC-215A	211930,14	2179538,68
MC-81	MC-216A	211356,48	2179816,62
MC-82	MC-217	211616,57	2181130,86
MC-84	MC-219A	223857,65	2187706,50
MC-85	MC-220A	253181,07	2190584,36
MC-86	MC-221A	229371,41	2201294,56
MC-87	MC-222A	229864,50	2202085,33
MC-88	MC-223A	222909,26	2201510,42
MC-89	MC-224A	224062,44	2192990,28
MC-90	MC-225B	236942,14	2202972,11
MC-91	MC-226A	230906,33	2202922,54
MC-92	MC-227A	229618,76	2201830,78
MC-93	MC-228A	222892,04	2175792,87
MC-98	MC-233A	211389,53	2178695,94
MC-100	MC-235A	252440,80	2190931,27
MC-101	MC-236A	217936,26	2188126,57
MC-102	MC-237A	217333,45	2188317,74
MC-103	MC-238A	240029,47	2199821,57
MC-104	MC-239A	241348,89	2199198,40
MC-105	MC-240A	216533,48	2193454,93
MC-106	MC-241A	228235,35	2200385,76

ID	ID Anterior	Este	Norte
MC-107	MC-242A	237286,73	2198719,34
MC-108	MC-243A	236787,80	2198782,60
MC-109	MC-244A	238124,03	2198514,94
MC-110	MC-245A	238026,72	2198200,48
MC-111	MC-246A	243792,92	2198729,11
MC-112	MC-247	241726,55	2197695,48
MC-113	MC-248A	251586,34	2191424,34
MC-114	MC-249A	251207,83	2192670,20
MC-115	MC-250A	236252,84	2198131,09
MC-116	MC-251A	234988,80	2198336,23
MC-117	MC-252A	235327,20	2198287,73
MC-118	MC-253	231182,00	2201744,00
MC-119	MC-254	231143,00	2201526,00
MC-120	MC-255	232276,00	2201397,00
MC-122	MC-225A	237386,60	2202918,40
MC-123	MC-225F	236652,16	2203057,75
MC-124	MC-225I	235400,81	2203421,22
MC-125	MC-192B	247065,28	2194804,73
MC-126	MC-215F	211809,04	2179252,93
MC-127	MC-233D	211257,36	2178439,95
MC-128	Lucrecio González	239299,00	2200265,00

Apéndice 3

Cuantitativa de materiales arqueológicos recolectados en cada sitio.

ID	ID Anterior	East	North	C-Cerámica Total	C-Cerámica Dec.	C-Cerámica No Dec.	P-Budares	C-Lítica	C-Concha	C-Coral	P-Especies	Total
MC-1	"Cristóbal Gómez"	264593.00	2192331.00	3	3	0	1	6	0	0	0	9
MC-5	"Rafo"	260811.00	2192784.00	4	1	3	0	2	1	13	0	20
MC-7	"Don Julio"	260071.00	2193739.00	200	175	25	1	1	0	15	7	216
MC-9	"La Tina"	260885.00	2194650.00	0	0	0	0	0	10	3	0	13
MC-10	"Papolo"	264287.00	2192340.00	6	6	0	0	0	2	0	0	8
MC-11	"Puerto Juanita"	262405.00	2193238.00	18	14	0	0	3	0	6	0	27
MC-13	"José Enrique Quinones"	264800.00	2191227.00	8	0	8	0	2	0	0	0	10
MC-16	"Rafael Quinones"	264478.00	2191075.00	16	0	16	1	2	0	0	0	18
MC-24	"Hatillo Palma"	271024.00	2173262.00	117	103	14	0	24	0	4	0	145
MC-27	"Las Canas"	246401.00	2194934.00	13	4	9	0	27	11	1	3	52
MC-28	"El Lechosal"	235171.00	2200243.00	9	6	3	0	2	5	0	6	16
MC-29	"Lucrecio González"	239299.00	2200265.00	112	11	101	0	1	2	0	4	115
MC-30	"Rufino Martínez"	239354.00	2199599.00	99	22	77	1	1	0	1	5	101
MC-31	"Pedrito Martínez"	239960.00	2198849.00	43	0	43	0	3	3	0	8	49
MC-32	"Victoriano"	242123.00	2199624.00	115	22	93	1	4	4	1	6	124
MC-33	"Juan de Dios Rosario"	248227.00	2195625.00	142	25	117	0	14	4	2	9	162

ID	ID Anterior	East	North	C-Cerámica Total	C-Cerámica Dec.	C-Cerámica No Dec.	P-Budares	C-Lítica	C-Concha	C-Coral	P-Especies	Total
MC-34	"La Poza"	245718.00	2199479.00	65	10	55	0	2	3	0	6	70
MC-35	"La Poza 2"	245374.00	2199084.00	53	10	43	0	1	3	0	3	57
MC-36	"La Piedra"	246265.00	2199429.00	10	1	9	0	0	3	0	2	13
MC-37	"El Peñón"	256372.00	2192041.00	119	54	65	1	8	3	2	2	132
MC-38	"El Cayal I"	254894.00	2194091.00	86	15	71	1	6	0	0	2	92
MC-39	"El Cayal II"	255877.00	2192943.00	229	17	212	1	1	0	2	4	232
MC-40	"Cesar Gonzáles"	253874.00	2191517.00	147	48	99	1	0	1	0	2	148
MC-41	"Percio Cruz"	255106.00	2190735.00	108	31	77	1	2	0	1	6	111
MC-42	"La Parcela"	252890.00	2192150.00	176	25	151	0	3	1	2	3	182
MC-43	"Cayo Pablillo"	220652.00	2201150.00	5	0	5	0	0	0	0	0	5
MC-44	"MC-143/MC-150"	242376.94	2197330.99	785	246	539	1	62	31	1	13	879
MC-45	"MC-153/MC-161"	240551.03	2201405.10	9	0	9	0	0	1	0	3	10
MC-46	"MC-163"	239962.88	2202289.25	4	1	3	0	0	4	0	4	8
MC-47	"MC-164/MC-165"	241598.01	2200895.61	41	6	35	1	0	0	1	2	42
MC-48	"MC-166/MC-168"	241869.20	2201362.81	0	0	0	0	2	0	0	3	2
MC-49	"MC-170/MC-172"	239665.72	2199478.58	10	2	8	0	0	0	1	3	11
MC-50	"MC-173/MC-180"	235235.91	2202912.62	30	3	27	1	3	2	0	7	35
MC-51	"MC-181/MC-186"	243489.58	2200726.09	0	0	0	0	0	0	0	6	0
MC-52	"MC-187"	234399.54	2197968.92	239	38	201	1	4	14	3	3	260

ID	ID Anterior	East	North	C-Cerámica Total	C-Cerámica Dec.	C-Cerámica No Dec.	P-Budares	C-Lítica	C-Concha	C-Coral	P-Especies	Total
MC-53	"MC-188A"	243002.39	2199073.66	6	2	4	0	3	0	2	2	11
MC-54	"MC-189A"	242895.39	2198958.15	0	0	0	0	2	0	0	5	2
MC-56	"MC-191F"	242180.56	2198415.44	0	0	0	0	0	1	0	2	1
MC-57	"MC-192D"	247102.36	2194781.72	2	0	2	0	0	0	0	1	2
MC-58	"MC-193E"	243249.87	2199367.23	1	0	0	1	7	5	0	2	13
MC-59	"MC-194A"	242976.66	2200644.29	0	0	0	0	0	0	0	2	0
MC-60	"MC-195E"	254633.30	2189406.95	19	8	11	1	2	0	0	1	21
MC-61	"MC-196D"	256010.87	2188861.88	0	0	0	0	0	0	1	1	1
MC-62	"MC-197H"	252245.98	2194431.78	19	15	4	1	2	2	1	5	24
MC-63	"MC-198H"	252525.38	2191185.26	3	0	0	0	1	0	0	1	4
MC-64	"MC-199A"	253013.74	2191807.95	11	8	3	0	0	5	0	2	16
MC-65	"MC-200A"	244079.12	2198528.02	0	0	0	0	0	1	0	0	1
MC-66	"MC-201A"	246476.86	2198891.14	5	5	0	0	8	4	1	2	18
MC-67	"MC-202A"	250008.77	2195833.08	14	11	3	0	2	0	1	2	17
MC-68	"MC-203A"	249849.92	2195820.27	42	26	16	1	3	1	2	5	48
MC-70	"MC-205C"	250174.89	2195744.90	2	2	0	0	1	0	0	0	3
MC-71	"MC-206J"	258631.20	2193696.35	17	7	10	1	3	0	3	3	23
MC-72	"MC-207D"	249946.92	2197763.53	6	1	5	0	0	0	1	4	7
MC-73	"MC-208G"	261266.34	2191725.41	11	6	5	1	0	1	0	2	12
MC-74	"MC-209C"	223158.17	2187236.42	88	47	41	0	5	1	2	8	96
MC-75	"MC-210A"	211166.31	2180939.74	1	1	0	0	0	0	0	3	1
MC-76	"MC-211D"	221429.19	2191199.94	49	33	16	1	7	1	0	6	57
MC-77	"MC-212H"	227858.85	2200936.47	7	5	2	0	0	4	1	5	12
MC-78	"MC-213A"	221912.55	2194261.54	5	2	3	0	1	0	0	3	6
MC-79	"MC-214A"	223646.29	2201065.38	0	0	0	0	1	0	0	3	1
MC-80	"MC-215B"	211899.26	2179530.32	55	42	13	1	0	0	0	4	55

ID	ID Anterior	East	North	C-Cerámica Total	C-Cerámica Dec.	C-Cerámica No Dec.	P-Budares	C-Lítica	C-Concha	C-Coral	P-Especies	Total
MC-81	"MC-216A"	211356.48	2179816.62	7	1	6	1	0	0	0	5	7
MC-82	"MC-217"	211616.57	2181130.86	1	0	1	0	1	0	0	2	2
MC-83	"MC-218H"	226693.71	2186949.43	72	71	1	1	6	4	0	0	82
MC-84	"MC-219D"	223867.64	2187796.07	104	60	44	1	24	6	2	5	136
MC-85	"MC-220B"	253242.12	2190564.68	31	13	18	1	2	3	0	3	36
MC-86	"MC-221H"	229237.64	2201228.71	0	0	0	0	0	0	0	7	0
MC-87	"MC-222B"	229941.18	2202091.13	0	0	0	0	0	0	0	3	0
MC-88	"MC-223A"	222909.26	2201510.42	13	3	10	1	0	0	0	7	13
MC-89	"MC-224C"	223980.44	2192962.31	20	12	8	1	4	0	0	4	24
MC-90	"MC-225D"	236910.62	2203001.05	1	0	1	0	2	1	0	2	4
MC-91	"MC-226D"	231040.16	2202897.23	0	0	0	0	0	1	0	4	1
MC-92	"MC-227C"	229523.42	2201865.92	0	0	0	0	0	0	0	3	0
MC-93	"MC-228A"	222892.04	2175792.87	0	0	0	0	0	0	0	1	0
MC-94	"MC-229"	227842.96	2174945.83	5	1	4	0	0	0	0	0	5
MC-95	"MC-230L"	232036.36	2172804.87	44	26	18	1	9	2	1	0	56
MC-96	"MC-231A"	227980.18	2174743.14	0	0	0	0	7	0	0	0	7
MC-97	"MC-232B"	248505.73	2171380.81	5	1	4	0	7	0	1	0	13
MC-98	"MC-233B"	211382.39	2178728.07	17	0	17	0	1	0	0	2	18
MC-100	"MC-235E"	252482.88	2190919.82	6	6	0	0	2	0	1	4	9
MC-101	"MC-236"	217937.00	2188127.00	5	1	4	0	16	0	1	10	22
MC-102	"MC-237"	217298.00	2188350.00	1	1	0	0	0	0	0	5	1
MC-103	"MC-238"	240030.00	2199822.00	2	0	2	0	0	0	0	3	2
MC-104	"MC-239"	241349.00	2199198.00	1	0	1	0	0	0	0	1	1

ID	ID Anterior	East	North	C-Cerámica Total	C-Cerámica Dec.	C-Cerámica No Dec.	P-Budares	C-Lítica	C-Concha	C-Coral	P-Especies	Total
MC-105	"MC-240"	216553.00	2193455.00	0	0	0	0	0	1	0	3	1
MC-106	"MC-241"	228235.00	2200386.00	0	0	0	0	0	0	0	2	0
MC-107	"MC-242"	237286.00	2198719.00	0	0	0	0	0	0	0	2	0
MC-108	"MC-243"	236788.00	2198783.00	20	13	7	1	2	0	1	3	23
MC-110	"MC-245"	238071.00	2198262.00	0	0	0	0	0	1	0	3	1
MC-111	"MC-246"	243663.00	2198735.00	12	1	11	0	4	1	2	5	19
MC-112	"MC-247"	241947.00	2197651.00	7	2	5	0	3	4	0	3	14
MC-113	"MC-248"	251586.00	2191424.00	17	7	10	1	5	3	0	5	25
MC-114	"MC-249"	251208.00	2192670.00	13	8	5	0	0	3	1	3	17
MC-115	"MC-250"	236253.00	2198131.00	27	23	4	1	7	4	3	6	41
MC-116	"MC-251"	234989.00	2198336.00	4	3	1	1	1	0	1	2	6
MC-117	"MC-252"	235327.00	2198288.00	11	10	1	1	3	5	4	3	23
MC-118	"MC-253"	231182.00	2201744.00	0	0	0	0	0	4	0	6	4
MC-119	"MC-254"	231143.00	2201526.00	0	0	0	0	0	2	0	5	2
MC-120	"MC-255"	232276.00	2201397.00	0	0	0	0	0	1	0	6	1
MC-122	"MC-225A"	237386.60	2202918.40	0	0	0	0	0	0	0	2	0
MC-123	"MC-225G"	236536.87	2203131.81	0	0	0	0	0	0	0	2	0
MC-124	"MC-225I"	235400.81	2203421.22	0	0	0	0	0	0	0	2	0
MC-125	MC-192B	247065.28	2194804.73	0	0	0	0	2	2	0	2	4
MC-126	MC-215F	211809.04	2179252.93	0	0	0	0	0	0	0	1	0
MC-127	MC-233D	211257.36	2178439.95	0	0	0	0	0	1	0	0	1
MC-128	Lucrecio González	239299.00	2200265.00	2	2	0	0	1	2	1	2	6
Total		3832	1385	2439	35	343	185	93	N/A	4453		

Códigos:

"C-" Cuantitativa
"P-" Presencia/Ausencia

Nota:

Los totales sólo incluyen las columnas "C-"

Resumen

Sobre la investigación y sus objetivos

La investigación que dio fundamento a esta disertación forma parte del proyecto *NEXUS 1492: New World Encounters In A Globalising World* cuya meta es "investigar los impactos de los encuentros coloniales en el Caribe, [y] el nexo de las primeras interacciones entre el Nuevo y el Viejo Mundo" (Hofman *et al.* 2013: 1). Parte de las investigaciones dentro del contexto de este proyecto se llevaron a cabo en la región del primer contacto continuo entre españoles e indígenas: el Norte de la isla hoy compartida por la Republica Dominicana y la Republica de Haití. Los grupos indígenas que habitaron en esta isla la llamaron *Haytí*, y posteriormente Colón a su llegada la renombró como *La Española*. Considerando la historia de las investigaciones arqueológicas en el Norte de la isla, se decidió enfocarse en la costa de la provincia de Montecristi, en el Noroeste de la actual República Dominicana. Igualmente, la decisión de explorar esta área respondió a su ubicación en el contexto geográfico del norte de la isla. Esto debido a que la actual provincia está situada entre los sectores donde se fundaron las primeras villas y fortalezas españolas al inicio del proceso de conquista y colonización. Estos asentamientos europeos tempranos fueron, al Oeste: el fuerte La Navidad construido con los materiales del naufragio de la Santa María en 1492, en la costa Norte de la actual Haití y la villa de Puerto Real, construida durante el periodo Ovandino en las cercanías de La Navidad en 1503; al Este, se localizaba la primera villa europea en la isla y el continente, llamada por Colón *La Isabela* y fundada en 1493; y finalmente, el área conocida como La Ruta de Colón que abarcaba desde La Isabela hasta el fuerte Santo Tomás a orillas del río Jánico construido en 1494. A lo largo de esta ruta que atraviesa la Cordillera Septentrional y parte del valle del Cibao se construyeron diferentes fortalezas y villas como La Magdalena, La Esperanza, Santiago de los Caballeros, Concepción de la Vega y, por supuesto, el fuerte Santo Tomás de Jánico. Sin lugar a dudas las poblaciones que habitaron en la costa de la actual provincia de Montecristi se vieron afectadas por el desarrollo de este contexto colonial inicial. Por esto, para el desarrollo de la investigación se consideró que para estudiar la trasformación del paisaje indígena era necesario realizar un estudio arqueológico regional, que permitiera producir una imagen del paisaje indígena. Para posteriormente, a partir del uso de las crónicas y las cartografías tempranas realizadas tanto para el área de investigación como para la región norte de la isla, comparar el paisaje indígena con el español y definir los posibles aspectos donde se observa una transformación.

Como parte del objetivo del proyecto de estudiar los encuentros coloniales, el objetivo general de esta investigación se concentró en *estudiar la transformación del paisaje indígena al colonial en la isla de Haytí/La Española dentro del contexto de los conflictos suscitados después de 1492*. Para esto se consideraron cuatro objetivos secundarios: 1) *Estudiar las distribuciones de sitios arqueológicos y cultura material indígena prehispánica en la costa de la actual provincia de Montecristi* (a ser desarrollado en el capítulo de análisis). 2) *Evaluar las relaciones entre variables ambientales, distribución de sitios y la cultura material indígena en el área de estudio* (a ser desarrollado en el capítulo de análisis). 3) *Explorar una muestra de mapas y crónicas tempranas del Norte de La Española como evidencia de la representación de las primeras ideas y construcciones españolas de su paisaje y del "Nuevo Mundo"* (a ser desarrollado en el capítulo contextual y en la discusión). 4) *Comparar los patrones indígenas con los españoles en términos regionales para evaluar la transformación del paisaje.*

- Una serie de preguntas de investigación, permitieron concretar actividades específicas para operacionalizar estos objetivos. Estas fueron:
- ¿Cuál es la distribución de sitios arqueológicos indígenas en la costa de la actual Provincia de Montecristi?
- ¿Cuál es la diversidad de la cultura material indígena en la costa de la actual Provincia de Montecristi?
- ¿En qué medida se relacionan la distribución de sitios y los tipos específicos de cultura material indígena?
- ¿En qué medida la distribución de sitios y cultura material indígena se relacionan con características ambientales?
- ¿Cómo representaron las primeras cartografías y crónicas las concepciones españolas sobre el territorio y la distribución espacial de las poblaciones indígenas?
- A partir de las evidencias trabajadas, ¿cómo se puede definir la transformación del paisaje indígena al colonial en la región de estudio?

Perspectiva teórica y metodológica

Para responder a los objetivos y preguntas de la investigación, así como proporcionar un modelo teórico para desarrollar el tema de las transformaciones del paisaje indígena desde el período prehispánico al colonial, en la investigación se utilizaron dos conceptos: la noción de *sitio arqueológico* y el concepto de *paisaje*. En el capítulo teórico se revisa el concepto de *sitio* y *paisaje*, desde sus orígenes hasta sus usos actuales dentro de la disciplina. En términos teóricos, en esta disertación se avanza en los debates de estos conceptos al proponer dos soluciones pragmáticas a las problemáticas suscitadas por ambos en la forma de: *sitios como tendencias* y *taskscapes en conflicto*. En cuanto al primer concepto, la propuesta que se plantea para esta investigación toma la idea de Willey y Phillips (1958) de considerar el sitio como unidad básica de análisis. Considerando que un sitio es el conjunto de materiales y características arqueológicas en asociación espacial y/o estratigráfica (Hurst Thomas 1979; Binford 1982). Pero manteniendo la base de que el *sitio arqueológico no es* una categoría auto-definible (Dunnel 1992), sino que los registros en el campo deben hacerse sobre *las distribuciones de artefactos* y no sobre una idea de sitio arqueológico tomada sin una revisión del contexto regional de la distribución de cultura material. Con esto presente, el sitio puede ser considerado como una *tendencia* (Foley 1981) de las actividades de los seres humanos en el mundo. Las acciones humanas en el mundo dejan un rastro de sus intenciones y actividades particulares, que además de su recurrencia espacial tienden a ser recurrentes en el tiempo. Considerar a los sitios como tendencias de las acciones humanas y de las tareas (*tasks*) llevadas a cabo en contextos ambientales particulares, puede permitir la identificación de lo que Ingold definió como *taskscapes* (Ingold 1993, 2017). Para la segunda solución pragmática, ya que la investigación busca entender la transformación del paisaje a través del uso de una perspectiva de análisis espacial, fue necesario desarrollar un concepto que articulara estos dos requisitos. La idea del *taskscape* permitió integrar las evidencias arqueológicas (por ejemplo, los sitios) a nociones teóricas sobre el movimiento, uso y conocimiento del terreno, por parte de los grupos indígenas, a nivel regional que son fundamentales para evaluar transformaciones culturales. Por otro lado, el objetivo de considerar el conflicto se basó en las características históricas de las relaciones entre indígenas y españoles. Además, esto permitió observar cómo los conflictos culturales se materializan espacialmente en los patrones de distintas áreas del Norte de la isla.

De manera de operacionalizar estas ideas teóricas, el capítulo Metodológico se dividió en cinco secciones. En la primera sección, se presenta una discusión sobre las escalas espacio-temporales de la investigación. En este apartado se argumenta la definición las áreas, regiones y macro-región del trabajo, así como otros elementos espaciales y temporales relevantes. En la segunda sección, se tratan los métodos para la descripción y clasificación de los datos espaciales, donde se presenta la perspectiva metodológica para la definición y clasificación de *sitio arqueológico*, sobre la base de investigaciones anteriores y diversas propuestas teóricas. En la tercera sección, se explica y contextualiza la perspectiva arqueológica regional de la investigación, así como se desarrollan los tres métodos de trabajo de campo empleados: *prospección sistemática, prospección oportunista* y *modelos predictivos*. En la cuarta sección, se explican los métodos de documentación y procesamiento de evidencias, que se relacionan con el registro y manejo de datos desde el trabajo de campo hasta el laboratorio. En esta sección se incluyen el procesamiento de los datos de campo, el registro de los conjuntos de datos espaciales, y las evidencias históricas y cartográficas. En la quinta sección, se discuten los métodos de análisis que consistieron en análisis estadísticos y estadísticos espaciales tales como: *Análisis de Correspondencia Múltiple, Análisis de Componentes Principales, Regresión logística, Modelos de procesos puntuales y Regresión Geográfica Ponderada*. Los resultados de los análisis permitieron observar asociaciones, combinaciones y patrones espaciales entre la cultura material, los sitios arqueológicos y las variables ambientales, que permitieron componer una idea del paisaje indígena y su transformación.

Resultados Principales

Esta investigación generó resultados a distintas escalas espaciales. La primera estuvo relacionada directamente con la distribución de sitios arqueológicos y su relación con la cultura material y las variables ambientales en el área de investigación. De los distintos análisis estadísticos se destacan dos resultados, estos son: los *sitios resaltantes* y las *regiones ecológicas*. Los *sitios resaltantes* están compuestos por distintas categorías analíticas, tales como sitios de habitación y sitios explotación de recursos, el tamaño de los sitios y la presencia de montículos artificiales de tierra. En función de las cuantitativas resultantes de los análisis estadísticos, estos sitios pueden ser divididos en dos grupos. El primero está compuesto por 9 sitios, cuya cultura material asociada engloba la variabilidad de toda la cultura material registrada en el área de estudio para todos los sitios arqueológicos. Es decir que, por ejemplo, los sitios de explotación de recursos (SER) MC-77 y MC-101, contienen una muestra de especies de moluscos que representa la variabilidad de este tipo de evidencia para el área de investigación. Lo mismo ocurre para los distintos tipos de cultura material presente en los sitios de habitación. El segundo grupo de *sitios resaltantes* contiene 25 sitios. En este caso, estos sitios representan como grupo la variabilidad de la cultura material del área, a diferencia del caso anterior que la variabilidad está representada en cada sitio individual. Es decir, estos 25 sitios contienen una muestra de materiales que explica la variabilidad de cultura material de los 102 sitios arqueológicos del área.

En cuanto a las *regiones ecológicas*, éstas también están divididas en dos, una en el sector Norte y la otra en el sector Oeste del área de investigación. Esta categoría es el resultado de las variables ambientales que tuvieron una relación de significancia entre la muestra total de variables ambientales con la distribución de sitios arqueológicos. La Zona Ecológica A, se compone de suelos aptos para la agricultura no intensiva (o de conuco), y las zonas endémicas de hutía (*Capromyidae*) y solenodonte de La Española (*Solenodon paradoxus*). Aunque en el Norte de la poligonal de estudio se encuentra la mayor cantidad de sitios registrados, y el área en general es un ambiente costero, las variables ambientales relacionadas con aspectos marinos no fueron resaltadas por los distintos análisis estadísticos. De hecho, el resultado de las variables con asociaciones radicó en aspectos relacionados con la agricultura y la caza de mamíferos. En términos de cultura material estas actividades puede ser confirmada, en base a investigaciones recientes en zonas vecinas, se sabe que actividades agrícolas fueron llevadas a cabo dentro del propio asentamiento, en forma de agricultura de "jardín" (Hofman *et al.* 2016; Ulloa Hung 2014). La Zona Ecológica B indica actividades relacionadas con la explotación de recursos marinos, la producción de sal y la agricultura en zonas limitadas pero con buena irrigación. Las actividades inferidas a partir de las combinaciones de la cultura material refuerzan la importancia de estas variables, ya que en este sector del área se registraron los sitios de explotación de recursos con la mayor variabilidad de conchas de especies de moluscos.

Un segundo resultado, a una escala espacial mayor, fue la definición de *taskscapes*, tanto para los patrones indígenas como los españoles. La combinación de los *sitios resaltantes* con las *regiones ecológicas* permite presentar una imagen de las acciones humanas en el terreno, y en conjunto esta imagen representa los distintos *taskscapes* indígenas en esta área de estudio. Dadas las condiciones de los datos arqueológicos utilizados y procesados en este trabajo, los *taskscapes* reconstruidos se refieren a una serie limitada de actividades, pero que muestra cómo están integradas desde la cultura material presente en cada sitio, la propia distribución de sitios, hasta la relación de estos dos aspectos culturales con diversas características ambientales. La primera escala donde se puede identificar un conjunto de tareas que, además están íntimamente interrelacionadas, fue en los dos sectores del área de investigación. Las actividades generales que se pueden resumir de los patrones de cada sector están relacionadas con la explotación de recursos y otro con las actividades generales de vivienda, donde se incluyen tareas de producción/

trabajo/uso de objetos y actividades de agricultura/caza/pesca. Este primer nivel del *taskscape* indígena tiene que ver directamente con actividades cotidianas y probablemente con decisiones y acciones a escala de comunidades particulares y sus acciones de habitar en el mundo. Otra escala del *taskscape* indígena ocurre a nivel del área de investigación. En esta escala fue posible identificar tareas que vinculan los dos sectores. Por ejemplo, la presencia de materiales específicos en sitios particulares de los dos sectores (p. ej. conchas de moluscos y conjuntos de materiales líticos) indican tareas relacionadas con explotación especializada de recursos y actividades de intercambio y/o comercio. Este *taskscape* sugiere actividades cotidianas pero entre comunidades y/o poblados diferentes, e posiblemente entre poblaciones culturalmente diferentes. Esta última opinión proviene de las diferentes combinaciones de series de cerámicas registradas en los sitios arqueológicos de ambos sectores.

Por último, una tercera escala del *taskscape* se presentó al realizar las comparaciones entre las distintas áreas arqueológicas. En primer lugar, la tareas relacionadas con el habitar y la explotación de recursos parecen mantenerse a nivel regional, dadas las evidencias de sitios y materiales de distintos tipos (cerámica, lítica, etc.). En segundo lugar, los patrones particulares de distribución de los sitios relacionados con la cerámica Meillacoide entre las áreas de la costa de la provincia de Montecristi y Puerto Plata, así como, los característicos patrones de distribución de los sitios Chicoides en la región, presentan un posible *taskscape* político. Este taskscape pudo haber estado basado en las relaciones e interacciones entre las comunidades y los "derechos" de habitar ciertas zonas.

El resultado final de la investigación se dio al comparar los patrones indígenas con los españoles. La idea principal a la que se llegó con esta investigación, fundamenta que la transformación del paisaje indígena se dio en dos niveles analíticos que, aunque relacionados, pueden ser considerados de manera separada. Estos niveles han sido conceptualizados aquí como, *nivel cotidiano* y *nivel del imaginario*. El primero, explica el cambio ocurrido en las poblaciones indígenas en términos de las tareas, prácticas y movimientos que caracterizaron el quehacer indígena cotidiano antes de la llegada de los Españoles, y que fue (re)construido a lo largo de esta disertación al utilizar evidencias desde la arqueología y la cartografía histórica. Este aspecto fue desarrollado a través de la discusión de los *taskscapes en conflicto*. El segundo nivel, el del imaginario, tiene que ver con la representación que hicieron los primeros españoles del mundo indígena y cómo ese modelo colaboró en la propia transformación del paisaje indígena. Para esta parte se utilizaron igualmente los resultados de la investigación arqueológica presentada aquí, así como las referencias en las crónicas y mapas tempranos.

Direcciones futuras

De los resultados de la investigación se abren nuevos caminos para ampliar los conocimientos de la arqueología de la región y del Caribe. En primer lugar, para corroborar los modelos planteados en esta investigación, sería importante realizar excavaciones extensivas y/o pozos de sondeo en los *sitios resaltantes* 1, con el fin de corroborar los patrones regionales espaciales con evidencias provenientes de contextos estratigráficos. Este tipo de comparación, entre resultados regionales superficiales y una muestra de sitios excavados de esa base de datos, podría incluso servir como ensayo para determinar la eficiencia y precisión de los registros superficiales regionales en la isla y el Caribe.

También, sería conveniente ampliar las prospecciones al interior de la provincia, es decir en los valles del río Yaque para corroborar si los modelos planteados para el área costera continúan siento solidos al incluir evidencias del sector tierra adentro de la provincia. En términos del trabajo con evidencias históricas y cartográficas, la creación de una base de datos digital y georreferenciada para la cartografía colonial temprana de la isla colaborará profundamente en el esclarecimiento de los patrones espaciales españoles e indígenas.

Abstract

The research and its objectives

The research that motivated this dissertation is part of the NEXUS 1492 project: New World Encounters In A Globalising World whose goal is "to investigate the impacts of colonial encounters in the Caribbean, [and] the nexus of the first interactions between the New and the Old World" (Hofman et al 2013: 1). Part of the research within the context of this project was carried out in the region of the first continuous contact between Spaniards and indigenous populations: the north of the island the local indigenous groups knew as Hayti, and which Columbus named Hispaniola, today shared by the Dominican Republic and the Republic of Haiti. Considering the history of the archaeological investigations on the north of the island, it was decided to focus the study on the coastal area of the province of Montecristi, in the Northwest of the present Dominican Republic. Likewise, the decision to explore this area responded to its location in the geographic context, the present province is located between the sectors where the first Spanish towns and fortresses were founded at the beginning of the process of conquest and colonization. These early European settlements were, to the west: the fort of La Navidad built with the materials of the wreck of Santa Maria in 1492, on the north coast of present-day Haiti as well as the town of Puerto Real, built during the Ovandino period in the vicinity of La Navidad in 1503; to the east was located the first European town in the island and the continent, founded in 1493 by Columbus as La Isabela; and finally, also to the east: La Ruta de Colón, a route that crosses the Cordillera Septentrional and part of the Cibao valley and connected La Isabela through a number of fortresses and villas, such as La Magdalena, La Esperanza, Santiago de los Caballeros, Concepción de la Vega with the fort Santo Tomás de Jánico on the banks of the Jánico river, built in 1494. Undoubtedly the people that inhabited the coast of the present province of Montecristi were affected by the development of this initial colonial context, and it was considered that in order to study the transformation of the indigenous landscape, a regional archaeological study was necessary to produce an image of the indigenous landscape. In addition, based on the use of the chronicles and the early cartographies made for both the research area and the northern region of the island, the indigenous landscape was compared to the Spanish one, to define the potential aspects where this transformation can be observed.

As part of the project's objective of studying colonial encounters, the general goal of this research was to study the transformation of the indigenous to colonial landscape on the island of Hayti/La Española in the context of the conflicts that arose after 1492.

In order to pursue this aim, four secondary objectives were considered: 1) To study the distributions of archaeological sites and material culture from the pre-Columbian indigenous people that inhabited the coast of the present province of Montecristi. 2) To evaluate the relationships between environmental variables, archaeological site distribution and indigenous material culture in the study area. 3) To explore a sample of maps and the available early chronicles of Northern Hispaniola as evidence of the representation of the first Spanish ideas and constructions of their landscape and the "New World". 4) To compare the indigenous patterns with the Spaniard ones in regional spatial terms to evaluate the transformation of the landscape.

- A series of research questions allowed the implementation of specific activities to operationalize these objectives. These were:
- What is the distribution of indigenous archaeological sites on the coast of the Province of Montecristi?
- What is the diversity of indigenous material culture on the coast of the Province of Montecristi?
- To what extent are the distribution of sites and the specific types of indigenous material culture related?
- To what extent are the distribution of indigenous material sites and culture related to environmental characteristics?
- How did the first cartographies and chronicles represent the Spanish conceptions about the territory and the spatial distribution of the indigenous populations?
- From the evidence, how can the transformation of the indigenous landscape to the colonial one be defined in the region of study?

Theoretical and methodological perspective

In order to answer the objectives and questions of the research, as well as to provide a theoretical model to develop the subject of the transformations of indigenous landscape from the pre-Columbian to colonial period, the research used two concepts: the notion of archaeological site and the concept of landscape. In the theoretical chapter the concepts of site and landscape are reviewed, from their origins to the current uses within the discipline. Theoretically, the thesis advances these concepts by defining two pragmatic solutions, this is two definitions that were develop from field evidences to explain the archaeological models, these are: sites as tendencies and contested taskscapes. As for the first concept, the proposal for this research takes the idea from Willey and Phillips (1958) to consider archaeological site as the basic unit of analysis, considering that a site is the set of materials and archaeological features in spatial and/or stratigraphic association (Hurst Thomas 1979; Binford 1982)., Also maintaining the base idea that an archaeological site is not a self-definable category (Dunnel 1992), but rather the field registry has to be done on the basis of regional archaeological context of material culture distribution. Within this conceptual frame, the site can be considered as a tendency of human activities in the world (Foley 1981). Human actions leave a trace of their particular intentions and activities, which in addition to their spatial recurrence tend to be recurrent in time. Considering sites as tendencies of human actions and tasks carried out in particular environmental contexts may allow the identification of what Ingold defined as taskscapes (Ingold 1993, 2017).

Since the research seeks to understand the transformation of landscape through the use of a spatial analysis perspective, for the second pragmatic solution, it was necessary to develop a concept that articulated these two requirements. The idea of the taskscape allows one to integrate the archaeological evidences (for example, the sites) to theoretical notions that are fundamental to evaluate cultural transformations of the movement, use and knowledge of the land by the indigenous people at the regional level. On the other hand, the contestation was based on the historical characteristics regarding the relations between indigenous people and the Spaniards. In addition, this helped to observe how the cultural conflicts materialize spatially in patterns of different areas in the north of the island.

In order to operationalize these theoretical ideas, the methodological chapter was divided into five sections. In the first section, a discussion is presented on the spatial and temporal scales of research. This section discusses the definition of the areas, regions and macro-region of work, as well as other relevant spatial and temporal elements. In the second section, the methods for the description and classification of spatial data are discussed, where the methodological perspective for the definition and classification of an archaeological site is presented, based on previous research as well as theoretical proposals. In the third section, the regional archaeological perspective of the investigation is explained and contextualized, and the three methods of field work are developed: systematic prospecting, opportunistic prospecting and predictive models. In the fourth section, the methods of documentation and processing the evidence are addressed, which relate to the recording and management of data from field work to the laboratory. This section includes the processing of field data, the recording of spatial data sets, and historical and cartographic evidence. In the fifth section, I discuss different methods statistical and spatial statistical analyses, such as: Multiple Correspondence Analysis, Principal Component Analysis, Logistic Regression, Point Process Models and Weighted Geographic Regression. The outcomes permitted observations of associations, combinations and spatial patterns between material culture, archaeological sites and environmental variables. From these associations a model was created to interpret the indigenous landscape and its transformation.

Main Results

The presented research has generated results at different spatial scales. The broadest scale comprises the distribution of archaeological sites and their relationship to material culture and environmental variables in the research area. From the different statistical analyses, two results were highlighted in the form of characteristic sites and ecological regions. Characteristic sites were composed of different analytical categories, such as habitation sites and resource exploitation sites, site size and the presence of artificial earth mounds. Depending on the quantitative results of the statistical analysis, characteristic sites can be divided into two groups: the first one is composed of 9 sites, whose associated material culture encompasses the variability of all material culture recorded in the study area for all archaeological sites. For example, the MC-77 and MC-101 exploitation of sea resources sites (ESR) contain a sample of mollusk species that represents the variability of this type of evidence for the research area, and the same happens for the different types of material culture present in the habitation sites. The second group of characteristic sites contains 25 sites. In this case, these sites represent as a group the variability of the material culture of the research area, unlike the previous case that the variability is represented in each individual site. That is, these 25 sites contain a sample of materials that explains the material culture variability of the area's 102 archaeological sites.

As for the ecological regions, these are clearly divided in two sectors, the northern one, and one comprising the western part of the research area. This category is the result of environmental variables that had a relation of significance between the total sample of environmental variables and the distribution of archaeological sites. The Ecological Region A, is composed of soils suitable for non-intensive agriculture (i.e. conuco), and the endemic areas of Hutia (Capromyidae) and Hispaniolan Solenodon (Solenodon paradoxus). Although in the north of the study polygon the largest number of sites were recorded, and the area is largely a coastal environment, the environmental variables related to marine aspects were not highlighted by the different statistical analyses. In fact, the result of the variables with associations resided in aspects related to agriculture and the hunting of mammals. In terms of material culture these activities can be confirmed, also on the basis of recent research in neighboring areas, as it is known that agricultural activities were carried out within the settlement itself, in the form of "garden" agriculture (Hofman et al., 2016; Ulloa Hung 2014). The Ecological Region B indicates activities related to the exploitation of marine resources, salt production and agriculture in limited areas but with good irrigation. The activities inferred from the combinations of the material culture reinforce the importance of these variables, since in this sector of the area the exploitation of sea resource sites (ESR) with the greater variability of shells of species of mollusks were registered.

A second result, on a larger spatial scale, was the definition of taskscapes, both for indigenous and Spanish patterns. The combination of characteristic sites with ecological regions allowed presenting an image of human actions on the ground; all together this image represents the different indigenous taskscapes in the study area. Given the conditions of the archaeological data used and processed in this research, the reconstructed taskscapes refer to a limited series of activities, but show how they are integrated from the material culture present in each site, the site distribution itself, to the relationship of these two cultural aspects with different environmental characteristics. The first scale was defined by a set of tasks that are, in addition, intimately interrelated, and found in both sectors of the research area. The general activities that can be summarized from the patterns of each sector are related to the exploitation of resources and the other to the general dwelling activities, which include tasks of production, work and use of objects and activities for agriculture, hunting and fishing. This first level of indigenous taskscape has to do directly with daily activities, and probably with the decisions and actions at the scale of particular communities and their dwelling in the world. Another scale of indigenous taskscape occurs at the research area level. On this scale it was possible to identify tasks that link the two sectors. For example, the presence of specific materials at particular sites in the two sectors (i.e. mollusk shells and lithic assemblages) indicates tasks related to specialized exploitation of resources and exchange and/or trade activities. This taskscape suggests daily activities, but between different communities and/or villages, and possibly between culturally different populations. This last conclusion is based on the different ceramic series combinations registered in the archaeological sites of both sectors.

Finally, a third scale of taskscape was presented when comparisons were made between different archaeological areas. In the first place, the tasks related to the habitation and exploitation of resources seem to be maintained at regional level, given the evidence of sites and materials of different types (ceramic, lytic, etc.). Secondly, the particular patterns of distribution of sites related to Meillacoid ceramics between the coastal areas of the province of Montecristi and Puerto Plata, as well as the characteristic distribution patterns of the Chicoides sites in the region, present a possible political taskscape. This taskscape may have been based on the relationships and interactions between communities and the "right" to inhabit certain areas.

The final result of the investigation occurred when comparing the indigenous patterns with the Spanish one. The main conclusion from this investigation is that the transformation of the indigenous landscape occurred in two analytical levels that, although related, can be considered separately. These levels have been conceptualized here as, everyday level and level of the imaginary. The first one explains the change that occurred in the indigenous populations in terms of the tasks, practices and movements that characterized the everyday indigenous activity before the arrival of the Spaniards, and which was (re)constructed throughout this dissertation using evidence from archeology and historical cartography. This aspect was developed through the discussion of contested taskscapes. The second level, that of the imaginary, has to do with the representation made by the first Spaniards of the indigenous world and how that model collaborated in the actual transformation of the indigenous landscape. For this part the results of the archaeological research presented here were used, as well as the references in the chronicles and early maps.

Future Directions

The results of this research open new ways to expand the knowledge of the archeology in the region and in the Caribbean. First, it would be important to carry out extensive excavations and/or test pits at the characteristic sites 1, in order to corroborate regional spatial patterns with evidence from stratigraphic contexts. This type of comparison between regional surface results and a sample of sites excavated from that database, could even serve as a test to determine the efficiency and accuracy of regional surface records in the island and the Caribbean. In addition, it would be advisable to extend the surveys to the interior of the province, that is to say in the valleys of Yaque river to corroborate, and to validate the models proposed for the coastal area with evidence of the sector inland of the province. In terms of the work with historical and cartographic evidence, the creation of a digital and georeferenced database for the early colonial mapping of the island will help in clarifying the Spanish and indigenous spatial patterns.

Samenvatting

Doeleinden van het onderzoek

Het onderzoek waarop deze dissertatie is gebaseerd, maakt deel uit van het project NEXUS 1492: New World Encounters In A Globalising World, met als doeleinde 'de effecten van het koloniale samentreffen in het Caribisch gebied te bestuderen, [alsmede] de schakel van de eerste interacties tussen de Nieuwe en de Oude Wereld' (Hofman *et al.* 2013:1). Deel van het onderzoek binnen de context van dit project werd uitgevoerd in het gebied van de eerste voortdurende contacten tussen de Spanjaarden en de inheemse bevolking: het noordelijk deel van het eiland dat de lokale inheemse groepen kenden als Hayti en door Columbus Hispaniola genoemd werd, en dat tegenwoordig gedeeld wordt door de Dominicaanse Republiek en de Republiek Haiti. Gezien de geschiedenis van het archeologisch onderzoek in het noorden van het eiland, werd besloten het huidige onderzoek te concentreren in het kustgebied van de provincie Montecristi. Het besluit om specifiek dit gebied te exploreren, werd eveneens genomen naar aanleiding van haar geografische locatie. De tegenwoordige provincie is namelijk gelegen tussen de streken waar de eerste Spaanse woonplaatsen en forten werden gesticht in de beginperiode van het proces van verovering en kolonisatie. In het westen werd het fort van La Navidad opgericht met materiaal van het wrak van de Santa Maria in 1492, aan de noordkust van het huidige Haiti, naast de stad Puerto Real, die gebouwd werd tijdens de periode van Ovando's bestuur in de buurt van La Navidad in 1503. In het oosten lag de eerste Europese nederzetting van het eiland én het continent, gesticht door Columbus als La Isabela in 1493. Ten slotte lag eveneens in het oosten La Ruta de Colón, een weg die de Cordillera Septentrional en een deel van het Cibao-dal doorkruiste, en La Isabela via een aantal fortificaties en landhuizen zoals La Magdalena, La Esperanza, Santiago de los Caballeros, en Concepción de la Vega verbond met het fort San Tomás de Jánico op de oever van de Jánico-rivier, dat in 1494 gebouwd werd. Ongetwijfeld werd het leven van de inheemse bewoners van de huidige provincie Montecristi in hoge mate beïnvloed door de ontwikkeling van deze vroege koloniale context, en de conclusie werd getrokken dat om het transformatieproces van het inheemse landschap te onderzoeken, een regionale archeologische studie hiervan noodzakelijk was.

Als onderdeel van het primaire doel van het project het koloniale samentreffen te bestuderen, vormde het algemene oogmerk van dit onderzoek analyse van de transformatie van het inheemse naar het koloniale landschap op het eiland Hayti/La Española in de context van de conflicten die na 1492 ontstonden. Om dit doel te bereiken, werden ook vier secundaire onderzoeksdoeleinden geformuleerd: (1) bestudering van de verspreiding van de archeologische vindplaatsen en de materiële cultuur van de precolumbiaanse bevolking die de kuststreek van de huidige provincie Montecristi bewoonde; (2) evaluatie van de relaties tussen de omgevingsvariabelen, de verspreiding van de archeologische vindplaatsen en de inheemse materiële cultuur; (3) onderzoek van een aantal geografische kaarten benevens de beschikbare vroege kronieken betreffende Noord-Hispaniola als bewijs voor de neerslag van de eerste Spaanse ideeën en hun landschapsconstructie en de 'Nieuwe Wereld'; (4) vergelijking van de inheemse met de Spaanse regionale ruimtelijke patronen ten behoeve van de evaluatie van de landschapstransformatie.

- Een aantal onderzoeksvragen stonden de implementatie van specifieke activiteiten ten behoeve van het operationaliseren van deze doeleinden toe, namelijk:
- Hoe kan de verspreiding van de archeologische vindplaatsen in de kuststreek van de provincie Montecristi gekenschetst worden?
- Wat kan geconcludeerd worden ten aanzien van de diversiteit aan inheemse materiële cultuur in de kuststreek van de provincie Montecristi?
- In hoeverre zijn de verspreiding van de archeologische vindplaatsen en die van
- de specifieke typen materiële cultuur gerelateerd?
- In welke mate is de verspreiding van de vindplaatsen van inheemse materiële cultuur verwant aan de omgevingskarakteristieken?
- Op welke wijze weerspiegelen de eerste cartografische representaties en geschreven bronnen de Spaanse concepten ten aanzien van het landschap en de ruimtelijke verspreiding van de inheemse bevolking?
- Hoe kan uit de beschikbare gegevens de transformatie van het inheemse naar het koloniale landschap in het studiegebied gedefinieerd worden?

Theoretisch en methodologisch perspectief

Om de gestelde doeleinden te bereiken en de onderzoeksvragen van de huidige studie te beantwoorden, en ook om een theoretisch model te ontwikkelen ten behoeve van de analyse van de transformatie die het inheemse landschap onderging van de precolumbiaanse naar de koloniale periode, heeft dit onderzoek twee begrippen centraal gesteld: het concept van 'archeologische vindplaats' en dat van 'landschap'. In het theoretische hoofdstuk worden deze begrippen nader bestudeerd, vanaf hun oorsprong tot aan het huidige gebruik binnen de discipline. Theoretisch benadert de huidige dissertatie deze concepten door twee pragmatische oplossingen te definiëren, dat wil zeggen twee definities die ontwikkeld werden uit veldaanwijzingen om de archeologische modellen te verklaren, met name: vindplaatsen als 'tendenties' en betwiste 'taskscapes' (sociaal geconstrueerde ruimten van menselijke activiteit). Ten aanzien van het eerste begrip kan gesteld worden dat de toepassing voor het huidige onderzoek het denkbeeld van Willey en Phillips (1958) overneemt, dat een archeologische vindplaats beschouwd moet worden als de basiseenheid van analyse, gezien het feit dat een vindplaats een samenstel aan materialen en archeologische kenmerken in ruimtelijke en/of stratigrafische associatie voorstelt (Hurst Thomas 1979; Binford 1982). Tevens wordt het basisidee gehandhaafd dat een archeologische vindplaats niet een categorie is die zichzelf definieert (Dunnel

1992), maar dat de registratie in het veld uitgevoerd dient te worden op basis van de regionale archeologische context van de verspreiding van de materiële cultuur. Binnen dit begripskader kan de archeologische vindplaats beschouwd worden als een tendens van de menselijke activiteiten in de wereld (Foley 1981). Menselijke handelingen laten een spoor na van hun specifieke intenties en activiteiten, die gevoegd bij hun herhaaldelijk ruimtelijke voorkomen in de tijd een terugkerend karakter hebben. Door vindplaatsen te zien als tendenties van menselijk handelen en taken die in de context van specifieke omgevingen worden uitgevoerd, is identificatie van wat Ingold definieerde als 'taskscapes' mogelijk (Ingold 1993, 2017).

Daar het onderzoek tot doel stelde de transformatie van het landschap door middel van het gebruik van een ruimtelijk onderzoeksperspectief te doorgronden, was het voor de tweede pragmatische oplossing noodzakelijk een begrip te ontwikkelen dat deze twee voorwaarden onder woorden bracht. Het begrip van 'taskscape' staat de onderzoeker toe het archeologisch bewijsmateriaal (bijvoorbeeld, de vindplaatsen) in theoretische noties te integreren die fundamenteel zijn voor de evaluatie van de culturele transformaties van beweging, gebruik en kennis van het land door de inheemse bevolking op regionaal niveau. Aan de andere kant werden de ontstane punten van geschil gebaseerd op historische kenmerken ten aanzien van de relaties tussen de inheemse bevolking en de Spanjaarden. Bovendien hielp een en ander analyseren hoe culturele conflicten ruimtelijk vormpatronen aannemen in de verschillende gebieden in het noorden van het eiland.

Om deze theoretische ideeën te operationaliseren, is het methodologische hoofdstuk verdeeld in vijf secties. De eerste sectie presenteert een overzicht van de ruimtelijke en chronologische schaal van het onderzoek. In de tweede sectie worden de methoden van beschrijving en classificatie van de ruimtelijke gegevens besproken. Hier wordt het methodologische perspectief van de definitie en classificatie van de archeologische vindplaatsen gepresenteerd, gebaseerd op onderzoek uit het verleden alsook de theoretische voorstellen. De derde sectie verklaart en contextualiseert het regionale archeologische perspectief van het onderzoek. Tevens worden de drie methoden van veldwerk behandeld: systematische prospectie, opportunistische prospectie en voorspellende modellen. In de vierde sectie worden de methoden van documentatie en verwerking van de gegevens besproken die gebruikt zijn voor de dataregistratie en -beheersing in het traject van het veld naar het laboratorium. Deze sectie houdt zich bezig met de verwerking van de veldgegevens, de vastlegging van de ruimtelijke dataverzamelingen en de historische en cartografische gegevens. In de vijfde sectie worden verschillende methoden van statistische en ruimtelijk-statistische analyse besproken, zoals samengestelde-overeenstemmingsanalyse, voornaamste-componentanalyse, logistieke regressie, puntproces-modellen, en gewogen-geografische regressie. De resultaten hiervan leidden tot de herkenning van associaties, combinaties en ruimtelijke patronen tussen de materiële cultuur, de archeologische vindplaatsen en de omgevingsvariabelen. Uit deze associaties kon een model worden afgeleid ter interpretatie van het inheemse landschap en zijn transformatie.

Belangrijkste resultaten

Het onderzoek dat hier gepresenteerd wordt, heeft resultaten op verschillende ruimtelijke schaal opgeleverd. De meest wijde schaal omvat de verspreiding van de archeologische vindplaatsen en hun relatie tot de materiële cultuur en de omgevingsvariabelen in het onderzoeksgebied. Uit verscheidene statistische analysen zijn twee conclusies af te leiden, vertegenwoordigd door karakteristieke vindplaatsen en ecologische regio's. De karakteristieke vindplaatsen zijn samengesteld uit verschillende analytische categorieën, zoals nederzettingsvindplaatsen en exploitatievindplaatsen van natuurlijke bronnen, vindplaatsgrootte en de aanwezigheid van kunstmatig opgeworpen aarden heuvels. Afhankelijk van de kwantitatieve resultaten van de statistische analysen, kunnen de karakteristieke vindplaatsen in twee groepen verdeeld worden. De eerste groep bestaat uit 9 vindplaatsen waarvan de geassocieerde materiële cultuur de variabiliteit van alle materiële cultuur omvat die in het onderzoeksgebied ten aanzien van alle archeologische vindplaatsen is geregistreerd. De twee exploitatievindplaatsen van voedselbronnen uit de zee (ESR) MC-77 en MC-101 hebben een steekproef aan weekdiersoorten opgeleverd die de totale variabiliteit aan dit type gegevens ten aanzien van het onderzoeksgebied representeert, en ditzelfde geldt voor de verschillende typen materiële cultuur die aanwezig zijn in de nederzettingsvindplaatsen. De tweede groep karakteristieke vindplaatsen omvat 25 vindplaatsen. In dit geval betreffen deze vindplaatsen als groep de totale variabiliteit aan materiële cultuur in het onderzoeksgebied. Dit in tegenstelling tot de eerste groep waarbij deze variabiliteit op elke individuele vindplaats is vertegenwoordigd. Met andere woorden, deze 25 vindplaatsen hebben een steekproef aan materialen opgeleverd dat de variabiliteit aan materiële cultuur binnen de 102 archeologische vindplaatsen van het onderzoeksgebied vertegenwoordigt.

De ecologische regio's zijn duidelijk verdeeld in twee sectoren: een noordelijke en een die het westelijk deel van het onderzoeksgebied omvat. Deze indeling is het resultaat van omgevingsvariabelen die een significante relatie hebben tussen de totale steekproef aan omgevingsvariabelen en de verspreiding van archeologische vindplaatsen. Ecologisch Gebied A is gekenmerkt door bodems die geschikt zijn voor niet-intensieve landbouw (namelijk de conuco), en de endemische gebieden van de hutia (Capromyidae) en de solenodon van Hispaniola (Solenodon paradoxus). Alhoewel in het noorden van de onderzoekspolygoon het grootste aantal vindplaatsen werd geregistreerd, en het gebied voornamelijk uit kustgebied bestaat, werden de omgevingsvariabelen gerelateerd aan de mariene aspecten niet door de verschillende statistische analysen benadrukt. In feite wezen de resultaten van de geassocieerde variabelen op aspecten samengaand met de landbouw en de jacht op zoogdieren. In termen van materiële cultuur kunnen deze activiteiten bevestigd worden, en ook op grond van recent onderzoek in de nabijgelegen gebieden, daar het bekend is dat de landbouwwerkzaamheden binnen de nederzetting zelf werden uitgeoefend in de vorm van 'tuinieren' (Hofman *et al.* 2016; Ulloa Hung 2014). Ecologisch Gebied B betreft activiteiten gerelateerd aan de exploitatie van mariene bronnen, zoutproductie en landbouw in een beperkt maar goed geïrrigeerd gebied. De werkzaamheden die uit de combinaties van de materiële cultuur kunnen worden afgeleid, benadrukken het belang van deze variabelen, daar in deze sector van het onderzoeksgebied vindplaatsen gericht op de exploitatie van voedselbronnen uit de zee (ESR) met een grotere variabiliteit aan weekdiersoorten werden geregistreerd.

Een tweede resultaat, op wijdere ruimtelijke schaal, was de definitie van 'taskscapes', zowel voor inheemse als Spaanse gedragspatronen. Combinatie van de karakteristieke vindplaatsen met de ecologische regio's stond het weergeven van een beeld van het menselijk handelen op de grond toe. Alles bijeen vertegenwoordigt dit beeld de verschillende inheemse 'taskscapes' in het onderzoeksgebied. Gegeven de toestand van de archeologische gegevens die tijdens dit onderzoek gebruikt en verwerkt zijn, refereren de gereconstrueerde 'taskscapes' aan een beperkte serie activiteiten, hierbij aantonend hoe zij geïntegreerd zijn in de materiële cultuur die op elke vindplaats aanwezig is benevens de vindplaatsverspreiding tot aan de relatie van deze twee culturele aspecten met verschillende omgevingskarakteristieken. De eerste schaal werd gedefinieerd door een aantal handelingen die daarenboven in hoge mate onderling verwant zijn, en in beide sectoren van het onderzoeksgebied gevonden worden. De algemene activiteiten die samengevat kunnen worden uit de patronen van elke sector, zijn verwant aan de exploitatie van de bestaansbronnen en bovendien aan de algemene werkzaamheden binnen de nederzetting, namelijk de productietaken, werk en gebruik van objecten en handelingen ten behoeve van landbouw, jacht en visserij. Dit eerste niveau van de inheemse 'taskscape' heeft direct te maken met de dagelijkse activiteiten, en vermoedelijk met beslissingen en acties op het niveau van de specifieke gemeenschappen en hun plaats in de wereld. Een andere schaal van inheemse 'taskscape' bevindt zich op het niveau van het onderzoeksgebied. Op deze schaal was het mogelijk taken te identificeren die de twee sectoren verbinden. Bijvoorbeeld, de aanwezigheid van specifieke materialen op verschillende vindplaatsen in de twee sectoren (namelijk, schelpen van weekdieren en de assemblages van bewerkte steen) wijst op taken gerelateerd aan de gespecialiseerde exploitatie van natuurlijke bronnen en uitwisselings- en/of handelsactiviteiten. Dit 'taskscape' betreft dagelijkse handelingen, maar dan tussen verschillende gemeenschappen en/of dorpen, en mogelijk tussen cultureel verschillende populaties. Deze laatste conclusie is gebaseerd op de registratie van combinaties van verschillende aardewerkseries op de archeologische vindplaatsen van beide sectoren.

Ten slotte kon een derde schaal aan 'taskscapes' geïdentificeerd worden toen de verschillende archeologische gebieden vergeleken werden. In de eerste plaats lijken de taken gerelateerd aan de bewoning en exploitatie van de bestaansbronnen op regionaal niveau gehandhaafd te worden, gezien de gegevens ten aanzien van vindplaatsen en de verschillende typen materiaal (aardewerk, bewerkte steen, enz.). Ten tweede vertegenwoordigen de specifieke verspreidingspatronen van de vindplaatsen gerelateerd aan het Meillacoid aardewerk tussen de kustgebieden van de provincie Montecristi en Puerto Plata en ook de karakteristieke verspreidingspatronen van de Chicoid vindplaatsen in het gebied mogelijkerwijze een politieke 'taskscape'. Deze 'taskscape' kan gebaseerd zijn geweest op de relaties en interacties tussen de verschillende gemeenschappen en het 'recht' bepaalde gebieden te bewonen.

Het uiteindelijke resultaat van het huidige onderzoek betrof de vergelijking van de inheemse patronen met die van de Spanjaarden. De voornaamste conclusie hiervan is dat de transformatie van het inheemse landschap plaatsvond op twee analytische niveaus die, alhoewel gerelateerd, afzonderlijk beschouwd kunnen worden. Deze niveaus worden hier als het niveau van alledag en dat van de verbeelding geconceptualiseerd. Het eerste niveau verklaart de verandering die plaatsvond bij de inheemse bevolking in termen van de activiteiten, praktijken en bewegingen die de inheemse handelingen van

alledag kenmerkten voor de komst van de Spanjaarden, en die in deze dissertatie gere-
construeerd konden worden gebruikmakend van de gegevens ontleend aan de archeologie en de historische cartografie. Dit aspect werd ontwikkeld door middel van de bes-
preking van de betwiste 'taskscapes'. Het tweede niveau, dat van de verbeelding, heeft
te maken met de voorstelling die de Spanjaarden maakten van de inheemse wereld en
hoe dit model een rol speelde in de actuele transformatie van het inheemse landschap.
Hiervoor werden de resultaten van het archeologisch onderzoek gebruikt benevens de
vermeldingen in de geschreven bronnen en op de vroege geografische kaarten.

Toekomstig onderzoek

Het resultaat van het huidige onderzoek opent nieuwe wegen ter uitbreiding van onze
kennis ten aanzien van de archeologie in de onderzoeksregio en het Caribisch gebied.
In de eerste plaats zou het belangrijk zijn uitgebreide opgravingen te plegen en/of
testputten te graven op de karakteristieke vindplaatsen 1, om de regionale ruimtelijke
patronen te bevestigen door middel van stratigrafische gegevens. Dit type vergelijking
tussen de resultaten bereikt door het regionale oppervlakteonderzoek en opgravingen
van een steekproef aan vindplaatsen uit dit gegevensbestand, zou zelfs kunnen dienen
als een test om de efficiency en nauwgezetheid van regionaal oppervlakteonderzoek op
het eiland en in het Caribisch gebied te bepalen. Bovendien zou het aan te bevelen zijn
om het oppervlakteonderzoek uit te breiden naar het binnenland van de provincie,
met name het dal van de Yaque-rivier, om tot bevestiging en validatie van de modellen
die voor het kustgebied zijn voorgesteld met behulp van gegevens betrekking hebbend
op het binnenland van de provincie. Ten aanzien van het historisch en cartografisch
onderzoek zal het samenstellen van een digitaal en plaats-gerefereerd gegevensbestand
voor de vroeg-koloniale cartografie behulpzaam zijn bij het verklaren van de Spaanse
en inheemse ruimtelijke patronen.

(Traducción Dr. Arie Boomert)

Agradecimientos

En primer lugar me gustaría agradecer a la Prof. dr. Corinne Hofman, por haberme dado la oportunidad de participar en un proyecto tan interesante y estimulante como lo ha sido NEXUS 1492. Igualmente su apoyo, orientación y dedicación ha sido esencial para mi desarrollo académico y profesional, así como para esta investigación. Al Prof. dr. Jan Kolen, quien me brindó la oportunidad de ampliar mis conocimientos sobre arqueología del paisaje con debates teóricos de alta calidad. Las experiencias compartidas al experimentar diversos paisajes isleños y costeros han sido invaluables. Al dr. Jorge Ulloa Hung, con quien he compartido las aventuras de subir y bajar montañas en busca de voces silenciadas por el tiempo. Con su dedicado trabajo me introdujo y orientó en la arqueología del Norte de la Republica Dominicana y siempre ha estado dispuesto a brindar sus consejos y opiniones sobre mi investigación.

La lista de personas que han estado vinculadas directa o indirectamente con esta investigación en la Provincia de Montecristi es larga, y me disculpo de antemano por cualquier omisión. A todos ellos les agradezco su paciencia, confianza, apoyo y animo tanto para mí, mi familia, como este trabajo: Abel González, Lucrecio González, Jaqueline González, Natividad Olivo, Sra. de Olivo, Nathaly Olivo, Rami Ramírez, Richard Peña, Rafael Quiñones, Jaqueline Quiñones, Rafi Rafael Quiñones Peña, Braidi Michael Quiñones Peña, Jaili Yoel Quiñones Peña, Danilo Quiñones, Feyito García, Elvio González y su familia, Tony Rodríguez, Eliecer Tati, Carlos Manuel Peña y su familia, Cheo, Jaime Torres y su familia, Dominga Olivo, Oscar Olivo, Moreno, Luciano Molina, Manuel de Jesús Medina, Juan de Dios Rosario, Jose Tomas "Ito" Castillo, Feliberto Peña, Henri Hiraldo, Nandito, Wiki, Amado, Bate, Atile Guzmán, Vige, José Acosta, Ylsa Pascal Peña, Ramón y Camilo Vargas, Flor Ángel, Ivan Peña, Evelyn, Ruth, Sanel y a la Sra. María. Igualmente a Martin Torres y a su familia, asi como a toda la gente de Loma del Flaco. Especial agradecimiento a la Prof. Olga Lobetti quien desde la primera visita a Montecristi colaboró y apoyo esta investigación con entusiasmo.

Varios investigadores y amigos han sido fundamentales en el desarrollo de mi doctorado e investigación, en primer lugar mis paraninfos: la dra. Hayley Mickleburgh, ha seguido de cerca mi desarrollo y ha sido de gran ayuda académica y personal durante todo este proceso. El dr. Till Sonnemann quien, desde los trabajos de campo hasta la escritura de esta disertación, ha sido un excelente consejero y amigo. Al dr. Angus Mol, gracias a quien tuve la noticia de esta oferta doctoral, y cuya orientación y guía han sido enriquecedoras tanto personal como profesionalmente.

En segundo lugar, todo proceso académico en mi vida ha estado afortunadamente acompañado por amigos y colegas, cuya estima y apoyo siempre están presentes: Eduy Urbina, Yoly Velandria, Antonio Silva, dr. Jason Laffoon, Pepijn van der Linde, dr. Alistair Bright, Daan Isendoorn, Maarten Frieswijk, Tim Schoenmakers y dr. Joost Morsink. Especialmente, el dr. Jimmy Mans quien ha sido un valioso colega y amigo.

Diversos investigadores y compañeros dominicanos han colaborado en la buena realización de esta investigación, así como facilitado muchos aspectos administrativos: Cristian Martinez (Museo del Hombre Dominicano), Pauline Kulstad, Pragmacio Marichal (Instituto Montecristeño de Antropología e Historia), Arlene Alvarez (Museo Altos de Chavón), Harold Olsen, y Spencer Meredith (Museo de Historia de Montecristi). Un especial agradecimiento está dedicado al Sr. Adriano Rivera, quien tuvo la cortesía y paciencia de orientarme y encaminarme en varias comunidades de la provincia de Montecristi, así como de introducirme con contactos claves en el área.

Muchos investigadores y colegas del proyecto NEXUS 1492 han colaborado de distintas formas en esta disertación, desde lectura de capítulos hasta el apoyo moral brindado en los momentos difíciles: dr. Arie Boomert, dr. Menno Hoogland, dr. Mariana de Campos Francozo, Alice Knaf (VU Amsterdam), dr. Roberto Valcarcel Rojas, dra. Marlena Antczak, dra. Amy Stracker, Prof. dr. Gareth Davies (Amsterdam University), Prof. dr. Ulrik Brandes (Konstanz University), y el Prof. dr. Willem Willems (†). Un especial reconocimiento al dr. Jaime Pagán Jimenez cuya orientación y apoyo en el final del proceso de escritura de la tesis fue muy valioso. Igualmente, la dra. Viviana Amati (Konstanz University), cuya ayuda y orientación durante la realización de los análisis estadísticos fue fundamental. Otro especial agradecimiento lo debo a la dra. Maribel Adame, Ilone de Vries y Roswitha Manning quienes desde sus roles de coordinación y administración han seguido, apoyado y orientado mi desarrollo personal y académico.

Otros investigadores tanto de la Universidad de Leiden como de otras instituciones colaboraron durante este interesante proceso: el Prof. dr. Andy Bevan (University College London) siempre está dispuesto a apoyar en lo que a análisis espaciales y Sistemas de Información Geográfica se refiere. El Prof. dr. Hans Kamermans cuya orientación sobre modelos predictivos fue importante para el trabajo. Los siguientes investigadores proporcionaron comentarios útiles sobre mi trabajo en distintos momentos: Prof. dr. Eduardo Goes Neves, Prof. dr. Maarten Jansen, dr. Alex Geurds, dr. Manuel May, dr. Araceli Rojas, dr. Quentin Bourgeois, dr. Ben Chan, dr. Ann Brysbaert, Prof. dr. Thomas Meier, dra. Maaike de Waal, Milco Wansleeben, Mara de Groot, Prof. dr. David Fontijn, dra. Erica van Hees, dr. Hannes Schroeder, dra. Hanna Stöger, Prof. dr. Miguel John Versluys. Esta investigación es igualmente el resultado de mi propia experiencia como investigador, la cual se vio tremendamente enriquecida por la orientación y enseñanzas de tres arqueólogos venezolanos fundamentales en mi crecimiento académico: el dr. Andrzej Antczak, quien me introdujo en la arqueología teórica crítica así como en la arqueología del paisaje; al ant. Rodrigo Navarrete quien afianzó mi interés por las teorías del paisaje; y finalmente a la Prof. dr. Lilliam Arvelo, quien me introdujo en la arqueología regional y la crítica constructiva a los modelos tradicionales.

Durante los trabajos de campo tuve la fortuna de contar con el apoyo de distintos estudiantes e investigadores, tanto en las prospecciones como con el procesamiento de material arqueológico, a todos ellos mi más profundo agradecimiento: dra. Termeh

Shafie (Konstanz University), Daniel Weidele (Konstanz University), Emma de Mooij, Jacqueline Jansen, Catarina Falci, Ron Segaar, Philippa Jorissen, Mereke Van Garderen (Konstanz University), Fred van Keulen, Andrew Radford, Nancy Sep, Heidi Vink, Michael Steenbakker, Iris Vocking, Jan C. Athenstadt (Konstanz University), Alvaro Castilla, Rosanne Vroom, Finn van der Leden, Noortje Wauben y Jonathan Marinus.

A mis colegas doctorantes del proyecto NEXUS 1492 y de la universidad, con quienes he compartido, desde mi primer día clases, trabajos de campo, conferencias y fiestas, pero más importante con quienes he encontrado un espacio de apoyo y estímulo: Jana Pesoutova, Andy Ciofalo, Eloise Stancioff, Floris Kehnenn, Lou de Veth, Katarina Jakobson, Eldris Con Aguilar, Tom Breukel, Csilla Ariese, Kirsten Ziesemer, Roosmarie Vlaskamp, Nathalie Brusgaard, Riia Timonen, Emma Slayton, Marlieke Ernst, dr. Victor Klinkenberg, Arjan Louwen, Mark Locicero, Angus Martin, María Ordoñez Alvarez, Aris Politopoulos y Ludo Snijders. Un especial agradecimiento a mis compañeros de oficina Samantha de Ruiter y Julijan Vermeer con quienes tuve tantos gratos momentos. Igualmente, un agradecimiento destacado a mis amigos y colegas Joseph Sony Jean, Natalia Donner y Martti Veldi, quienes además de estar presentes en los momentos alegres y difíciles, me han brindado su amistad y cariño.

Diversas instituciones han apoyado de diferentes maneras esta investigación, a éstas mi agradecimiento: Museo del Hombre Dominicano, Ministerio de Cultura de la Republica Dominicana, Ministerio de Medio Ambiente y de los Recursos Naturales (MMARN), Ministerio de Ingeniería y Minas (Geología), Museo de Historia de Montecristi, Instituto Montecristeño de Antropología e Historia, Museo Regional Altos de Chavón, Embajada de la Republica Dominicana en los Países Bajos, y especialmente al European Research Council (ERC) y a la Universidad de Leiden.

Finalmente, a mi familia, sin cuya ayuda, apoyo y amor la vida sería muy insípida, para ellos las palabras nunca alcanzan: Carlos Herrera Malatesta, Romina Herrera Malatesta, Eduardo Herrera, Bettina Herrera, Luz Martínez, Efraín Martinez, Sonilisse Martínez, Yskander Martínez, Yskler Martínez... Especialmente a mi mamá, Parisina Malatesta, quien además de siempre apoyar mi carrera profesional, se leyó y corrigió el primer borrador completo de esta disertación, dándome sus valiosos comentarios. Finalmente, a mis amores eternos Sarah Herrera y Sahirine Martínez a quienes está dedicado este trabajo.